머리말

JLPT(일본어능력시험)는 일본어를 모국어로 하지 않는 학습자들의 일본어 능력을 측정하고 인정하는 것을 목적으로 하는 시험으로 국제교류기금 및 일본국제교육지원협회가 1984년부터 실시하고 있습니다.

JLPT는 1984년 총 15개 국가의 21개 도시에서 응모자 7,998명(일본 국내 2,849명, 해외 5,149명)으로 제1회 시험이 개시되어, 2016년에는 866,294명(제1회 389,674명, 제2회 476,620명)이 응시하는 대규모 시험으로 발전하였습니다. 일본 정부가 공인하는 세계 유일의 일본어 시험인 만큼 JLPT의 결과는 일본의 대학, 전문학교, 국내 대학교의 일본어과 등의 특차 전형과 기업 인사 및 공무원 선발에서의 일본어 능력에 대한 평가 자료로도 활용되고 있습니다.

2010년부터 실시된 새로운 시험에서는 학습자들의 과제 수행을 위한 커뮤니케이션 능력을 측정하는 것을 목표로 하고 있으며, 4단계에서 5단계로 단계 조정을 하였습니다. 기존의 시험은 위의 급부터 1급-2급-3급-4급으로 되어 있습니다만, 새로운 시험에서는 N1-N2-N3-N4-N5로 바뀝니다. 여기서 「N」은 「NIHONGO(일본어)」, 「NEW(신)」의 첫 글자인 「N」을 가리킵니다.

1990년부터 2009년까지의 약 21회분과 2010년부터 2017년까지의 약 16회분의 JLPT(일본어능력시험)의 분석을 토대로 이번에 『JLPT 콕콕 찍어주마 N1 문법』을 전면 개정하여 출간하게 되었습니다.

『JLPT 콕콕 찍어주마 N1 문법』은 2010년부터 새로 실시된 기출문제를 분석하여 Part1에서는 출제 1순위~3순위로 총 160개의 문법 기능어를 실었습니다. Part2에서는 한 문제 이상 꼭 나오는 경어, 사역·수동·사역수동표현, 간과해서는 안 될 조사, 글의 흐름을 읽게 하는 접속사·부사·기타로 나눠서 편집하였습니다. 그리고 부록으로 「JLPT N1 문법 출제표」를 제시하였으며 학습자의 실력을 테스트 할 수 있도록 4회분의 「파이널테스트」를 실었습니다. 또한 홈페이지에서 추가 4회분의 「파이널테스트」와 「문제은행」도 제공하여 풍부한 문제를 접할 수 있도록 하였습니다. 따라서 이 책만 충실히 공부한다면 JLPT N1 문법에 대한 고민은 더 이상 하지 않아도 되리라 확신합니다. 만일 N2 문법 실력이 부족하다면 『JLPT 콕콕 찍어주마 N2 문법』과 함께 학습하기 바랍니다. 이 책으로 학습한 분들께 좋은 결과가 있기를 진심으로 기원합니다.

끝으로 자료 수집과 분석을 도와준 이한나 님, 감수를 해 주신 米倉安生 님, 이 책의 출판에 도움을 주신 (주)다락원의 정규도 사장님, 그리고 일본어 출판부 직원들에게 이 자리를 빌어 감사를 느낍니다.

저자 이치우

JLPT(일본어 능력시험)에 대하여

1. **목적 및 주최** | JLPT(일본어 능력시험)는 원칙적으로 일본 국내외에서 일본어를 모국어로 하지 않는 사람을 대상으로 하며, 일본어를 공부하거나 사용하는 사람들의 일본어 능력을 측정하고 인정하는 것을 목적으로 한다. 일본 정부가 세계적으로 공인하는 유일한 일본어 시험으로 국제교류기금과 재단법인 일본국제교육지원협회가 주최한다.

2. **실시 횟수** | 매년 7월 첫 번째 일요일과 12월 첫 번째 일요일 2회 실시한다. 하지만 주관 부서의 사정에 따라 변경될 수도 있으니 http://www.jlpt.or.kr/ 에서 확인하기 바란다.

3. **레벨** | 시험은 N1, N2, N3, N4, N5로 나뉘어져 있어 수험자가 자신에게 맞는 레벨을 선택하면 된다. 각 레벨에 따라 N1~N2는 언어지식(문자·어휘/문법)·독해, 청해의 두 섹션으로, N3~N5는 언어지식(문자·어휘), 언어지식(문법)·독해, 청해의 세 섹션으로 나뉘어져 있다.

4. **시험결과 통지와 합격 여부** | JLPT는 다음 예와 같이 각 과목의 ①구분 별 득점과 구분 별 득점을 합계한 ②총점을 통지하며. 이 두 가지 기준에 따라 합격여부를 판정한다. 즉, 총점이 합격점 이상이고, 각 구분별 득점(과목별 점수)이 기준점 이상이어야 합격이 된다.

〈일반 수험자 합격 기준점〉

2017. 7월 시험 기준

레벨	합격점/만점	기준점		
		언어지식	독해	청해
N1	100점 / 180점	19점 / 60점	19점 / 60점	19점 / 60점

* 2017년 7월 시험에서는 총점으로는 100점, 기준점으로는 각각 19점이 모두 넘어야 합격이 되었다. 만약 한 과목이라도 19점을 넘기지 못하면 총점이 100점을 넘더라도 불합격이 된다. 이 점수는 매년 달라진다.

* A씨의 성적표 (예)

	① 구분 별 득점			② 총점
언어지식	독해	청해		
60 / 60	30 / 60	15 / 60	**불합격**	105 / 180

* 총점은 105점으로 합격점은 충족하지만, 청해가 15점으로 기준점 19점을 넘기지 못했다. 따라서 A씨는 불합격이다.

* B씨의 성적표 (예)

	① 구분 별 득점			② 총점
언어지식	독해	청해		
40 / 60	30 / 60	35 / 60	**합격**	105 / 180

* 총점은 105점으로 합격점을 충족하며, 구분별 득점도 모두 19점 이상이므로 B씨는 합격이다.

5. **시험 내용** | 각 레벨의 인정 기준을 【읽기】, 【듣기】라는 언어행동으로 나타낸다. 각 레벨에는 이 언어행동을 실현하기 위한 언어지식이 필요하다.

레벨	구성 (항목 / 시간)		인정 기준
N1	언어지식 (문자·어휘·문법) 독해	110분	폭넓은 장면에서 사용되는 일본어를 이해할 수 있다. 【읽기】• 폭넓은 화제의 신문 논설, 논평 등 논리적으로 약간 복잡한 문장이나 추상도가 높은 문장 등을 읽고, 문장의 구성이나 내용을 이해할 수 있다. • 다양한 화제의 깊이 있는 내용을 읽고, 이야기의 흐름이나 상세한 표현 의도를 이해할 수 있다. 【듣기】• 폭넓은 장면에서 주고받은 자연스러운 속도의 정리된 회화나 뉴스, 강의를 듣고 이야기의 흐름이나 내용, 등장인물의 관계나 내용의 논리 구성 등을 상세하게 이해하거나 요지를 파악할 수 있다.
	청해	60분	
	계	170분	
N2	언어지식 (문자·어휘·문법) 독해	105분	일상적인 장면에서 사용되는 일본어의 이해에 더해, 보다 폭넓은 장면에서 사용되는 일본어를 어느 정도 이해할 수 있다. 【읽기】• 폭넓은 화제의 신문이나 잡지의 기사·해설, 평이한 논평 등 요지가 명쾌한 문장을 읽고 문장의 내용을 이해할 수 있다. • 일반적인 화제에 관한 내용을 읽고, 이야기의 흐름이나 표현 의도를 이해할 수 있다. 【듣기】• 일상적인 장면에 더해 폭넓은 장면에서, 비교적 자연스러운 속도의 정리된 회화나 뉴스를 듣고 이야기의 흐름이나 내용, 등장인물의 관계를 이해하거나 요지를 파악할 수 있다.
	청해	50분	
	계	155분	
N3	언어지식(문자·어휘)	30분	일상적인 장면에서 사용되는 일본어를 어느 정도 이해할 수 있다. 【읽기】• 일상적인 화제에 대한 구체적인 내용의 문장을 읽고 이해할 수 있다. • 신문의 표제어 등에서 정보의 개요를 캐치할 수 있다. • 일상적인 장면에서 눈으로 보는 범위의 난이도가 약간 높은 문장은 대체 표현이 주어지면 요지를 이해할 수 있다. 【듣기】• 일상적인 장면에서 비교적 자연스러운 속도의 정리된 회화를 듣고 이야기의 구체적인 내용을 등장인물의 관계 등과 맞춰서 대체로 이해할 수 있다.
	언어지식(문법)·독해	70분	
	청해	40분	
	계	140분	
N4	언어지식(문자·어휘)	25분	기본적인 일본어를 이해할 수 있다. 【읽기】• 기본적인 어휘나 한자로 이루어진 매우 일상적인 화제의 문장을 읽고 이해할 수 있다. 【듣기】• 일상적인 장면에서 약간 천천히 이야기하는 대화라면 내용을 대체로 이해할 수 있다.
	언어지식(문법)·독해	55분	
	청해	35분	
	계	115분	
N5	언어지식(문자·어휘)	20분	기본적인 일본어를 어느 정도 이해할 수 있다. 【읽기】• 히라가나나 가타카나, 일상생활에서 사용되는 기본적인 한자로 이루어진 정형적 어구나 문장을 읽고 이해할 수 있다. 【듣기】• 교실이나 신변적인 일상생활 중에서도 자주 접하는 장면에서 천천히 이야기하는 짧은 대화라면 필요한 정보를 파악할 수 있다.
	언어지식(문법)·독해	40분	
	청해	30분	
	계	90분	

※ N3 – N5 의 경우, 1교시에 언어지식의 문자·어휘와 문법·독해는 연결 실시됩니다.

6. **성적표 교부** | 합격자에 한해 교부되는 급수별 「일본어 능력 인정서」와 함께 응시자 전원에게 합격·불합격의 결과를 알려주는 통지서, 인정 결과 및 성적에 관한 증명서를 교부한다.

이 책의 구성 및 특징

이 책은 JLPT(일본어 능력시험) N1 문법에 완벽하게 대응되도록 분석·정리하여 JLPT의 출제 경향을 한눈에 파악할 수 있도록 한 수험서이다. 2010년부터 지금까지 출제된 문법 기능어를 철저하게 분석하여 2회 이상 출제된 문법을 「출제 1순위 N1문법 50」, 1회 이상 출제된 문법은 「출제 2순위 N1문법 70」, 앞으로 출제될 가능성이 높은 문법을 「출제 3순위 N1문법 40」으로 나누어 기능어의 설명과 함께 기출문장을 제시하였다. 또한 예문의 형태를 실제 문법 문제 스타일인 '문법형식, 문맥배열, 문장흐름'으로 나누어 제시하여 문제 스타일에 익숙해지도록 배려하였다.

Part 1 합격으로 가는 N1 문법

JLPT(일본어 능력시험) N1 문법으로 제시된 160개 기능어를 중요도 순으로 「출제 1순위 N1 문법 50」「출제 2순위 N1 문법 70」「출제 3순위 N1 문법 40」으로 구성·편집하였다. 또한 실제 시험에 나온 문장을 출제 연도와 함께 제시하여 출제 경향을 한눈에 파악할 수 있도록 하였으며, 문법 설명과 출제 가능성이 높은 예문을 시험의 문제 유형 1·2·3으로 나누어 기능어가 가진 역할과 함께 문제 패턴을 충분히 이해할 수 있도록 제시해 놓았다. 한편, 10개 기능어 학습 후에는 각각 실전문제로 재점검할 수 있도록 구성하여 완벽한 시험 대비가 가능하도록 하였고, 각 실전문제에는 관련 기능어 번호를 부여하여 확인할 수 있도록 하였다. 예를 들어 기능어 번호가 「023·088」이라면 023의 기능어가 주된 핵심 문법이고 또한 088의 기능어가 키워드로 작용하고 있음을 나타낸다.

Part 2 점수를 UP시키는 N1 문법

Part2에서는 문법 기능어 외에 시험에서 자주 출제되는 ①경어, ②사역·수동·사역수동표현, ③조사, ④접속사·부사·기타로 총 4개 섹션으로 나누어 설명과 함께 시험에서 출제된 기출문장과 출제 가능성이 높은 예문을 실어 놓았다.
주로 문제3 '문장의 문법' 문제에서 괄호 안에 들어가는 형태로 출제되고 있지만, 문법 형식에서도 출제되고 있으므로 간과해서는 안 될 분야이다.

부록

JLPT(일본어 능력시험) N1 문법 시험과 같은 형식의 파이널 테스트를 4회 수록하여 마무리 점검을 할 수 있도록 하였다. 정답이 실려 있으며, 해석은 홈페이지에서 다운받거나 QR코드를 통해 바로 확인할 수 있다. 또 「JLPT N1 문법 출제표」를 수록하여 시험에 임하기 전 복습·정리할 수 있으며, 히라가나 순으로 배열되어 있으므로 찾고 싶은 문법을 바로 찾을 수 있다.

차례

- 머리말 03
- JLPT(일본어 능력시험)에 대하여 04
- 이 책의 구성 및 특징 06
- N1 문법 문제 유형 분석 08
- 이 책의 학습 방법 10

PART1 합격으로 가는 N1 문법

1. **출제1순위 N1 문법 50** 13
   콕콕 실전문제 1회~5회
2. **출제2순위 N1 문법 70** 95
   콕콕 실전문제 6회~12회
3. **출제3순위 N1 문법 40** 199
   콕콕 실전문제 13회~16회

PART2 점수를 UP시키는 N1 문법

1. **N1 문법 경어** 257
   콕콕 실전문제 17~18회
2. **N1 문법 사역·수동·사역수동표현** 283
   콕콕 실전문제 19회
3. **N1 문법 조사** 293
   콕콕 실전문제 20회
4. **N1 문법 접속사·부사·기타** 307
   콕콕 실전문제 21회

부록

1. JLPT N1 파이널 테스트 1~4회 330
2. JLPT N1 문법 출제표 346
3. 콕콕 실전문제 및 파이널 테스트 정답 362
4. 파이널 테스트 해답 용지 367

N1 문법
문제 유형 분석

JLPT(일본어 능력시험) N1 문법 문제는 「문장의 문법 1 (문법형식 판단)」, 「문장의 문법 2 (문맥배열)」, 「글의 문법 (문장흐름)」의 3가지 패턴으로 출제된다.

問題5 　 문장의 문법1(문법형식)

　( )안에 알맞은 표현을 넣어 문장을 완성하는 문제로, 기능어 외에도 회화체 표현을 묻는 문제도 출제되고 있다. 문제 수는 10문제이며 변경될 경우도 있다. 어려운 기능어보다는 일반적이고 일상생활에서 자주 쓰는 표현, 경어, 조사 등을 묻는 문제가 출제되고 있다.

26　人気作家A氏の講演会が無料（　　）、多くのファンが詰めかけた。(2011.7)
　　1 にして　　　2 にあって　　　3 として　　　4 とあって

28　この鍋は、いため物に、揚げ物に（　　）何にでも使えて便利です。(2011.7)
　　1 は　　　2 と　　　3 や　　　4 か

해석
26　인기 작가 A씨의 강연회가 무료라서, 많은 팬이 몰려들었다.
28　이 냄비는 볶음에 튀김으로 무엇에든 쓸 수 있어서 편리합니다.

問題6 　 문장의 문법2(문맥배열)

　문장을 바르게 그리고 뜻이 통하도록 배열하여 문장을 만드는 문제이다. 4개의 밑줄이 그어져 있고, 그 중 한 개의 밑줄에 ★ 표시가 되어 있다. 문장을 알맞게 배열하고 ★ 표시가 있는 부분에 해당하는 문장을 찾으면 된다. 문제 수는 5문제이며 변경될 경우도 있다.

36　大学入試では、試験当日初めてその大学に行き、迷ってしまった ＿＿＿＿
　　＿＿＿＿　★　＿＿＿＿ 事前に見学しておくとよい。(2011.7)
　　1 ない　　　2 という　　　3 ように　　　4 ことの

해석
36　(2413-という ことの ない ように)
　　대학입시에서는, 시험 당일 처음으로 그 대학에 가서, 길을 헤매버렸다는 일이 없도록 사전에 견학해 두면 좋다.

問題7 글의 문법(문장흐름)

 공란에 들어갈 가장 좋은 것을 고르는 문제로 5문제가 출제되며 변경될 경우도 있다. 문장의 흐름에 맞는 글인지 어떤지를 판단할 수 있는가를 묻는 데에 출제 목적이 있다. 공란에는 반드시 N1 기능어가 사용되지는 않으며, 문장의 흐름에 맞는 문법 요소나 어휘, 접속사·부사 등이 많이 나온다.

(2011.7)

広告主の品位

　きょうはCMの中身ではなく、CMの出し方について、広告主の人たちにお願いをしたい。

　番組の途中にCMが　41　。が、モンダイはその入り方のタイミングだ。たとえば、歌やものまねのうまさを競い合う番組の中で、いざ、審査員の点数が出ようとするその直前に、ポンとCMが割って入る。あるいは、クイズ番組の中で正解が発表されようとするその瞬間に、サッと画面がCMに入れ替わる。ああいうせこいことは　42　。

　あれは広告主がやっているわけでなく、番組を作っているテレビ局の人の考えでやっているんだろう。が、それだったら、そういういやらしいCMの入れ方はしないでほしいと、テレビ局の人に注文をつけてもらいたい。

　　43-a　、みんながテレビの前で身を乗り出している瞬間にCMを入れれば、見られる　43-b　。が、わざわざ番組の流れを断ち切り、視聴者の感興をそいでまで強引にCMを見せようとするやり方って、さもしくないだろうか。みっともなくないだろうか。…

（天野祐吉　朝日新聞2008年4月15日付朝刊による）

41

1　入るのにいい　　　　　　2　入るのがいいのか
3　入るのはいい　　　　　　4　入るのでいいのか

42

1　やめようと思う　　　　　2　やめてほしいのだ
3　やめるのだろうか　　　　4　やめられるものではない

43

1　a　やはり　　　/ b　ところだった
2　a　いったい　　/ b　のか
3　a　といっても　/ b　わけでもない
4　a　たしかに　　/ b　ことは間違いない

이 책의
학습 방법

PART 1

① 우선 기능어의 뜻과 접속 형태를 확인한다.
② 어떤 경우에 쓰이는지 설명을 잘 읽고 자주 쓰는 형태도 함께 기억한다.
③ 2010년 이후 출제된 기출문장을 보고 출제 경향을 파악한다.
④ 다양한 예문을 통해 쓰임새 및 접속 등을 이해한다.
⑤ 콕콕실전문제를 통해 기능어를 확인하고, 틀렸을 경우 설명과 쓰임새를 다시 한번 숙지한다.

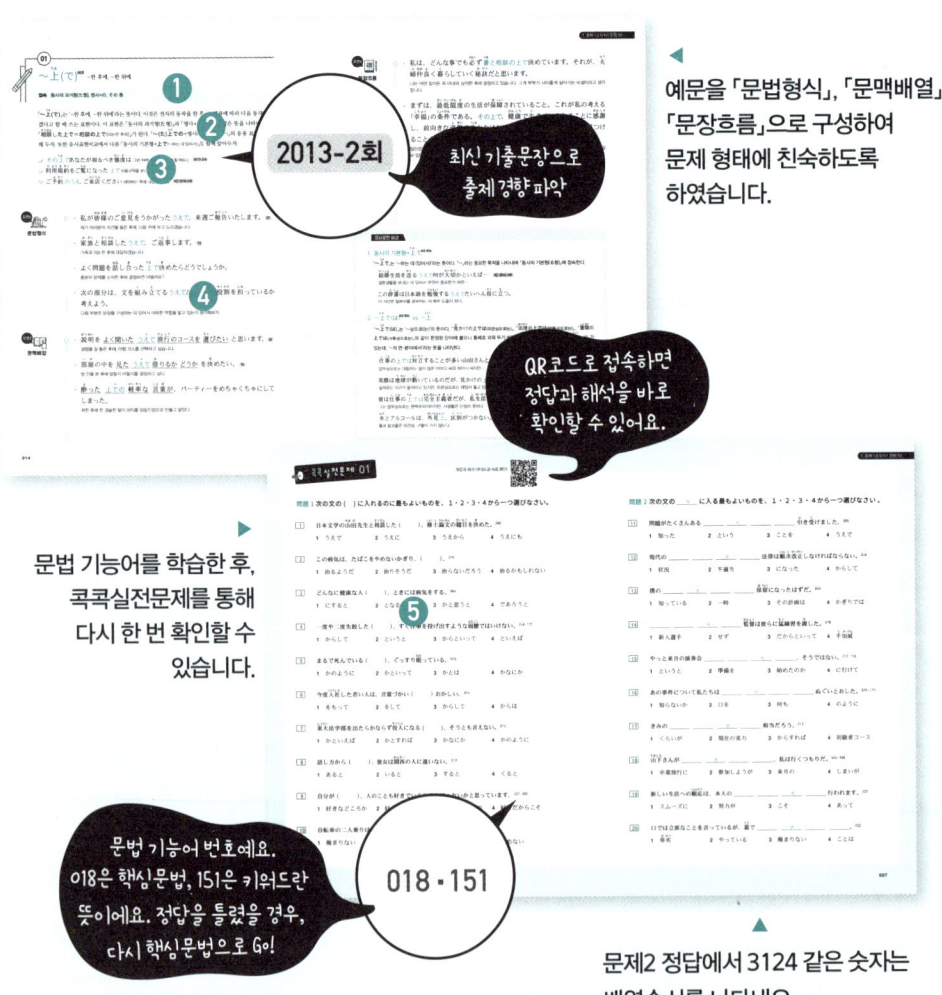

2013-2회
최신 기출문장으로
출제경향 파악

예문을 「문법형식」, 「문맥배열」,
「문장흐름」으로 구성하여
문제 형태에 친숙하도록
하였습니다.

QR코드로 접속하면
정답과 해석을 바로
확인할 수 있어요.

문법 기능어를 학습한 후,
콕콕실전문제를 통해
다시 한 번 확인할 수
있습니다.

018 · 151

문법 기능어 번호예요.
018은 핵심문법, 151은 키워드란
뜻이에요. 정답을 틀렸을 경우,
다시 핵심문법으로 Go!

문제2 정답에서 3124 같은 숫자는
배열순서를 나타내요.

PART 2

1. Part2는 경어, 사역·수동·사역수동표현, 조사, 접속사·부사·기타로 4가지 섹션으로 구성되어 있다.
2. 제시된 표현과 해석을 잘 보고 기출문장과 예문으로 그 쓰임새를 파악한다.
3. 시험에 출제된 문장을 보고 출제 경향을 파악한다.
4. 파이널 테스트 문제를 통해 시험 전 자기실력을 최종 점검한다.
5. 문법기능어를 찾거나 시험 전 문법을 정리할 때는 「문법 출제표」를 이용한다.

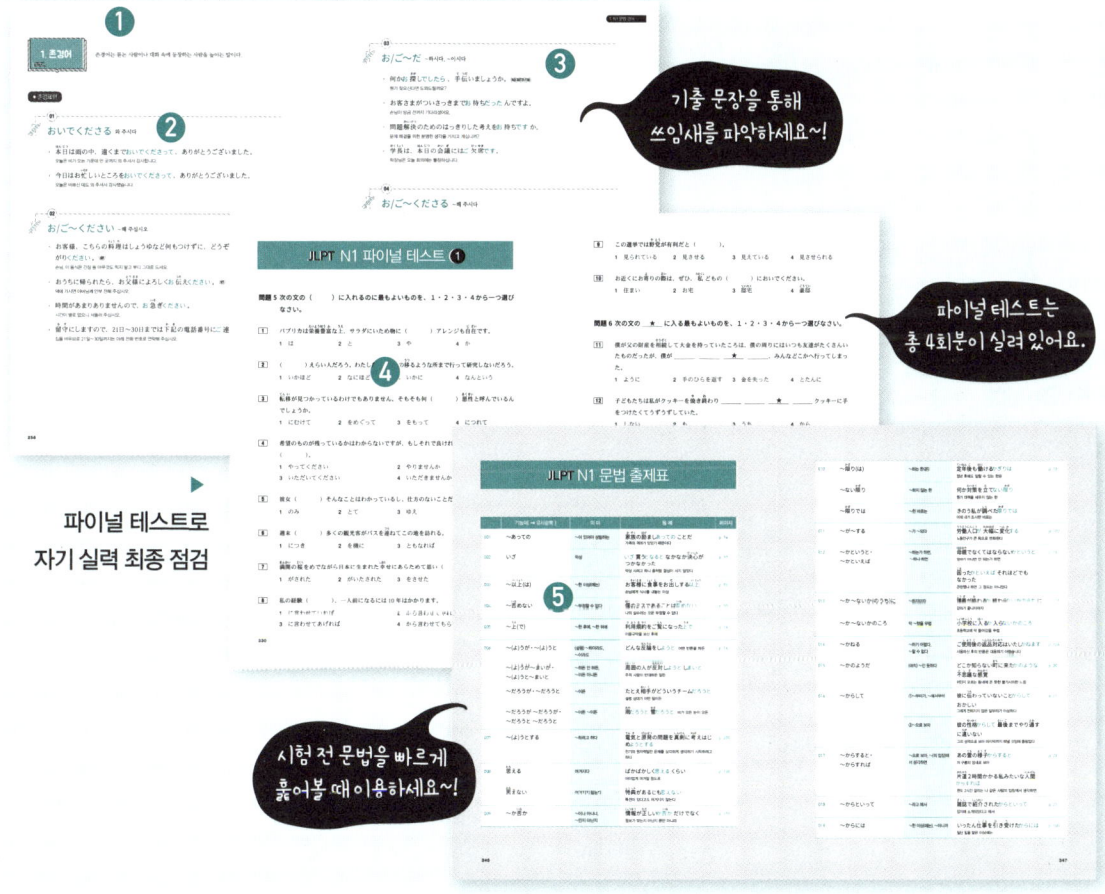

파이널 테스트로 자기 실력 최종 점검

기출 문장을 통해 쓰임새를 파악하세요~!

파이널 테스트는 총 4회분이 실려 있어요.

시험 전 문법을 빠르게 훑어볼 때 이용하세요~!

학습자를 위해 준비했습니다!

1. **N1 문법 문제은행** 다락원 홈페이지 학습자료실에서 N1문법 문제를 추가로 제공.
2. **파이널테스트 추가 제공** 다락원 홈페이지 학습자료실에서 N1문법 파이널 테스트 4회분을 추가로 제공.
3. **정답 및 해석 바로 확인** 다락원 홈페이지 학습자료실에서 다운로드 또는 스마트폰으로 QR코드로 찍어서 바로 확인 가능.

Part 1

합격으로 가는
N1 문법

N1 문법 50

2010년부터 지금까지 출제된 일본어 능력시험 N1 기출문법을 철저히 분석하여 출제 1순위 문법 50개를 선정하였다. 2회 이상 실제 시험에 반복적으로 출제되고 있는 만큼 꼭 숙지해야 할 문법 기능어일 것이나. 기능어 우측의 숫자는 부록 「일본어 능력시험 N1 문법 출제표」의 번호를 나타낸다.

01

～上(で) 〜한 후(에), 〜한 뒤(에)

접속 동사의 과거형(た형), 명사+の, その 등

「～上(で)」는 '〜한 후(에), 〜한 뒤(에)'라는 뜻이다. 이것은 전자의 동작을 한 후, 그 결과에 따라 다음 동작을 하겠다고 할 때 쓰는 표현이다. 이 표현은 「동사의 과거형(た형)」과 「명사+の」에 붙어 같은 뜻을 나타낸다. 즉, 「相談した上で=相談の上で(의논한 후에)」가 된다. 「～(た)上での+명사(〜한 후에 내린 〜)」의 응용 표현도 기억해 두자. 또한 유사표현비교에서 다룬 「동사의 기본형+上で(〜하는 데 있어서)」도 함께 알아두자.

- ☑ その上であなたが取るべき態度は 그런 뒤에 당신이 취해야 할 태도는 2013-2회
- ☑ 利用規約をご覧になった上で 이용규약을 보신 후에 2013-1회
- ☑ ご予約のうえ、ご来店ください 예약하신 후에 내점해주세요 N2 2010-2회

문법형식

- 私が皆様のご意見をうかがったうえで、来週ご報告いたします。 03
  제가 여러분의 의견을 들은 후에, 다음 주에 보고 드리겠습니다.

- 家族と相談したうえで、ご返事します。 92
  가족과 의논한 후에 대답하겠습니다.

- よく問題を話し合った上で決めたらどうでしょうか。
  충분히 문제를 논의한 후에 결정하면 어떨까요?

- 次の部分は、文を組み立てるうえでどのような役割を担っているか考えよう。
  다음 부분은 문장을 구성하는 데 있어서 어떠한 역할을 맡고 있는지 생각해보자.

문맥배열

- 説明を よく聞いた うえで 旅行のコースを 選びたい と思います。 01
  설명을 잘 들은 후에, 여행 코스를 선택하고 싶습니다.

- 部屋の中を 見た うえで 借りるか どうか を決めたい。 96
  방 안을 본 후에 빌릴지 어떨지를 결정하고 싶다.

- 酔った 上での 軽率な 言葉が、パーティーをめちゃくちゃにしてしまった。
  취한 후에 한 경솔한 말이 파티를 엉망진창으로 만들고 말았다.

유형3 문장흐름

- 私は、どんな事でも必ず妻と相談の上で決めています。それが、夫婦仲良く暮らしていく秘訣だと思います。
  나는 어떤 일이든 꼭 아내와 상의한 후에 결정하고 있습니다. 그게 부부가 사이좋게 살아가는 비결이라고 생각합니다.

- まずは、最低限度の生活が保障されていること。これが私の考える「幸福」の条件である。その上で、健康で生きていられることに感謝し、前向きな姿勢を失わなければ、誰でも「幸福」や「希望」を見つけることができるだろう。
  일단은 최소한의 생활이 보장되어 있을 것. 이것이 내가 생각하는 '행복'의 조건이다. 그런 뒤에 건강하게 살아갈 수 있다는 것에 감사하고, 긍정적인 자세를 잃지 않으면 누구나 '행복'과 '희망'을 발견할 수 있을 것이다.

유사표현 비교

1. 동사의 기본형+上で N2 006

「~上で」는 '~하는 데 (있어서)'라는 뜻이다. '~'라는 중요한 목적을 나타내며 「동사의 기본형(る형)」에 접속한다.

- 結婚生活を送るうえで何が大切かといえば… N2 2016-2회
  결혼생활을 보내는 데 있어서 무엇이 중요한가 하면…
- この辞書は日本語を勉強するうえでたいへん役に立つ。
  이 사전은 일본어를 공부하는 데 매우 도움이 된다.

2. ~上で(は) N2 006 **vs ~上**

「~上で(は)」는 '~상으로(는)'의 뜻이다. 「見かけの上では(외관상으로는)」, 「法律の上では(법률상으로는)」, 「書類の上では(서류상으로는)」와 같이 한정된 단어에 붙으니 통째로 외워 두기 바란다. 이와 비슷한 표현으로 「~上(~상)」가 있는데, '~의 면·분야에서'라는 뜻을 나타낸다.

- 仕事の上では対立することが多い山田さんと林さんだが… N2 2013-1회
  업무상으로는 대립하는 일이 많은 야마다 씨와 하야시 씨지만…
- 実際は地球が動いているのだが、見かけの上では太陽が回っているように見える。
  실제로는 지구가 움직이고 있지만, 외관상으로는 태양이 돌고 있는 것처럼 보인다.
- 彼は仕事の上では完全主義者だが、私生活はだらしない。
  그는 업무상으로는 완벽주의자이지만, 사생활은 단정치 못하다.
- 水とアルコールは、外見上、区別がつかない。
  물과 알코올은 외견상, 구별이 가지 않는다.

02

～(よ)うが・～(よ)うと (설령) ~하더라도, ~이라도
～(よ)うが～まいが・～(よ)うと～まいと
~하든 안 하든, ~이든 아니든
～だろうが・～だろうと ~이든
～だろうが～だろうが・～だろうと～だろうと 006 ~이든 ~이든

접속 동사의 의지형+が(동사의 기본형 등+まいが) / 동사의 의지형+と(동사의 기본형 등+まいと) / 명사+だろうが・だろうと / い형용사 어간+かろうが・かろうと

「～(よ)うが・～(よ)うと」는 '(설령) ~하더라도, ~이라도'라는 뜻으로, 「～」에 제시된 조건에 관계없이 뒷일이 성립함을 가리키며, 「～(う)と～(う)と(~하든 ~하든)」의 형태로도 쓰인다. 「～(よ)うが～まいが・～(よ)うと～まいと」는 '~하든 안 하든(~와는 상관없이), ~이든 아니든'이라는 뜻으로, 주로 어느 쪽이 좋을지 망설이거나 생각할 때 쓴다.
그리고 「명사+だろうが・だろうと、명사+だろうが・だろうと」는 '~이든 ~이든'의 표현이며, 「～だろうが・～だろうと(~이든)」과 같이 단독으로 쓰이는 경우도 있다. い형용사가 올 경우에는 어미 「～い」가 「～かろうが」 또는 「～かろうと」로 변한다.

- ☑ どんな反論をしようと 어떤 반론을 하든 **2016-1회**
- ☑ たとえ相手がどういうチームだろうと 설령 상대가 어떤 팀이든 **2013-2회**
- ☑ 雨だろうと雪だろうと 비가 오든 눈이 오든 **2012-2회**
- ☑ どんな悪人であろうと 어떤 악한이라도 **2012-1회**
- ☑ たばこの値段が上がろうと下がろうと 담배 가격이 오르든 내리든 **2012-1회**

유형1 문법형식

- 誰が何と言おうと、私の決意は変わりません。 **07**
  누가 뭐라 하든 내 결의는 변함없습니다.

- 周囲の人が反対しようとしまいと、私の気持ちは変わらない。 **04**
  주위 사람이 반대하든 말든 내 마음은 변하지 않는다.

- 全員集まろうが集まるまいが、予定どおりに審議を始めなくてはならない。 **00**
  전원이 모이든 모이지 않든 예정대로 심의를 시작하지 않으면 안 된다.

- ベストを尽くしてやれば、成功しようとしまいと関係ないのではないか。 **95**
  최선을 다해서 하면, 성공하든 안 하든 관계없지 않을까?

- どんな悪人であろうと、心のどこかに良心は残っているはずだ。 93
어떤 악한이라도 마음 어딘가에 양심은 남아 있을 것이다.

- 低血圧だろうが、高血圧だろうが、夜早く寝れば朝は起きられるはずだ。
저혈압이든 고혈압이든 밤에 일찍 자면 아침에는 일어날 수 있을 것이다.

- どんなに高かろうと、どうしても手に入れたいんだ。
아무리 비싸도 꼭 손에 넣고 싶어.

- 国会議員 だろうが 公務員だろうが★ 税金は 納めなければ ならない。 05
국회의원이든 공무원이든 세금은 납부하지 않으면 안 된다.

- だれが 何と★ 言おうと 謝る 気は 全くない。 02
누가 뭐라 하든 사과할 생각은 전혀 없다.

- 彼女が 結婚 しようと★ ぼくには 一切 関係のないことだ。
그녀가 결혼하더라도 나하고는 일절 관계없는 일이다.

- 雨が 降ろうと 降るまいと★ 必ず 予定どおりに 出発します。
비가 오든 안 오든 반드시 예정대로 출발하겠습니다.

- 高かろう が 高くなかろうが★ 欲しい ものは 欲しい。
비싸든 비싸지 않든 갖고 싶은 것은 갖고 싶다.

- 相手が国内だろうが全世界だろうが、とにかく勝つというのが、彼のやり方だ。仲間の私たちにとっては、まことに頼もしい限りだ。
상대가 국내든 전 세계든, 어쨌든 이긴다는 게 그 사람의 방식이다. 동료인 우리들로서는 정말로 너무 믿음직하다.

- 彼がいかに困ろうが、私の知ったことではない。私の度重なる忠告を無視して好き勝手なことをし続けたのだから。
그가 아무리 곤란하더라도 내가 알 바 아니다. 나의 거듭된 충고를 무시하고 계속 제멋대로 굴었으니까.

> ### 의지형 「~(よ)う」와 부정의 조동사 「~まい」
> ▶ 의지형 「~(よ)う」는 1그룹동사(5단동사)의 경우 어미 「ウ단」을 「オ단」으로 바꾸고 「~う」를 붙이며, 2그룹동사(1단동사)의 경우는 어미 「る」를 없애고 「~よう」를 붙이면 된다.
> ▶ 부정의 조동사 「~まい」는 1그룹동사(5단동사)의 경우 기본형에 붙고, 2그룹동사(1단동사)의 경우는 일반적으로 어미 「る」를 없애고 「~まい」를 붙이면 된다.

03 ～限り(は) / ～ない限り / ～限りでは

~하는 한(은) / ~하지 않는 한 / ~한 바로는

접속 동사의 기본형(る형)·가능동사(가능형)·과거형(た형)·부정형(ない형), い형용사의 기본형, な형용사의 연체형(な형), 명사+である·でない, 명사 등

「限り」는 동사 限る(한정하다)가 명사화 하여 문법화된 것이다. '시간적인 한계나 수량·정도의 한계, 한도, 끝'을 나타내며, 그로부터 형식명사로써 '그 범위내의 모든 것, 한계까지'라는 뜻을 나타내게 되었다. 대표적인 예로 紙面にかぎりがあるので(지면에 한계가 있으므로), 上を見れば限りがない(위를 보면 한이 없다), 今度限りで(이번을 끝으로), 虫たちが今を限りと鳴いている(벌레들이 지금이 마지막이라는 듯 울고 있다), 力の限り(힘껏), 今回限り(이번만), 当日限り有効(당일에 한해 유효), 学生に限り(학생에 한해), この限りではない(이에 한하지 않는다) 등이 있다. 「～限り(は)」는 '~하는 한(은)'의 뜻으로, 「～」의 상태가 계속되는 있는 동안에는 뒤에 상태가 계속된다는 것을 나타낸다. 「～ない限り」는 '~하지 않는 한', 「～限りでは」는 '~한 바로는'의 뜻으로 판단의 근거가 되는 범위를 한정할 때 쓴다.

☑ 応援してくれるファンが一人でもいる限り 응원해주는 팬이 한 명이라도 있는 한 2017-1회
☑ 定年後も働けるかぎりは働きたい 정년 후에도 일할 수 있는 한은 일하고 싶다 2014-1회

문법형식

- きのう私が調べた限りでは、工場の機械に問題はなかった。 09
  어제 내가 조사한 바로는 공장의 기계에 문제는 없었다.

- 何か対策を立てない限り、今後も増えることはないだろう。 00
  뭔가 대책을 세우지 않는 한, 앞으로도 늘어날 일은 없을 것이다.

- 社会人であるかぎりは、自分の行動に責任を持つべきだ。
  사회인인 한은 자신의 행동에 책임을 져야 한다.

문맥배열

- 私の 見る かぎりでは 彼は★ 信頼できる 人物だ。 01
  내가 보는 바로는 그는 신뢰할 수 있는 인물이다.

- ここは夜遅く 一人で 歩かない かぎり★ 安全で ある。 95
  이곳은 밤 늦게 혼자서 걷지 않는 한 안전하다.

문장흐름

- お力になれるかどうかはわかりませんが、できる限りのことはさせていただきますよ。困ったときはお互い様ですから、気になさらないでください。
  힘이 될 수 있을지 어떨지는 모르겠지만, 할 수 있는 한의 일은 하겠습니다. 곤란할 때는 서로 마찬가지니까요, 걱정하시지 마세요.

04 〜かというと・〜かといえば [012] ~하는가 하면, ~하냐 하면

접속 동사의 기본형(る형), 동사의 과거형(た형), い형용사의 종지형, なに 등

「〜かというと・〜かといえば」는 '~하는가 하면, ~하냐 하면'이라는 뜻으로, '~의 원인·이유·사정을 말하면' 등의 의미를 내포하고 있다. 의문문을 받는 형태로, 제시된 의문에 대답할 때 서두로 쓴다. 관용적으로 쓰이는 「何かというと・何かといえば(툭하면, 입만 뻥긋하면, 기회만 있으면, 늘)」「どちらかというと・どちらかといえば(어느 쪽인가 하면)」도 잘 익혀 두자.

참고 「〜かというと・〜かといえば」의 회화체는 「〜かっていうと・〜かっていえば」이다.

- より丈夫になる**かというと**そういうものでもなく 보다 튼튼해지는가 하면 그렇지도 않고　**2014-2회**
- 宇宙飛行士になるつもりだった**かっていうと** 우주비행사가 될 작정이었는가 하면　**2011-1회**
- 母親でなくてはならない**かというと** 엄마가 아니면 안 되는가 하면　**2010-1회**

문법형식

- 文章がうまければ誰でも作家になれる**かというと**、そんなことはない。 **09**
  문장에 능하면 누구라도 작가가 될 수 있는가 하면, 그렇지는 않다.

- 部長と課長は**何かというと**意見が対立する。 **97**
  부장과 과장은 툭하면 의견이 대립된다.

문맥배열

- きのう財布を忘れて出かけたが、困った かといえば それほど でも なかった。 **02**
  어제 지갑을 깜빡하고 나섰는데, 곤란했나 하면 그 정도는 아니었다.

- 老人の自殺が問題になっているが、一人暮らしの 老人の 自殺率が 高い かというと 実はそうではない。
  노인의 자살이 문제가 되고 있지만, 독거 노인의 자살률이 높은가 하면, 사실 그렇지는 않다.

문장흐름

- 仕事の量が多いと大変である。しかし仕事が多いほど忙しくなる**かというと**そうでもないと思う。忙しければ忙しいほど、それだけ時間を使うのがうまくなるからだ。
  업무량이 많으면 힘들다. 그러나 일이 많은 만큼 바빠지는가 하면 그렇지도 않은 것 같다. 바쁘면 바쁠수록, 그만큼 시간을 쓰는 게 능숙해지기 때문이다.

05 〜かのようだ015 (마치) ~인 듯하다

접속 동사의 기본형(る형), 과거형(た형)·진행형(ている형), 명사+である 등

「〜かのようだ」는 '(마치) ~인 듯하다'라는 뜻으로, 무언가에 비유하여 강조할 때 쓰는 표현이다. 응용표현에 「〜かのように(~인 것처럼, ~인 양)」「〜かのような+명사(~인 듯한~)」가 있다. 또한 이와 유사한 표현인 「〜かのごとく(~인 것처럼)」와 「〜かのごとき(~인 듯한)」도 함께 익혀두자.

☑ どこか知らない町に来た**かのような**不思議な感覚 어딘지 모르는 동네에 온 듯한 불가사의한 느낌 `2015-2회`

- 賞をもらったのは弟だというのに、彼女の喜ぶ様子は自分が賞をもらった**かのようだ**。 `09`
  상을 받은 것은 남동생인데, 그녀가 기뻐하는 모습은 마치 자기가 상을 받은 듯하다.

- 人々の期待や噂話だけで、あたかも好景気になった**かのような**状態になることがバブルです。
  사람들의 기대나 소문만으로, 마치 경기가 좋아진 듯한 상태가 되는 것이 버블입니다.

- その二人は貧しかったが、世界中が自分たちのものである**かのごとく**幸せであった。
  그 두 사람은 가난했지만 전 세계가 자신들의 것인 것처럼 행복해했다.

- まだ3月のはじめなのにとても暑い。まるで 夏に なった ★ **かの** ようだ。
  아직 3월 초인데 아주 덥다. 마치 여름이 된 것 같다. `93`

- 彼女はまるで 母親 ★ であるか のように 優しく 私を慰めてくれた。
  그녀는 마치 엄마인 양 다정하게 나를 위로해 주었다.

- その男はそのことを知っているはずなのに 全く聞いた ことがない **かのごとき** ★ 態度だった。
  그 남자는 분명 그 사실을 알고 있을 텐데 전혀 들은 적이 없는 듯한 태도였다.

- 急に冷え込んで、今朝は**まるで冬が来たかのようだ**。そろそろセーターやコートを出して、冬服の準備をしなければならない。
  갑자기 추워져서, 오늘 아침은 마치 겨울이 온 것 같다. 슬슬 스웨터나 코트를 꺼내, 겨울옷 준비를 해야 겠다.

06 ～からして ① ~부터가, ~에서부터 ② ~으로 보아

접속 명사

「～からして」는 '① ~부터가, ~에서부터'라는 뜻이다. 이것은 보통은 그다지 문제시되지 않는 것을 굳이 지적하여 '그것부터가 (그렇고 나머지도)'라는 뜻으로 부정적인 기분을 강조하는 경우에 많이 쓰인다. 그리고 '② ~으로 보아'라는 뜻으로 판단의 실마리, 즉 근거를 나타내는 경우에도 쓰인다. 「～からすると・～からすれば」, 「～からみて」 등과 같은 뜻이다.

- 彼の性格からして最後までやり通すに違いない 그의 성격으로 보아, 마지막까지 해낼 것임에 틀림없다 **2010-2회**
- 彼に伝わっていないことからしておかしい 그에게 전해지지 않은 일부터가 이상하다 **2010-1회**

문법형식

- 田中さんのプランは、その発想からして独特だ。 **00**
  다나카 씨의 계획은 그 발상부터가 독특하다.

- この会社は社長からしてたいへん勤勉だ。
  이 회사는 사장부터가 매우 근면하다.

- 彼の言葉のアクセントからして、東北出身ではないだろう。
  그의 말투의 악센트로 보아 동북 출신이 아닐 것이다.

문맥배열

- 私は彼のことが大嫌いだ。彼の話し方や 服装 からして がまん なら ない。 **03**
  나는 그를 무척 싫어한다. 그의 말투나 복장부터가 참을 수 없다.

- 父は 症状 からして どうも ガンになった らしい。
  아버지는 증상으로 보아 아무래도 암에 걸린 것 같다.

- この手紙は 筆跡 からして 彼が 書いた ものに違いない。
  이 편지는 필적으로 보아 그가 쓴 것임에 틀림없다.

문장흐름

- 私は彼が嫌いだ。その態度からして許せない。顔も見たくないぐらいだ。私がこんなに嫌っているのだから、多分彼も私が嫌いだろう。
  나는 그를 싫어한다. 그 태도부터가 용서할 수 없다. 얼굴도 보고 싶지 않을 정도이다. 내가 이렇게 싫어하니까, 아마 그 사람도 나를 싫어할 것이다.

07 〜からすると・〜からすれば ~으로 보아, ~(의 입장)에서 생각하면

접속 명사

「〜からすると・〜からすれば」는 '~으로 보아, ~(의 입장)에서 생각하면'이라는 뜻으로, 어떠한 입장에서 사물을 바라보고 판단·평가하느냐 하는 말하는 사람의 시점을 나타낸다. 즉 그 입장에 서서, 또는 그것에 주목해서 생각하면 어떠한지를 말할 때 쓴다.

☑ 片道2時間かかる私みたいな人間**からすれば** 편도 2시간 걸리는 나 같은 사람의 입장에서 생각하면 [2013-1회]

유형1 문법형식

- あの雲の様子**からすると**、明日は雨だろう。 [08]
  저 구름의 낌새로 보아 내일은 비가 올 것이다.

- 話し方**からすると**、彼は東京の人ではないようだ。 [92]
  말투로 보아, 그는 도쿄 사람이 아닌 것 같다.

- 親の立場**からすれば**、学校が週休2日制になることは必ずしもありがたいことではない。
  부모의 입장에서 생각하면 학교가 주5일제가 되는 것은 반드시 고마운 일은 아니다.

유형2 문맥배열

- さっきの 態度 **からすると** あの人は あやまる★ 気は 全然なさそうだ。 [01]
  조금 전의 태도로 보아, 저 사람은 사과할 생각이 전혀 없는 것 같다.

- その事実は、科学の 観点 **からすれば**★ 非常に 重大だ。
  그 사실은 과학의 관점에서 생각하면 상당히 중요하다.

- 欧米人の 感覚から す★れば 日本の土地は けたはずれに高い。
  구미인의 감각에서 보면 일본 땅은 엄청나게 비싸다.

유형3 문장흐름

- 私の母が50歳で手術をしたとき、75歳の祖母はとても心配していた。親**からすると**、何歳になっても子供は子供なのだ。
  나의 어머니가 쉰 살에 수술을 했을 때, 75살인 할머니는 무척 걱정하셨다. 부모의 입장에서 보면, 몇 살이 되든 자식은 자식인 것이다.

08

～からといって[018]　~라고 해서

접속　동사의 보통형(る형, た형, ない형), い형용사의 기본형, な형용사의 기본형, 명사+だ

「～からといって」는 '~라고 해서'라는 뜻으로, 「～」을 근거로 해서 내려진 판단이 옳다고는 말할 수 없다는 의미이다. '아무리 그렇더라도 ~해서는 곤란하다, 단지 그렇다고 해서 ~할 것은 없다'라는 뉘앙스로, 말하는 사람의 판단이나 비판을 나타낼 때 자주 쓴다. 뒤에는 주로 「～(という)わけではない(~(라는) 것은 아니다)」, 「～とはかぎらない(~라고는 할 수 없다)」, 「～とはいえない(~라고는 말할 수 없다)」 등의 부분부정 문장이 온다. 또 접속사 표현인 「だからといって(그렇다고 해서)」도 함께 알아 두자.

- ☑ 多くとった**からといって**より丈夫になるかというと　많이 섭취했다고 해서 보다 튼튼해지는가 하면　2014-2회
- ☑ 雑誌で紹介された**からといって**おいしいというわけではない
  잡지에 소개되었다고 해서 맛있는 것은 아니다　2011-2회

문법형식

- しばらく連絡がない**からといって**、そんなに心配することないよ。09
  오랫동안 연락이 없다고 해서 그렇게 걱정할 필요는 없어.

- 一度ぐらい断られた**からといって**、そんなに簡単にあきらめないでください。07
  한 번 정도 거절당했다고 해서 그렇게 쉽게 단념하지 마세요.

- 親が頭がいい**からといって**、子どもも必ずしも頭がいいとはかぎらない。92
  부모가 머리가 좋다고 해서 자식도 꼭 머리가 좋다고는 할 수 없다.

문맥배열

- 説明を　聞いた　**からといって**　すぐに　できる　というものでもない。96
  설명을 들었다고 해서 바로 할 수 있는 것도 아니다.

- いくら　お金が　たくさんある　**からといって**　使いすぎる　のはよくない。
  아무리 돈이 많이 있다고 해서 지나치게 쓰는 것은 좋지 않다. 93

문장흐름

- 君の言っていることは正しい。だが、**だからといって**、皆が賛成するとは限らない。正論が必ずしも通用するというわけではないんだ。
  자네가 말하는 것은 옳네. 하지만, 그렇다고 해서 모두가 찬성한다고는 할 수 없지. 정론이 반드시 통용되는 것은 아니야.

09 ～極まる・～極まりない 022 ~하기 짝이 없다, 극히 ~하다

접속 な형용사의 어간

「～極まる・～極まりない」는 '~하기 짝이 없다, 극히 ~하다'라는 뜻으로 극한의 한도나 상태에 이르렀음을 나타낸다. 흔히 화자가 감정적으로 말할 때 쓴다. 보통「～極まりない」의 꼴이 사용되지만, 無作法極まる (무례하기 짝이 없다), 丁重極まる(너무나 정중하다), 不愉快極まる(불쾌하기 짝이 없다)라는 형태도 있다.

- ☑ 危険極まりない行為だ 위험하기 짝이 없는 행위이다 **2013-2회**
- ☑ 間違い電話をかけてきて謝りもしないとは、失礼極まりない
  전화를 잘못 걸어서는 사과도 하지 않다니 매우 실례이다 **2010-1회**

유형1 문법형식

- 他人のたばこの煙を吸わされるのは、迷惑きわまりない。 **06**
  다른 사람의 담배 연기를 맡게 되는 것은 너무나 민폐이다.

- 子どもたちが学校へ通う道なのに、信号がないのは危険きわまりない。 **03**
  아이들이 학교에 다니는 길인데, 신호등이 없는 것은 위험하기 짝이 없다.

- 勉強をしないで遊んでばかりいるなんて、不健全極まりない。
  공부를 하지 않고 놀기만 하다니 불건전하기 짝이 없다.

- 初対面の人に学歴を聞くとは、非常識極まりない。
  초면인 사람에게 학력을 묻다니 극히 몰상식하다.

유형2 문맥배열

- 彼の 失礼 きわまりない★ 態度に 我慢 ならなかった。 **02**
  그의 무례하기 짝이 없는 태도에 참을 수 없었다.

- その話は他の人にはおもしろくても、私には 退屈 極まる★ もの だった。 **91**
  그 이야기는 다른 사람에게는 재미있어도, 나에게는 지루하기 짝이 없는 것이었다.

유형3 문장흐름

- このような無理な登山計画では、危険極まる。実情に合わせて計画を立て直さないと、命がいくつあっても足りない。
  이런 무리한 등반 계획으로는 위험하기 짝이 없다. 실정에 맞춰 계획을 다시 세우지 않으면 목숨이 몇 개 있어도 모자란다.

10. ～こそ / ～てこそ / ～からこそ

~야말로 / ~해서야말로 / (바로) ~이기 때문에

> **접속** 명사+こそ / 동사의 음편형(て형)+てこそ /
> 동사의 기본형(る형)·과거형(た형), い형용사의 기본형, な형용사의 어간+だ, である+からこそ

「～こそ」는 '~야말로'라는 뜻이다. 대표적인 예로 **こちらこそ**(저야말로)가 있다. 동사의 て형에 붙는 「～てこそ」(~해서야말로, ~해야 비로소)는 어떤 좋은 결과를 초래한 이유를 나타내며, 부사로 쓰이는 「**今でこそ**((과거는 어떻든) 지금은)」도 함께 알아두자. 「～からこそ」는 「~」가 단 하나의 이유이며 중요하다는 것을 강조할 때, 또는 상식에서 벗어나는 이유지만 그 이유를 특별히 말하고 싶을 때 사용한다. 보통 「～からこそ ～のだ」의 형태로 많이 쓰인다.

- ☑ 今日こそ何も起きませんように 오늘이야말로 아무 일도 일어나지 않기를 `2014-1회`
- ☑ 電子メールが普及している今の時代であるからこそ
  전자메일이 보급되고 있는 현 시대이기 때문에 `N2 2012-2회`
- ☑ 今でこそ一流企業と言われる我が社だが 지금은 일류기업이라 불리는 우리 회사지만 `2011-1회`

유형1 문법형식

- 私は映画が好きだからこそ、職業にはしないことにした。 `05`
  나는 영화를 좋아하기 때문에, 직업으로는 하지 않기로 했다.

- 危機に臨んでこそ、その人間の真価があらわれるものです。
  위기에 직면해서야 비로소 그 사람의 진가가 나타나는 법입니다.

유형2 문맥배열

- あなたのことを 思っている <u>からこそ</u> いろいろと <u>注意する</u>★ のですから。 `97`
  당신을 생각하기 때문에 여러모로 주의를 주는 거니까요.

- 君がここまで来られたのも、ご両親の 支え が あって★ こそだ。
  자네가 여기까지 올 수 있었던 것도, 부모님의 뒷받침이 있기 때문이다.

유형3 문장흐름

- 「輝かしい自分」「成長した自分」でなければならないという思い込みがあるが、このとらわれこそ自分の可能性が花開くのを妨害しているような気がする。
  '빛나는 자신' '성장한 자신'이 아니면 안 된다는 믿음이 있는데, 이 집착이야말로 자신의 가능성이 꽃피는 것을 방해하고 있는 듯한 기분이 든다.

問題 1 次の文の（　）に入れるのに最もよいものを、1・2・3・4から一つ選びなさい。

① 日本文学の山田先生と相談した（　　）、修士論文の題目を決めた。 005
　1　うえで　　　　2　うえに　　　　3　うえから　　　4　うえにも

② この病気は、たばこをやめないかぎり、（　　）。 010
　1　治るようだ　　2　治りそうだ　　3　治らないだろう　4　治るかもしれない

③ どんなに健康な人（　　）、ときには病気をする。 006
　1　にすると　　　2　となると　　　3　かと思うと　　4　であろうと

④ 一度や二度失敗した（　　）、すぐ仕事を投げ出すような弱腰ではいけない。 018・151
　1　からして　　　2　というと　　　3　からといって　4　といえば

⑤ まるで死んでいる（　　）、ぐっすり眠っている。 015
　1　かのように　　2　かといって　　3　かとは　　　　4　かなにか

⑥ 今度入社した若い人は、言葉づかい（　　）おかしい。 016
　1　をもって　　　2　をして　　　　3　からして　　　4　からは

⑦ 東大法学部を出たらかならず役人になる（　　）、そうとも言えない。 012
　1　かといえば　　2　かとすれば　　3　かなにか　　　4　かのように

⑧ 話し方から（　　）、彼女は関西の人に違いない。 017
　1　あると　　　　2　いると　　　　3　すると　　　　4　くると

⑨ 自分が（　　）、人のことも好きでいられるんじゃないかと思っています。 025・059
　1　好きなどころか　2　好きなわりには　3　好きというより　4　好きだからこそ

⑩ 自転車の二人乗りは危険（　　）行為だ。 022
　1　極まりない　　2　極まっている　　3　極める　　　　4　極めない

問題 2 次の文の ___★___ に入る最もよいものを、1・2・3・4から一つ選びなさい。

11 問題がたくさんある _____ ___★___ _____ _____ 引き受けました。005
 1　知った   2　という   3　ことを   4　うえで

12 現代の _____ _____ ___★___ _____ 法律は順次改正しなければならない。016
 1　状況   2　不適当   3　になった   4　からして

13 僕の _____ ___★___ _____ _____ 保留になったはずだ。010
 1　知っている 2　一時   3　その計画は 4　かぎりでは

14 _____ _____ ___★___ _____ 監督は彼らに猛練習を課した。018
 1　新人選手   2　せず   3　だからといって 4　手加減

15 やっと来月の演奏会 _____ _____ ___★___ _____、そうではない。012・123
 1　というと   2　準備を   3　始めたのか 4　にむけて

16 あの事件について私たちは _____ ___★___ _____ _____ ぬぐいとおした。015・115
 1　知らないか 2　口を   3　何も   4　のように

17 きみの _____ _____ ___★___ _____ 相当だろう。017
 1　くらいが   2　現在の実力 3　からすれば 4　初級者コース

18 山下さんが _____ ___★___ _____ _____、私は行くつもりだ。006・050
 1　卒業旅行に 2　参加しようが 3　来月の   4　しまいが

19 新しい生活への順応は、本人の _____ _____ ___★___ _____ 行われます。025
 1　スムーズに 2　努力が   3　こそ   4　あって

20 口では立派なことを言っているが、裏で _____ ___★___ _____ _____。022
 1　卑劣   2　やっている 3　極まりない 4　ことは

問題3 次の文章を読んで、文章全体の趣旨を踏まえて、21 から 25 の中に入る最もよいものを、1・2・3・4から一つ選びなさい。

　　小説家の目には日本人の生活がたいそうわびしく 21 、すべての日本人が等しく共有するもうひとつの楽しみは、季節の移り変わりの喜びであろう。日本人にとって、それははるかな昔以来のものである。1212(建暦2)年の昔、浮き世を捨てて孤独な隠棲生活を送っていた鴨長明(注1)は、少なくともこの世の一つの楽しみに対するみずからの変わらぬ(注2)愛着を表現して、「生涯ののぞみはをりをりの美景にのこれり」といった。日本人が常に季節をこれほど重要視してきたひとつの理由は――　22 、俳句では、季節を一目瞭然に歌いこむことが要求される――たぶん日本では四季が明瞭で、心持ちよい区分をなしているからだろう。冬の寒さや夏の暑さについてしばしば不平を 23 が、さらに、日本人はこうした四季それぞれに特有な属性を体験することを楽しむ。ニューヨークのアパートと違って、東京の家々には過酷な季節に対する防禦策がほとんどほどこされていないが、 24 、厳しい冬の後に訪れる最初の暖かい春の日は、人々により真正な喜びをもたらす。日本人は四季を 25 、四季に応答する。以前は、冬服を夏服に着替える日が定まっていて、「衣替え」の日がたまたま暑かろうと寒かろうと、人々はそれに従った。今日でも、多くの日本人はふつう長袖の下着を10月1日から着始めたり、7月1日に麦藁帽子に替えたりする。

(ドナルド・キーン(足立康訳)『果てしなく美しい日本』による)

(注1) 鴨長明：鎌倉時代の歌人・随筆作家。
(注2) 変わらぬ：「変わらない」のかたい表現。
(注3) 「生涯ののぞみはをりをりの美景にのこれり」：「生涯の望みは、四季折々の美しい風景を楽しむことにある」の意味。

21
1　映りなさい　　　2　映りながらも　　　3　映るにしろ　　　4　映るに限らず

22
1　ただし　　　2　たとえば　　　3　もちろん　　　4　すなわち

23
1　もらすまでもない　　　　　　　　2　もらさないということだ
3　もらすにはあたらない　　　　　　4　もらさないわけではない

24
1　その結果　　　2　それどころか　　　3　その途端　　　4　そればかりか

25
1　認識したとしても　　　　　　　　2　認識するばかりか
3　認識してたまらず　　　　　　　　4　認識しないまでも

문제해결 키워드

- **～かろうと～かろうと** N1 006　～이든 ～이든
  暑かろうと寒かろうと　춥든 덥든 (13行)

- **～にしろ** N1 111　～라고 하더라도
  たいそうわびしく映るにしろ
  매우 적적하게 비친다고 하더라도 (01行)

- **～に対する** N1 113　～에 대한
  この世の一つの楽しみに対するみずからの変わらぬ愛着
  이 세상의 하나의 즐거움에 대한 스스로의 변치않는 애착 (04行)
  過酷な季節に対する防御策
  가혹한 계절에 대한 방어책 (10行)

- **～について** N1 115　～에 관해서
  冬の寒さや夏の暑さについて
  겨울의 추위나 여름의 더위에 관해서 (08行)

- **～わけではない** N1 154　～하는 것은 아니다
  不平をもらさないわけではない
  불평을 말하지 않는 것은 아니다 (08行)

- **～ばかりか** N1 125　～뿐만 아니라
  四季を認識するばかりか
  사계절을 인식할 뿐만 아니라 (12行)

- **～ながらも** N1 091　～이지만, ~인데도
- **～に限らず** N2 110　~뿐만 아니라
- **～までもない**　～할 것까지도 없다
- **～にはあたらない**　～할 것까지는 없다
- **～ないまでも**　～까지는 않더라도

11 〜さえ〜ば ~만 ~하면

접속 동사의 연용형(ます형), 동사의 음편형(て형), い형용사의 어간+く, な형용사의 어간+で, 명사 등

「〜さえ〜ば」는 '~만 ~하면'이라는 뜻으로, '다른 것과 상관없이 그 조건만 맞으면 된다'는 가정 조건을 나타낸다. 「〜さえ」는 「〜だけ・〜ばかり・〜のみ(~만)」 등과 뜻은 비슷하지만 바꿔 쓸 수는 없다.

참고 동사에 접속할 때는 「동사의 연용형(ます형)+さえすれば」, 「동사의 음편형(て형)+てさえいれば」, 명사에 접속할 때는 「명사+さえ〜ば」, い형용사에 접속할 때는 「い형용사의 어간+くさえあれば」, な형용사는 「な형용사의 어간+でさえあれば」의 형태를 취한다.

☑ 水やりを忘れさえしなければ 물주는 것을 잊지만 않으면 **2010-2회**

- 最近、自分さえよければいいという考えの人が増えている。 **04**
  요즘 자기만 좋으면 된다는 생각을 가진 사람이 늘고 있다.

- 天気さえよければ、よい旅行になるでしょう。 **94**
  날씨만 좋으면 좋은 여행이 되겠지요.

- 雨がやみさえすれば出かけられるんですけど。 **90**
  비가 그치기만 하면 외출할 수 있습니다만.

- 安くさえあれば品質は問題じゃない。
  싸기만 하면 품질은 문제가 아니다.

- 衣類はじょうぶでさえあればけっこうです。
  의류는 튼튼하기만 하면 됩니다.

- 電話番号 さえ わかれば いい ので、住所は書かなくてもいいですよ。 **99**
  전화번호만 알면 되므로 주소는 쓰지 않아도 됩니다.

- プレゼントは 心が こもって さえ いれば 金額などは問題ではない。
  선물은 마음만 담겨 있으면 금액 따위는 문제가 아니다.

- もっと勉強しさえすれば、希望の大学に合格できたのに。だが、いまさら悔やんでも仕方がない。来年こそは志望校に合格したい。
  좀더 공부만 하면 희망하는 대학에 합격했을 텐데. 하지만 이제와서 후회해도 어쩔 수 없다. 내년에야말로 지망학교에 합격하고 싶다.

12 ～次第で(は) / ～次第だ ～에 따라서(는) / ①~나름이다 ②~한 것이다

접속 명사＋次第で(は)/동사의 기본형(る형)·과거형(た형), い형용사의 종지형(い형), 명사＋次第だ

「～次第で(は)」는 '~에 따라서(는)'이라는 뜻으로, '~에 따라 어떤 사항이 결정된다'고 말할 때 쓰고, 「～次第だ」는 '①~나름이다, ~에 달려 있다'라는 뜻으로 쓰인다. 또한 「～次第だ」는 '②~한 것이다, ~한 연유[사정]이다'라는 뜻으로도 쓰이는데, 이유나 사정을 설명하고 그래서 이러한 결과가 되었음을 나타낸다.

- ☑ 復旧状況次第では営業再開が遅れる可能性が…
  복구상황에 따라서는 영업 재개가 늦어질 가능성이… **2016-2회**

- ☑ その価値は使う人の使い方次第で決まるものだ
  그 가치는 사용하는 사람의 사용방법에 따라서 결정되는 법이다 **2012-1회**

문법형식

- 先日はお伝えした日程に誤りがありましたので、今回、改めてご連絡を差し上げた次第です。 **09**
  지난번에는 전해드린 일정에 착오가 있었기 때문에, 이번에 다시 연락을 드린 것입니다.

- あしたハイキングに行くかどうかは、お天気次第だ。 **09**
  내일 하이킹을 갈지 어떨지는 날씨에 달려 있다.

- 頼み方次第ではあの人もこの仕事を手伝ってくれるかもしれない。 **98**
  부탁하기에 따라서는 그 사람도 이 일을 도와줄지도 모른다.

문맥배열

- この製品は、アイデア 次第で いろいろな 使い方 ができます。 **06**
  이 제품은 아이디어에 따라서 여러 가지 사용법이 가능합니다.

- 先生の ご都合 次第では 来週の講演 は延期になります。 **03**
  선생님의 형편에 따라서는 다음 주 강연은 연기가 됩니다.

- 彼に急用ができたため、私が 代わりに 来た 次第です。
  그 사람에게 급한 볼일이 생겼기 때문에 제가 대신 온 것입니다.

문장흐름

- 尿検査の結果があまりよくありませんね。来週再検査をしましょう。
  検査の結果次第では、即入院という可能性もあります。
  소변 검사 결과가 그리 좋지 않군요. 다음 주 재검사를 해 봅시다. 검사 결과에 따라서는 바로 입원할 가능성도 있습니다.

13

～ずに済む・～ないで済む 039 ~하지 않고 끝나다, ~하지 않아도 된다

접속 동사의 부정형(ない형)

「～ずに済む・～ないで済む」는 '~하지 않고 끝나다, ~하지 않아도 된다'라는 뜻이다. 이것은 예측되는 상황을 피할 수 있다, 그것을 하지 않고 끝난다는 의미를 나타낸다.「～ないで済む」는 주로 회화체에서 쓴다.

참고「する」는「～ずに済む」에 접속 시「せずに済む」가 된다.

☑ 抜かずに済むものならそうしたい 빼지 않아도 된다면 그렇게 하고 싶다 **2015-2회**

유형1 문법형식

- 友だちが、余っていたコンサートの券を1枚くれた。それで、私は券を買わずにすんだ。 04
  친구가 남은 콘서트표를 한 장 주었다. 그래서 나는 표를 사지 않아도 되었다.

- 隣の家の窓ガラスを割ってしまったが、「すみません」とあやまったらお金を払わずにすんだ。
  이웃집 창문유리를 깨버렸지만, '죄송합니다'하고 사과를 하니 돈을 지불하지 않고 끝났다.

- もう数日早く手をつけていれば、こんなに徹夜の連続にならないで済んだのに。
  정말 며칠 빨리 손을 썼으면 이렇게 철야의 연속이 되지 않아도 됐을 텐데.

유형2 문맥배열

- 滞在中は曇り空と 雨降り だったので 暑さに やられずに すんだ。
  체류 중에는 날이 흐리고 비가 왔기 때문에, 더위에 지치지 않고 끝났다.

- あのへんで切り上げていれば二日酔いに なんか ならずに すんだのに。
  그쯤에서 일단락 지었다면 숙취같은 건 없이 끝났을 텐데.

유형3 문장흐름

- 辛い勉強を投げ出さずに済んだのは、医師になるという強い決意と、偉大な講師の方々のおかげです。この場を借りて、改めて心から感謝申し上げます。
  힘든 공부를 던져버리지 않았던 것은, 의사가 되겠다는 강한 결의와 위대한 강사분들 덕분입니다. 이 자리를 빌어, 다시 한 번 진심으로 감사드립니다.

14 〜そうに(も)ない・〜そうもない ~할 것 같지 않다, ~못할 것 같다

접속 동사의 연용형(ます형)

「〜そうに(も)ない・〜そうもない」는 '~할 것 같지 않다, ~못할 것 같다'라는 뜻으로 양태를 나타내는 「〜そうだ N1 040(~할 것 같다)」의 부정형에 해당된다. 즉 동사에 접속되는 「〜そうだ」의 부정형은 「そうではない」가 아니라 「〜そうにない・〜そうにもない・〜そうもない」가 된다.

- 仕事で忙しく、行けそうにないので 업무로 바빠서 갈 수 없을 것 같아서 **2013-2회**
- 間に合いそうになかったら、また連絡するね 시간에 맞춰 갈 수 없을 것 같으면 다시 연락할게 **2012-2회**

유형1 문법형식

- この渋滞では約束の時刻に間に合いそうもない。 **97**
  이런 정체로는 약속 시간에 맞추어 갈 수 없을 것 같다.

- 今から始めたのでは、とてもできそうにもない。
  지금부터 시작해서는 도저히 할 수 있을 것 같지 않다.

- 準決勝まで勝ち進むという目標は達成できそうもない。
  준결승까지 나아간다는 목표는 달성할 수 없을 것 같다.

- あまり成績が芳しくないので、希望の高校には行けそうにない。
  성적이 별로 좋지 않아 원하는 고등학교에는 못 갈 것 같다.

유형2 문맥배열

- 彼女が遠く引っ越してしまった ので 当分 会えそうに ない。
  그녀가 멀리 이사 가버렸기 때문에 당분간 만날 수 없을 것 같다.

- 今年の夏休みは、せいぜい 4日ぐらい しか 取れそうも ない。
  올해 여름휴가는 고작 4일정도밖에 낼 수 없을 것 같다.

- 社長は年をとってはいるが、元気だからなかなか 辞め そう にも ない。
  사장님은 나이는 들었지만, 건강해서 좀처럼 그만둘 것 같지 않다.

유형3 문장흐름

- 最終バスに間に合いそうもないときには、校門から出ずに大慌てで校庭のフェンスの穴を抜けていく仲間もいた。それぐらい、僕たちは毎日夜遅くまで練習に打ち込んだ。
  막차 시간에 맞출 수 없을 것 같을 때에는, 교문으로 나가지 않고 매우 다급하게 교정 담장의 구멍을 빠져나가는 친구도 있었다. 그 정도로, 우리들은 매일 밤늦게까지 연습에 전념했다.

15

～だけあって・～だけに / ～だけで　(과연) ～인 만큼 / ～하기만 해도

접속 동사의 기본형(る형)·과거형(た형), い형용사의 과거형(た형), 명사

「～だけあって」는 감탄하거나 칭찬할 때 쓰는데, '(과연) ~인 만큼, ~이므로 그에 걸맞게'라는 뜻으로, '그 재능이나 신분에 걸맞게 ~하다'라는 의미이다. 「～だけに」는 '~인 만큼, ~이므로 당연하지만'이라고 말할 때 사용한다. 앞 문장에서는 뒤 문장의 이유가 되는 사실을 말하고, 뒤 문장에는 당연하게 생각되는 평가나 판단 등을 강조하는 표현이 온다. 「～だけで」는 '~하기만 해도 (~하다)'라는 뜻을 나타낸다. 이밖에 「～だけでも(~만이라도)」, 「～だけのことはある(~인 만큼의 가치는 있다)」, 「～だけは～たが(~할 만큼은 ~했지만)」, 「～だけのことだ(~하기만 하면 된다)」의 형태도 함께 알아 두자.

참고 「～だけ」는 '~만, ~만큼, ~대로, ~(할 수 있는) 데까지' 등의 뜻을 나타내는데, 예를 들면 ふたりだけで行こう(둘이서만 가자), 好きなだけ食べる(먹고 싶은 만큼 먹다), やれるだけやろう(할 수 있는 데까지 해보자) 등과 같이 쓰인다.

- ☑ 資格を取っただけで希望の職につけるほど 자격을 취득하기만 해도 희망하는 직업을 갖게 될 만큼　2016-2회
- ☑ 幼稚園の先生をしていただけあって 유치원 선생님을 하고 있던 만큼　2015-2회
- ☑ 絶対に勝ちたい相手だっただけに 꼭 이기고 싶은 상대였던 만큼　2014-2회
- ☑ 魚屋も経営しているだけあって魚料理がおいしい 생선가게도 경영하고 있는 만큼 생선요리가 맛있다　2010-1회

문법형식

- 小さな子どもが真っ暗な穴の中に一人だけ残されていたなんて想像するだけで涙が出る。　06
  어린 아이가 캄캄한 구멍 속에 혼자만 남겨져 있었다니 상상만 해도 눈물이 난다.

- さすがに元アナウンサーだっただけのことはある。　02
  과연 전 아나운서였던 만큼 실력은 있다.

- さすが学生時代にやっていただけあって今でもテニスが上手だ。　97
  과연 학창 시절에 했었던 만큼 지금도 테니스를 잘 친다.

- 彼は以前オーストラリアに住んでいただけあって、さすがにこの国のことをよく知っている。　94
  그는 이전에 호주에 살았던 만큼, 역시 이 나라에 대해서 잘 알고 있다.

- 彼は長い間楽しみに待っていただけにあきらめられないようです。　90
  그는 오랫동안 낙으로 기다리고 있었던 만큼 단념할 수 없는 것 같습니다.

- 全額とは言いません。利子だけでも払ってください。
  전액이라고는 하지 않겠습니다. 이자만이라도 내 주세요.

유형2 문맥배열

- 多くの 観光客が 訪れる だけあって 確かに 山から の眺めはすばらしかった。 07
  많은 관광객이 찾아오는 만큼, 확실히 산에서 바라보는 전망은 멋졌다.

- 指示の とおりに やる だけは やった が、いい結果が出るかどうか自信がない。 06
  지시한 대로 할 만큼은 했지만, 좋은 결과가 나올지 어떨지 자신이 없다.

- 彼はチームの キャプテン だけあって みんなに 信頼されて いる。 03
  그는 과연 팀의 주장인 만큼 모두에게 신뢰받고 있다.

- オペラって 一度 来てみる だけの ことはある ね。
  오페라는 한 번 와서 볼 만큼의 가치는 있네.

- 僕たちが彼女に 電話を すれば いい だけのことだ から、マネージメントとか、彼女の弁護士を通さなくてもいいわけだ。
  우리들이 그녀에게 전화만 하면 되니까, 매니지먼트라든가 그녀의 변호사를 통하지 않아도 되는 것이다.

유형3 문장흐름

- さすがベテランの山田さんだけあって、落ち着いたプレーで優勝した。僕たち後輩はずっと試合を見ていたが、たくさんのことを学ぶことができた。
  과연 베테랑인 야마다 씨인 만큼 침착한 플레이로 우승했다. 후배인 우리는 쭉 시합을 보고 있었는데, 많은 것을 배울 수 있었다.

- 期待が大きかっただけに、落選とわかったときの失望も大きかった。だが、前向きな彼のことだ。きっとすぐに立ち直るに違いない。
  기대가 컸던 만큼, 낙선임을 알았을 때의 실망도 컸다. 하지만 긍정적인 그 사람이다. 필시 바로 재기할 것임에 틀림없다.

16 ～つもりで / ～つもりの 050　~한 셈치고 / ~라고 생각한

접속　동사의 과거형(た형), い형용사의 종지형, な형용사의 연체형(な형), 명사+の 등

「～つもり」는 '~한 셈, ~할 생각, ~할 양'의 뜻이다. 주로「～(た)つもりで」의 꼴로 '어떤 행위를 하는 전제로서, ~한 셈치고'라는 뜻을 나타낸다.「死んだつもりで」는 '죽은 셈치고, 죽을 각오로'라는 뜻이다. 그리고「～つもりの」의 꼴로 '~라고 생각한, ~할 양의'라는 뜻을 나타낸다. 그밖에「～(た)つもりはない(~할 생각은 없었다)」는 자신의 행위에 대한 상대의 해석·판단을 부정할 경우에 쓰며,「～つもりでいる(~한 셈으로 있다)」,「～(た)つもりだ(~한 셈치다, ~한 양이다)」의 표현도 함께 알아 두자.

참고　「동사의 기본형+つもりはない N3 046(~할 생각은 없다)」는 화자의 의지를 부정할 때 쓰며,「～つもりだ N3 046(~할 생각이다, ~할 작정이다)」는 의지, 의도를 나타낸다. 예를 들면, すぐ行くつもりはない(바로 갈 생각은 없다), 日本へ旅行するつもりだ(일본에 여행갈 생각이다)와 같이 쓴다.

- きちんと手を洗ったつもりでも 깨끗이 손을 씻었다고 생각해도　**2017-2회**
- 新入生が話しやすいようにしたつもりが、逆に… 신입생이 말하기 쉽도록 하려던 생각이, 반대로…　**2017-1회**
- 人よりも詳しく知っているつもりの私でも 다른 사람보다도 자세하게 알고 있다고 생각한 나도　**2012-2회**

유형1 문법형식

- 私は彼女にいろいろ親切にしたつもりなんですが、感謝されるどころかうらまれました。 **93**
  나는 그녀에게 여러모로 친절하게 대했다고 생각했습니다만, 감사를 받기는커녕 원망받았습니다.

- これから1か月、死んだつもりで働いてもらいます。
  앞으로 한 달 동안, 죽을 각오로 일해 주었으면 합니다.

- けっこう虫が平気なつもりの先生でも、かまきりはなかなかつかまえられません。
  제법 벌레가 아무렇지도 않다고 생각한 선생님이라 해도 사마귀는 좀처럼 잡을 수 없습니다.

유형2 문맥배열

- うん、でも、自分じゃ まだまだ 若い つもりで いる よ。 **91**
  응, 하지만 자기는 아직도 젊은 줄 알고 있어.

- 冗談の つもりで 言った ことが、彼を傷つけてしまった。
  농담으로 한 말이 그를 상처 주고 말았다.

유형3 문장흐름

- だまされたつもりで飲んでみようと薬を飲みはじめて1週間、気づいたらあれほど辛かった症状がうそのように消えていた。
  속은 셈치고 먹어보려고 약을 먹기 시작한지 일주일, 정신차려 보니 그토록 괴로웠던 증상이 거짓말처럼 사라져 있었다.

17 〜でなければ / 〜ていなければ 052
~하지 않으면, ~이 아니면 / ~하고 있지 않았다면

접속 な형용사의 어간, 명사 / 동사의 음편형(て형)

「〜でなければ」는 '~하지 않으면, ~이 아니면'이라는 뜻이다. な형용사의 부정형과 명사에 붙어 어떤 동작에서부터 다른 동작이 일어난다는 관계를 나타낸다. 강조표현인 「〜でも+なければ(~라도 아니면)」의 형태도 익혀두자. 「〜ていなければ」는 '~하고 있지 않았다면'이라는 뜻으로, 동사의 て형에 접속한다.

- あの芝居を見ていなければ、女優になることはなかった
  그 연극을 보지 않았다면 여배우가 되는 일은 없었다 **2015-1회**

유형1 문법형식

- よい機械を作るにはよい技術者でなければならない。
  좋은 기계를 만들려면 좋은 기술자가 아니면 안 된다.

- 英語力が重視されるポストは英語が相当上手でなければ無理かもしれない。
  영어능력이 중시되는 부서는 영어가 상당히 능숙하지 않으면 무리일지도 모른다.

- 明るい街中でも建物の影などの暗い場所は必ずあるのだから、車のライトをつけていなければ危険である。
  밝은 도시에서도 건물의 그림자 등의 어두운 장소는 반드시 있기 때문에 차의 라이트를 켜고 있지 않으면 위험하다.

유형2 문맥배열

- 体が 丈夫で なければ ★ 入試本番まで スタミナ が続かないだろう。
  몸이 튼튼하지 않으면 입시 당일까지 스태미너가 계속되지 않을 것이다.

- あの時父親に言われ、不快な 思いをし 意地になって ★ いなければ、俳優活動を40過ぎるまで続けていなかったでしょう。
  그 때 아버지에게 지적을 받아 불쾌하게 생각하여 오기가 나지 않았다면, 배우 생활을 40 넘어서까지 계속하고 있지는 않았을 것입니다.

유형3 문장흐름

- こんな高い所から飛び降りたら、運動選手でもなければ、ひどいけがをするだろう。運が悪ければ死ぬかもしれない。
  이런 높은 곳에서 뛰어내리면, 운동선수라도 아니면 심한 부상을 입을 것이다. 운이 나쁘면 죽을지도 모른다.

18

～てならない 055 ~해서 견딜 수 없다, 너무 ~하다

접속 동사의 음편형(て형), い형용사의 어간+く, な형용사의 어간+でならない

「～てならない」는 '~해서 견딜 수 없다, 너무 ~하다'라는 뜻으로, 어떤 심정이나 몸의 상태가 너무 강해서 억제할 수가 없을 때 사용한다. 자발의 의미를 갖는 말, 즉 「気になる・思う・見える・案じる・残念だ・心配だ」 등에 접속해 부정적인 기분을 나타내는 경우가 많다. 한편 유사 표현인 「～てたまらない」는 자발을 나타내는 단어와는 함께 쓰지 않는다. 그리고 「～てしかたがない・～てしょうがない」는 「～てならない・～てたまらない」보다 정도가 덜할 때 쓴다.

- ☑ 留学中の私のことが心配でならないそうだ 유학중인 내가 너무 걱정된다고 한다 `N2 2017-1회`
- ☑ 大事な場面でのミスが悔やまれてならない 중요한 상황에서의 실수가 분해서 견딜 수 없다 `2014-2회`

유형1 문법형식

- 何かあったか、心配でならない。 `08`
  무슨 일이 있었는지 너무 걱정스럽다.

- ここ数日、父のことが思い出されてなりません。
  요 며칠 아버지가 생각나서 견딜 수 없습니다.

- 彼の友人たちのことがますますいやでたまらなくなって、彼とのお付き合いもやめてしまった。
  그의 친구들이 점점 더 너무 싫어져서 그와의 교제도 그만둬버렸다.

유형2 문맥배열

- 世界中を 旅行して 回れる ★ なんて うらやましくて ならない。 `04`
  전 세계를 여행하며 돌 수 있다니 너무 부럽다.

- もう3年も国に帰っていない ので 両親に 会いたくて ★ ならない。 `97`
  벌써 3년이나 고향에 가지 않아서 부모님을 너무 만나고 싶다.

- 山田先生がこの大学を お辞めになる ので ★ 残念で ならない。
  야마다 선생님이 이 대학을 그만두시기 때문에 너무 유감스럽다.

유형3 문장흐름

- 父が他界して半年、1人で住んでいる母親のことが気になってならない。毎週電話はかけているものの、突然倒れたらどうしようと時々思う。
  아버지가 타계한지 반년, 혼자서 살고 있는 어머니가 걱정되어 견딜 수 없다. 매주 전화는 걸고 있지만, 갑자기 쓰러지면 어떡하나 때때로 생각한다.

19

～では(じゃ)ないか / ～のでは(のじゃ)ないか 059

~하지 않은가? 〈놀람〉 / ~이 아닐까? 〈확인·추측〉

접속 동사, い형용사 같은 활용어의 중지형, な형용사의 어간 및 체언(명사 등)

「～では(じゃ)ないか」는 '~하지 않은가?, ~잖아'라는 뜻으로, 예상 외의 일에 놀란 기분을 나타낸다. 종조사 적인 역할을 하며「～では(じゃ)ありませんか」「～でございませんか」 등의 정중체와「～じゃねえか」의 비하체가 있다. 여성의 경우는「～じゃないの・～じゃない」의 형태를 사용하는 경우가 많다.

「～のでは(のじゃ)ないか」는 '~이 아닐까?'라는 뜻으로, 주로「～(な)の＋ではないか」의 형태로 사용되며, '당신도 그렇게 생각하지 않습니까?'라고 상대방에게 자신의 추측을 확인하는 경우에 사용하거나 화자의 불확실한 추측을 나타낼 때 사용한다. 독백처럼 사용될 때는「～(ん)じゃないかな」「～(ん)じゃないかしら」 등의 형태도 있다.

- ☑ 来月あたりに何らかの発表をする**のではないか**と 다음 달쯤 어떤 발표를 하는 게 아닐까 하고 2014-2회
- ☑ なんだ。デザートがただっていうだけ**じゃないか** 뭐야. 디저트가 공짜라는 것뿐이잖아 2012-1회
- ☑ すぐには受け入れがたい**のではないか**と思われる 바로는 받아들이기 힘들지 않을까 생각된다 2011-2회
- ☑ ところが、電車は反対方向に走り始めた**ではないか** 하지만 전철은 반대방향으로 달리기 시작하지 않는가 2011-1회
- ☑ 君、困る**じゃないか**！資料にミスがあったぞ 자네, 곤란하지 않은가! 자료에 실수가 있었어 2010-2회

문법형식

- A 「佐藤さんは昨日来たかなあ。」
  B 「さあ、来た**んじゃないか**と思うけど。」 91
  A '사토 씨는 어제 왔을까?'
  B '글쎄, 오지 않았을까 생각하는데.'

- 知っていながら教えてくれないなんてひどい**じゃないか**。
  알고 있으면서도 가르쳐주지 않다니 심하잖아.

- 私の生活に目標ができました。11月12日、何といい日**ではありませんか**。
  나의 생활에 목표가 생겼습니다. 11월 12일, 얼마나 좋은 날입니까.

- 日本の水は少ないというのはうそだ。毎年水害で痛めつけられるくらい降っている**ではないか**。
  일본의 물은 적다는 말은 거짓이다. 매년 수해로 호되게 당하고 있을 정도로 내리고 있지 않은가.

- そっちが先にぶつかってきたんじゃないか。
  그쪽이 먼저 부딪쳤잖아.

- だからその会社は最初からやめておけと言ったじゃないか。
  그래서 그 회사는 처음부터 그만두라고 말했잖아.

- 代表的な例として血液型性格診断やマイナスイオンを挙げれば、なるほど その手の話か と合点がいく かたも多い のではないだろうか。
  대표적인 예로서 혈액형 성격진단이나 음이온을 들면, 과연 그 수법의 이야기인가 하고 수긍이 가는 분도 많은 것은 아닐까.

- もしかしたら、自分は、いちばん 大切なものを 捨てよう としているのではないか、歴史を捨てているのではないか。
  어쩌면 자신은 가장 소중한 것을 버리려고 하고 있지 않을까? 역사를 버리고 있는 것은 아닐까?

- 私たちはこれまで科学を、生活からはかけ離れた難しいものとして、その本質には 目を向けず、技術だけを 受け入れてきた のではないか。
  우리들은 지금까지 과학을 일상생활과는 동떨어진 어려운 것으로 하고, 그 본질은 외면한 채 기술만 받아들여 왔던 것은 아닐까?

- 地面を掘り返すと、奇妙な土器のようなものが出てきた。あの小山は 実は 古代の 遺跡だった のではない か。
  땅을 파니 기묘한 토기 같은 것이 나왔다. 그 작은 산은 사실 고대의 유적이 아닐까?

- ところがそのあと、身のまわりの始末もできなかったこの女が、次第に知恵がついてきて、一人前の社会人になって結婚までしたじゃありませんか。
  하지만 그 후, 자기 주변의 일도 처리하지 못했던 이 여자가, 점차 지혜가 생겨 어엿한 사회인이 되어 결혼까지 하지 않았습니까.

- こうして人間はつぎつぎに使い捨てられる物品か道具のようになってしまう。いや、現にそうなりつつあるではないか。役割を解かれた老人は家庭から疎外され、何の役割も持てぬ子供は平気で捨てられている。
  이리하여 인간은 계속해서 쓰고 버려지는 물건이나 도구처럼 되어버린다. 아니, 실제로 그렇게 되고 있지 않은가. 역할을 끝낸 노인은 가정에서 소외되고 아무 역할도 가질 수 없는 아이는 아무렇지 않게 버려지고 있다.

20 ～てほしい / ～てほしく(も)ない
~했으면 한다 / ~하지 않았으면 한다

접속 동사의 음편형(て형)

「(～に)～てほしい」는 '(~가) ~했으면 한다'라는 뜻을 나타낸다. 자신 이외의 사람에 대한 화자의 희망이나 요구를 나타내며, 대상이 사람일 때는 보통 「～に(は)」「～が」가 온다. 「～てほしい」의 부정형에는 「～てほしく(も)ない・～ないでほしい(~하지 않았으면 한다, ~하지 않길 바란다)」의 두 가지가 있다.

- ☑ これからも続けていってほしいものです 앞으로도 계속해 나갔으면 합니다 **2012-1회**
- ☑ ああいうせこいことはやめてほしいのだ 저런 옹졸한 짓은 그만두었으면 한다 **2011-1회**
- ☑ あなたにわかってほしくもない 당신이 알아주길 바라지도 않는다 **N2 2010-2회**

유형1 문법형식

- 新入社員には、失敗をおそれず新しい事に積極的にチャレンジして**ほしい**。
  신입사원이 실패를 두려워하지 말고 새로운 일에 적극적으로 도전했으면 한다.

- みんなに歌って聞かせ**てほしい**という彼の頼みをわたしは聞いてあげた。
  모두에게 노래를 들려주고 싶다는 그의 부탁을 나는 들어 주었다.

- どう思おうと、君の勝手だけど、誤解だけはし**てほしくない**。
  어떻게 생각하든 네 맘이지만, 오해만은 하지 않았으면 한다.

유형2 문맥배열

- 代わりの人が来るまで、あなたに その仕事を していて ほしい のです。
  대신할 사람이 올 때까지, 당신이 그 일을 하고 있었으면 합니다.

- 彼の愛が 永遠に 変わらないで ほしい と思う のはぜいたくでしょうか。
  그의 사랑이 영원히 변치 않길 바라는 것은 사치일까요?

유형3 문장흐름

- 子どもたちには学校生活を通して社会性をつちかってほしい。だが、最近の学校は勉強ばかり教えて、生活のマナーを教えることは重要だと思っていないようだ。
  아이들이 학교 생활을 통해 사회성을 길렀으면 한다. 하지만 요즘 학교는 공부만 가르치고, 생활예절을 가르치는 일은 중요하다고 생각하지 않는 것 같다.

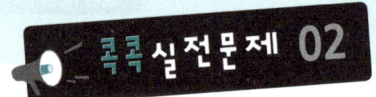 

정답과 해석 QR코드로 바로 확인!!

問題1 次の文の（ ）に入れるのに最もよいものを、1・2・3・4から一つ選びなさい。

1　ここに置いておき（　　）すればあとはこの人が全部やってくれる。 032
　　1　ながら　　　　2　も　　　　　　3　さえ　　　　　4　だけ

2　空きベッドがないということで、入院許可を待っている（　　）。 036・029
　　1　次第です　　　2　気味です　　　3　ことです　　　4　にすぎません

3　あんな難しい問題を解くなんて、さすが秀才といわれる（　　）。 043・095
　　1　はずのことである　　　　　　　2　うえのことである
　　3　だけのことはある　　　　　　　4　ばかりのことはある

4　夫が単身赴任しているので、さびしくて（　　）。 055
　　1　しかない　　　2　ほかない　　　3　きれない　　　4　ならない

5　かりに駅までタクシーで飛ばしてもその列車には（　　）。 041・062
　　1　間に合いかねない　　　　　　　2　間に合いそうもない
　　3　間に合いきれない　　　　　　　4　間に合うことはない

6　自分では若い（　　）でいたのに、知らない子どもにおじさんと呼ばれてしまった。 050
　　1　まま　　　　　2　はず　　　　　3　つもり　　　　4　よう

7　もし、あのとき、あの本を（　　）きっと今頃の人生は今と違ったものになっていたのだろう。 052
　　1　読んだとしたら　　　　　　　　2　読もうが
　　3　読まなかったにしろ　　　　　　4　読んでいなければ

8　酔って絡んだり、テンションが高すぎて雰囲気を壊してしまったりすることは（　　）。 060
　　1　やめるなと思うのだ　　　　　　2　やめてほしいのだ
　　3　やめるのだろうか　　　　　　　4　やめられるものではない

9　幸い木陰がけっこうあったので、テントは（　　）。 039
　　1　張らずにすんだ　　　　　　　　2　張らざるをえなかった
　　3　張らずにはいられなかった　　　4　張らずにはすまなかった

10 洪水が起こる（　　　）と地域住民の不安が募った。059

1　のではないか　　2　のであるべきか　　3　のではない　　4　のであるべきだ

問題2 次の文の ＿★＿ に入る最もよいものを、1・2・3・4から一つ選びなさい。

11 がんも ＿＿＿ ＿★＿ ＿＿＿ ＿＿＿ 治るものだ。032・143

1　さえ　　2　に　　3　ならなければ　　4　手遅れ

12 今後の ＿＿＿ ＿★＿ ＿＿＿ ＿＿＿ なるだろう。036

1　次第では　　2　成り行き　　3　必要と　　4　追加措置が

13 さすが田中さんは ＿＿＿ ＿＿＿ ＿★＿ ＿＿＿ 何でも知っている。043

1　だけに　　2　おたくと　　3　コンピューター　　4　呼ばれる

14 省みてやましいところが ＿＿＿ ＿＿＿ ＿★＿ ＿＿＿ ないか。059・051

1　なければ　　2　じゃ　　3　いい　　4　それで

15 ぼくは体が弱くて、みんなと ＿＿＿ ＿★＿ ＿＿＿ ＿＿＿ 。055

1　働けないのが　　2　ならない　　3　同じように　　4　心苦しくて

16 もっと早く病院で診てもらえば ＿＿＿ ＿＿＿ ＿★＿ ＿＿＿ 。039

1　すんだ　　2　こんなに　　3　のに　　4　悪化させずに

17 それでも約束の ＿＿＿ ＿★＿ ＿＿＿ ＿＿＿ 時間を遅くしてもらった。041

1　時間に　　2　そうもなく　　3　電話して　　4　間に合い

18 スポーツは基本に ＿＿＿ ＿＿＿ ＿★＿ ＿＿＿ 。052

1　なければ　　2　なれない　　3　上手には　　4　忠実で

19 あなたの気持ちを傷つけるつもりはまったくなかった ＿＿＿ ＿★＿ ＿＿＿ ＿＿＿ 。

060・050

1　わかって　　2　ほしい　　3　こと　　4　だけは

20 ＿＿＿ ＿★＿ ＿＿＿ ＿＿＿ が、結果的に隔たりを広げることとなった。050

1　を会わせた　　2　つもりで　　3　仲直りさせる　　4　二人

問題3 次の文章を読んで、文章全体の趣旨を踏まえて、| 21 |から| 25 |の中に入る最もよいものを、1・2・3・4から一つ選びなさい。

　「幸福」や「希望」は、それを感じる心があって、初めて成り立つ。| 21 |、テストで90点を取ったとする。90点も取れたと思えば「幸福」だが、満点ではなかったと落ち込めば「不幸」になる。また、「次はがんばろう。」と前向きに「希望」をもつ人もいるが、「いくら勉強してもだめだ。」と「絶望」する人もいる。このように、「幸福」や「希望」| 22 |、心のもち方一つにかかっていると、私は考える。

　しかし、そのためには、ある程度の生活が保障されていることも| 23 |。食べ物も住む所もなく、病気になっても治療も受けられない貧しい人に、「幸福」を感じるのは自分しだいだと言うのは酷だ。

　確かに、ルソーの言うように、「いつでもなんでも手に入れられる」子どもは不幸だ。苦労してものを手に入れる喜びを知らずに育つからだ。なんでも手に入るということは、自分の| 24 |希望がかなうかもしれないという夢までも子どもから奪うことになる。けれども、世界には、住む所も食べる物もない貧しい人々がたくさんいる。だれもが、心のもち方一つで「幸福」や「希望」を感じることができるような社会にすることのほうが大事だ。

　まずは、最低限度の生活が保障されていること。これが、私の考える「幸福」の条件である。| 25 |、健康で生きていられることに感謝し、前向きな姿勢を失わなければ、だれでも「幸福」や「希望」を見つけることができるだろう。

21							
	1	また	2	当時	3	例えば	4	今度は

22							
	1	というには	2	というのは	3	ということは	4	といっては

23							
	1	平気ではない	2	平気だ	3	必要ではない	4	必要だ

24							
	1	都合ほどで	2	努力しだいでは	3	都合上は	4	努力ばかりに

25							
	1	そのうえで	2	そのために	3	だから	4	つまり

문제해결 키워드

- **~次第では/~次第だ** N1 036
  ~에 따라서는/~나름이다
  「幸福」を感じるのは自分しだいだ
  '행복'을 느끼는 것은 자기 나름이다 (07行)
  自分の努力しだいでは
  자기의 노력에 따라서는 (11行)

- **~とする** N1 082 ~라고 (가정)하자
  テストで90点を取ったとする
  시험에서 90점을 받았다고 치자 (01行)

- **~というのは** ~라는 것은
  「幸福」や「希望」というのは
  '행복'이나 '희망'이라는 것은 (04行)

- **~にかかっている** N1 101 ~에 달려 있다
  心のもち方一つにかかっていると
  마음먹기에 달려 있다고 (05行)

- **~ても** N1 062 ~하여도
  病気になっても 병에 걸려도 (07行)

- **~かもしれない** N2 025 ~일지도 모른다
  希望がかなうかもしれない
  희망이 이루어질지도 모른다 (11行)

- **~ような** N1 151 〈취지〉
  「幸福」や「希望」を感じることができるような社会
  '행복'이나 '희망'을 느낄 수 있는 사회 (13行)

- **~こと** N2 037 ~일 것
  最低限度の生活が保障されていること
  최저한도의 생활이 보장되어 있을 것 (15行)

- **~上(で)** N1 005 ~한 후에
  そのうえで、健康で生きていられることに感謝し
  그런 후에 건강하게 살 수 있는 것에 감사하고 (16行)

21 〜ても ~해도

접속 동사의 음편형(て형) 　　　　　　　　　　　　　　　　　　　　　　　〜とも⁰⁸⁸

「〜ても」는 '~해도'라는 뜻으로, 술어의 「て」형과 「も」의 조합형으로 문법화된 것이다. 이 표현은 A가 성립하면 B가 성립한다는 「AならばB」의 순접적인 조건관계를 부정하는 역접조건을 나타낸다. 조금 딱딱한 표현으로는 「〜とも⁰⁸⁸」가 있으며, 회화체로는 「〜たって」의 꼴도 사용된다.

참고 少なくても＝少なくとも(적어도), 「多くても＝多くとも(많아도)」 등과 같이 양이나 정도의 한계를 나타내어 부사적으로 쓰이는 경우도 있다.

☑ 一人で行っても誰かしら友達に会うので 혼자서 가도 누군가 친구를 만나기 때문에　2016-1회
☑ 相手が言っていることに反論したくなっても 상대방이 말하는 것에 반론하고 싶어져도　2015-1회
☑ どんなつらいことがあってもそんな様子を全く見せず
　어떤 괴로운 일이 있어도 그런 모습을 전혀 보이지 않고　N2 2014-1회

유형1 문법형식

- 日本の6月は1年でいちばん日が暮れるのが遅くて、7時になっても暗くなりません。⁹⁶
  일본의 6월은 1년 중 해가 지는 게 가장 늦어서, 7시가 되어도 어두워지지 않습니다.

- 午前9時になってもほとんど明るくならないので、ついつい寝坊してしまう。
  오전 9시가 되어도 거의 밝아지지 않기 때문에, 그만 늦잠을 자고 만다.

유형2 문맥배열

- 万一 この計画に 失敗しても 君の責任 は問わない つもりだ。
  만일 이 계획에 실패해도, 자네의 책임은 묻지 않을 생각이네.

- 舞台の どこに 立っても 顔が 暗くならない ような照明がほしい。
  무대의 어디에 서더라도, 얼굴이 어두워지지 않는 조명이 필요하다.

유형3 문장흐름

- ぼくはこう見えても精いっぱいやってるつもりだ。それなのに課長はちっとも評価してくれないんだ。次の人事異動のときには、希望の部署に移れるといいのだけれど。
  나는 이렇게 보여도 있는 힘껏 열심히 하고 있는 것이다. 그런데 과장은 조금도 평가해주지 않는다. 다음 인사이동 때에는 희망부서로 옮길 수 있으면 좋은데.

22 〜とあって(は) ~이라서

접속 동사의 기본형(る형)·과거형(た형), 명사

「〜とあって(は)」는 '~이라서'라는 뜻으로 '~이기 때문에 ~하다'라는 관찰 등을 말하고 싶을 때 쓴다. 즉「AとあってB」의 꼴로 A에는 특별한 상태나 상황에 대해서 말하고, B에는 그게 이유가 되어 일어나는 일에 대해서 말한다. 화자의 관찰이나 감상 등을 말하는 경우가 많으며, 뉴스 등에서도 자주 쓰인다.

- 初めて一般に公開される**とあっては** 처음으로 일반에게 공개되어서 2013-2회
- 人気作家A氏の講演会が無料**とあって** 인기작가 A씨의 강연회가 무료라서 2011-1회

유형1 문법형식

- 連休**とあって**、遊園地は相当な混雑だったようだ。 09
  연휴라서 유원지는 상당히 혼잡했던 모양이다.

- 無料で映画が見られる**とあって**、入り口の前には1時間も前から行列ができた。 01
  무료로 영화를 볼 수 있어서, 입구 앞에는 한 시간이나 전부터 줄이 생겼다.

- 人前で演技をするのは初めての経験**とあって**、彼はひどく緊張していた。 95
  남 앞에서 연기를 하는 게 처음하는 경험이라서, 그는 몹시 긴장해 있었다.

유형2 문맥배열

- 人気俳優が 来ると あって このイベントの チケットは あっという間に 売り切れた。 06
  인기 배우가 온다고 해서 이 이벤트 티켓은 눈 깜짝할 사이에 매진되었다.

- 待ちに待った 夏休みが やっと 始まった とあって、子どもたちはみんなうれしそうだ。 91
  기다리고 기다렸던 여름 방학이 겨우 시작되어서, 아이들은 모두 기쁜 듯하다.

- 2年に 1度の 行事と あって 町中の人 が参加した。
  2년에 한 번 있는 행사라서 온 동네 사람이 참가했다.

유형3 문장흐름

- 村上春樹の新作が発刊し、今度韓国で**サイン会が開催されるとあって**は、春樹ファンの私としては、会いに行かないわけにはいかない。
  무라카미 하루키의 신작이 발간되어, 이번에 한국에서 사인회가 개최되어서, 하루키 팬인 나로서는 만나러 가지 않을 수 없다.

23 ～というと・～といえば / ～といったら

~라고 하면 / ~은 (정말), ~로 말할 것 같으면

접속 명사

「～というと・～といえば」는 '~라고 하면'이라는 뜻이다. 이것은 보통 「～」를 화제로 삼았을 때나 바로 연상되는 것을 말할 때, 또는 상대방이 한 말이 자신이 생각하고 있는 것과 같은지 어떤지를 물을 때 쓴다. 「～といったら」는 '~은 (정말), ~로 말할 것 같으면'이라는 뜻으로 놀람·감탄 등의 감정을 가지고 어떤 사실을 화제로 삼을 때 사용한다. その心細さといったら(그 불안함으로 말할 것 같으면), あの娘の美しさといったら(그 아가씨의 아름다움은 (정말)) 등과 같은 경우이다.

✓ 外出といったら近所のスーパーに行く程度 외출로 말할 것 같으면 근처 슈퍼마켓에 가는 정도 `2014-1회`

- 日本といえば、私は桜を連想します。 `09`
  일본이라 하면, 나는 벚꽃을 연상합니다.

- 山田さんは旅行というと必ず温泉に行く。 `00`
  야마다 씨는 여행이라고 하면 반드시 온천에 간다.

- 私の矛の鋭利なことといったら、どんな盾でも貫き通さないものはない。
  내 창의 날카로움으로 말하자면 어떤 방패든 관통하지 않는 것은 없다.

- 日本の山 <u>というと</u> まず 頭に浮かぶ のは富士山だ。
  일본의 산이라 하면 우선 머리에 떠오르는 것은 후지산이다.

- あの 娘の 美しさ <u>といったら</u>、まるで絵から抜け出たようだ。
  그 아가씨의 아름다움은 정말, 마치 그림에서 튀어나온 것 같다.

- 花粉症 <u>といえば</u> 春のもの <u>という</u> 印象が 強いが、秋にも特有の花粉症がある。
  꽃가루 알레르기라고 하면 봄에만 있다는 인상이 강하지만, 가을에도 특유의 꽃가루 알레르기가 있다.

- 柔道というと、毎日練習した学生時代を思い出す。あの頃は、寝てもさめても柔道のことばかり考えていた。いい青春だったと思う。
  유도라 하면, 매일 연습했던 학창 시절이 떠오른다. 그 때는 잘 때나 일어나 있을 때나 유도만 생각하고 있었다. 좋은 청춘이었다고 생각한다.

24. 〜というところだ・〜といったところだ

잘해야 ~(정도)이다, 기껏해야 ~(정도)이다

접속 (많지 않은 수량을 나타내는) 명사

「〜というところだ・〜といったところだ」는 '잘해야 ~(정도)이다, 기껏해야 ~(정도)이다'라는 뜻으로, 대략적인 예측 상황을 설명할 때 쓴다. 따라서 「〜」에는 그다지 많지 않다고 생각되는 수량이나 가볍게 느껴지는 단어가 온다.

참고 「〜という」와 「〜といった」는 둘 다 '~라는'이란 뜻이고, 「〜って」는 「〜という」의 회화체.

- 中古は高くても4、5万円といったところだ 중고는 비싸도 잘해야 4, 5만 엔 정도이다 **2016-1회**
- 大人の私で2時間半といったところでしたから 어른인 내가 기껏해야 2시간 반이었으니까 **2011-2회**

유형1 문법형식

- 日本滞在経験のある彼だが、日本語でできるのはあいさつや自己紹介といったところだ。 **06**
  일본 체류 경험이 있는 그 사람이지만, 일본어로 할 수 있는 것은 기껏해야 인사나 자기소개 정도이다.

- 今年の米のできは、まあまあといったところだ。 **01**
  올해의 쌀 작황은 잘해야 보통 수준이다.

- 帰省は2年に1回というところだ。
  귀성은 기껏해야 2년에 한 번 정도이다.

유형2 문맥배열

- 株の取引も、大金持ちの彼女にとっては 単なる 遊び といったところだ。 **02**
  주식 거래도, 부호인 그녀에게는 기껏해야 단순한 놀이 정도이다.

- 他の人にとって厳しいトレーニングでも、あの運動は山田さんにとってはちょうど いい 散歩 といった ところ だ。 **96**
  다른 사람에게 힘든 훈련도, 그 운동은 야마다 씨에게는 딱 좋은 산책 정도이다.

유형3 문장흐름

- 最高級車とはいえ、中古だから、この車は高くても4百万円といったところだろう。社長のポケットマネーなら買えないこともない。
  최고급 차라고는 하나, 중고라서 이 차는 비싸도 잘해야 4백만 엔 정도일 것이다. 사장의 용돈이라면 살 수 없는 것도 아니다.

25

～といった[073] ~라는

접속 명사

「명사+といった+명사」의 꼴로 '~라는 ~'의 뜻을 나타낸다. 이 표현은 예를 열거할 때 쓰는데, 이것이 전부가 아니라 그 밖에 또 있다는 뉘앙스이다. 이와 비슷한 표현으로 「～という[N2 077]」「～との[N1 085]」가 있다. 참고로 「～といった」는 「～という」의 각각의 용법에 종류와 예시의 뉘앙스를 더한다.

☑ インターネットの功罪といった議論がある 인터넷의 공과 죄라는 논의가 있다 **2012-1회**

유형1 문법형식

- この人形は、「こんにちは」「さようなら」といった簡単な言葉を話します。 **09**
  이 인형은 '안녕하세요' '안녕히 가십시요'라는 간단한 말을 합니다.

- この会社はタオルや洗剤といったさまざまな日用品をあつかっている。 **01**
  이 회사는 타올이나 세제라는 다양한 일용품을 취급하고 있다.

- 消費電力の抑制や環境への配慮といったさまざまな課題が提起されている。
  소비전력의 억제나 환경에 대한 배려라는 다양한 과제가 제기되고 있다.

유형2 문맥배열

- 少年犯罪の凶悪化、政治 意識の低下 といった さまざまな 分野で 問題となっている。
  소년 범죄의 흉악화, 정치 의식의 저하라는 다양한 분야에서 문제가 되고 있다.

- 私たち人間は石油や石炭、天然ガス といった 貴重な 資源を たくさん消費しています。
  우리들 인간은 석유나 석탄, 천연가스라는 귀중한 자원을 많이 소비하고 있습니다.

유형3 문장흐름

- サウナで汗をかくことは、新陳代謝を活発化し、老廃物を体外に排出し、さらに気分転換やストレス解消といったさまざまな効果がある。
  사우나에서 땀을 흘리는 것은 신진대사를 활발하게 하고, 노폐물을 몸밖으로 배출하며, 게다가 기분전환이나 스트레스 해소라는 다양한 효과가 있다.

26 〜と思いきや ~라 생각했더니

접속 동사의 기본형(る형)·과거형(た형), い형용사·な형용사의 기본형, 명사+だ, 조동사 だろう 등

「〜と思いきや」는 '~라 생각했더니 (뜻밖에도)'라는 뜻으로, '상식적으로 예상하면 ~이지만, 이 경우에는 ~이 아니었다'라는 의외의 기분을 나타낸다. 이 표현은 공문서나 논문 등의 격식 차린 글에는 잘 쓰이지 않는다.

- 待たされるかと思いきや、意外にもすぐに席に案内された
  기다려야 하나 생각했더니 의외로 바로 자리로 안내받았다 **2013-2회**
- 役作りに悩んでいるのかと思いきやそうでもない 배역 연구로 고민하고 있나 생각했더니 그렇지도 않다 **2011-1회**

유형1 문법형식

- 今日は暑くなるかと思いきや、むしろ寒いぐらいだった。 **09**
  오늘은 더워지는가 생각했더니 오히려 추울 정도였다.

- もうとても追いつけないだろうとおもいきや、驚くほどの速さで彼は一気に先頭に走り出た。 **99**
  이제 도저히 따라잡을 수 없을 거라고 생각했더니, (뜻밖에도) 놀랄 만큼의 빠르기로 그는 단숨에 선두로 뛰어나왔다.

- 「考えてみます」と言われたので、了承されたと思いきや、実はそれは「お断りします」という意味だった。 **94**
  '생각해 보겠습니다'라고 들어서 승낙받았다고 생각했더니, 실은 그것은 '거절하겠습니다'라는 의미였다.

유형2 문맥배열

- さぞ喜んでいる だろうと 思いきや 娘が いなくなる さびしさに、ため息ばかりついているそうだ。 **03**
  필시 기뻐하리라 생각했더니, 딸이 없어지는 쓸쓸함에 한숨만 쉬고 있다고 한다.

- 受験に 失敗したと 思いきや 意外な ことに 合格の 通知が 来た。
  수험에 실패했나고 생각했더니, 뜻밖에도 합격 통지가 왔다.

- すぐに 来て くれると 思いきや いつまで 待ってもやってこない。
  바로 와 줄거라고 생각했더니, 언제까지 기다려도 오지 않는다.

유형3 문장흐름

- 最近は天気の変化が激しい。先ほども、やっと風がやんだとおもいきや、今度は大粒の雨が降りだした。こんな調子だから、晴れていても傘を持って出かけている。
  최근에는 날씨 변화가 심하다. 조금 전에도, 겨우 바람이 멎었다고 생각했더니, 이번에는 큰 빗줄기가 내리기 시작했다. 이런 상태라서 날씨가 맑아도 우산을 가지고 외출하고 있다.

27 〜として / 〜としても 081   ① ~로서 ② ~라고 해서 / ~라고 해도

접속 명사/동사의 기본형(る형)·과거형(た형), 명사+だ 등

「〜として」는 '①~로서'라는 뜻으로, 일반적으로 자격이나 입장, 명목, 부류를 나타낸다. 뒤에 접속되는 말에 어떤 의미나 가치를 부여하는 표현으로 명사에 붙는다. 응용표현인 「〜としては(~로서는)」는 어떤 자격·입장을 제목으로 내세우면서 현실의 모습이 그에 어울리지 않음을 암시하는 용법이다. 그리고 「〜として」는 활용어의 종지형에 붙어 '②~라고 해서'라는 뜻도 있다. 「〜としても」는 '~라고 해도, ~라고 가정해도'라는 뜻으로, '지금은 ~이 아니지만 만일 그렇게 되더라도 관계없다'는 의미로 사용된다.

- ☑ 教育現場の長としてあるまじき行為 교육 현장의 장으로서 있어서는 안 될 행위 2017-2회
- ☑ 著者としてこれ以上の喜びはありません 저자로서 더이상의 기쁨은 없습니다 2015-1회
- ☑ 森林を単に木材の供給源として 숲을 단순히 목재의 공급원으로서 2013-2회
- ☑ 彼の政治家としての能力 그의 정치가로서의 능력 2012-2회
- ☑ 不正に現金を引き出そうとしたとして 부정하게 현금을 인출하려고 했다고 해서 2012-1회
- ☑ 増税は避けようのないものとして 증세는 피할 수 없는 것으로서 2011-2회
- ☑ 目が多少かゆくなるくらいはいいとしても 눈이 약간 가려워지는 정도는 괜찮다고 해도 2011-2회
- ☑ 自分の責任だとして部下の失敗も引き受ける 자신의 책임이라고 해서 부하의 실수도 받아들인다 2011-1회
- ☑ 突然の解雇を不当として解雇取り消しを求める
  갑작스런 해고를 부당하다고 해서 해고 취소를 요구하다 2010-1회

유형1 문법형식

- 家を買えるとしても、それは通勤に不便な場所になるだろう。 95
  집을 살 수 있다고 해도, 그것은 통근하기에 불편한 장소가 될 것이다.

- 自分の問題として、この問題を考えることが求められている。 93
  자신의 문제로서 이 문제를 생각하는 것이 요구되고 있다.

- ある情報があったとして、それが、本当に事実として理解していいのか吟味してみる必要があります。
  어떤 정보가 있었다고 해서, 그것이 정말로 사실로서 이해해도 좋을지 음미해볼 필요가 있습니다.

- 仮に雨だとしても、あしたは出発する。
  가령 비가 온다고 해도 내일은 출발한다.

- だとすれば、この独特の感受性が、花火という美をそだてたとしても不思議ではないのである。
  그렇다면 이 독특한 감수성이 하나비라는 미를 키웠다고 해도 이상하지 않다.

- 初のサイン会とあってファンの私としては会いに行かないわけにはいかない。

  첫 사인회라서 팬인 나로서는 만나러 가지 않을 수 없다.

- たとえ 不合格だ としても 君の 今まで の努力はむだではないよ。 08

  설령 불합격이라고 해도 자네의 지금까지의 노력은 헛되지 않아.

- 山田さんは 女性 として 初めて 福祉局長 に就任した。

  야마다 씨는 여성으로서 처음으로 복지국장에 취임했다.

- 今になって 謝った としても 許してくれない だろう。取り返しのつかないことをしてしまった。

  이제 와서 사과한다고 해도 용서해주지 않을 것이다. 되돌릴 수 없는 짓을 저지르고 말았다.

- 内田さんは180センチという長身だが、バスケットボール選手としては、小柄なほう らしい。

  우치다 씨는 180센티미터라는 장신이지만, 농구선수로서는 몸집이 작은 편인 듯하다.

- 私は医者として、できるだけ患者の不安や悩みを聞き、患者が安心して医療を受けられるよう努力している。しかし、そこまでせずに、薬だけ出して済ませる医者もいる。 05

  나는 의사로서 가능한 한 환자의 불안이나 고민을 듣고, 환자가 안심하고 의료를 받을 수 있도록 노력하고 있다. 그러나 그렇게까지 하지 않고 약만 내어 주고 끝내는 의사도 있다.

- ある動物病院が同掲示板の書き込みにより名誉を傷つけられたとして、管理人に損害賠償を求めた訴訟について、東京地方裁判所は西村大郎氏の責任を認め、書き込みの消除と400万円の賠償を命じた。

  어느 동물병원이 병원 게시판의 글에 의해 명예가 손상되었다고 하며, 관리인에게 손해배상을 요구한 소송에 대해서, 도쿄지방재판소는 니시무라 다로 씨의 책임을 인정하여 글의 삭제와 400만 엔의 배상을 명했다.

28 〜と(も)なると・〜と(も)なれば⁰⁸⁴ ~이라도 되면, ~쯤 되면

접속 명사

「〜と(も)なると・〜と(も)なれば」는 '~이라도 되면, ~쯤 되면'이라는 뜻으로, 어떤 범위 안에서 정도가 진행된 상태를 나타내는 표현이다. 「〜」에는 보통 진행된 정도를 나타내는 명사가 온다. 뒷부분에는 상황이 진행되면 그것에 걸맞는, 당연히 그렇게 되어질 것이라는 판단을 나타내는 표현이 온다.

참고 이 문형은 「〜になる(~이 되다)」에서 결과에 중점을 두는 역할의 조사 「と」로 바뀌어 「〜となる」가 되었고, 강조의 조사 「も」가 첨가되어 문법화되었다. 즉 「〜になる→〜となる→〜となると→〜ともなると」, 「〜になる→〜となる→〜となれば→〜ともなれば」의 꼴이 된 것이다.

- ☑ 週末**ともなれば** 주말이라도 되면 `2016-1회`
- ☑ 家庭を犠牲にしてまで**となると** 가정을 희생하면서까지 되면 `2011-1회`

문법형식

- 大寺院の本格的な修理**ともなると**、かかる経費も相当なものだろう。
  대사원의 본격적인 수리쯤 되면 들어가는 경비도 상당한 금액일 것이다. `06`

- 休日**ともなると**、朝から観光客の車で道路が渋滞する。 `03`
  휴일쯤 되면 아침부터 관광객의 차로 도로가 정체된다.

- さすがに一流の選手**ともなると**違う。 `95`
  과연 일류 선수쯤 되면 다르다.

- 世界的な俳優**ともなると**、さすがに演技力が違うようだ。 `91`
  세계적인 배우쯤 되면 과연 연기력이 다른 것 같다.

- 有名な私立高校**ともなると**、競争がはげしい。
  유명한 사립 고등학교쯤 되면 경쟁이 심하다.

- やはり偉い人**ともなると**、歩き方から違うねえ。
  역시 신분이 높은 사람 정도 되면 걸음걸이부터 다르네.

- 学園祭**ともなれば**、国ごとのバザーが勢ぞろいする。
  학교 축제라도 되면 나라마다의 바자회가 총집결한다.

- 初夏**ともなれば**森のそこかしこに生命の躍動が感じられる。
  초여름이라도 되면 숲 여기저기에 생명의 약동이 느껴진다.

문맥배열

- プロの 選手<u>とも</u> <u>なると</u> さすがに 実力が違う ようだ。 [98]

  프로 선수쯤 되면 과연 실력이 다른 것 같다.

- 日本での生活も 10年 <u>ともなれば</u> 相手が 黙って いてもイエスかノーか分かるようになる。 [95]

  일본에서의 생활도 10년쯤 되면 상대가 말을 하지 않아도 Yes인지 No인지 알게 된다.

- やはり、11月<u>とも</u> <u>なると</u> 寒い日が 多く なりますね。 [90]

  역시 11월쯤 되면 추운 날이 많아지는군요.

- 桜の季節 <u>ともなると</u> 山は すっかり ピンク色になる。

  벚꽃의 계절쯤 되면 산은 온통 핑크빛이 된다.

문장흐름

- 朝、窓を開けると風が冷たいのには驚きました。10月ともなると、さすがに朝晩は冷え込みます。窓を開けて寝たりしたら、風邪を引く原因にもなるでしょう。

  아침에 창문을 여니 바람이 차가워 놀랐습니다. 10월쯤 되면 과연 아침저녁은 쌀쌀합니다. 창문을 열고 자거나 하면, 감기에 걸리는 원인도 되겠지요.

- 彼女の演技は正確なだけでなく、実に見事なものだった。一流の体操選手ともなれば、寸分の狂いもなく同じ演技ができるそうだ。彼女の演技は、まさに一流の演技といえよう。

  그녀의 연기는 정확할 뿐만 아니라 실로 훌륭한 것이었다. 일류 체조 선수쯤 되면 조금의 착오도 없이 같은 연기를 할 수 있다고 한다. 그녀의 연기는 실로 일류 연기라 말할 수 있겠다.

29 〜ながらも[091] ~이지만, ~인데도, ~이면서도

접속 동사의 연용형(ます형)・부정형(ない형), い형용사의 기본형, 명사

「〜ながらも」는 '~이지만, ~인데도, ~이면서도'라는 뜻으로, N2 문법에서 다룬 「〜ながら[N2 102]」보다 격식 차린 표현이다. 용법과 의미는 같지만, N1 문법에서는 주로 「い형용사의 기본형+ながらも」「동사의 연용형(ます형)・부정형(ない형)+ながらも」 등에 접속된다는 것을 기억해 두자.

☑ なんだか使いにくいと言い**ながらも**毎日使っている 뭔가 쓰기 불편하다고 하면서도 매일 쓰고 있다 **2013-1회**

유형1 문법형식

- 彼は、貧しい**ながらも**温かい家庭で育った。 **00**
  그는 가난하지만 따뜻한 가정에서 자랐다.

- 休養に徹すると言い**ながらも**頭から仕事のことが離れない。 **97**
  철저하게 쉬겠다고 말하면서도 머리에서 일 생각이 떠나지 않는다.

- 彼女はまだ小さい**ながらも**きちんとあいさつする。
  그녀는 아직 어리지만 착실히 인사를 한다.

유형2 문맥배열

- 休みの たびに 今日こそ 片付けようと 思い**ながらも** 実際にはなかなか実行できない。 **09**
  휴일 때마다 오늘이야말로 정리하려고 생각하면서도 실제로는 좀처럼 실행하지 못한다.

- 様々な 苦難に あい **ながらも** あきらめないで 最後までやりぬいた。
  여러 가지 고난을 겪으면서도 포기하지 않고 끝까지 해냈다. **04**

- 幼い **ながらも** 周囲の 人々の 気持ちを感じとることができる。
  어리지만 주위 사람들의 기분을 감지할 수 있다.

유형3 문장흐름

- 日本の城ばかりではなく、上級の武士の屋敷は堅固な塀で囲まれていました。これを見ると、日本の都市に小さい**ながらも**城壁があったことになります。
  일본의 성 뿐만 아니라, 상급무사의 저택은 견고한 벽으로 둘러싸여 있었습니다. 이것을 보면 일본 도시에 작지만 성벽이 있었다는 말이 됩니다.

30 〜なくして(は) 〜없이(는), 〜이 없으면

접속 명사

「〜なくして(は)」는 '〜없이(는), 〜이 없으면'이라는 뜻으로, '전자가 없으면 후자는 실현되지 않는다'고 할 때 쓰는 표현이다. 전자에는 주로 바람직한 명사가 오고, 후자에는 부정적인 문장이 온다.

- ☑ 労働条件の改善なくして何が業績向上だ 노동조건의 개선 없이 뭐가 실적향상이야 **2017-1회**
- ☑ それなくして会社の成長など望みようもない 그것 없이 회사의 성장 같은 건 바랄 수도 없다 **2014-2회**

유형1 문법형식

- 「努力なくして成功はない」という言葉は、祖父の口癖だ。 09
  '노력 없이 성공은 없다'라는 말은 할아버지의 입버릇이다.

- 苦難に満ちたあの人の人生は、涙なくしては語れない。 94
  고난으로 가득 찬 그 사람의 인생은 눈물 없이는 말할 수 없다.

- 市民の皆さんの協力なくして、ゴミ問題の解決はありえません。 92
  시민 여러분의 협력이 없으면, 쓰레기 문제의 해결은 있을 수 없습니다.

- 真の勇気なくしては、改革はできない。
  진정한 용기가 없으면 개혁은 불가능하다.

유형2 문맥배열

- 教授の 助言 なくして この 研究の 成功はなかった。 07
  교수님의 조언이 없으면, 이 연구의 성공은 없었다.

- 国全体に広がる 交通網 なくしては 1日 たりとも 成り立たない。 03
  나라 전체로 확대되는 교통망 없이는 하루라도 성립되지 않는다.

- 友達の 励まし なくして は 作品の完成はなかったであろう。 97
  친구의 격려 없이는 작품의 완성은 없었을 것이다.

- 資金 協力 なくしては この 計画は 実行できない。
  자금 협력이 없으면 이 계획은 실행할 수 없다.

유형3 문장흐름

- これまで本当によく頑張ってきた。言うまでもなく、みんなの協力なくして、明日の試合に勝つことはできない。最後まで助け合って練習に励んでほしい。
  지금까지 정말 잘 분발해 왔다. 말할 필요도 없이 모두의 협력 없이 내일 시합에 이길 수는 없다. 마지막까지 서로 도와 연습에 힘쓰길 바란다.

問題1 次の文の（　）に入れるのに最もよいものを、1・2・3・4から一つ選びなさい。

1　来週の試験で進級できるかどうかが決まる（　　　）、学生たちは必死で勉強をしている。
　1　とされても　　　2　とあって　　　3　とあっても　　　4　とすると

2　出発して1週間になる。でもまだ目的地までやっと半分（　　　）。
　1　といったところだ　　　　　　　2　といえばこそだ
　3　というにはあたらない　　　　　4　といったかもしれない

3　彼女が希望することは、それが（　　　）かなえてやりたい。
　1　何にもまして　　2　何かしら　　3　何であっても　　4　何かにつけて

4　コンピューターや高速鉄道（　　　）文明の利器を使って時間を短縮している。
　1　といった　　　2　とする　　　3　といったら　　　4　とすると

5　骨を折ったときの激痛といったら、（　　　）ものだった。
　1　たとえるほかはない　　　　　　2　たとえそうもない
　3　たとえるわけがない　　　　　　4　たとえようがない

6　今年は猛暑になると（　　　）、意外に涼しい日が多かった。
　1　思いゆえ　　　2　思っても　　　3　思ったり　　　4　思いきや

7　この辺は週末（　　　）、若者や家族連れがおおぜい集まってくる。
　1　ともなると　　2　ともすると　　3　ともなれ　　　4　ともあれ

8　少年はいろいろな困難にぶつかり（　　　）たくましく成長していく。
　1　ながらに　　　2　かたがた　　　3　ながらも　　　4　ついでに

9　コンピューター（　　　）現代社会は成り立たないといっても過言ではない。
　1　ないでは　　　2　なくとも　　　3　なくしては　　　4　ないまでも

10　さまざまな障害に出会ったとしても、医者になろうという決心は絶対に（　　　）。
　1　変えるに決まっている　　　　　2　変えないつもりだ
　3　変えるはずだ　　　　　　　　　4　変えないはずがない

問題 2 次の文の ＿＿★＿＿ に入る最もよいものを、1・2・3・4から一つ選びなさい。

11 僕のように夜＿＿＿＿ ＿＿＿＿ ＿★＿ ＿＿＿＿夜型人間はフクロウ型と言われている。⁰⁶²

　1　なっても　　　2　ならない　　　3　何時に　　　4　眠く

12 本格的な秋のアウトドア＿＿＿＿ ＿★＿ ＿＿＿＿ ＿＿＿＿家族連れや若者たちでにぎわう。⁰⁶⁵・⁰⁸⁴

　1　シーズンの到来　2　週末　　　3　とあって　　　4　ともなると

13 女の子に人気の職業というと、スチュワーデス、看護師、＿＿＿＿ ＿＿＿＿ ＿★＿ ＿＿＿＿ でしょう。⁰⁶⁹・⁰⁶⁸

　1　いった　　　2　先生と　　　3　ところ　　　4　それに

14 ストレスの多い現代社会は＿＿＿＿ ＿★＿ ＿＿＿＿ ＿＿＿＿生んでいます。⁰⁷³

　1　依存症や不登校　2　といった　　　3　病理現象を　　　4　さまざまな

15 考古学を学んでいる人だから、＿＿＿＿ ＿＿＿＿ ＿★＿ ＿＿＿＿、彼女が特に喜ぶプレゼントは畑でとれた作物やミルクだった。⁰⁷⁶

　1　やはり　　　2　発掘品が　　　3　好きなのか　　　4　と思いきや

16 ＿＿＿＿ ＿★＿ ＿＿＿＿ ＿＿＿＿縄張りを守るために命をかけて戦わねばならない。⁰⁸⁴

　1　世界では　　　2　ともなれば　　　3　動物の　　　4　ボス

17 出かける予定もないし、今日＿＿＿＿ ＿＿＿＿ ＿★＿ ＿＿＿＿実際にはなかなか実行できない。⁰⁹¹

　1　片づけようと　　　2　こそ　　　3　思いながらも　　　4　部屋を

18 コンピューターによって、いくら人間の生活が＿＿＿＿ ＿＿＿＿ ＿★＿ ＿＿＿＿われわれは生きていくことはできない。⁰⁹²

　1　といえども　　　2　なくしては　　　3　地球の自然　　　4　進歩した

19 彼はサッカー部＿＿＿＿ ＿★＿ ＿＿＿＿ ＿＿＿＿部員をよくまとめてきた。⁰⁸¹

　1　この１年間　　　2　の　　　3　主将　　　4　として

20 あの人は＿＿＿＿ ＿＿＿＿ ＿★＿ ＿＿＿＿、人目をひくほどの高さではない。⁰⁶⁸

　1　高いと　　　2　いえば　　　3　高いが　　　4　背が

問題3 次の文章を読んで、文章全体の趣旨を踏まえて、 21 から 25 の中に入る最もよいものを、1・2・3・4から一つ選びなさい。

　　私たちの「味覚」は酸味や苦みを、まずは危険で障害が発生する味、として認知します。 21 そうした味の中にも、命の危険とは無関係な、豊かで奥深いものがあることを、私たちは経験を積み重ねて知っていきます。
　　ということは、「味覚」 22 、原則的な機能を土台としながらも、そもそもは固有な経験に基づいて働くものである、と言えるでしょう。日本の中だけでも、それぞれの土地に根ざした独特の味・食材がたくさん存在しています。「おいしい」という感覚も同じ。それぞれが生まれ育った生活環境や習慣、なじんできた各地域の 23 、一人ひとりの「おいしい」、「まずい」という感じ方が決まるのではないでしょうか。
　　「おいしい」という感じ方は、「味」 24 、香り、質感（注）、温度、形、色、音といった、五感の刺激が組み合わさっています。私たちは「おいしさ」を、そのように複雑に感じ取っているのです。
　　 25 最近、「情報」にふりまわされ、「舌や感覚で食べずに頭で食べる」行動が話題になっています。自分に必要なものを選び取り、きちんと自分の舌と五感で味わう行為とは正反対の、パニック的な食行動です。「フード・ファディズム」は「熱狂」という意味です。たとえばテレビ番組で、「健康によい食品」が紹介されると、次の日には、スーパーの店頭から、紹介された品物がすっかり姿を消してしまう「パニック」的な消費行動が繰り返されてきました。

（山下袖美『学校保健フォーラム　子どもたちの味覚を目覚めさせるために』による）

（注）質感：材料の性質の違いから受ける感じ。

21							
	1 それなのに	2	ところが	3	それなら	4	それとも

22							
	1 とか	2	とは	3	が	4	に

23			
	1 「食文化」にわたって	2	「食文化」にむけて
	3 「食文化」によって	4	「食文化」にとって

24							
	1 そのものに応じ	2	そのものに関し	3	そのものに対し	4	そのものに加え

25							
	1 しかし	2	それどころか	3	すなわち	4	さらに

문제해결 키워드

- **〜として** N1 081 ~로서
  障害が発生する味、として
  장애가 발생하는 맛으로서 (01行)

- **〜ながらも** N1 091 ~하면서도
  原則的な機能を土台としながらも
  원칙적인 기능을 토대로 하면서도 (04行)

- **〜といった** N1 073 ~라는
  色、音といった、五感の刺激
  색, 소리라는 오감의 자극 (09行)

- **〜とは** ~이란
  「味覚」とは '미각'이란 (04行)

- **〜に基づいて** ~에 의거하여
  固有な経験に基づいて働くものである
  고유한 경험에 의거하여 작용하는 것이다 (04行)

- **〜によって** N2 125 ~에 의해, ~에 따라
  各地域の「食文化」によって
  각 지역의 '식문화'에 따라 (07行)

- **〜のではないか** N1 059 ~이 아닐까
  感じ方が決まるのではないでしょうか
  느끼는 방식이 정해지는 것은 아닐까요? (08行)

- **〜に加え(て)** ~에 더하여, ~에다
  「味」そのものに加え '맛' 그 자체에 더하여 (09行)

- **〜ずに** N3 032 ~하지 않고
  舌や感覚で食べずに 혀나 감각으로 먹지 않고 (12行)

- **〜にわたって** N2 126 ~에 걸쳐

- **〜に向けて** N1 123 ~을 향해, ~을 목표로

- **〜に応じ(て)** N1 100 ~에 따라서, ~에 맞게

- **〜に関して** N1 104 ~에 관해서

- **〜に対し(て)** N1 113 ~에 대해, ~에게, ~에 비해

31 〜なくて(も)済む[093] ~하지 않아도 된다

접속 동사의 부정형(ない형)　　　　　　　　　　　　　　〜ずに済む・〜ないで済む[039]

「〜なくて(も)済む」는 '~하지 않아도 된다'라는 뜻이다. 이 표현은 뭔가를 해야 할 상황이었는데 그것이 충족되어 불필요하게 되었을 때 사용한다. 이와 비슷한 표현으로는「〜ずに済む・〜ないで済む[039](~하지 않고 끝나다)」가 있다.

☑ 当分お米は買わなくて済みそうだ 당분간 쌀은 사지 않아도 될 듯하다　**2014-2회**

문법형식

- 幸い友人が冷蔵庫をくれたので、新しいのを買わなくてすんだ。 **09**
  다행히 친구가 냉장고를 줘서, 새 것을 사지 않아도 되었다.

- 家の中をふだんからきちんとしていれば、不意の来客にもあわてなくて済むというものだ。
  집 안을 평소에 깔끔하게 하면, 불시에 손님이 와도 당황하지 않아도 되는 것이다.

- 買い物袋に一杯ほどにはなったから、当分お菓子は買わなくて済みそうだ。
  쇼핑백이 가득찰 정도가 되었으니까, 당분간 과자는 사지 않아도 될 듯하다.

문맥배열

- パソコンのおかげで めんどうな 計算は しなくても 済む。
  컴퓨터 덕분에 귀찮은 계산은 하지 않아도 된다.

- 周りが貧乏であれば、自分が貧乏であることを それほど 不幸と 感じなくて すむ。
  주위가 가난하면 자기가 가난하다는 것을 그다지 불행하다고 느끼지 않아도 된다.

문장흐름

- よけいなことを考えなくてすんだ子供時代、ぼくは夏のまつりに行くたびに、連れていってくれた大人に必ず綿菓子をねだった。その時、綿菓子は私の大好物だった。
  쓸데없는 것을 생각하지 않아도 되었던 유년시절, 나는 여름축제에 갈 때마다, 데려가 준 어른에게 꼭 솜사탕을 졸랐다. 그 때 솜사탕은 내가 제일 좋아하는 과자였다.

32

～なくはない / ～なくもない[094] ~하지 않는 것은 아니다 / ~하지 않는 것도 아니다

접속 동사의 부정형(ない형)　　　　　～ないでもない[089]・～ないことはない[N2 042]

「～なくはない」는 '~하지 않는 것은 아니다, 조금은 ~하다'라는 뜻이다. 이 표현은 이중부정으로 강한 단정을 피해 애매한 표현을 할 때 쓴다. 그리고 강조 표현에는 「～なくもない(~하지 않는 것도 아니다)」도 많이 사용된다. 이와 비슷한 표현에는 「～ないでもない[089](~하지 않는 것도 아니다)」 「～ないことはない[N2 042](~하지 않는 것은 아니다)」 가 있다.

☑ 少しきついが、Mサイズも着られ**なくはなかった**　조금 끼지만 M사이즈도 입지 못하는 것은 아니었다　**2014-2회**

유형1 문법형식

- あの人の性格を考えると、理解でき**なくはない**。　00
  그 사람의 성격을 생각하면 이해할 수 없는 것은 아니다.

- 最近彼は、少し元気がないような気がし**なくもない**。
  최근 그는 조금 기운이 없는 듯한 느낌이 들지 않는 것도 아니다.

- 嫉妬心で犯行に及んでしまったのも、被告の性格の表れとして理解でき**なくはない**。
  질투심으로 범행에 이르렀다는 것도, 피고의 성격의 표출로서 이해할 수 없는 것은 아니다.

유형2 문맥배열

- ゲームじゃなくて 勉強に 使うんなら 考え**なく** <u>もない</u> けど。　07
  게임이 아니라 공부에 사용한다면 고려하지 않는 것도 아니지만.

- 30年前に中高生だった人が 読んでも 理解でき**なく** <u>はない</u> 内容に なっている。
  30년 전에 중고생이었던 사람이 읽어도 이해할 수 없는 것은 아닌 내용으로 되어 있다.

유형3 문장흐름

- 英語のメニューは読め**なくもない**が、読むのに時間がかかるので、日本語メニューがあって日本語ができるスタッフがいるのはありがたい。最近、この街にも日本人に便利なレストランが増えてきたと思う。
  영어로 된 메뉴는 읽을 수 없는 것도 아니지만 읽는 데 시간이 걸리기 때문에, 일본어 메뉴가 있고 일본어를 할 수 있는 스텝이 있는 것은 다행이다. 최근, 이 동네에도 일본인에게 편리한 레스토랑이 늘어난 것 같다.

33

～ならではの⁰⁹⁶ ~이 아니고는 할 수 없는, ~특유의, ~만의

접속 명사

「～ならではの」는 '~이 아니고는 할 수 없는, ~특유의, ~만의'라는 뜻으로, '~이외에는 불가능하다, 오직 ~만이 할 수 있다'라는 감탄의 뜻을 나타낸다. 그 밖에 「～ならでは(~이 아니면)」「～ならではだ(~고유의 것이다)」의 형태도 있는데, 彼ならでは不可能なことだ(그 사람이 아니면 불가능한 일이다), 正月のもちつきの行事は日本ならではだ(설날의 떡을 치는 행사는 일본 고유의 것이다) 등과 같이 쓰인다.

- ☑ 老舗旅館ならではの細やかな心遣い 대대로 내려온 여관만이 가지고 있는 세심한 배려　2011-2회
- ☑ 年が近い同世代ならではのこともあって 나이가 가까운 동세대만이 통하는 것도 있어서　2010-1회

- 日本全国、その地方ならではの名産がある。　03
  일본 전국에는 그 지방 특유의 명산물이 있다.

- ベテラン技師ならではの素晴らしいアイディアである。　98
  베테랑 기사가 아니고는 할 수 없는 훌륭한 아이디어이다.

- 旅の情緒が味わえるのは、小さな旅館ならではの良さだ。
  여행의 정서를 맛볼 수 있는 것은, 작은 여관 고유의 장점이다.

- 友人の家でごちそうになった料理は、家庭料理 ならではの 素朴な 味わい だった。　08
  친구 집에서 대접 받은 음식은 가정 요리 특유의 소박한 맛이었다.

- あそこでは 一流ホテル ならではの 豪華な 雰囲気が 味わえる。　95
  저곳에서는 일류 호텔만의 호화로운 분위기를 맛볼 수 있다.

- このアイスクリームは北海道産ならではのおいしさです。味の決め手は、やはり質の高い牛乳。それが、当社の製品が人気を長く保ってきた秘訣といえるでしょう。
  이 아이스크림은 홋카이도산에서만 느낄 수 있는 맛입니다. 맛의 승부수는 역시 질 높은 우유. 그것이 당사 제품이 인기를 오래 유지해 온 비결이라 하겠지요.

34 〜に至る / 〜に至て(は) / 〜までに至る 099

~에 이르다 / ~에 이르러서(는) / ~에까지 이르다

접속 동사의 종지형, 명사

「〜に至る」는 '~에 이르다'라는 뜻으로, 어떤 사물을 단계적으로 파악해 가면서 최종적으로 어느 단계·상황·지점에 도달함을 나타낸다. 「〜に至って(は)」는 '~에 이르러서(는)'이라는 뜻으로, '~라는 중대한 사태가 되어'라는 의미를 나타낸다. 따라서 뒤에는 「やっと(겨우)·ようやく(겨우)·はじめて(처음으로)」 등의 말이 함께 쓰여 어떻게 일이 되었는지를 설명한다. 「〜までに至る」는 '~에까지 이르다'라는 뜻으로 일의 범위가 어느 단계에까지 이르렀다고 할 때 쓴다. 이 밖에도 「〜に至った(~에 이르렀다, ~에 이른)」「〜に至っても(~에 이르러서도)」「〜に至らず(~에 이르지 않고)」「〜に至るまで(~에 이르기까지)」「〜には至らないまでも(~까지는 아니더라도)」 등의 표현도 쓰인다.

- ☑ 解決には至らないまでも、気持ちが楽になるだろう 해결까지는 아니더라도 기분이 편해질 것이다 **2017-2회**
- ☑ 景気が回復してきていると実感できるまでに至らない企業
  경기가 회복되기 시작한다고 실감할 수 있기까지 이르지 않은 기업 **2016-1회**
- ☑ 路線を廃止するに至った経緯 노선을 폐지하기에 이른 경위 **2014-1회**

유형1 문법형식

- 証拠となる書類が発見されるにいたって、彼はやっと自分の罪を認めた。 **06**
  증거가 되는 서류가 발견되기에 이르러서, 그는 겨우 자신의 죄를 인정했다.

- 問題がこじれてしまう前に対策をたてるべきだったのに、ことここにいたってはどうしようもない。 **97**
  문제가 악화되기 전에 대책을 세워야 했는데, 일이 이 지경에 이르러서는 어쩔 도리가 없다.

- 実際に事故が起こるにいたって、ようやく自動車会社は事故原因の調査を始めた。 **91**
  실제로 사고가 일어나기에 이르러서, 겨우 자동차 회사는 사고 원인의 조사를 시작했다.

- 山田さんの発明は、発想はいいが、なかなか実用までには至らない。
  야마다 씨의 발명은 발상은 좋지만, 좀처럼 실용까지에는 이르지 않는다.

- おめでとう。優勝に至るまでの過程を話してくれませんか。
  축하합니다. 우승에 이르기까지의 과정을 말해 주지 않겠습니까?

- この土地の繁栄はますます盛んになり、今日のごとき半永久的な状況を呈するに至った。
  이 고장의 번영은 점점 성해져, 오늘날과 같은 반영구적인 상황을 나타내기에 이르렀다.

- ここまで 業績が 悪化するに 至っては、工場の閉鎖もやむを得ないと判断した。 09
  여기까지 실적이 악화되기에 이르러서는 공장 폐쇄도 어쩔 수 없다고 판단했다.

- ことここに 至っては 素人には どうする ことも できない。 00
  일이 이 지경에 이르러서는 초보자에게는 어떻게 할 수도 없다.

- 家具はもちろん、皿や スプーンに いたる まで 新しいのを買いそろえた。 97
  가구는 물론 접시랑 스푼에 이르기까지 새로운 것을 사서 갖추었다.

- その地方の乳牛を 全滅させる まで には 至らず 狂牛病は 終息した。
  그 지방의 젖소를 전멸시키기까지에는 이르지 않고 광우병은 종식되었다.

- 今回の記事では、東南アジアひとり旅で「あなたの夢は何ですか」の企画を行うまでに至った経緯、企業からの協賛を得るまでの経緯などを書きたいと思います。
  이번 기사에서는 동남 아시아 나홀로 여행에서 '당신의 꿈은 무엇입니까?'의 기획을 하기까지에 이른 경위, 기업으로부터의 협찬을 얻기까지의 경위 등을 쓰고 싶습니다.

- その会社は、合併を繰り返し、巨大企業となるにいたった。その過程には多くの無理があったと見え、今回の不祥事に発展したわけである。
  그 회사는 합병을 되풀이하여 거대 기업이 되기에 이르렀다. 그 과정에는 많은 무리가 있었다고 보이며, 이번의 불상사로 발전한 이유이다.

35 ～にしたら・～にすれば / ～にしても[107]

~로서는, ~의 입장으로서는 / ~라고 해도

접속 동사의 기본형(る형), 명사 등 　　　　　　～にしてみれば・～にしてみると[110]

「～にしたら・～にすれば」는 '~로서는, ~의 입장으로서는'의 뜻이다. 대표적인 예로 あの人の身にしたら (그 사람의 입장으로서는), 姉にすれば(언니로서는) 등이 있다. 「～にしても」는 '~라고 해도, ~라고 가정해도'라는 뜻으로 「～」라는 사실을 일단 인정하고 그와는 상반·모순된 문장이 뒤에 전개됨을 나타낸다.

- ☑ たとえば、メールの書き方ひとつにしても 예를 들어 메일 쓰는 법 하나라고 해도　2015-1회
- ☑ 彼にしたら「もし、またミスをしたら」というプレッシャーは…
  그의 입장으로서는 '만약 또 실수를 하면'하는 압박감은…　N2 2011-1회
- ☑ 完全に失われることはないにしても 완전히 잃어버리는 일은 없다고 해도　2010-1회

유형1 문법형식

- いくら少人数にしてもパーティーをするにはこの部屋は狭すぎる。 98
  아무리 적은 인원이라고 해도 파티를 하기에는 이 방은 너무 좁다.

- 親にすればどんな子どもでもかわいいはずだ。
  부모의 입장으로서는 어떤 자식이라도 귀여운 법이다.

- 彼に同情する人はいるにしてもごくわずかだ。
  그에게 동정하는 사람은 있다고 해도 극히 일부이다.

유형2 문맥배열

- 昔ほど ではない にしても★ 今でも 長男 が家を継ぐという傾向は残っている。 91
  옛날 정도는 아니더라도 지금도 장남이 가계를 잇는다는 경향은 남아 있다.

- あの 人の立場 にしたら★ そんなことは できなかった だろう。
  그 사람의 입장으로서는 그런 일은 할 수 없었을 것이다.

유형3 문장흐름

- 少し小降りになってきた。それにしても毎日よく降る。家の中がじめじめして気持ちが悪い。早く梅雨が明けてくれないかなあ。
  빗발이 조금 약해졌다. 그렇다 하더라도 매일 잘도 내린다. 집안이 축축해서 기분이 안 좋다. 빨리 장마가 끝나주지 않으려나.

36 ～にして[108]

① ~이면서, ~이자 ② ~하고도, ~하면서도 ③ ~에게 ④ ~로(써), ~에 ⑤ ~하게도
⑥ ~의 경우에도, ~도 ⑦ ~이 되어서, ~에 와서

접속 な형용사의 어간, 명사

「～にして」는 연어로 주로 7개의 용법이 있다. '① ~이면서, ~이자'의 의미로, 学者にして詩人(학자이자 시인), 政治家にして画家(정치가이자 화가)와 같이 쓴다. '② ~하고도, ~하면서도'의 의미에서는 華麗にして残酷(화려하면서도 잔혹함), 素朴にして優美な器(소박하면서도 우아한 그릇), 重厚にして繊細な味わい(중후하면서도 섬세한 맛) 등과 같이 쓴다. '③ ~에게'의 뜻으로는 この父にしてこの子あり(그 아비에 그 아들), '④ ~로(써), ~에'의 뜻으로는 60歳目にして(예순에, 예순이 되어), 4回目にして(네 번째에), 6枚目にして(6장째로), '⑤ ~하게도'의 뜻으로는 不幸にして(불행하게도), 幸いにして(다행히)와 같이 쓴다. '⑥ ~의 경우에도, ~도'의 의미로는 あの人にして(저 사람의 경우에도), 彼にして(그 사람도)와 같이 쓰고, '⑦ ~이 되어서, ~에 와서'의 의미로는 今にして(지금에 와서)와 같이 쓴다.

✓ 6枚目にして最後となるCDを発売した 6장째로 마지막이 되는 CD를 발매했다 **2014-2회**

문법형식

- この試験は非常に難しく、私も4回目にしてようやく合格できた。 **05**
  이 시험은 상당히 어려워서 나도 네 번째가 되어 겨우 합격할 수 있었다.

- あの人にしてそうなのだから、わが子が劣等生だからといって深刻に悩む必要もない。 **94**
  저 사람도 그러하니까, 우리 애가 열등생이라고 해서 심각하게 고민할 필요도 없다.

- 60歳にして初めて免許を取り、ドライブを楽しんだ。
  예순이 되어 비로소 면허를 따서 드라이브를 즐겼다.

- 彼は政治家にして、かつ敬虔なクリスチャンでもあった。
  그는 정치가이면서도 또한 경건한 크리스천이기도 했다.

- あの優秀な彼にしてこんな間違いを犯すのか、と私たちは驚いた。
  그 우수한 그 사람도 이런 실수를 범하는가 하고 우리들은 놀랐다.

- あの人の任期満了前に、首席指揮者・芸術監督として7度目にして最後の来日公演となります。
  그 사람의 임기가 끝나기 전 수석지휘자·예술감독으로서 7번째이자 마지막 일본 공연이 됩니다.

- 観客は彼女の 優美に して 大胆な 演技に 感動した。 07
  관객은 그녀의 우아하면서도 대담한 연기에 감동했다.

- 彼は 40歳 にして ようやく 自分の 生きるべき道を見つけた。 98
  그는 마흔이 되어서야 겨우 자기가 살아가야 할 길을 발견했다.

- これは 山田さん にして 初めて できる ことだ。
  이것은 야마다 씨에게 처음으로 가능한 일이다.

- 慎重な 彼に して このような 失敗を するのだから。
  신중한 그 사람도 이러한 실수를 하니까.

- 次回の日程が 望めない ことから 惜しまれつつも 2度目にして 最後のセミナーとなりました。
  다음 일정을 기대할 수 없기 때문에 아쉽게도 2번째이자 마지막 세미나가 되었습니다.

문장흐름

- 君は何度も投資に手を出して損ばかりしているが、敏腕の田中君だって今回は大きな損失を出しているのだ。彼にして失敗するのだから、君が成功するはずがない。
  너는 몇 번이고 투자에 손을 대 손해만 보고 있지만, 수완가인 다나카 군도 이번에는 큰 손실을 냈어. 그 사람도 실패하니까 네가 성공할 리가 없어.

- 今年1月に解散を発表し、4月9日には6枚目にしてラストとなるアルバム「Z」をリリースした○○が、ラストツアー『○○ライブツアー2017』を東京の新宿を皮切りにスタートさせた。
  올해 1월에 해산을 발표하고 4월 9일에는 6장째로 마지막이 되는 앨범 「Z」를 발매한 ○○이 마지막 투어 『○○라이브투어 2017』을 도쿄 신주쿠를 시작으로 스타트시켰다.

37 〜にしては[109] ~치고는

접속 동사의 기본형(る형)·과거형(た형), 명사, 〜ながら, 〜(た)ことがない 등

「〜にしては」는 '~치고는'이라는 뜻으로 당연히 기대되는 모습과 실제 결과가 다를 때 쓴다. 이 표현은 조건과 결과를 비교하여, 결과가 예상이나 표준을 웃돌거나 밑돈 것을 나타낸다. 이와 비슷한 표현으로 「〜わりには(~에 비해서는)[N2 155]」가 있다.

- 山道を走るバスに揺られながらにしては 산길을 달리는 버스에 흔들리면서 하는 것 치고는 2014-2회

유형1 문법형식

- あの映画は、大きな賞をとったにしては何か物足りなかったなあ。 09
  저 영화는 큰 상을 받은 것 치고는 뭔가 부족했어.

- 初めてケーキを作ったにしては、上手にできましたね。 95
  처음 케이크를 만든 것 치고는 참 잘했군요.

- 彼は、タクシーの運転手にしては道を知らない。 94
  그는 택시 기사치고는 길을 모른다.

- 上田先生にしてはめずらしいことでしたね。 91
  우에다 선생님치고는 드문 일이었네요.

유형2 문맥배열

- この子は 小学生 にしては ずいぶん しっかり している。 01
  이 아이는 초등학생치고는 매우 야무지다.

- 時間を かけた にしては この答案は 間違いが 多い。
  시간을 들인 것 치고는 이 답안은 틀린 것이 많다.

- 彼女は海外留学を したこと が ないにして は 英語がうまい。
  그녀는 해외 유학을 한 적이 없는 것 치고는 영어를 잘한다.

유형3 문장흐름

- この料理は初めて作ったにしてはうまくできた。これからまた何回か作って、本を見なくてもうまく作れるようにしたい。
  이 요리는 처음 만든 것 치고는 잘 만들었다. 앞으로 또 몇 번 만들어서, 책을 보지 않아도 잘 만들 수 있게 하고 싶다.

38

〜にすぎない・〜でしかない[112] ~에 불과하다, ~에 지나지 않다

접속 명사, 동사의 기본형(る형)·과거형(た형) 등

「〜にすぎない・〜でしかない」는 '~에 불과하다, ~에 지나지 않다'라는 뜻으로, '그 이상은 아니다, 단지 그 정도이다'라는 정도가 낮음을 강조하는 표현이다. 「〜」부분에는 「一部分(일부분)・まだ3か月(아직 3개월)・たんなる口実(단지 구실)・ほんの1割程度(단지 10% 정도)・氷山の一角(빙산의 일각)・一介の会社員(일개 회사원)」 등의 단어가 주로 온다. 「〜にすぎない」는 문장체에서는 「〜にすぎず」로 쓰이기도 한다.

- ☑ 読んでみようかぐらいの気持ちでしかなかった 읽어볼까 정도의 마음에 지나지 않았다 `2013-2회`
- ☑ 世界のほんの小さな一部分でしかない 세계의 그저 작은 일부분에 불과하다 `2011-1회`
- ☑ 問題点を指摘しようとしたにすぎず 문제점을 지적하려고 했던 것에 지나지 않으며 `2010-1회`

문법형식

- これは、多くの不正の一つにすぎない。 `08`
  이것은 많은 부정 중 하나에 불과하다.

- 料理の勉強を始めたといっても、まだ3か月にすぎない。 `01`
  요리 공부를 시작했다고 해도 아직 3개월에 불과하다.

- しょせん自分は、会社の歯車でしかないことに気づいてしまったんです。
  어차피 저는 회사의 톱니바퀴에 지나지 않는다는 것을 깨달아버렸습니다.

문맥배열

- 今回の事件で明らかになったことは、実際に 起こった ことの 一部 にすぎない。 `04`
  이번 사건에서 밝혀진 것은 실제로 일어난 일의 일부에 지나지 않는다.

- 自然の驚異は、自分たち人間が この地球という 生命体の 一部分 でしかない ことに気づかされるような気がします。
  자연의 경이로움은 우리들 인간이 이 지구라는 생명체의 일부분에 지나지 않음을 깨닫게 하는 듯한 기분이 듭니다.

문장흐름

- 今期の売り上げの伸びは、今日現在で3パーセントにすぎない。不況とはいえ、目標の5パーセントに達するまで、残り1か月間死ぬ気で頑張ろう。
  이번 기간 매출 신장은 오늘 현재 3%에 지나지 않는다. 불황이라고는 하나, 목표인 5%에 도달하기까지 남은 한 달 동안 죽을 각오로 힘내자.

39 ～のみならず・のみで(は)なく・～のみか[124] ~뿐만 아니라

접속 동사의 기본형(る형), 명사(+である), 조사 から, ～として 등　　～ばかりか[125]・～に限らず N2 110

「～のみならず」는 '~뿐만 아니라'라는 뜻으로, 범위가 그 외에도 널리 미친다는 의미가 내포되어 있다. 일상 회화에서는 「～だけでなく・～ばかりでなく・～に限らず」 등을 많이 쓴다. 그리고 「～のみで(は)なく・～のみか」의 꼴로도 사용된다.

참고 のみならず는 '뿐만 아니라, 게다가'라는 접속사로 쓰이기도 한다.

- ☑ 単に木材の供給源として**のみではなく** 단지 목재의 공급원으로서 뿐만 아니라　2013-2회
- ☑ 成績が学年の上位に入っていることが多い**のみならず**
　　성적이 학년의 상위권에 드는 일이 많을 뿐만 아니라　2011-2회

문법형식

- 担当者**のみならず**、会社全体で不正な売買を行っていた。 04
　담당자뿐만 아니라, 회사 전체가 부정 매매를 일삼고 있었다.

- 味方の応援団から**のみならず**、相手チームの人々からも拍手がわいた。 98
　우리편 응원단에서 뿐만 아니라 상대 팀 사람들에게서도 박수가 일었다.

- この問題は国外**のみではなく**国内においても熱心に論じられた。
　이 문제는 국외뿐만 아니라 국내에서도 열심히 논의되었다.

- その教師の犯罪は教師や学校**のみか**教育全体に対する不信感を国民に与えた。
　그 교사의 범죄는 교사나 학교 뿐만 아니라 교육 전체에 대한 불신감을 국민에게 주었다.

문맥배열

- この問題は、日本　**のみならず**　ほかの国　にもある　ようだ。 93
　이 문제는 일본뿐만 아니라 다른 나라에도 있는 것 같다.

- 大災害　により　財産　**のみか**　肉親までも　失った。
　큰 재해에 의해 재산뿐만 아니라 육친까지도 잃었다.

문장흐름

- きみは私の生き残った唯一の戦友なんだ。**のみならず**きみは命の恩人だ。私より先に絶対死ぬな。
　자네는 나의 살아남은 유일한 전우야. 뿐만 아니라 자네는 생명의 은인이지. 나보다 먼저 절대로 죽지 마라.

40 〜ばこそ [128] ~이기에, ~때문에

접속 동사의 가정형(ば형)

「〜ばこそ」는 '~이기에, ~때문에'라는 뜻으로, '~이기 때문에 ~이다, 다른 이유는 없다'라고 말하고 싶을 때 쓴다. 말하는 사람이 적극적일 수밖에 없는 이유·원인을 강조하며, 「〜」에는 주로 상태를 나타내는 표현이 온다. 「〜ばこそ」는 문장 끝에 「〜ばこそだ・〜ばこそなんだ(~하기 때문이다)」라는 형태로도 자주 등장한다.

☑ 好きだという気持ちがあればこそ強くなれるのだ
　좋아한다는 마음이 있기 때문에 강해질 수 있는 것이다　**2012-2회**

유형1 문법형식

- 子どものためを思えばこそ、留学の費用は子ども自身に用意させたのです。 **01**
　아이를 위해서 라고 생각하기 때문에 유학 비용은 아이 스스로에게 준비하게 한 것입니다.

- この事業が成功したのも、貴社のご協力があればこそです。 **00**
　이 사업이 성공한 것도 귀사의 협력이 있었기 때문입니다.

- 親があれこれ言うのはあなたのことを心配していればこそだ。 **97**
　부모가 이러쿵저러쿵 말하는 것은 당신을 걱정하고 있기 때문이다.

유형2 문맥배열

- 彼女の 働きが ★あれば こそ、計画が順調に進んでいるのだ。 **08**
　그녀의 노고가 있기 때문에 계획이 순조롭게 진행되고 있는 것이다.

- こうして君に大学進学を勧めているのは、君の 将来を 考えれば ★こそ なんだよ。 **93**
　이렇게 너에게 대학 진학을 권하고 있는 것은 너의 장래를 생각하기 때문이야.

유형3 문장흐름

- 逆恨みをしてはいけない。君のためを思えばこそ、厳しく叱るのだ。誰にも何も言われなくなったときが、いちばん厳しいのだということを、肝に銘じておきなさい。
　도리어 원한을 품어서는 안 된다. 너를 위해서 라고 생각하기 때문에 호되게 야단치는 것이다. 누구에게도 아무 말도 듣지 않게 되었을 때가, 가장 힘들다는 것을 마음에 새겨 두거라.

콕콕실전문제 04

問題 1 次の文の（　）に入れるのに最もよいものを、1・2・3・4から一つ選びなさい。

1　つい最近、やっと洗濯機を買ったので、毎週コインランドリーに（　　）。093
　1　行くどころではなかった　　　　2　行きようもなかった
　3　行かなくてすむようになった　　4　行くばかりだった

2　お酒は（　　）んですが、あまり強くはありません。094
　1　飲みっこない　　　　　　　　　2　飲まなくもない
　3　飲むどころじゃない　　　　　　4　飲もうにも飲めない

3　街角のスーパー（　　）、いろんな食料品に外国産があふれている。107
　1　にしても　　2　となれば　　3　にとって　　4　となると

4　このことは当事者（　　）、皆の問題として一緒に考えていこう。124・081
　1　のみにて　　2　のみならず　　3　までも　　4　まででなく

5　世界中どこでも自国の民族（　　）の衣装と踊りを持っている。096
　1　らしき　　2　であれ　　3　ならでは　　4　ごとき

6　こう事故が多発するに（　　）、原発の安全性に疑問をいだかざるを得ない。099・034
　1　ついては　　2　いたっては　　3　際しては　　4　あたっては

7　彼は30歳に（　　）ようやく人の苦労がわかるようになった。108
　1　あって　　2　よって　　3　とって　　4　して

8　この絵は電車に（　　）けっこうよく描けた。109
　1　揺られながらにしては　　　　　2　揺られながらとなれば
　3　揺られっぱなしなのか　　　　　4　揺られっぱなしだとは

9　将来の生活の安定を（　　）、いまの苦しい労働にも耐えられる。128
　1　考えるがまま　　2　考えがてら　　3　考えたまで　　4　考えればこそ

10　私は一介の会社員に（　　）ので、その件は社長に聞いてください。112
　1　及んでいます　　2　すぎません　　3　達しています　　4　限りません

問題2 次の文の ___★___ に入る最もよいものを、1・2・3・4から一つ選びなさい。

11 中学生の時に大雪が降ったときは、_____ _____ __★__ _____ 。093
 1　安全のため　 2　すんだ　 3　行かなくて　 4　学校に

12 社会不安の解消という面からみれば、この _____ _____ __★__ _____ 。094
 1　理解　 2　できなくは　 3　ない　 4　決定を

13 _____ __★__ _____ _____ 少なくとも非道徳的である。107
 1　罪で　 2　にしても　 3　ない　 4　法律上の

14 最善の方法だったとは言えないが、_____ _____ __★__ _____ だよ。109
 1　とっさの　 2　上出来　 3　判断　 4　にしては

15 両者は、制作に費やされた労力の _____ __★__ _____ 類似している。124
 1　その目的　 2　多さ　 3　のみならず　 4　においても

16 _____ __★__ _____ _____ 彼女は秘策を練る。096
 1　目立つ衣装で　 2　踊ろうと　 3　日本　 4　ならではの

17 昨日は、息子が夕食時間になっても学校から戻らず、_____ _____ __★__ _____ 帰宅してきた。099・062
 1　ようやく　 2　にいたって　 3　9時を　 4　過ぎ

18 _____ __★__ _____ _____ 見る者はもちろん、踊る者もとりこになってしまう。108
 1　優美　 2　にして　 3　活気のある　 4　踊りは

19 _____ __★__ _____ _____ 彼は中央政界で活躍することができた。128
 1　支えが　 2　地元の　 3　あれば　 4　こそ

20 世界中のいろいろな興味深いことを学び、様々な価値観や文化に気づきます。そして日本は _____ _____ __★__ _____ 気づくのです。112
 1　世界の　 2　ことに　 3　一部分で　 4　しかない

問題 3 次の文章を読んで、文章全体の趣旨を踏まえて、21 から 25 の中に入る最もよいものを、1・2・3・4から一つ選びなさい。

　　自然の移り変わりの美は、昔の隠者たちと同様、今日の日本の実業家や 21 、変わらぬ喜びの源である。春になると、桜で 22 公園は、あらゆる階層の花見客でごった返す。鉄鋼会社は貸切りバスで労働者たちを京都郊外の醍醐寺へ運び、農夫や漁師も遠い山里にまで出向いて行く。都市の住人たちにとって、蛍の火を眺めに、あるいは、川端の土手へ夕涼みに出かけるのは、夏ならではの楽しみである。9月の月は日本の詩歌に名高い「名月」だが、かつて芭蕉が月を賞でながら夜もすがらめぐった広沢池のように、いにしえの詩人たちが愛した場所では、今日でも何千という人々が名月を鑑賞する。秋には、木の葉の変わりゆく色彩が何百万もの人々を引きつけ、もっとも実務家肌の 23 、紅葉を眺めて過ごす一日を悔いることはない。 24 、雪景色を賞でるのはもちろんである。京都の銀閣寺の庭園や、日光の東照宮の派手やかに彩られた彫刻は、雪の中で新たな美しさを帯びるのである。

　　すべての日本人が日光の雪見や高尾の紅葉狩りに出かける余裕が 25 が、鉄道やバス会社の割引き料金のおかげで、そうした旅行はけっして一部の金持ちの特権ではなく、新中産階級の文化の一部となっている。もっとも、名所の花見旅としゃれこんで経済的困窮に陥ろうとも、彼らはいずれにせよ出かけるに違いない。

（ドナルド・キーン(足立康訳)『果てしなく美しい日本』による）

(注1) 芭蕉：松尾芭蕉。江戸時代の俳人。旅をしながら俳句をよんだ。
(注2) 賞でる：美しさを味わい感動する。
(注3) いにしえ：昔、過去。

21

1 労働者にとっても　　　　　2 労働者についても
3 労働者にたいしても　　　　4 労働者によっても

22

1 名高い公園との　　2 名高い公園ゆえの　　3 名高い公園という　　4 名高い公園にとって

23

1 実業家といえども　　2 実業家とあって　　3 実業家にしては　　4 実業家にかけては

24

1 冬をかえりみず　　2 冬ともすれば　　3 冬をものともせず　　4 冬ともなれば

25

1 あるわけであった　　2 あるわけではない　　3 あるにちがいない　　4 あるわけだろう

문제해결 키워드

- **〜ならではの** N1 096 ~특유의, ~만의
  夏ならではの楽しみである 여름만의 즐거움이다 (05行)

- **〜にとって** N1 118 ~에게 있어서
  労働者にとっても 노동자에게 있어서도 (01行)
  都市の住人たちにとって 도시의 주민들에게 있어서 (04行)

- **〜という** N1 066 ~란 ~이 전부
  名高い公園という公園は 유명한 공원이란 공원은 전부 (02行)

- **〜もの** ~이나 되는
  何百万もの人々 몇 백 만이나 되는 사람들 (08行)

- **〜といえども** ~라 할지라도
  もっとも実務家肌の実業家といえども
  가장 실무가 기질의 실업가라 할지라도 (09行)

- **〜ともなれば** N1 084 ~이라도 되면
  冬ともなれば雪景色を賞でる
  겨울이라도 되면 설경을 즐긴다 (09行)

- **〜わけではない** N1 154 ~하는 것은 아니다
  紅葉狩りに出かける余裕があるわけではない
  단풍놀이를 하러 나갈 여유가 있는 것은 아니다 (12行)

- **〜(よ)うとも** N1 006 (설령) ~하더라도
  経済的困窮に陥ろうとも
  경제적 곤궁에 빠지더라도 (14行)

- **〜との** N1 085 ~라는

- **〜ゆえの** N1 148 ~때문에 겪는

- **〜といった** N1 073 ~라는

- **〜とあって** N1 065 ~이라서

- **〜にしては** N1 109 ~치고는

- **〜をかえりみず** ~을 돌보지 않고

- **〜をものともせず** ~에도 굴하지 않고

～みたいに / ～みたいな[137] (마치) ~처럼, ~같이 / (마치) ~같은

접속 활용어의 종지형, 명사

「～みたいに」는 '(마치) ~처럼, ~같이'라는 뜻이고, 「～みたいな」는 '(마치) ~같은'이라는 뜻으로 명사를 수식한다. 이 표현은 비유, 예시, 추량을 나타내며 주로 회화체로 사용한다. 문장체에도 사용되지만 상당히 스스럼없는 표현이다. 그러므로 딱딱한 문장이나 격식을 차린 장면에서는 「～ようだ」[151](~인 것 같다, ~와 같다)를 사용하는 것이 무난하다. 문말 표현은 「～みたいだ(~같다)」이다.

- ☑ 僕**みたいに**働いたことがない学生 나처럼 일한 적이 없는 학생 **2015-1회**
- ☑ もう一生会えない**みたいに**言うのはやめてよ 이제 평생 만날 수 없는 것처럼 말하는 건 그만둬 **N2 2010-2회**

- 彼**みたいに**ずうずうしい男とは、もう付き合いたくありません。
  그 사람처럼 뻔뻔한 남자와는, 이제 사귀고 싶지 않습니다.

- この服は、買って何年にもなるが、新品**みたいに**きれいです。
  이 옷은 산지 몇 년이나 되지만, 새것처럼 깨끗합니다.

- ぼくの車は彼のと比べるとおもちゃ**みたいだ**。
  내 차는 그의 것과 비교하면 장난감같다.

- 妹は、体操の 選手 **みたいに** 体が やわらかい。 **09**
  여동생은 체조 선수처럼 몸이 유연하다.

- 男は いくつ になっても 子ども **みたいな** ところが あります。
  남자는 몇 살이 되어도 어린애 같은 데가 있습니다.

- きみ **みたいな** うそつきは いまに だれにも 相手にされなくなるぞ。
  너같은 거짓말쟁이는 머지않아 아무도 상대해주지 않게 될거야.

- コーヒー**みたいな**刺激の強いものは、寝るまえには飲まないほうがいい。それよりも、温めた牛乳を飲むとぐっすり眠れるよ。
  커피같은 자극이 강한 음료는 자기 전에는 마시지 않는 게 좋아. 그것보다도 데운 우유를 마시면 푹 잘 수 있어.

42 〜もする / 〜もしない ¹³⁹ ~하기도 하다 / ~하지도 않다

접속 동사의 연용형(ます형)

「〜もする」는 '~하기도 하다', 「〜もしない」는 '~하지도 않다'라는 뜻이고, 「〜はする」는 '~하기는 하다', 「〜はしない」는 '~하지는 않다'라는 뜻이다. 예를 들어 동사 「要る(필요하다)」의 경우 조사 「〜は(는)・〜も(도)」를 추가해서 표현하려면 동사의 연용형(ます형)에 연결해야 한다. 즉 「要り+はする(필요는 하다)」, 「要り+もする(필요하기도 하다)」, 「要り+もしない(필요하지도 않다)」가 된다. 「〜はしない」는 회화체에서 「〜やしない」로 사용되기도 한다.

참고 「ない」는 「ありゃしない」와 같은 뜻을 나타낸다. 즉, 「ない(없다) → ありはしない・ありゃしない(있지는 않다) → ありもしない(있지도 않다)」가 되고, 「ある(있다) → ありはする(있기는 하다) → ありもする(있기도 하다)」가 된다.

- ☑ 読みもしないで漫画を批判するから 읽지도 않고 만화를 비판하니까 2016-2회
- ☑ 多くの人に受けいれられはしない 많은 사람들에게 받아들여지지는 않는다 2013-1회

유형1 문법형식

- 一言もしゃべりもしないで帰ってしまった。 04
  한마디도 하지 않고 돌아가버렸다.

- ありもしないうわさをもっともらしく言い触らす者もあった。
  있지도 않은 소문을 그럴싸하게 퍼뜨리는 자도 있었다.

- 少し迷いもしたが、無事に区長宅に到着した。
  조금 헤매기도 했지만, 무사히 구청장댁에 도착했다.

유형2 문맥배열

- 押し売りに 要り もしない 物を 買わされて しまった。
  강매로 필요하지도 않은 물건을 억지로 사고 말았다.

- その場の言い逃れに、でき もしない ことを 引き受けて しまった。
  그 자리를 모면하려고, 할 수도 없는 일을 떠맡고 말았다.

- 駅までは 道に 迷い は した が、無事についた。
  역까지는 길을 헤매기는 했지만 무사히 도착했다.

유형3 문장흐름

- バスがなかなか来ないので、学校に遅れはしないかと、気が気ではなかった。やきもきしていると、5分も遅れてやっとバスがやってきた。
  버스가 좀처럼 오지 않아서, 학교에 늦지는 않을까 하고 안절부절못했다. 애를 태우고 있자니, 5분이나 늦게 겨우 버스가 왔다.

43

～ものか[141]   ①~할까 보냐, ~하나 봐라   ②~할 것인지, ~할 것인가

접속   동사의 기본형(る형)・과거형(た형), な형용사의 연체형(な형), い형용사 종지형(い형) 등

「～ものか」는 '①~할까 보냐, ~하나 봐라'라는 뜻이다. 이것은 상대방의 말이나 생각 등을 강하게 반대·부정하거나, 어떤 동작·행위를 '결코 하지 않겠다'는 화자의 굳은 결의나 항변을 나타낼 때 사용한다. 또한 반어를 이용한 감정적인 표현에도 쓰인다. 좀더 정중한 표현으로 「～ものですか」가 있고, 「～ものか」와 「～ものですか」를 회화체에서는 「～もんか」와 「～もんですか」와 같이 쓰며, ~ものなんか는 사용하지 못한다.
또 「～ものか」에는 '②~할 것인지, ~할 것인가'라는 뜻도 있다. 주로 「(의문사+)동사+(た)ものか」 「い형용사+ものか」의 꼴로 이 상황에서는 어떻게 하는 것이 가장 좋은가 궁리할 때 사용된다. 동사가 과거형을 취하는 경우가 많은 것은 가상을 나타내기 때문이다. 여성적인 표현으로 「～ものかしら」도 쓰인다.

- ☑ 謝ってきても許してやるもんか　사과해도 용서해 줄까 보냐   `2015-2회`
- ☑ 行けそうにないので、どうしたものかと悩んでいる　못 갈 것 같아서 어떻게 할 것인지 고민하고 있다   `2013-2회`
- ☑ もう二度と恋などするものか　이제 두 번 다시 사랑 같은 거 하나 봐라   `2010-1회`

유형1 문법형식

- あんなレストランには、もう二度と行くものか。 `08`
  저런 레스토랑에는 이제 두 번 다시 가나 봐라.

- 私が歌が上手ですって？上手なもんですか。 `07`
  제가 노래를 잘 한다고요? 잘 할 리가 있겠습니까?

- 去年の○○展は展示に見るべきものがなく、もう二度と行くものかと思った。
  작년 ○○전은 전시에 볼만한 것이 없어, 이제 두 번 다시 갈까 보냐 하고 생각했다.

유형2 문맥배열

- あんな高い レストランには 二度と 行く ものか。 `97`
  저런 비싼 레스토랑에는 두 번 다시 가나 봐라.

- どういうふうに 物語の 結末を つけたら いい ものか 悩んでいます。
  어떤 식으로 소설의 결말을 내면 좋을 것인지 고민하고 있습니다.

유형3 문장흐름

- もちろん本人の目的は東京観光にあるとしても、案内する暇がなく、どうしたものかと迷っております。
  물론 본인의 목적은 도쿄관광에 있다고 해도, 안내할 시간이 없어 어떻게 할 것인지 망설이고 있습니다.

44

～ものだ / ～ものではない[143]

①~하는 법이다〈당연〉 ②~하고 싶다〈희망〉 ③~하구나〈놀람·평가〉 ④ ~하곤 했다〈회상〉
/ ~하는 게 아니다

접속 동사의 기본형(る형)·과거형(た형)·たい형

「～ものだ」는 크게 4가지 용법이 있는데 모두 시험에 출제될 정도로 중요하다. '①~하는 법이다'는 어떤 사항의 이상적인 상태를 말함으로써 당위성을 주장할 때 사용하는데, 개인의 의견보다도 도덕적·사회적 상식에 대해 설교할 때 주로 쓰인다. 두 번째는 '②~하고 싶다'라는 뜻으로, 보통 「～たいものだ」「～てほしいものだ」의 형태를 띤다. 그 사항의 실현을 강력하게 희망하는 화자의 기분을 나타낸다. 세 번째는 '③~하구나'라는 놀람이나 평가의 기분을 나타내며, 마지막으로 「동사의 과거형(た형)」을 받아 과거에 자주 했던 일을 떠올려 그리워하는 기분으로 '④ ~하곤 했다, 자주 ~했었지'라는 회상을 나타낸다.

「～ものではない」는 '~하는 게 아니다'라는 뜻으로, 당연히 그렇지 않다는 것을 나타낸다.

참고 「～ものだ・～ものではない」의 회화체는 「～もんだ・～もんじゃない」이다.

☑ 単に時間をかけてがんばればいいという**ものではない**
　단순히 시간을 들여서 열심히만 하면 되는 것이 아니다 　2016-2회

☑ この公園で遊びまわっていた**ものだ** 이 공원에서 놀러다니곤 했다〈회상〉 　N2 2016-1회

☑ 意外と簡単に作れる**ものだ**と思った 의외로 간단히 만들 수 있구나 하고 생각했다〈놀람·평가〉 　2015-1회

☑ 使う人の使い方次第で決まる**ものだ** 사용하는 사람의 사용방법에 따라서 정해지는 법이다〈당연〉 　2012-1회

☑ これからも続けていってほしい**ものです** 앞으로도 계속해 나가길 바랍니다〈희망〉 　2012-1회

문법형식

○ • 会社に就職できなかったくらいで、そんなにがっかりする**ものではない**。
　회사에 취직못한 정도로, 그렇게 실망할 것은 아니다. 　04

• 暑い夏ほどクーラーは売れる**ものだ**と言われているが、違うんだろうか。
　더운 여름일수록 에어컨은 팔리는 법이라고들 하지만 틀린 걸까?〈당연〉 　01

• たいていの家には他人に隠したい事情がある**ものだ**。
　대개의 집에는 타인에게 감추고 싶은 사정이 있는 법이다.〈당연〉

• いくつになっても、心のときめきは忘れないでいたい**ものだ**。
　몇 살이 되어도 가슴의 두근거림은 잊지 않고 간직하고 싶다.〈희망〉

• いくら酒が好きだとはいえ、よくあんなに飲める**ものだ**ね。
　아무리 술이 좋다고는 해도, 잘도 그렇게 마시는구나.〈놀람. 평가〉

- 子どものころ、お寺の境内でよく遊んだものだ。
  어렸을 때 절의 경내에서 자주 놀았었지. 〈회상〉

- 常識のある大人なら、目上の人に対して 失礼な ことを言う ものでは ない。 09
  상식이 있는 어른이라면 손윗사람에게 실례되는 말을 하는 게 아니다.

- 小さい子を一人で遠くに 遊びに 行かせる もの ではない。 01
  어린 아이를 혼자서 멀리 놀러 보내는 게 아니다.

- 私は子どものころ、大きくなったら世界一周 旅行を したい ものだ と思って いた。 93
  나는 어렸을 때, 어른이 되면 세계 일주 여행을 하고 싶다고 생각했었다. 〈희망〉

- 日本語学校って、塾みたいなもので、簡単に 作れる ものだ と思ってたのですが、そうではないようです。
  일본어학교는 학원 같은 것이라, 쉽게 만들 수 있겠구나 하고 생각했지만 그렇지 않은 듯합니다. 〈놀람·평가〉

- どんなときでも、汚い言葉を使うものではない。汚い言葉を使えば、自分の心まで汚くなってしまうと言うではないか。
  어느 때이건 험한 말을 쓰는 게 아니다. 험한 말을 쓰면, 자신의 마음까지 더럽혀진다고 하지 않는가.

- 鈴木さんが、この夏休みに田舎の温泉に旅行したそうだ。景色も人もとてもいい所らしいので、一度行ってみたいものだ。
  스즈키 씨가, 이번 여름휴가 때 시골에 있는 온천으로 여행을 갔다고 한다. 경치도 사람도 매우 좋은 곳인 것 같아서 한번 가 보고 싶다. 〈희망〉

45

～ものなら ①만약 ~하다면, ~할 수 있다면 ②~했다가는

접속 동사의 가능형·의지형(う형·よう형)·종지형

「～ものなら」는 2가지 용법이 있다. '①만약 ~하다면, ~할 수 있다면'의 경우, 실현하기 힘든 사항을 제시한 후 그것이 실현되기를 희망하거나 기대할 때 쓴다. 앞에는 보통 동사의 가능형이 오며, 뒷부분에는 대개 희망의 조동사 「～たい」가 온다. 그리고 「**A ものなら B**(명령형)」의 꼴로 상대가 절대로 A할 수 없다고 화자가 생각해 그것을 도발하는 표현으로도 사용된다. '②~했다가는'의 용법에서는 앞에 동사의 의지형(う형·よう형)이 온다. レストランで騒ぐ子どもをしかろうものなら(레스토랑에서 떠드는 아이를 꾸짖기라도 했다가는)와 같이 쓰인다.

참고 「～ものなら」의 회화체는 「～もんなら」이다.

- ☑ 抜かずに済むものならそうしたい 빼지 않아도 된다면 그렇게 하고 싶다 **2015-2회**
- ☑ できるもんなら捕まえてごらん 할 수 있으면 잡아 봐라 **2013-1회**

유형1
문법형식

- できるものなら、すぐに看病に行ってやりたいと思うだろう。 **05**
  가능하다면 당장 간병하러 가고 싶을 것이다.

- 少年時代に戻れるものなら戻ってみたい。 **99**
  소년 시절로 돌아갈 수 있다면 돌아가 보고 싶다.

- かなえられるものなら、もう一度自分の足で歩きたい。
  이루어질 수 있다면 다시 한 번 내 발로 걷고 싶다.

- これで、雪でも降ろうものなら、今日中に家に帰ることはできないだろう。
  이제 눈이라도 내렸다가는 오늘 중에 집에 돌아갈 수 없을 것이다.

- 確かに、行かずに済むものなら(ば)病院なんていかない方がいいに決まってますよね。
  확실히 가지 않아도 된다면 병원 같은 건 당연히 가지 않는 편이 좋지요.

문맥배열

- あの日の 記憶を 消せる ものなら 消して しまいたい。 06
그날의 기억을 지울 수 있다면 지워 버리고 싶다.

- 兄が結婚するので、国に 帰れる ものなら 帰りたい。 95
형이 결혼하기 때문에 고향에 갈 수 있다면 가고 싶다.

- 猫はこの家の中に 私がいる ことに 気づきでも しようものなら、きっと警戒して、再び私から逃れようとするだろう。
고양이는 이 집 안에 내가 있는 것을 눈치라도 챘다가는, 분명 경계해서 다시 나에게서 도망치려고 할 것이다.

문장흐름

- ダイヤモンドの指輪をプレゼントして彼女と仲よくなれるものなら、すぐにでもそうするよ。それぐらい、僕は彼女が好きなんだ。
다이아몬드 반지를 선물해서 그녀와 사이가 좋아질 수 있다면 당장에라도 그렇게 하겠어. 그정도로 나는 그녀를 좋아해.

- ゼイゼイがのど一杯につまってしまい、苦しくて寝てなんかいられず、こんなのがずっと続くものなら、いっそ息がばたんと止まってくれた方が楽だとまで思いつめてしまう。
쌕쌕 기침소리가 목에 가득 막혀버려, 괴로워서 잠도 잘 수 없고, 이런 게 계속 이어진다면, 차라리 숨이 딱 멈춰주는 편이 편하겠다고 까지 생각되고 만다.

46 〜ものの ~하기는 하나, ~하기는 하지만

접속 동사의 과거형(た형)·진행형(ている형), い형용사의 기본형, 〜ような 등

「〜ものの」는 '~하기는 하나, ~하기는 하지만'이라는 뜻이다. 이것은 '~은 사실이지만, 그러나'라는 의미로, 「〜」을 일단 인정하고 그것과는 상반·모순된 일이 뒤이어 전개됨을 나타낸다. 즉, 「〜」의 일은 일단 인정하지만 실제로는 그 일에서 상상되는 그대로는 되지 않는다는 의미를 나타낸다.

- 市民の心をつかもうとしたものの 시민의 마음을 붙잡으려고 하기는 했지만 **2016-1회**
- 切符をもらったから来るには来たものの 표를 받았으니 오기는 왔지만 **N2 2015-1회**
- 彼の政治家としての能力は疑いようがないものの 그의 정치가로서의 능력은 의심할 여지가 없기는 하지만 **2012-2회**

유형1 문법형식

- 勝ったからいいようなものの、今日の試合の内容は決してほめられるものではなかった。 **09**
  이겼으니까 다행이기는 하나, 오늘 시합 내용은 결코 칭찬할 수 있는 것은 아니었다.

- この辞書は、字が小さいのがちょっとつらいものの、持ち歩きには便利です。
  이 사전은 글씨가 작은 게 좀 괴롭기는 하지만, 가지고 다니기에는 편리합니다.

- 骨折ですんだからいいようなものの、打ち所が悪かったら死ぬところだった。
  골절로 끝났으니 다행이기는 하나, 잘못 부딪쳤으면 죽을 뻔 했다.

유형2 문맥배열

- あの映画は 一度 見た ものの 話の筋が まったくわからなかった。 **04**
  저 영화는 한 번 보기는 했지만, 이야기의 줄거리를 전혀 알 수 없었다.

- 3日でレポートを 書くとは 言った ものの 3日では とても書けなかった。 **95**
  3일만에 리포트를 쓰겠다고는 했으나, 3일로는 도저히 쓸 수 없었다.

- いつも 勉強 しようと 考えている ものの、つい遊んでしまう。
  항상 공부하려고 생각하고 있기는 하지만, 그만 놀고 만다.

유형3 문장흐름

- 今年こそ禁煙すると言った父は、いったんタバコをやめたものの、１週間後にはまた吸い始めた。思ったとおりだった。
  올해야말로 금연한다고 말한 아버지는, 일단 담배를 끊긴 했지만, 1주일 후에는 또 피우기 시작했다. 생각한 대로였다.

47

～(が)ゆえに / ～(が)ゆえの [148]　~때문에 / ~때문에 겪는

접속 동사의 기본형(る형)·과거형(た형)·진행형(ている형)+が, い형용사의 기본형+が, な형용사의 연체형(な형), 명사, 명사+であるが, それ

「～(が)ゆえに」는 '~때문에'라는 뜻으로 원인이나 이유를 나타내는데, 조금은 예스럽고 문어적인 표현이다. 접속은 다양하게 붙지만, 주로 貧しいがゆえに(가난하기 때문에), そなえているがゆえに(구비되어 있기 때문에), 急なことゆえに(급한 일이기 때문에)와 같이 쓰인다. 「～(が)ゆえの」는 '~때문에 겪는, ~탓의'라는 뜻으로 病気ゆえの不幸(병 때문에 겪는 불행)와 같이 쓰인다.

- ☑ 父親が有名な水泳選手であるがゆえに 아버지가 유명한 수영선수이기 때문에　2017-2회
- ☑ 天才であるがゆえの苦悩 천재이기 때문에 겪는 고뇌　2016-1회
- ☑ その手軽さゆえに人気を集めている 그 간편함 때문에 인기를 모으고 있다　2011-2회

유형1 문법형식

- 貧しいがゆえに十分な教育を受けられない人々がいる。 01
  가난하기 때문에 충분한 교육을 받을 수 없는 사람들이 있다.

- あの大統領は庶民性をそなえてるがゆえに人気を集めているという。
  그 대통령은 서민성을 갖추고 있기 때문에 인기를 모으고 있다고 한다. 95

- 天才であるがゆえの孤独をここまで残酷に、しかもかっこよく描いた作品はないのではないか。
  천재이기 때문에 겪는 고독을 여기까지 잔혹하게, 게다가 멋지게 표현한 작품은 없지 않을까.

유형2 문맥배열

- 部下を評価する立場になると、優しすぎるが ゆえに 思い悩む 人も少なくない。 04
  부하를 평가하는 입장이 되면, 너무 마음이 좋기 때문에 고민하는 사람도 적지 않다.

- 結婚、出産、就職等々、生活上のあらゆる場面で、外国人であるがゆえの 思いがけない トラブル に遭遇することは少なくありません。
  결혼, 출산, 취직 등등, 생활상의 모든 상황에서 외국인이기 때문에 겪는 뜻밖의 트러블을 조우하는 일은 적지 않습니다.

유형3 문장흐름

- 彼は辞めさせられた工場で、3か月分の給料が不払いのままであったが、請求できなかった。外国人であるがゆえにそんな扱いを受けるのは残念である。
  그는 해고된 공장에서 3개월분의 급여가 지불되지 않은 채였지만 청구할 수 없었다. 외국인이기 때문에 그런 취급을 받는 것은 유감이다.

48 〜よう(に) / 〜ないよう(に)¹⁴⁹

① ~하도록 ② ~하기를 〈문말〉 ③ ~처럼, ~같이 / ~하지 않도록

접속 동사의 기본형(る형)·부정형(ない형), 명사+の

「〜よう(に)」는 '①~하도록'이라는 뜻으로, '~라는 목적이 실현되기를 기대하여'라는 소원·바람·목적을 나타낸다. 「〜」 부분에는 화자의 의지와는 무관한 동사(의지를 내포하지 않는 동사나 가능의 뜻을 가진 동사 등)가 온다. 「〜ように。」의 형태로 문말에 쓰이면 '②~하기를'이라는 뜻으로 바람을 나타내게 된다. 또 「〜ように」는 「명사+の」의 꼴로 '③~처럼, ~와 같이'라는 뜻으로도 쓰인다. 대표적인 예로 雪のように(눈처럼), 次のように(다음과 같이) 등이 있다. 「〜ないよう(に)」는 '~하지 않도록'이라는 뜻이다.

참고 「〜ように」의 「に」는 생략이 가능하지만, 「〜ように」가 문말에 쓰이는 경우(~하기를)에는 생략할 수 없다.

☑ 1日も早く回復されますように 하루라도 빨리 회복되기를 `2016-1회`
☑ 迷ってしまったということのないように 헤맸다는 일이 없도록 `2011-1회`

문법형식

- 彼女の笑顔は太陽のように明るくかがやいている。 `07`
  그녀의 웃는 얼굴은 태양처럼 밝게 빛나고 있다.

- この劇場は、一番後ろの座席でもよく聞こえるように設計されている。 `01`
  이 극장은 맨 뒷자리에서도 잘 들리도록 설계되어 있다.

- 明日は遅刻しないように、山田さんに言っておいてください。
  내일은 지각하지 않도록 야마다 씨에게 말해 두세요.

문맥배열

- 親は 子どもが 病気に なら★ない ように、健康に気をつけている。 `04`
  부모는 자식이 병에 걸리지 않도록 건강에 신경을 쓰고 있다.

- 看板は 遠くから でも★ 見える ように 大きく書きます。 `97`
  간판은 멀리서도 보이도록 크게 씁니다.

문장흐름

- 今日から、小学校の前で下水道の工事が始まった。工事現場の近くには、子どもにもわかるように、ひらがなで「きけん」と書かれていた。
  오늘부터 초등학교 앞에서 하수도 공사가 시작되었다. 공사 현장 근처에는 어린이도 알 수 있도록 히라가나로 '위험'이라고 쓰여 있었다.

49 〜ようがない[150] ~할 수가 없다

접속 동사의 연용형(ます형)

「〜ようがない」는 '~할 수가 없다'라는 뜻으로, '그렇게 하고 싶지만 그 수단·방법이 없어서 불가능하다'라는 의미이다. 뒤에 명사를 수식할 때는 「〜ようのない+명사(~할 수 없는~)」, 강조할 때는 「〜ようもない(~할 수도 없다)」의 형태로 쓰인다. 「동사의 연용형(ます형)」에 접속하며, 「동사의 의지형(〜(よ)う형)」과 혼동해서는 안 된다.

- ☑ これ以上きれいにしようがないくらい 더 이상 깨끗하게 할 수가 없을 정도로 `2016-1회`
- ☑ まさに奇跡としか言いようがない 실로 기적이라고밖에 말할 수가 없다 `2014-1회`
- ☑ 増税は避けようのないもの 증세는 피할 수 없는 것 `2011-2회`
- ☑ こんなにひどく壊れていると、直しようがないですね
  이렇게 심하게 부서져 있으면 고칠 수가 없네요 `N2 2010-2회`

문법형식

- 故障した機械を直してくれと頼まれたが、部品がなくては修理しようがない。`07`
  고장난 기계를 고쳐 달라고 부탁을 받았지만, 부품이 없으면 수리할 수가 없다.

- あんなに巨大な建物を人が造ったとは、不思議としか言いようがない。
  저렇게 거대한 건물을 사람이 지었다니, 불가사의하다고밖에 말할 수 없다. `06`

- なぜ彼女を好きになってしまったのかは、説明のしようがない。`01`
  왜 그녀를 좋아하게 돼 버렸는지는 설명할 수가 없다.

- 事故の原因がわからないので、対策の取りようがない。
  사고 원인을 모르기 때문에 대책을 세울 수가 없다.

문맥배열

- ゴミがこれほど散らかっていたら、一人 で全部 集めよう もない。`02`
  쓰레기가 이 정도로 흩어져 있으면, 혼자서 전부 모을 수도 없다.

- その知らせを受け取ったときの 顔と いったら たとえ ようが ない。
  그 소식을 받았을 때의 표정으로 말할 것 같으면 뭐라고 비유할 수가 없다. `98`

문장흐름

- この作文、間違いが多すぎて直しようもありませんね。すみませんが、もう一度ちゃんと辞書をひいて書き直してくるように言ってください。
  이 작문, 오류가 너무 많아서 고칠 수도 없군요. 미안하지만, 다시 한 번 제대로 사전을 찾아서 다시 써 오도록 말해 주세요.

50 〜をもって 〜으로, 〜로써

접속 명사

「〜をもって」는 '〜으로, 〜로써'라는 뜻으로, '〜라는 수단과 방법, 재료를 이용해서 〜한다'고 할 때 쓴다. 관용적인 표현인 「身をもって」(몸소)는 통째로 외워 두자. 또한, '〜을 시점으로 일단 끊어서'라는 뜻도 있는데, 이것은 어떤 일의 시작이나 종료, 또는 한계점을 명시하는 기준·경계의 역할을 한다. 공문서나 인사말 등에서 볼 수 있다. 대표적인 예로 本日をもって終了する(오늘로써 종료한다), これをもって(이것으로써) 등이 있다. 한편, 実力をもってすれば(실력으로라면), 君の能力をもってすれば(네 능력으로라면)와 같이 「〜をもって+すれば」의 형태도 함께 알아두자.

- そもそも何をもって幸せとするのだろうか 도대체 무엇으로써 행복이라고 하는 걸까 **2015-1회**
- 来年2月のコンサートをもって解散するバンド 내년 2월 콘서트로 해산하는 밴드 **2014-2회**
- 今年の3月31日をもって廃止された 올 3월 31일로 폐지되었다 **2013-1회**

- 外交官としてどう対処するべきか、彼女は身をもって示した。 **06**
  외교관으로서 어떻게 대처해야 할지, 그녀는 몸소 보였다.
- 君の能力をもってすれば、どこに行ってもやっていけると思う。 **93**
  네 능력으로라면 어디에 가더라도 해 나갈 수 있을 거야.
- セールは本日をもって終了させていただきます。
  세일은 오늘로써 종료하겠습니다.

- 昨日の飛行機 事故は 世界中に ★衝撃を もって 伝えられた。 **03**
  어제의 비행기 사고는 전 세계에 충격으로 전해졌다.
- 博士の 頭脳と 実力を ★もって すれば、それは意外なことではない。
  박사의 두뇌와 실력으로라면 그것은 뜻밖의 일이 아니다. **99**
- 今夜の コンサートは ★これを もって 終了させて いただきます。
  오늘 밤 콘서트는 이것으로써 마치겠습니다.

- 君はそれが大変困難な作業だと言うが、君の実力をもってすれば、これくらいのことは朝飯前だ。それは経験からも分かっているはずだろう。
  너는 그것이 대단히 어려운 작업이라고 하지만, 네 실력으로라면 이 정도의 일은 식은 죽 먹기다. 그것은 경험으로도 알고 있을 것이다.

콕콕 실전문제 05

問題 1 次の文の（ ）に入れるのに最もよいものを、1・2・3・4から一つ選びなさい。

1　私は逃げも（　　　）。文句があったら、いつでも来なさい。
　　1　隠れたりする　　2　隠れもしない　　3　隠れられない　　4　隠れざるをえない

2　彼は、今の自分が貧しい（　　　）不幸などとは考えていない。
　　1　わけもなく　　2　とすると　　3　ものから　　4　がゆえに

3　鉄棒も磨けば針になる精神を（　　　）すれば、何でもできる。
　　1　とって　　2　よそに　　3　限りに　　4　もって

4　こんな失礼な店員のいる店、二度と来る（　　　）。
　　1　だろう　　2　ようだ　　3　ものか　　4　ことか

5　たばこは体に悪いとわかってはいるものの、（　　　）。
　　1　やめるべきだ　　　　　　　　2　さっそくやめられる
　　3　やめるほかはない　　　　　　4　やっぱりやめられない

6　毎日忙しいけれど、せめて日曜日だけでものんびりしたい（　　　）だ。
　　1　わけ　　2　はず　　3　こと　　4　もの

7　若くて元気だった昔に（　　　）ものなら戻りたい。
　　1　戻り　　2　戻って　　3　戻れる　　4　戻ろう

8　あんなに注意深い人だったのだから、不慮の事故としか（　　　）。
　　1　言いようがない　　　　　　　2　言うまでもない
　　3　言うはずはない　　　　　　　4　言うにほかならない

9　子供でもわかる（　　　）、やさしい言葉で説明したのに、あの人は理解できなかったらしい。
　　1　だけに　　2　ように　　3　ばかりに　　4　ために

10 彼女は子ども（　　　）大声をあげて泣きました。137
　1　ぎみに　　　　2　がちに　　　　3　みたいに　　　4　ばかりに

11 本日は、7時（　　　）閉店とさせていただきます。またのご来店をお待ち申し上げます。159
　1　をもって　　　2　をよそに　　　3　に限りに　　　4　にとって

12 わたしは負ける（　　　）と思ってがんばって走った。141
　1　ことか　　　　2　ようだ　　　　3　ものか　　　　4　だろう

13 あの選手は、一度は（　　　）起き上がることができず、リンクに仰向けになった。146・007
　1　起き上がろうとしたからといって　　2　起き上がりきれなかったからといって
　3　起き上がりきれなかったものの　　　4　起き上がろうとしたものの

14 FIFAから正式に連絡があったわけでもないので、この件に関しては答え（　　　）。150・154
　1　ようがない　　2　ようでない　　3　そうもない　　4　そうでない

15 このことわざのように、（　　　）判断せず、まずはいろいろと経験してみてください。139
　1　やらないとはいえ　　　　　　　　2　やるからには
　3　やりもしないで　　　　　　　　　4　やってはみるものの

問題2 次の文の ___★___ に入る最もよいものを、1・2・3・4から一つ選びなさい。

16 君を嫌っているからではなく、君の＿＿＿　＿★＿　＿＿＿　＿＿＿呈しているのだ。148
　1　将来を　　　　2　思うが　　　　3　ゆえに　　　　4　苦言を

17 何も ＿＿＿　＿＿＿　＿★＿　＿＿＿ 来るまで皿を洗い続ける。139
　1　交代時間が　　2　考えずに　　　3　せずに　　　　4　しゃべりも

18 彼 ＿＿＿　＿＿＿　＿★＿　＿＿＿、当時の科学水準ではそれが限界だった。159
　1　しても　　　　2　もって　　　　3　ほどの　　　　4　天才を

19 部長の職にある者が、そんな ____ ★ ____ ____ ですか。141
   1 もの　　　2 無責任なこと　　　3 をして　　　4 許される

20 意気揚々と ____ ____ ★ ____ 険しい。146
   1 とりかかった　　　2 ものの　　　3 前途が　　　4 新しい仕事に

21 毎日社長の機嫌を気にしながら ____ ★ ____ ____。143
   1 つらい　　　2 するのも　　　3 ものだ　　　4 仕事を

22 彼女は私に向かって「____ ★ ____ ____」と言った。145
   1 勝ってみたら　　　2 ものなら　　　3 勝てる　　　4 競走で

23 二人がその時同じ飛行機に乗り合わせたのは偶然の ____ ____ ★ ____。150
   1 がない　　　2 一致と　　　3 しか　　　4 言いよう

24 地震などの災害があったとき ____ ★ ____ ____ ほうがいい。149・095
   1 ように　　　2 買っておいた　　　3 水や食料などを　　　4 困らない

25 彼がこのラジオを直してから、____ ____ ★ ____。137
   1 もっと　　　2 なった　　　3 ひどく　　　4 みたい

問題 3 次の文章を読んで、文章全体の趣旨を踏まえて、26から30の中に入る最もよいものを、1・2・3・4から一つ選びなさい。

　「時は金なり」という格言がわが国に輸入されたのはいつか、まだ調べたことがないが、日本人にとってこのことわざは 26-a なかった新しい観念を導入したものといえる。 27 、日本人がとかく時間の観念がルーズであったところへ、時間尊重の教訓をもたらした効果が大きかったということだけではない。もちろん、そうした効果もあったが、何より大切なことは、日本人は 26-b 、時間というものを、このように見事に客体視したことがなかったという面で、時に対する従来の見方を改めさせるのに、ショック的効果があったのではないかということである。

　時間の尊さを貨幣に換算して表現することは、東洋人も 28 。有名な「一刻千金」などはそれである。時間以外については「一字千金」というのもあり、わが国でも「朝起き千両」とまで誇張する。だから、タイム・イズ・マネーという比喩が、西洋流の物質主義をもって割り切れていてまことに端的だという評価は、必ずしも当たらないのである。

　しかし、「一刻千金」についていえば、「春宵一刻千金」という詩の句としてみると、それは客体としての時間が尊いといっているのではなくて、春の夜の気分、眺めなどが千金に値するというのであって、時間そのものを尊重し評価しているわけではないのである。それは、楽しい時が過ぎて行くのを惜しむ心である。

　中国人も日本人も、時は移り行くもの、過ぎ行くものというポイントで 29 。もちろん、時が過ぎ行くものでなかったならば、「 30 」とはならない道理だが、東洋的なとらえ方では、さらに詠嘆的である。だから、時あるいは歳月の過ぎ行く速度がいかに速いかという点を強調するたとえが多い。

（鈴木棠三『言葉と名前』による）

26
1　a これまで / b これまで　　2　a これまで / b それまで
3　a それまで / b それまで　　4　a それまで / b これまで

27
1　といっても　　2　そのために　　3　というのは　　4　それならば

28
1　していないわけだ　　　　2　していてもむだだ
3　していないわけではない　4　していてもむだではない

29
1　とらえる傾向がある　　2　とらえる習慣がある
3　とらえる傾向がない　　4　とらえる習慣がない

30
1　時は移り行くもの　　2　時は金
3　時は過ぎ行くもの　　4　時は銀

문제해결 키워드

- **〜をもって** N1 159 ~으로, ~로써
  西洋流の物質主義をもって割り切れている
  서양 스타일의 물질주의로 받아들여져 있다 (10行)

- **〜にとって** N1 118 ~에게 있어서
  日本人にとって 일본인에게 있어서 (02行)

- **〜ところへ** N2 085 ~하려던 참에
  とかく時間の観念がルーズであったところへ
  자칫 시간 관념이 느슨하였던 참에 (03行)

- **〜に対する** N1 113 ~에 대한
  時に対する従来の見方 시간에 대한 종래의 견해 (06行)

- **〜のではないか** N1 059 ~이 아닐까? 〈추측〉
  ショック的効果があったのではないか
  쇼크적 효과가 있었던 것이 아닐까? (06行)

- **〜わけではない** N1 154 ~인 것은 아니다
  東洋人もしていないわけではない
  동양인도 하고 있지 않은 것은 아니다 (08行)
  評価しているわけではない
  평가하고 있는 것은 아니다 (15行)

- **〜として** N1 081 ~로서
  詩の句としてみると 싯구로서 보면 (13行)
  客体としての時間 객체로서의 시간 (14行)

N1 문법 70

2010년부터 지금까지 출제된 일본어 능력시험 N1 기출문법을 철저히 분석하여 출제 2순위 문법 70개를 선정하였다. 1회 이상 실제 시험에 출제되고 있는 만큼 다시 출제될 가능성이 높은 문법 기능어일 것이다. 기능어 우측의 숫자는 부록 「일본어 능력시험 N1 문법 출제표」의 번호를 나타낸다.

01

～あっての 001 ~이 있어야 성립하는

접속 명사, 조사 が

「～あっての」는 '~이 있어야 성립하는, ~이 아니고서는 불가능한'이라는 뜻으로, '~가 있다는 조건이 있고서야 비로소 ~이 가능함'을 강조하는 표현이다. 참고로 관용 표현으로는 「命あっての物種(우선 살고 볼 일, 무엇보다도 목숨이 제일임)」이 있다.

☑ 今の私があるのも監督あってのことです 지금의 제가 있는 것도 감독님이 계셨기 때문입니다 **2010-2회**

유형1 문법형식

- つらい治療に耐え、病気を克服することができたのは、家族の励ましあってのことだ。 **07**
  힘든 치료를 참고 견뎌 병을 극복할 수 있었던 것은 가족의 격려가 있었기 때문이다.

- どんな小さな成功も努力あってのことだ。 **97**
  어떤 작은 성공도 노력이 있어야 하는 것이다.

- 私の存在は、父母あっての私なのである。
  나의 존재는 부모가 있고서야 비로소 내가 있는 것이다.

유형2 문맥배열

- こうして私たちが商売を続けられるのも、お客様 あっての ものと 感謝して おります。 **05**
  이렇게 우리가 장사를 계속할 수 있는 것도 손님이 있어야 가능한 것으로 늘 감사하고 있습니다.

- 家族の いたわりと 励まし あっての 成功 です。
  가족의 위로와 격려가 있어서 성공한 것입니다.

- そんな危ない仕事は引き受けない方がいい。命 あって の 物種 だよ。
  그런 위험한 일은 떠맡지 않는 게 좋아. 우선 살고 볼 일이야.

유형3 문장흐름

- 昨日の試合で、今年の日本一にＳＧライオンズが輝いた。監督は優勝インタビューで「選手あっての監督ですよ」と話した。
  어제 시합으로, 올해 일본 제일에 SG라이온즈가 빛났다. 감독은 우승 인터뷰에서 '선수가 있고 나서 감독이 있는 것입니다'라고 말했다.

02

いざ ⁰⁰² 막상

접속 단독으로 사용

「いざ」는 남을 권유할 때, 또는 막상 일을 시작하려고 분발할 때에 쓰는 말로 '정작, 자, 막상'이라는 뜻을 나타낸다. 「いざ」 단독으로 사용될 수도 있고 「いざ〜と(막상 〜하면)」의 형태로도 사용된다. 「〜」에는 동사가 오는 경우가 많다. 「いざ〜となると」는 '막상 〜하려고 하니', 「いざとなると・いざとなれば」는 '정작 때가 되면', 「いざというとき」는 '일단 유사시, 만일의 경우', 「〜はいざ知らず/〜ならいざ知らず」는 '〜은 몰라도/〜라면 모를까' 등의 관용적인 표현도 익혀두자.

문법형식

- 店には多くの魅力的な品が並んでいたが、**いざ買うとなると**なかなか決心がつかなかった。 07
  가게에는 많은 매력적인 물건이 진열되어 있었지만, 막상 사려고 하니 좀처럼 결심이 서지 않았다.

- **いざ**撮影する段になってカメラにフィルムが入っていないのに気がついた。
  막상 촬영할 단계가 되어 카메라에 필름이 들어있지 않은 것을 깨달았다.

- 君は**いざ知らず**僕にはそんな恥ずかしいことはできない。
  너는 몰라도 나는 그런 부끄러운 일은 할 수 없어.

문맥배열

- <u>いざ</u> <u>という</u> <u>時</u>★ <u>あわてない</u> ように、ふだんから非常持ち出し袋を用意しておきましょう。
  만일의 경우 당황하지 않도록 평소부터 비상용 생존 가방을 준비해둡시다.

- 子どもは嫌いと思っていたのに、<u>いざ</u> <u>生まれて</u> <u>みると</u>★ かわいくてもう一人欲しくなった。
  아이는 싫어한다고 생각했는데, 막상 태어나고 보니 귀여워서 한 명 더 갖고 싶어졌다.

- 田中さんはあんなにえらそうなことを言いながら、<u>いざ</u> <u>となると</u>★ 尻込みしている。
  다나카 씨는 그렇게 잘난 듯한 말을 하면서 정작 때가 되면 꽁무니를 뺀다.

문장흐름

- 山田さんはふだんはチームの中で目立たない男だが、**いざとなれば**ものすごい活躍をする選手です。
  야마다 씨는 평소에는 팀 내에서 눈에 띄지 않는 남자지만, 정작 때가 되면 굉장한 활약을 하는 선수입니다.

03

～以上(は) 003 ~한 이상(에는)

접속　동사의 기본형(る형)·과거형(た형), 명사+である　　　　　　　　　　　　　～からには019

「～以上(は)」는 '~한 이상(에는)'이라는 뜻으로, 이유를 들어 화자의 판단이나 결의, 권유 등을 나타낸다. 따라서 뒤에는 주로 추측이나 판단, 결의, 마음가짐과 같은 화자의 의지를 나타내거나 추천·금지 등을 나타내는 표현이 온다. 「동사의 과거형(た형)」에 접속한 것이 대부분 출제되지만, 「～である+以上(~인 이상)」「～がいる+以上(~이 있는 이상)」와 같은 형태로도 쓸 수 있다.

- ☑ 物事を始めてしまった以上 어떤 일을 시작해버린 이상　2017-2회
- ☑ お客様に食事をお出しする以上 손님에게 식사를 내놓는 이상　2011-1회

문법형식

- エネルギーの問題がこれほど深刻になった以上、世界各国が協力して、ただちに対策をたてるべきだ。 09
  에너지 문제가 이토록 심각해진 이상, 세계 각국이 협력해서 즉시 대책을 세워야 한다.

- 留学する以上は、勉強だけでなく、その国の文化を学んだり交流をしたりしたいと思う。 05
  유학하는 이상에는 공부뿐만 아니라 그 나라의 문화를 배우거나 교류를 하고 싶다고 생각한다.

- 日本の企業に就職が決まった以上、日本語をマスターしなければならない。 94
  일본 기업에 취직이 결정된 이상, 일본어를 마스터하지 않으면 안 된다.

문맥배열

- いったん　仕事を　引き受けた　以上は　途中で　止めることはできない。 01
  일단 일을 맡은 이상에는 도중에 그만둘 수는 없다.

- もう酒は飲まない　と決めた　以上は　どんなに　誘われても　絶対にそれを守りたい。 95
  이제 술은 마시지 않겠다고 결심한 이상에는, 아무리 권유를 받아도 꼭 그것을 지키고 싶다.

문장흐름

- どんなにアルバイトが大変でも、学生である以上、勉強をしなければならない。親に学費を出してもらっているのだから、当然のことだ。
  아무리 아르바이트가 힘들어도, 학생인 이상 공부를 해야 한다. 부모에게 학비를 받고 있으니 당연한 일이다.

04

～否(いな)めない 004 ~부정할 수 없다

접속 단독으로 사용

「～否めない」는 '~부정할 수 없다'라는 뜻으로, 동사「否む(부정하다)」의 가능형(否める)의 부정 형태가 문법화된 것이다. 대표적인 예로 否めない事実(부정할 수 없는 사실), 味方の敗北はもう否めない(우리편의 패배는 이젠 부정할 수 없다), 僕のミスであることは否めない(나의 실수라는 것은 부정할 수 없다) 등과 같이 사용된다.

☑ 確かに体力が落ちてきたことは否めないが 확실히 체력이 떨어진 것은 부정할 수 없지만 **2017-1회**

문법형식

- その責任が君にあることは否めない。
  그 책임이 너한테 있는 것은 부정할 수 없다.

- 彼が傲慢だということは否めない。
  그가 오만하다는 것은 부정할 수 없다.

- 今度の決定では、会員の一部から不満が出る可能性は否めない。
  이번 결정에서는 회원의 일부에서 불만이 나올 가능성은 부정할 수 없다.

문맥배열

- こちらにも 落ち度があった ことは 否めない★ から、おわびの電話だけでもしておこう。
  이쪽에도 잘못이 있었던 것은 부정할 수 없으니까, 사과 전화만이라도 해두자.

- 準備不足は 否めない★ ですが 天気も よさそうなので、気持ちよく走れると思います。
  준비 부족은 부정할 수 없지만, 날씨도 좋을 것 같아서 기분 좋게 달릴 수 있을 거라 생각합니다.

문장흐름

- 堤防を高くして洪水から、また堤防決壊を防ぐため、コンクリートによる護岸工事が行われている。そのようなことは国民の生命、財産を守る意味からすれば必要なことであろう。しかし、個性のない皆同じ顔を持った河川になってしまったことは否めない。
  제방을 높게 해서 홍수로부터, 또 제방이 무너지는 것을 방지하기 위해 콘크리트에 의한 호안공사가 행해지고 있다. 그러한 것은 국민의 생명, 재산을 지키는 의미에서 보면 필요한 일일 것이다. 그러나 개성이 없는 모두 똑같은 얼굴을 가진 하천이 되어버린 것은 부정할 수 없다.

05 思える / 思えない ⁰⁰⁸ 여겨지다 / 여겨지지 않는다

접속 ～ように, ～みたいに, ～に, ～と(は・も), い형용사의 く형 등

「思える」는 '생각되다, 여겨지다, (자연히) 그렇게 느끼다'라는 뜻이며, 「思えない」는 '생각되지 않는다, 여겨지지 않는다'라는 뜻이다. 대표적인 예로 私の本当の父みたいに思える(내 진짜 아버지처럼 여겨진다), 彼が偉い人のように思えたのだ(그가 위대한 사람처럼 여겨진 것이다), 正しいと思えない行動(옳다고 여겨지지 않는 행동) 등이 있다. 또한 「～もの+に思える(～라고 여겨지다)」, 「～もの+とは思えない(～라고는 여겨지지 않다)」, 「思えるくらい(～여겨질 정도로)」, 「～とも思えない(～라고도 여겨지지 않다)」 등의 형태도 있다. 私にはきわめてあやしいものに思えた(나는 극히 수상하다고 여겨졌다), そのまま伝えたものとは思えなかった(그대로 전해졌다고는 여겨지지 않았다) 등과 같이 쓴다.

- ☑ 十二支の一番目が二番目に比べて特典がある**とも思えない**
  12지의 첫 번째가 두 번째에 비해 특전이 있다고도 여겨지지 않는다 `2014-2회`

- ☑ ばかばかしく**思えるくらい**簡単に計算できたよ 어이없게 느껴질 정도로 간단히 계산됐어 `2011-1회`

- 私が初めて日本語を習い始めたとき、だれもがすごく早口で話している**ように思えて**ついていけなかった。
  내가 처음 일본어를 배우기 시작했을 때, 모두 굉장히 빨리 말하고 있는 듯이 여겨져 쫓아가지 못했다.

- 80を過ぎた老人**とは思えない**ほどの体力の持ち主だ。
  80이 지난 노인이라고는 여겨지지 않을 정도의 체력의 소유자다.

- デパートで化粧品を買うのが ばかばかしく **思えるくらい** こんなに 安くていい 商品です。
  백화점에서 화장품을 사는 것이 어리석게 느껴질 정도로 이렇게 싸고 좋은 상품입니다.

- 30年前はこんなにパソコンが 一般家庭に 普及する **とは** 思えなかった。
  30년 전에는 이렇게 컴퓨터가 일반가정에 보급되리라고는 여겨지지 않았다.

- 人を思いやったり、愛したり、時にはわずらわしく感じながらも、そのわずらわしい人間関係を維持するために心を砕く姿の中にこそ、「人間として生きる」ことの本質があったと**私には思える**。
  다른 사람을 걱정하거나 사랑하거나 때로는 귀찮게 느끼면서도, 그 귀찮은 인간관계를 유지하기 위해 이런저런 걱정을 하는 모습 안에서야말로 '인간으로서 산다'는 일의 본질이 있었다고 나는 느낀다.

06 〜か否か⁰⁰⁹ ~이냐 아니냐, ~인지 아닌지

접속 명사, 동사의 종지형, である

「〜否」는 '〜아니, 불찬성〜'의 뜻으로, 주로 賛成か否か(찬성인지 아닌지), 事実か否か(사실인지 아닌지), 就職するべきか否か決める(취직해야 할지 말지 결정하다)와 같이 「〜か否か」의 형태로 쓰인다. 「〜か否か」는 '~이냐 아니냐, ~인지 아닌지'의 뜻이다.

☑ 情報が正しいか否かだけでなくいつのデータかを確認する
정보가 맞는지 아닌지 뿐만 아니라 언제 데이터인지를 확인한다 [2016-1회]

문법형식

- その新たな雇用対策が有効であるか否か、結果が出るのはまだ先のことだ。 09
  그 새로운 고용대책이 유효한지 아닌지, 결과가 나오는 것은 아직 미래의 일이다.

- 問題は私たちが山田さんを信頼できるか否かだ。
  문제는 우리가 야마다 씨를 신뢰할 수 있느냐 아니냐이다.

문맥배열

- 債務者に 財産がある か★否か にかかわらず、債権者は債務者に対して弁済を要求することができる。
  채무자에게 재산이 있는지 없는지에 관계없이, 채권자는 채무자에게 변제를 요구할 수 있다.

- 各国の国民、例えば 日本人 ならば 日本であるか 否か の定義は多種多様な解釈がある。
  각국의 국민, 예를 들면 일본인이라면 일본인지 아닌지의 정의는 갖가지 해석이 있다.

문장흐름

- 危機対応においては法的な責任関係に応じて被災者の費用を支払うべきであるか否かを決定するのが一般的であるが、時間的に切迫した状況においては、法的責任関係の確定を待つことはできないのが実態である。
  위기대응에서는 법적인 책임관계에 따라 재해민의 비용을 지불해야 할지 아닌지를 결정하는 것이 일반적이지만, 시간적으로 절박한 상황에서는 법적 책임관계의 확정을 기다리는 것은 불가능한 것이 실정이다.

07 〜が〜する 〜가 〜되다

접속　명사+が 명사+する

일반적으로「〜する」는 '〜하다' 라는 타동사의 역할을 한다. 그러므로「〜を〜する」는 '〜을 〜하다', 「〜が〜される」는 '〜이 〜되다'가 된다. 예를 들어「発行(발행)」이라는 단어로 설명하면 新聞を発行する(신문을 발행하다), 「来週記念切手が発行される(다음 주 기념 우표가 발행된다)」가 된다. 하지만「変化する(변화되다), 減少する(감소되다)」등의 표현은「変化される(×), 減少される(×)」라고는 사용되지 않으며, 타동사로 표현하려면 形態を変化させる(형태를 변화시키다),「悪玉コレステロールを減少させる(악성 콜레스테롤을 감소시키다)」로 사용된다.

- この町に大きな自動車工場ができるので、来年には労働人口が大幅に変化すると思われる。 **02**
  이 동네에 큰 자동차 공장이 생기기 때문에, 내년에는 노동인구가 큰 폭으로 변화되리라 생각된다.

- この地区では犯罪発生率が急激に減少してきている。
  이 지구에서는 범죄 발생률이 급격히 감소되고 있다.

- 温度によって体積が変化する。
  온도에 따라 부피가 변화된다.

- 明治初期は 女性の 地位が ★ 変化した 時期で あった。
  메이지 초기는 여성의 지위가 변화된 시기였다.

- この調査 によって 産院が 全国★的に 減少して いることが 判明した。
  이 조사에 의해 산부인과가 전국적으로 감소되고 있음이 판명되었다.

- 運動前後で同じ服装で体重を計り、自分の体重の2〜3%以上減少していないかチェックします。例えば、運動前50kgの人の場合、運動後の体重が運動を始める直前の体重よりも3%減少した48.5kg以下であるなら、水分摂取が足りなかったと考えることができます。
  운동 전후에 같은 복장으로 체중을 재고, 자신의 체중의 2〜3% 이상 감소하지 않았는지 체크합니다. 예를 들어 운동 전 50kg인 사람의 경우, 운동 후의 체중이 운동을 시작하기 직전의 체중보다도 3% 감소된 48.5kg 이하라면 수분섭취가 부족했다고 생각할 수 있습니다.

08 ～か～ないか(のうち)に ~하자마자, ~함과 동시에

접속 동사의 기본형(る형)+か, 동사의 부정형(ない형)+ないか(のうち)に

「～か～ないか(のうち)に」는 '~하자마자, ~함과 동시에'라는 뜻으로, '앞일이 일어난 직후, 곧바로 뒷일이 생긴다'라고 할 때 쓰는 표현이다. 그밖에 「～か～ないかのころ(막 ~했을 무렵)」의 표현도 함께 알아두자.

참고 이와 비슷한 표현인 「A(た)とたんにB」는 'A가 끝나고 나서 B'라는 뜻이다.

☑ 私が小学校に入るか入らないかのころ 내가 초등학교에 막 들어갔을 무렵 2014-2회

문법형식

- 講義が終わるか終わらないかのうちに、ノートや教科書を閉じてかたづけ始める学生もいる。 94
  강의가 끝나자마자, 노트랑 교과서를 덮고 정리하기 시작하는 학생도 있다.

- 答案を書き終えるか終えないかのうちに、ベルが鳴った。
  답을 다 쓰자마자 벨이 울렸다.

- 私は10歳になるかならないかのころ、家族旅行で韓国に行った。
  나는 10살이 막 되었을 무렵, 가족여행으로 한국에 갔었다.

문맥배열

- 家に 着くか 着かない かのうちに 雨が はげしく降り出した。
  집에 도착하자마자 비가 세차게 내리기 시작했다.

- 彼は車が 止まるか 止まらないか のうちに 急いで ドアを開けた。
  그는 차가 멈추자마자 서둘러 문을 열었다.

- 実はこの本を最初に買ってもらったのは、小学生に なる か ならない かのころでした。
  실은 이 책을 처음에 사주신 것은 막 초등학생이 되었을 무렵이었습니다.

문장흐름

- ピクニックの日の朝、娘はとてもうれしそうにしていた。「いってきます」と言い終わるか終わらないかのうちに玄関を飛び出していった。 99
  소풍날 아침, 딸은 아주 기쁜 듯이 보였다. '다녀오겠습니다'하고 말을 끝내자마자 현관을 뛰쳐 나갔다.

09 〜かねる ~하기 어렵다, ~할 수 없다

접속 동사의 연용형(ます형)

「〜かねる」는 '~하기 어렵다, ~할 수 없다'라는 뜻이다. 이것은 「동사의 연용형(ます형)」에 붙어 기분상으로 내키지 않아 '~하기 어렵다, ~할 수 없다'라고 할 때 쓴다. 또한, 서비스업 등에서 손님의 희망에 응할 수 없음을 완곡하게 말하거나, 비즈니스 등 격식있는 자리에서 사용되는 경우가 많다. 「待ちかねる(기다리다 못해 ~하다)」「見るに見かねて(보다 못해)」 등은 관용 표현으로 외워 두자.

☑ 商品ご使用後の返品対応はいたしかねます 상품을 사용하신 후의 반품은 대응하기 어렵습니다 **2012-1회**

- そのようなことを聞かれてもちょっと答え**かねる**。 **99**
  그런 질문을 받아도 대답하기 좀 어렵다.

- 労働条件の変更について会社から説明を受けたが、私はどうも納得し**かねる**。 **96**
  노동 조건의 변경에 대해 회사로부터 설명을 들었지만, 나는 도저히 납득할 수 없다.

- 当ホテルでは盗難についての責任を負い**かねます**。
  저희 호텔에서는 도난에 관한 책임을 지지 않습니다.

- 将来のことを私の 一存では 決め★かねて 兄に 相談 した。
  장래의 일을 내 생각만으로는 결정하기 어려워서 형에게 의논했다.

- 残念ながら、その ご提案は お受け いたし かねます。
  유감스럽지만, 그 제안은 받아들이기 어렵습니다.

- そのことは 私には わかり か★ねます から、部長にお聞きになってください。
  그 일은 저는 알 수 없으니, 부장님에게 물어보세요.

- いますぐには**お返事いたしかねます。**申し訳ありませんが、1週間ほどお時間をいただけませんでしょうか。
  지금 당장은 답변드리기 힘듭니다. 죄송하지만 1주일 정도 시간을 주실 수 없겠습니까?

10 ～からには⁰¹⁹ ~한 이상(에는), ~이니까

접속 동사의 기본형(る형)·과거형(た형), 명사+である 등

～以上(は) 003

「～からには」는 '~한 이상(에는), ~이니까'라는 뜻으로, '~라면 당연히'라는 이유를 들어 화자의 판단이나 결의, 권유 등을 나타낸다. 보통「동사의 기본형(る형)」과「동사의 과거형(た형)」에 접속한다.「**～からは**(~한 이상에는, ~바에는)」와 거의 같은 뜻으로 쓰이는데,「～からは」쪽이 좀더 문어적이고 예스러운 인상을 준다. 참고로「こうなったからは＝こうなったうえは(이렇게 된 바에는)」는 관용 표현으로 알아 두자.

☑ いったん仕事を引き受けたからには 일단 일을 맡은 이상에는 2010-2회

유형1 문법형식

- 何回も話し合ってみんなで決めたことだ。決めたからには成功するようにがんばろう。 97
  몇 번이나 의논해서 모두가 결정한 일이다. 결정한 이상 성공하도록 분발하자.

- この仕事を引き受けるからには全力でやろう。 96
  이 일을 맡는 이상 전력을 다하자.

- 医者であるからには、患者の命を助ける義務がある。
  의사인 이상 환자의 목숨을 구할 의무가 있다.

유형2 문맥배열

- いったん 引き受けた からには 納得できる 仕事を したい。 06
  일단 맡은 이상, 납득할 수 있는 일을 하고 싶다.

- マラソン大会に 出場する からには よく 練習をして 42.195kmを走りぬきたい。 94
  마라톤 대회에 출전하는 이상, 연습을 잘해서 42.195킬로미터를 완주하고 싶다.

유형3 문장흐름

- たいへんな仕事だけれども、頼まれたからにはせざるをえない。この仕事が終われば、自分ももっと成長できるはずだ。そう思ってがんばろう。
  매우 힘든 일이지만, 부탁받은 이상 하지 않을 수 없다. 이 일이 끝나면, 나도 좀 더 성장할 수 있을 것이다. 그렇게 생각하고 힘내자.

問題 1 次の文の（　）に入れるのに最もよいものを、1・2・3・4から一つ選びなさい。

1　このように立派な賞をいただけたのも妻の協力（　　　）ことだ。 001・151
　1　あっての　　　2　あってで　　　3　あっては　　　4　あっても

2　私が小学校に（　　　）ぐらいのころ、座薬を入れられた記憶がある。 013
　1　入ろうが入るまいが　　　　　　2　入るか入らないか
　3　入っていてもいなくても　　　　4　入るにしても入らないにしても

3　歯だったら待っても大丈夫だという軽い気持ちがあることは（　　　）。 004・062
　1　ほかならない　　2　相違ない　　3　否めない　　4　欠かせない

4　試合に出る（　　　）、がんばって優勝したいものだ。 019・143
　1　ばかりに　　　2　からといって　　3　からには　　4　からこそ

5　いったん引き受けた（　　　）、責任を持って最後までお世話します。 003
　1　以上は　　　　2　はずは　　　3　しだいは　　4　わけは

6　カー用品などに工賃を支払って交換してもらうのが（　　　）あっけなく終わります。 008・095
　1　ばかばかしい思いをするもので　　2　ばかばかしく思えるもので
　3　ばかばかしい思いをするくらい　　4　ばかばかしく思えるくらい

7　その情報が（　　　）確認するためには欠かせない下準備のようなものだ。 009・151・N2 016
　1　正しいか否かを　2　正しいようで　3　正しくてならない　4　正しくならずに

8　あなたがどんなにおっしゃっても、それは私には納得（　　　）話です。 014・062
　1　しきれる　　　2　したがる　　　3　しかねない　　4　しかねる

9　暑さで消耗した体力が次第に（　　　）、生理活動も徐々に安定していきます。 011
　1　回復させられて　2　回復させて　3　回復して　4　回復されて

10　ネットショッピングをしたいんですが、いざ買う（　　　）ためらってしまいます。 002・054
　1　より　　　　　2　あまり　　　　3　につれ　　　　4　となると

問題2 次の文の ___★___ に入る最もよいものを、1・2・3・4から一つ選びなさい。

11 しかしすべての人に効果があったかというと、実はそうではなくて_____ _____ ___★___ _____ 状態です。 004・012

1 ということは　　2 実験段階だ　　3 否めない　　4 まだまだ

12 _____ ___★___ _____ _____、まずお客様のニーズに応えなければならない。 001

1 だから　　2 商売なん　　3 お客　　4 あっての

13 この店は、街の中心でもなく地下鉄からも遠く決して_____ ___★___ _____ _____ わざわざ行く必要はないかと思います。 008

1 アクセスがよいとも　　　　2 思えないので
3 近くにホテルを　　　　　　4 取ってる人以外は

14 授業が_____ ___★___ _____ _____ さっさと教室を出ていってしまった。 013・054

1 終わるか　　2 のうちに　　3 終わらないか　　4 学生たちは

15 人間の寿命は長くて100年である。幸いに_____ _____ ___★___ _____ 生きたい。 019

1 からには　　2 生まれた　　3 この世に　　4 楽しく

16 就職活動が_____ _____ ___★___ _____ にかかっています。 009・159

1 いくかどうか　　2 成功するか　　3 否かは　　4 面接がうまく

17 試合を_____ _____ ___★___ _____ 十分な練習をしておきたい。 003

1 ように　　2 やる　　3 勝てる　　4 以上は

18 混雑時などは米国市民の_____ _____ ___★___ _____ 使うように指示されることもある。 011・149

1 ほぼ完了すると　　2 外国人も　　3 入国が　　4 米国市民の列も

19 _____ _____ ___★___ _____ と言い出した。 002

1 彼女は行かない　　2 という　　3 ときになって　　4 いざ出発

20 私一人の_____ _____ ___★___ _____ ので、ほかの者とも相談した上でご返事します。 014

1 かねます　　2 では　　3 考え　　4 決め

問題3 次の文章を読んで、文章全体の趣旨を踏まえて、21 から 25 の中に入る最もよいものを、1・2・3・4から一つ選びなさい。

　現代の都市生活者の存在感情の底にあまねく静かに浸透してきているように思われる「寂しさ」、21、いま、だれかと「つながっていたい」というひりひりとした疼きとなって現象しているのではないだろうか。ケータイはその意味できわめて現代的なツールだ。だれかとの関係のなかで傷つく痛みのほうが、身体のフィジカルな痛みよりも、よほどリアルだという、そういう〈魂〉の光景が、そこに映しだされているように思う。

　そのなかで人がおそらく最初に求めるのは、自分が、22 その存在が「肯定されて」あるという感情だろう。

　緊密に、そして大規模にシステム化された社会というのは、「資格」が問われる社会である。ひとびとの生活の細部まで支えているシステムを維持するために——食べるという、23 もっとも基礎的ないとなみですら、飼育・栽培、製造・調理、流通・販売の複雑なシステムにそっくり組み込まれてしか成り立たなくなっているのが現代の生活だ——、それにふさわしい行動の能力が求められる。システムが複雑化するというのは、そういう行動能力の育成に複雑なプロセスが要るということでもある。つまり、教育課程が長くなるということ。今日では幼稚園に通う前から教育は始まり、そこから最低でも十数年教育は続く。

　「資格」が問われるというのは、もしこれができれば、次にこれができる……ということだ。そこでは何をするにしても条件が問われる。そして条件を 24 「不要」の烙印を押される。「あなたの存在は必要ない。」と。だから、自分の子どもが将来こういうみじめなことにならないように、親たちはずいぶん幼いころから教育を受けさせる。「25 ちゃんとやったらこんどの日曜日に遊園地に連れていってあげますからね。」から「こんな点数をとるのはおれの子じゃない。」まで、いろんな脅迫の言葉を向けながら、だ。

（鷲田清一　『「つながり」と「ぬくもり」』による）

(注1) 疼き：うずくこと。ずきずきする痛み。
(注2) フィジカルな：肉体的な、身体的な。

21
1 それを　　　2 それが　　　3 それに　　　4 そこで

22
1 すなわち　　2 一方　　　　3 といっても　4 あるいは

23
1 生きるなかで　　　　　　2 生きるもとで
3 生きるうえで　　　　　　4 生きるしたで

24
1 満たしていなければ　　　2 満たしたとしたら
3 満たそうが　　　　　　　4 満たさなかったにしろ

25
1 実は　　　　2 これを　　　3 というのは　4 ただし

문제해결 키워드

- **~か否か**^{N1 009} ~인지 아닌지
  自分が「いる」に値するものである**か否か**の問い
  자기가 '존재'할 만한 가치가 있는지 아닌지의 물음 (26行)

- **~うえで**^{N2 006} ~하는 데 있어서
  生きるうえで 살아가는 데 있어서 (10行)

- **~(で)すら**^{N2 044} ~조차, ~도
  基礎的ないとなみですら 기초적인 일조차 (10行)

- **~にしても**^{N1 107} ~라고 해도
  何をするにしても 무엇을 한다고 해도 (17行)

- **~ていなければ**^{N1 052} ~하고 있지 않았다면
  条件を満たしていなければ
  조건을 충족하고 있지 않았다면 (17行)

- **~ないように**^{N1 149} ~하지 않도록
  みじめなことにならないように
  처참한 꼴을 당하지 않도록 (19行)

11 〜きり / 〜きりだ[020] ~한 채 / ~한 채이다, ~했을 뿐이다

접속 동사의 과거형(た형), それ, あれ

「〜きり/〜きりだ」는 '~한 채 / ~한 채이다, ~했을 뿐이다'라는 뜻으로, 당연히 일어날 것으로 기대했던 일이 일어나지 않고 예상 외의 상태가 계속되고 있음을 나타낸다. 「동사의 과거형(た형)」에 접속하며, 그것을 마지막으로 해서 다음에 예상되는 사태가 일어나지 않는 것을 뜻한다. 주로 「〜(た)きり〜ない」의 꼴로 사용되며, 「〜(た)きりだ」의 꼴로도 사용된다. 한편 「〜きり」는 それ나 あれ에 붙어 '이후, 그 후'의 의미를 나타내기도 하는데, 예를 들어 あれっきり会わない(그 후로는(그것을 끝으로) 만나지 않는다), それっきり何の消息もない(그 후 아무런 소식도 없다)와 같이 쓴다.

- 大阪に行ったついでに一度会ってそれっ**きりだ** 오사카에 간 김에 한 번 만나고 그것으로 끝이다 **2013-2회**

문법형식

- 本田さんとは20年前に一度会った**きりだ**。 **03**
  혼다 씨와는 20년 전에 한 번 만났을 뿐이다.

- アメリカへ行った彼から電話が1回かかってきた**きりだ**。
  미국에 간 그 사람으로부터 전화가 한 번 걸려 왔을 뿐이다.

- 一度会ってそれっ**きり**になってしまうことも増え、申し訳ないやら空しいやら複雑な気持ちになりました。
  한 번 만나고 그것으로 끝이 되어 버리는 일도 늘어, 미안하다든가 허무하다든가 복잡한 기분이 되었습니다.

문맥배열

- こんな難しい曲はひけませんよ。ギターは <u>20年前に</u> <u>習った</u> <u>*きりです</u> <u>から</u>。 **09**
  이렇게 어려운 곡은 못 쳐요. 기타는 20년전에 배웠을 뿐이니까요.

- ちょっと <u>スーパーまで</u> <u>と言って</u> <u>*出て行った</u> <u>きり</u>、彼女は帰って来なかった。 **95**
  잠시 슈퍼마켓에 갔다 온다고 나간 채, 그녀는 돌아오지 않았다.

문장흐름

- **きのう出かけたきり**、今朝になっても帰って来ないんです。今日の昼までに何の連絡もなかったら、警察に届けるつもりです。
  어제 외출한 채 오늘 아침이 되어도 돌아오지 않습니다. 오늘 낮까지 아무 연락도 없으면, 경찰에 신고할 생각입니다.

12 ～くせに [023]　～인 주제에, ~이면서도

접속　동사의 보통형(る형, ない형, た형), い형용사의 기본형, な형용사의 연체형(な형), 명사+の

「～くせに」는 '~인 주제에, ~이면서도'라는 뜻으로, 앞 문장의 주체에 대한 비난, 경멸, 반발의 뉘앙스가 포함되어 있다. 이 표현은 「AくせにB」의 꼴로 A의 내용으로 봐서 당연히 예상되는 것과는 다른 B라는 사태가 이어진다는 것을 나타낼 때 사용된다. 그러므로 B에는 마이너스 평가의 표현이 오는 경우가 많다. 참고로 「**そのくせ**」는 '그런데도, 그럼에도 불구하고'라는 뜻으로 「それなのに」와 거의 같다.

☑ 私を見るとすぐに逃げるくせに　나를 보면 바로 도망치는 주제에　**2013-1회**

유형1 문법형식

- 姉は食事のことで文句ばかり言っているくせに、自分では何も作らない。 **05**
  누나는 식사에 대해 불평만 하고 있으면서도, 자기는 아무것도 만들지 않는다.

- 日本に３年もいたくせに、日本語であいさつもできないんだよ。 **93**
  일본에 3년이나 있었으면서도 일본어로 인사도 못 해.

- ぼくは下手なくせにテニスが大好きです。
  나는 잘 못 치면서도 테니스를 매우 좋아합니다.

- 息子は目が悪いくせに、人前では絶対めがねをかけない。
  아들은 눈이 나쁜 주제에 남 앞에서는 절대로 안경을 쓰지 않는다.

유형2 문맥배열

- あの子は あまり 食べられない くせに ごちそうを たくさん 皿にとりたがる。 **97**
  저 아이는 별로 먹지도 못하면서 음식을 접시에 잔뜩 덜고 싶어한다.

- 山田さんは 日本人の くせに あまり 漢字 を 知らない。
  야마다 씨는 일본인인 주제에 한자를 별로 모른다.

유형3 문장흐름

- 彼はまだ若いくせに、老人のように消極的だ。まったく、時間を無駄にしているとしか思えない。もったいないことだ。
  그는 아직 젊으면서도 노인처럼 소극적이다. 정말이지 시간을 헛되이 한다고밖에 생각할 수 없다. 아까운 일이다.

13 〜ごとき / 〜ごとく 027 ~와 같은 / ~와 같이, ~처럼

접속 동사의 기본형(る형)·과거형(た형)+(かの・が)ごとく, い형용사+かのごとく, 명사+の+ごとき・ごとく

「〜ごとき/〜ごとく」는 '~와 같은 / ~와 같이'라는 뜻이다. 「〜ごとき＝〜ような(~와 같은)」 「〜ごとく＝〜ように(~와 같이)」라고 기억해 두자. 「〜ごとく」는 접속되는 품사에 따라 「(〜かの・〜が)ごとく・〜のごとく」의 형태를 취하고, 「〜ごとき」는 「명사+のごとき」의 형태를 취한다. 그리고 「사람+ごとき」라는 형태에서 타인일 때는 '경멸', 자신일 때는 '겸손'을 나타낸다. 「〜かのごとく(~인 것처럼)」는 「〜かのように」와 바꿔 쓸 수 있다.

☑ あたかも他人を眺める**がごとく** 마치 타인을 바라보듯이 `2011-2회`

문법형식

- 暑い日に草むしりをしていたら、汗が滝**のごとく**流れてきた。 `05`
  더운 날에 풀을 뽑고 있자니, 땀이 폭포수처럼 흘러내렸다.

- わたし**のごとき**未熟者にこんな重要な役割が果たせるでしょうか。 `97`
  저 같은 미숙자가 이런 중요한 역할을 해낼 수 있을까요?

- 職場のどす黒い悪意を払拭することができず、ごみを捨てる**がごとく**辞めさせられたわけです。
  직장의 거무칙칙한 악의를 불식하지 못하고, 쓰레기를 버리듯이 해고된 것입니다.

문맥배열

- 彼は、事件には 関係して いない **かのごとく** 知らぬ ふりを していた。 `00`
  그는 사건에는 관계하고 있지 않은 것처럼 모른 체하고 있었다.

- 彼女は まるで 自分が 女王である **かのごとく** ふるまって いる。
  그녀는 마치 자기가 여왕인 것처럼 행동하고 있다.

문장흐름

- 心配した**ごとく**、完成予定の日に間に合わなくなってしまった。これでは先方に多大なる迷惑をかけてしまう。どうお詫びを言えばいいものか…。
  걱정했던 것처럼 완성 예정일에 맞추지 못하고 말았다. 이래서는 상대편에 매우 큰 폐를 끼치게 된다. 어떻게 사죄의 말을 하면 좋을지……。

14 ～ことと致す ⁰³⁰ ~하기로 하다

접속 동사의 종지형·부정형(ない형) 등

N2에서 다룬「～ことにする ^{N2 040}(~하기로 하다)」는 자신의 의지로 결정하는 과정을 나타내고,「～こととする(~하기로 하다)」는 자신의 의지로 결정하는 결과를 나타낼 때 사용한다. 또한「致す」는「する(하다)」의 겸양어이므로「～ことにする→～ことに致す(~하기로 하다)」가 되고,「～こととする→～ことと致す(~하기로 하다)」가 되는 것이다.

☑ 次回、改めて検討する**ことと致します** 다음에 다시 검토하기로 하겠습니다 **2011-2회**

유형1 문법형식

- 避難生活を余儀なくされている皆様の2017年度の会費はいただかな**いことと致します**。
  어쩔 수 없이 피난생활을 하고 있는 여러분의 2017년도 회비는 받지 않기로 하겠습니다.

- 利用者は、自己の責任において本サイトにアクセスし、サービス提供を受ける**ことと致します**。
  이용자는 자기 책임에 있어서 본 사이트에 접속하여 서비스를 제공받기로 합니다.

- 大変急な報告で申し訳ございませんが、この度私は一身上の都合により、退職する**ことに致しました**。
  매우 급한 보고를 드려 죄송스럽게 생각합니다만, 이번에 저는 일신상의 사정에 의해 퇴직하기로 했습니다.

유형2 문맥배열

- 上記に関するお申し出につきましては、ご本人である ことの 確認をさせていただく ことと致します。
  상기에 관한 신청에 대해서는 본인임을 확인하기로 하겠습니다.

- 当社は、個人情報の利用及び提供について特定個人が 同意を与えた 利用目的の 範囲内で 行うことと 致します。
  당사는 개인정보의 이용 및 제공에 대해서 특정 개인이 동의를 부여한 이용목적의 범위내에서 시행하기로 하겠습니다.

유형3 문장흐름

- 当社は、これらの掲載情報の変更・提供の中断等により利用者に生じた損害について、いかなる**責任も負わないことと致します**。
  당사는 이들 게재 정보의 변경・제공의 중단 등에 의해 이용자에게 생긴 손해에 대해서, 어떠한 책임도 지지 않습니다.

15 ～ことなく⁰³¹ ~하지 않고, ~하는 일 없이

접속 동사의 기본형(る형)

「～ことなく」는 '~하지 않고, ~하는 일 없이'라는 뜻으로, '평소에는 ~하지만(또는 ~해 버리지만) 이 경우에는 ~하지 않고'라는 의미이다.「～ないで」「～ずに」와 거의 같은 뜻이지만「～ことなく」쪽이 좀 더 문어적이고 쓰임도 약간 다르다.

- どんな困難に遭ってもそれに負けることなく 어떤 어려움을 당해도 그것에 지지 않고 2015-2회

유형1 문법형식

- 失敗をおそれることなく、行動してほしい。 08
  실패를 두려워하지 않고 행동해 주길 바란다.

- 彼女は何度失敗してもあきらめることなく、研究を続けた。
  그녀는 몇 번 실패해도 포기하지 않고 연구를 계속했다.

- これからも、健康を損なうことなく、体調維持に努めたい。
  앞으로도 건강을 해치는 일 없이 컨디션 유지에 힘쓰고 싶다.

유형2 문맥배열

- 周りの雰囲気に 流される ことなく 言いにくい ことも はっきり言うべきだ。 05
  주위 분위기에 휩쓸리지 않고, 말하기 거북한 것도 분명히 말해야 한다.

- 山川さんは 20年間 休む ことなく 会社 に通った。 98
  야마카와 씨는 20년 동안 쉬지 않고 회사에 다녔다.

- この作品は100年間 日の目を 見る ことなく 保管されて きた。
  이 작품은 100년간 세상에 알려지지 않고 보관되어 왔다.

유형3 문장흐름

- 彼は雨の日も風の日も、休むことなく仕事場に通って絵を描き続けた。そうして3年が過ぎ、ついにあの名画が完成したのだ。
  그는 비가 오는 날도 바람이 부는 날도 쉬지 않고 일터에 다니며 그림을 계속 그렸다. 그렇게 하여 3년이 지나, 결국 그 명화가 완성된 것이다.

16 〜ざる⁰³³ ~하지 않는

접속 동사의 부정형(ない형), い형용사의 부정형(から형)

「〜ざる」는 '~하지 않는'이라는 뜻인데, 「〜ない(~하지 않는)」보다는 딱딱한 표현으로 현재는 특별한 표현밖에 사용되지 않는다. 보통 「〜ざる+명사(체언)」의 형태로 사용된다. 현재까지 사용되는 형태로 「〜ざるをえない⁰³⁴(~하지 않을 수 없다)」가 있다.

- 特に、主人公が見えざる敵におびえる場面 특히 주인공이 보이지 않는 적에게 벌벌 떠는 장면 [2012-1회]

문법형식

- 一流になるためには、絶えざる努力が必要だ。 06
  일류가 되기 위해서는 끊임없는 노력이 필요하다.

- ぼくにとって彼は好ましからざる人物だった。
  나에게 있어 그는 바람직하지 못한 인물이었다.

- 日ごろの絶えざる努力の積み重ねこそが人生の大事な基盤を作るのです。
  평소 끊임없는 노력의 축적이야말로 인생의 중요한 기반을 만드는 것입니다.

- 日光の三猿は「見ざる・言わざる・聞かざる」という3つの秘密を示しているとされる。
  닛코의 3마리 원숭이는 '보지 않고·말하지 않고·듣지 않고'라는 3가지 비밀을 가리키고 있다고 한다.

문맥배열

- 技術の 体得には 絶えざる 努力と 訓練 が必要です。
  기술의 터득에는 끊임없는 노력과 훈련이 필요합니다.

- 「働かざる 者 食う べからず」が世の中の鉄則だ。
  '일하지 않는 자 먹지도 말라'가 세상의 철칙이다.

- ダンス界の現状について、そして現役選手と上部機関 との 知られざる 一面について、紛れもない 真実が語られている。
  '댄스 업계의 현 상황에 대해서, 그리고 현역선수와 상부기관 사이의 알려지지 않은 일면에 대해서 틀림없는 진실을 말하고 있다.

문장흐름

- 大地震を被災し、復興に向けて懸命に働きながら生きることは、すなわち絶えざる戦いであると悟った。
  대지진으로 재해를 입고, 복구를 목표로 열심히 일하면서 사는 것은, 바꿔 말하면 끊임없는 전쟁임을 깨달았다.

17 〜しかない 035 ~할 수밖에 없다

접속 동사의 기본형(る형)　　　　　　　　　　　　　　　　　　　　〜(より)ほかない N2 138

「〜しかない」는 '~할 수밖에 없다'라는 뜻이다. 이것은 「〜」 이외의 모든 것을 부정함으로써 가능한 방법·수단을 「〜」로만 한정하는 표현이다. 「동사의 기본형(る형)」에 접속하며, 「〜しかはない」라고는 쓰지 않음을 주의하기 바란다. 또한 「〜しかないだろう」(~할 수밖에 없을 것이다)는 「〜しかあるまい」로 바꿔 쓸 수 있다.

- ☑ 自分の力で頑張ってもらうしかない 자신의 힘으로 분발할 수밖에 없다　2016-1회

유형1 문법형식

- 最近の食べ物は安全だとは言えないので、もう自分で作るしかない。
  요즘 음식은 안전하다고는 할 수 없으므로, 이젠 직접 만들 수밖에 없다. 05

- かさも持っていないし、荷物もたくさんある。これではタクシーに乗るしかないだろう。 95
  우산도 가지고 있지 않고, 짐도 많다. 이래서는 택시를 탈 수밖에 없을 것이다.

- 今の息子の学力ではとても無理だから、別の大学を受験させるしかない。 93
  지금의 아들 학력으로는 도저히 무리라서, 다른 대학의 시험을 치르게 할 수밖에 없다.

- 明日、ストライキで、交通機関が全部ストップするというなら、家から会社まで歩いていくしかあるまい。
  내일 파업으로 교통기관이 전부 멈춘다면, 집에서 회사까지 걸어서 갈 수밖에 없을 것이다.

유형2 문맥배열

- ここまで来たら もう やる しかない のに、君はまだ迷っているのか。
  이 지경이 되면 이제 할 수밖에 없는데, 자네는 아직 망설이고 있는가? 02

- 試験に 合格する には がんばる しかない。 94
  시험에 합격하려면 분발할 수밖에 없다.

유형3

- 終電に間に合わなければ、タクシーで帰るかどこかに泊まるしかない。だからみんな、腕時計を何度も見ながら、酒を飲んでいるのだ。
  막차 시간에 대지 못하면, 택시로 돌아가든가 어딘가 숙박할 수밖에 없다. 그래서 모두 손목시계를 몇 번이고 보면서 술을 마시고 있는 것이다.

18 ～そびれる 042 ~할 기회를 놓치다, ~하려다가 못하다

접속 동사의 연용형(ます형)

「～そびれる」는 '~할 기회를 놓치다, ~하려다가 못하다' 라는 뜻으로, 忙しくて手紙を出しそびれた(바빠서 편지를 부치려다 못했다), 濃いコーヒーのせいで寝そびれてしまった(진한 커피 탓에 잠을 설치고 말았다)와 같이 사용된다. 이와 유사표현인「～損なう(~할 기회를 놓치다)」도 같이 익혀 두자. 대표적인 예로 夕食を食べそこなう(저녁밥을 먹을 기회를 놓치다), いつもの電車に乗りそこなった(항상 타는 전철을 놓쳤다), 映画を見そこなった(영화를 볼 기회를 놓쳤다) 등과 같이 쓴다.

유형1 문법형식

- ぜひ見ようと思っていた映画だったのに、忙しくて行きそびれた。09
  꼭 보려고 생각했던 영화였는데 바빠서 갈 기회를 놓쳤다.

- A 「なぜもっと早く言わないの？」
  B 「つい言いそびれてしまって。」
  A 왜 좀 더 빨리 말하지 않아?
  B 그만 말할 기회를 놓쳐 버려서.

- 帰宅が遅くなって、好きなテレビ番組を見損なった。
  귀가가 늦어져서 좋아하는 TV 프로그램을 볼 기회를 놓쳤다.

유형2 문맥배열

- 仕事やアルバイトが忙しいと、夕食を 食べ そびれて しまう ことはありませんか。
  일이나 아르바이트가 바쁘면 저녁 먹는 것을 놓쳐 버리는 때는 없습니까?

- 本当は6月の、ドイツ旅行の前に美容院に行くつもりだったが、忙しくて 行き そびれて しまった。
  사실은 6월 독일여행 전에 미용실에 갈 생각이었지만, 비빠서 갈 기회를 놓쳐 버렸나.

유형3 문장흐름

- 実家通いの私は、通学に2時間かかっちゃいます。朝ごはんを食べそびれて、お母さんがつくってくれたおにぎりをあわてて食べることもあります。今のところ無遅刻無欠席！このまま頑張るぞ。
  집에서 학교를 다니는 나는 통학에 2시간 걸립니다. 아침을 건너뛰어서 엄마가 만들어준 주먹밥을 서둘러 먹을 때도 있습니다. 현재 무지각 무결석! 이대로 분발해야지.

19 〜だって 044 ①~라 해도, ~일지라도 ②~(이)래 ③~라고?, ~라며?

접속 인칭대명사, の, 조사 に 등, なん・どう・どこへ・だれ・それ+だって, 활용어(な)の+だって

「〜だって」는 연어로 '①~라 해도, ~역시, ~일지라도'라는 뜻을 나타낸다. 대표적인 예로 チャンピオンだって(챔피언이라도), 子供だって(어린애라도), 安いのだって(싼 것이라도), 私だって(나도 또한), なんだって(무엇이든), どうだって(어찌됐든), どこへだって(어디로든), だれだって(누구든) 등이 있다. 두 번째는 '②~(이)래, ~는대'의 뜻이고, 의문에서는 '③~라고?, ~라며?'라는 뜻도 나타내어, 다른 사람으로부터 들은 것을 말하거나 확인할 때 쓴다. 명사・な형용사에 붙으면 「〜なんだって」의 꼴이 되며, 동사・い형용사에 붙으면 「〜んだって」의 꼴이 된다.

☑ そんなことどうだってかまわない 그런 건 어찌됐든 상관없다 **2016-1회**

유형1 문법형식

- A 「レポートの締め切りが今週の木曜日に変更されたそうだよ。」
  B 「木曜日だって?それじゃ、いくら頑張っても間に合わないよ。」 **09**
  A 리포트 마감이 이번 주 목요일로 변경됐다고 그러더라.
  B 목요일이라고? 그럼 아무리 열심히 해도 시간에 맞출 수 없어.

- さっき田中さんから電話があって、今日の野球の試合は、天気が悪いから中止なんだって。 **01**
  조금 전에 다나카 씨에게서 전화가 와서, 오늘 야구 시합은 날씨가 안 좋아서 중지래.

- 「生まれるとき泣くのは赤ん坊だけじゃないのよ。母親だって泣き叫ぶもの」って聞きました。
  '태어날 때 우는 것은 아기만이 아니야. 엄마도 울부짖기 마련이야'라고 들었습니다.

- 本当にちっぽけなものだけれど、それだって、自分一人のお金でかなえるものではない。
  정말로 보잘 것 없는 것이지만, 그것 역시 자기 혼자의 돈으로 충당할 수 있는 것은 아니다.

- A 「山田さん、今入院してるんだって?」
  B 「うん、昨日、交通事故に遭ったらしいよ。」
  A 야마다 씨, 지금 입원하고 있다며?
  B 응, 어제 교통사고를 당한 것 같아.

문맥배열

- 新しい携帯電話は、写真がとれる だけじゃ なくて テレビ だって 見られるんだよ。 09
  새 휴대전화는 사진을 찍을 수 있을 뿐 아니라 TV도 볼 수 있어.

- あの二人が結婚したと 聞けば だれ だって びっくりする よ。 06
  그 두 사람이 결혼했다고 들으면 누구든 깜짝 놀랄 거야.

- あの人にできたんだから、わたしに だって できない はずは ない。
  그 사람이 가능했으니까, 나도 못할 리는 없다.

문장흐름

- 配るチラシをA4にするかB5にするかというような形式の話はどうだっていいから、どんな事柄を書き入れるのか、どういう言葉で誘うのか、というような内容の話をしようじゃないか。
  나눠주는 광고지를 A4로 할지 B5로 할지 그런 형식의 이야기는 어찌됐든 상관없으니, 어떤 내용을 써넣을지, 어떤 말로 권유할지, 그런 내용의 이야기를 하자.

- いよいよ、私の初めての発表会の当日がやってきた。ゆうべは胸がどきどきして、なかなか眠れなかった。朝ごはんもいつもの半分しか食べられなかったし、今だって、手のひらがじっとり汗ばんでいる。
  드디어 나의 첫 발표회 당일이 다가왔다. 어젯밤은 가슴이 두근거려서 좀처럼 잠을 자지 못했다. 아침도 언제나 먹던 양의 절반밖에 먹지 못했고, 지금도 손바닥이 땀에 흠뻑 젖어 있다.

20 ～たら～で ~하면 ~하는 대로

접속 동사의 가정형+たら, 동사의 과거형(た형)+で

「～たら～で」는 '~하면 ~하는 대로'의 뜻을 나타내며, 「～」에는 같은 단어를 넣어 '~의 경우는 필연적으로 ~한다는 결과가 된다', '~의 경우는 당연히 ~해야 한다'는 뉘앙스를 품고 있다. 문맥에 따라서는 '~하면 ~했다고 해서'라는 부정적인 측면과 「失敗したら失敗したで(실패하면 실패한 대로)」와 같이 만일 실패를 하면 실패한 뒤에 생각 등을 한다는 긍정적인 측면에 사용된다. 이 표현은 회화체에서 자주 등장하므로 잘 익혀두자.

- あったらあったで、きっと遊んでしまうのだろう 있으면 있는 대로 분명 놀아버릴 것이다 `2014-1회`
- 母によくしかられるのだが、片づけたら片づけたで 엄마에게 자주 혼나지만, 치우면 치우는 대로 `N2 2011-2회`

- やらなかったら何やってんだって、やったらやったで遅いってたたかれるし。
  하지 않으면 뭐하고 있는 거야 라고 하고, 하면 하는 대로 늦는다고 험담을 듣고.

- 受験に失敗したらしたで、つぎ自分は何ができるのか考えればいいのです。
  시험에 실패하면 실패한 대로, 다음에 자신은 무엇을 할 수 있는지 생각하면 됩니다.

- 趣味は別に 無理して作る ものではないが、あったら あったで 生活に 彩りを 加えてくれることは 確かだ。
  취미는 딱히 무리해서 만드는 것이 아니지만, 있으면 있는 대로 생활에 윤활제를 더해주는 것은 확실하다.

- プロに なったら なったで、日々の トレーニングや練習といった「学校よりももっと厳しい勉強」が必要になる。
  프로가 되면 되는 대로, 매일의 훈련이나 연습과 같은 '학교보다도 좀더 혹독한 공부'가 필요하게 된다.

- 怖いからと何もしなかったら、何も成長しませんし、ずっと仕事が怖いままです。怖くても仕事を今できる力で一生懸命することで、成功したらしたで怖い気持ちは減りますし、失敗したらしたでそこから学んで次に活かせば良いのです。
  두렵다고 아무것도 안 한다면 아무것도 성장하지 않으며, 계속 업무가 두려운 그대로입니다. 두려워도 업무를 지금 가능한 힘으로 열심히 함으로써, 성공하면 하는 대로 두려운 마음은 줄어들며, 실패하면 실패하는 대로 거기부터 공부해서 다음에 활용하면 되는 것입니다.

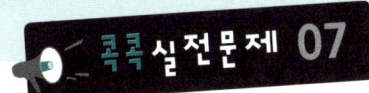

問題1 次の文の（　）に入れるのに最もよいものを、1・2・3・4から一つ選びなさい。

1　あの人は他人がやった仕事を、全部自分がやった（　　）、上司に報告した。027
　　1　かといって　　2　かのごとく　　3　かなにか　　4　かとは

2　もちろん、悩みのない人間はいないし、若者たち（　　）それぞれ悩みを抱いているだろう。044
　　1　までも　　2　だって　　3　ばかり　　4　さえ

3　卒業してからは忙しくて、仲のよかった彼とも一度会った（　　）。020
　　1　までだ　　2　ばかりだ　　3　ところだ　　4　きりだ

4　彼は年末までに仕上げると約束した（　　）、あとで泣きを入れてきた。023
　　1　ものに　　2　うえに　　3　くせに　　4　せいに

5　重要な改定の場合には当サイト上にて皆様に通知（　　）いたします。030
　　1　させることと　　2　することと　　3　させたことに　　4　したことに

6　お客様が満足するサービスを提供するには、社員一人一人の（　　）努力が必要だ。033・121
　　1　絶えざる　　2　絶えうる　　3　絶ええない　　4　絶えざるをえない

7　彼女はわずか1点差で賞を（　　）。042
　　1　取りそびれた　　　　　　2　取りかけた
　　3　取らずにはいられなかった　4　取らないこともなかった

8　いつも最低限の予定がない限り、外には出ないのですが、家に（　　）なかなか勉強がはかどらないのです。045・010
　　1　いるにはいるが　　　　　2　いたらいたで
　　3　いるといないとでは　　　4　いたりいなかったりで

9　こう土地の値段が高くなっては、賃貸住宅でがまんする（　　）ない。035・057
　　1　だけ　　2　しか　　3　ばかり　　4　のみ

10　失敗をおそれる（　　）なく何事にもすすんでチャレンジしてください。031
　　1　こと　　　　2　ほど　　　　3　より　　　　4　わけ

11　祖父はゆうべ出かけたきり、今日の昼を過ぎてもまだ（　　）。020・062
　　1　帰ってこない　　　　　　　　2　帰るほかはない
　　3　帰らざるをえない　　　　　　4　帰るわけにはいかない

12　（　　）ことはわかっているが、なかなか思い切りがつかない。035
　　1　あきらめるつもりはない　　　2　あきらめるしかない
　　3　あきらめるはずはない　　　　4　あきらめるわけがない

13　芸術家（　　）霞を食って生きているわけではないのだから、貴族から依頼を受けて肖像画を描いたり、曲を作ったりしていた。044・154
　　1　だって　　　2　こそが　　　3　だけ　　　　4　までも

14　嘘がばれないようにと、細心の注意を払ったりせず、ばれたら（　　）仕方がないと、開き直ります。045・149
　　1　ばれるまで　　2　ばれたが　　3　ばれるのに　　4　ばれたで

15　彼は社会の表にあらわれた現象にとらわれる（　　）、その根本の原因をさぐる研究をした。031
　　1　ともなく　　　2　はずなく　　3　ことなく　　　4　ものなく

問題2　次の文の ＿★＿ に入る最もよいものを、1・2・3・4から一つ選びなさい。

16　山下さんは私の＿＿＿＿＿＿＿★＿＿＿＿＿＿＿。020
　　1　持っていった　　2　きり　　　3　返さない　　　4　かさを

17　授業＿＿＿＿＿＿＿＿★＿＿＿＿＿こだわらずにいっしょに勉強する集団がつくられることがあります。044・095
　　1　年齢に　　　　2　などでは　　3　だって　　　　4　塾や大学

18　自分では ＿＿＿ ＿＿＿ ★ ＿＿＿ 人に文句ばかり言っている。 023・139
　　1　しない　　　2　くせに　　　3　できも　　　4　彼は

19　今回の戦いでは ＿＿＿ ★ ＿＿＿ ＿＿＿ 収めることができた。 031
　　1　ことなく　　2　勝利を　　　3　一兵も　　　4　損なう

20　なお、採用となった方の情報は、入社時に改めて書面によるご同意をいただいた上で、入社後に ＿＿＿ ＿＿＿ ★ ＿＿＿ 。 030・005
　　1　管理する　　2　致します　　3　ことと　　　4　社員情報として

21　先生は、わたしの ＿＿＿ ＿＿＿ ★ ＿＿＿ くださった。 027
　　1　初心者にも　2　教えて　　　3　ごとき　　　4　丁寧に

22　教育の理念を実現していく上で、＿＿＿ ★ ＿＿＿ ＿＿＿ ことは言うまでもない。 033・005
　　1　改善と改革　2　絶えざる　　3　求められている　4　の努力が

23　他にもう一箇所、壊れてるわけではないけど、点検して ＿＿＿ ＿＿＿ ★ ＿＿＿ しまった。 042・154
　　1　ほしかった　2　場所が　　　3　言いそびれて　4　あったのに

24　おしゃれはしたいけど、アクセサリーを買うお金もないし、＿＿＿ ★ ＿＿＿ ＿＿＿ 整理整頓も大変だ。 045・002
　　1　買ったら　　2　いざ　　　　3　買った　　　4　で

25　期限までにデータがそろわなければ、発表はつぎの ＿＿＿ ★ ＿＿＿ ＿＿＿ 。 035
　　1　おこなう　　2　ない　　　　3　しか　　　　4　機会に

問題3　次の文章を読んで、文章全体の趣旨を踏まえて、26 から 30 の中に入る最も
　　　よいものを、1・2・3・4から一つ選びなさい。

　　小学4年生の孫娘は、なぞなぞ遊びに興味をもち、たえず姉妹や友人に出題して楽しんでいる。
　「なぞなぞ問題集」なるものを自費購入して、つねにいくつかの問題をストックしている。先日遊びに来たときにも早速、
　「おばあちゃま問題。答えは簡単よ」と、私を 26 、
　「1たす1の答えはなんでしょう」
　何か裏のありそうな、 27 失礼な問題である。とはいっても「2」としか 28 。仕方なく「2」と答えた。
　孫娘は、待ってましたとばかりに「プー」と言った。不正解の合図である。正解のとき「ピンポン」と言うルールは、子供たちのあいだに定着したテレビの模倣である。
　孫娘は、教師が落ちこぼれ生徒をさとすがごとく、ゆっくり教えて 29-a 。
　「その答えは『簡単』。はじめにちゃんと教えて 29-b でしょ。『答えは簡単』って」
　ばからしいとも、悔しいとも、言いようがない。してやられたというのが実感である。
　この孫娘、近ごろ、格言、諺(ことわざ)にも興味をしめし、機会をとらえては使用におよぶ。
　おおむね適切と思えるので、祖母としては目じりを下げていたが、先日「寝耳に水」と言うべきところを「ねずみに水」と言った。
　落ちこぼれ祖母は、そしらぬ顔(注)でその意味をたずねると、孫娘は大まじめに、
　「ねずみに水をかけたら驚くでしょ。急にびっくりすることなの」と、優しく教えてくれた。
　私は 30 に迷ったが、そのままにした。孫娘はそのうちまた、小遣いをはたいて「諺、格言集」を買うかもしれない。そして、この誤りに気づいたとき、格言、諺に、もっと興味をそそられる気がする。

(児玉和子『象が歩いた―2版ベスト・エッセイ集―』による)

(注) そしらぬ顔：知らない顔。

2. 출제 2순위 N1 문법 70

26
1 安心させたところで
2 安心させた以上は
3 安心させたところ
4 安心させた上で

27
1 大人について
2 子供について
3 大人に対して
4 子供に対して

28
1 答えるものがある
2 答えようもある
3 答えるわけがない
4 答えようがない

29
1 a やった / b さしあげた
2 a くれた / b あげた
3 a さしあげた / b やった
4 a あげた / b くれた

30
1 訂正すべきか否か
2 訂正しないか否か
3 訂正する所がないか
4 訂正しようがしまいが

문제해결 키워드

- ~ごとく N1 027 ~와 같이, ~처럼
  教師が落ちこぼれ生徒をさとすがごとく
  교사가 낙오 학생을 타이르는 것처럼 (11行)

- ~(た)上で N1 005 ~한 뒤에, ~한 후에
  私を安心させた上で 나를 안심시킨 후에 (05行)

- ~に対して N1 113 ~에 대해, ~에게
  大人に対して 어른에게 (07行)

- ~ようがない N1 150 ~할 수가 없다
  とはいっても「2」としか答えようがない
  그렇다고 해도 '2'라고밖에 대답할 수가 없다 (07行)
  悔しいとも、言いようがない
  분하다고도 말할 수 없다 (13行)

- ~とばかりに ~라는 듯이
  待ってましたとばかりに
  기다리고 있었다는 듯이 (09行)

- ~ては N1 057 ~해서는
  機会をとらえては 기회를 포착해서는 (15行)

- ~としては N1 081 ~으로서는
  祖母としては 할머니로서는 (16行)

- ~か否か N1 009 ~인지 아닌지
  訂正すべきか否かに迷ったが
  정정해야 할지 말아야 할지 망설였지만 (21行)

- ~(た)ところで N2 088 ~해 보았자

- ~以上は N1 003 ~한 이상에는

- ~(た)ところ N1 079 ~했더니

- ~ものがある N1 142 ~하는 데가 있다

- ~(よ)うが~まいが N1 006 ~하든 안 하든

21 〜だろうに・〜であろうに 〜것을, 〜터인데, 〜텐데

접속 동사의 보통형, い형용사의 어간(+かろうに), 명사 등

「〜だろうに・〜であろうに」는 '〜(했을) 것을, 〜(할) 터인데, 〜텐데' 라는 뜻을 나타내며, 과거의 사실에 반하는 가정을 하고 그것이 실현된 경우를 상정하여 감동, 후회, 불만 따위를 나타낸다. 또한, 현재의 사태에 대한 불만, 동정, 의문의 기분을 나타내는 용법도 있다. い형용사의 경우 접속은 예를 들어 楽しかろうに(즐거울 텐데)와 같은 형태가 된다. 구체적인 접속과 용법은 예문을 통해 익혀두자.

☑ さっきの話が冗談だってことくらいわかる**だろうに** 아까의 이야기가 농담이라는 것 정도는 알 텐데 **2010-2회**

유형1 문법형식

- こんな日にわざわざ出かけなくてもいい**だろうに**。
  이런 날에 일부러 나가지 않아도 될 텐데.

- あのけがじゃ、かなり痛**かろうに**。
  저 상처라면 상당히 아플 텐데.

- 学生時代にもっと勉強していたら私の人生も違った**だろうに**。
  학생시절에 좀더 공부했더라면 내 인생도 달라졌을 텐데.

- シートベルトをして運転していれば、これほど大きなけがはしなかった**だろうに**。
  안전벨트를 하고 운전했으면 이 정도로 크게 다치지는 않았을 텐데.

유형2 문맥배열

- でも、経営学ならほかにも専門家が いくら でも いる ★ でしょう に。
  하지만 경영학이라면 그밖에도 전문가가 얼마든지 있을 텐데.

- 父が生きていたら 一緒に 喜んで くれた ★ だろうに。
  아버지가 살아 있었다면 함께 기뻐해주었을 텐데.

- もしもあの釣り船に乗っていたら、今ごろは 死んで いた ★ であろうに。
  만약 그 낚싯배에 탔더라면 지금쯤은 죽었을 텐데.

유형3 문장흐름

- まったく、いくら酒が強いからと注がれるままに度数の高いものを飲み続ければ潰れることぐらい**分かるだろうに**。
  어이 없어, 아무리 술이 세다고 해도 주는 대로 도수가 높은 것을 계속해서 마시면 고주망태가 된다는 것 정도는 알 텐데.

22 〜ついでに ⁰⁴⁷ ~하는 김에

접속 동사의 기본형(る형)·과거형(た형), 명사+の

「〜ついでに」는 '~하는 김에'라는 뜻으로, '어떤 일을 하는 기회를 이용해 때마침 다른 일도 같이 한다'고 할 때 쓴다. 즉 본래의 목적을 완수하는 행위에 추가의 형태로 다른 행위도 한다는 뜻을 나타내므로, 앞 문장에는 처음부터 예정된 행동이, 뒷 문장에는 예정에 없었던 추가된 행동이 온다. 명사는 활동을 나타내는 것을 사용하며, 「ついでに」는 부사적으로 '하는 길에, 하는 김에'라는 뜻으로도 쓰인다.

☑ 私は仕事で大阪に行ったついでに 나는 업무차 오사카에 간 김에   2013-2회

 **문법형식**

- 展覧会に行ったついでに近くの公園をぶらぶら散歩してきた。 07
  전람회에 간 김에 근처 공원을 어슬렁어슬렁 산책하고 왔다.
- 母は駅まで客を送っていったついでに買い物をしてきた。 00
  어머니는 역까지 손님을 바래다 준 김에 쇼핑을 하고 왔다.
- 出張で大阪に行ったついでに友だちの家に寄ってみた。 92
  출장으로 오사카에 간 김에 친구 집에 들러 보았다.
- 私は墓参りへ行ったついでに動物園に行きました。
  저는 성묘하러 간 김에 동물원에 갔습니다.

 **문맥배열**

- 買い物に 行く ついでに この手紙を 出してきて くれない。 05
  쇼핑하러 가는 김에 이 편지를 부치고 와 줄래?
- 仕事で京都 に行った ついでに 高校時代の友人 に会って きた。 95
  업무차 교토에 간 김에 고등학교 때 친구를 만나고 왔다.
- 花火を見にいくためにお祭りに行くのではなく、お祭りに 行った ついでに 花火を見る というのが 僕の感覚だ。
  불꽃놀이를 보러 가기 위해서 축제에 가는 것이 아니라, 축제에 간 김에 불꽃놀이를 보는 게 나의 감각이다.

 **문장흐름**

- ずいぶんごぶさたしておりましたので、東京に来たついでにちょっとお寄りしました。お元気そうで何よりです。
  상당히 격조했기 때문에, 도쿄에 온 김에 잠시 들렀습니다. 건강해 보이시니 무엇보다 다행입니다.

23

〜つつある [049] (지금 마침) ~하고 있다

접속 동사의 연용형(ます형)

「〜つつある」는 '(지금 마침) ~하고 있다'라는 뜻이다. 이것은 어떤 동작이나 작용이 진행 과정에 있음을 나타내는데, 어느 정도 시간적인 폭을 지닌 진행 상태를 나타낸다. 문어체이기 때문에 회화에서는 잘 쓰지 않는다. 「동사의 연용형(ます형)」에 접속한다.

- ☑ 水不足への関心は急激に高まりつつある 물부족에 대한 관심은 급격하게 고조되고 있다 **2017-2회**
- ☑ 優良企業の条件の一つとなりつつあるようだ 우량기업의 조건 중 하나가 되고 있는 것 같다 **2010-2회**

유형1 문법형식

- 車ではなく電車を利用する人が増えつつある。 **09**
  자동차가 아니라 전철을 이용하는 사람이 늘어나고 있다.

- 技術協力をする国々も増えつつある。 **00**
  기술 협력을 하는 나라들도 늘어나고 있다.

- 彼女の教育界での勢力はおとろえつつある。
  그녀의 교육계에서의 세력은 쇠퇴하고 있다.

- 大都会の生活環境は、年々悪くなりつつある。
  대도시의 생활환경은 매년 악화되고 있다.

- 日本は、これまで世界にも前例のない速さで高齢化社会になりつつある。
  일본은 지금까지 세계에도 전례가 없는 속도로 고령화 사회가 되고 있다.

유형2 문맥배열

- 人口の増加とともに、この辺りの 住宅事情は 悪く なり つつある。 **04**
  인구 증가와 더불어, 이 부근의 주택 사정은 악화되고 있다.

- 彼女の関心は、女性の 地位の 問題から 政治問題に 移りつつある。
  그녀의 관심은 여성의 지위 문제에서 정치 문제로 변하고 있다.

유형3 문장흐름

- マンションの自室からエレベーターで降りると地下道などで地下鉄に直結し、地下鉄に乗って会社のある駅で降りると、駅からまた地下道などでオフィスビルに直結するということも珍しくなくなりつつある。
  아파트의 자기 집에서 엘리베이터를 타고 내려가면 지하도 등으로 지하철과 직접 연결되고, 지하철을 타고 회사가 있는 역에 내리면 역에서 또 지하도를 통해 오피스 빌딩과 직접 연결된다는 것도 신기하지 않게 되고 있다.

24 〜でいい 051 ~(정도)로 좋다, ~라도 괜찮다

접속 명사, これ・それ・あれ

「〜でいい」는 '~(정도)로 좋다, ~라도 괜찮다'라는 뜻으로, 여기서 조사 で는 상황·조건·형태 등을 나타낸다. 대표적인 예로 年収200万くらいでいいから(연봉 200만 엔 정도라도 좋으니까), 3000円でいいから(3,000엔이라도 괜찮으니까) 등이 있다. 또한 「〜でいい」는 「〜で良い」로 바꿔 사용되기도 한다. 이와 유사한 표현인 「〜でかまわない(~라도 상관없다)」도 같이 익혀두자.

☑ 時間があるときでいいから 시간이 있을 때라도 괜찮으니까 **2015-2회**

문법형식

- 暇なときでいいから、ちょっとパソコンのことを教えてくれない？
  한가할 때라도 좋으니까 컴퓨터에 대해 좀 가르쳐주지 않을래?

- 旅費はこれぐらいでいいですか。
  여행 경비는 이 정도면 되겠습니까?

- A 「3,000円しかないんだけれど。」
  B 「それでいいよ。」
  A 3,000엔밖에 없는데.
  B 그거라도 좋아.

문맥배열

- 連絡がないと心配になるから、落ち着いた 時で いいから 返信してほしい。
  연락이 없으면 걱정되니까, 안정이 되었을 때라도 좋으니까 답장했으면 좋겠어.

- その社長から「土地代金は 売れた 時 でいい から、頑張ってやれよ」と言っていただきました。
  그 사장님이 '토지대금은 팔렸을 때라도 괜찮으니까, 열심히 해'라고 말씀해 주셨습니다.

문장흐름

- 話し合いの結果、最も足の速い選手を一番目に持ってくる作戦でいくことになった。賛成はしたけれど本当にそれでよいのか、といった表情で不安そうにしている人もいたし、どちらでもよいという顔をしている人もいた。
  상의한 결과 가장 발이 빠른 선수를 첫 번째로 배치하는 작전으로 가게 되었다. 찬성은 했지만 정말로 그것으로 좋을까, 하는 표정으로 불안한 듯이 있는 사람도 있었고, 어느 쪽이든 상관없다는 표정을 짓고 있는 사람도 있었다.

25

～ではあるまいし 〜도 아니고, ～도 아닌데

접속 명사, わけ 등

「～ではあるまいし」는 '～도 아니고, ～도 아닌데'라는 뜻으로, '～은 아니므로 당연히'라고 말할 때 쓴다. 다소 구어적인 표현으로, 뒤에는 상대방에 대한 말하는 사람의 판단이나 주장, 충고, 권유 등을 나타내는 문장이 온다. 「～ではあるまいし」의 변형으로 「～じゃあるまいし」「～でもあるまいし」가 있다.

☑ 何週間も海外に行くわけじゃあるまいし 몇 주 동안이나 해외에 가는 것도 아닌데 2011-2회

유형1 문법형식

- 子どもではあるまいし、もう少し冷静に話し合うべきだ。 09
  어린애도 아니고, 좀더 냉정하게 서로 이야기해야 한다.

- 十代の娘じゃあるまいし、そんなはでなリボンはつけられませんよ。 96
  10대 여자애도 아니고, 그런 화려한 리본은 달 수 없어요.

- 神でもあるまいし、そんなことわかるものか。
  신도 아닌데 그런 것을 알겠나?

- 芝居がかっているのは誰にも透けて見える。「子どもの学芸会じゃあるまいし」と誰もが思う。
  연극조로 어색한 것은 누가 봐도 빤히 보인다. '아이들의 학예회도 아닌데'라고 누구나 생각한다.

유형2 문맥배열

- お客さんにきちんと あいさつする くらい 子ども じゃあるまいし、言われなくてもやりなさい。 01
  손님에게 제대로 인사하는 정도는, 어린애도 아니고 듣지 않더라도 해라.

- 役者でも あるまいし こんなに 腹を立てて いるのにニコニコなんかしていられるものですか。 98
  배우도 아니고, 이렇게 화를 내고 있는데도 싱글벙글 웃고 있을 수 있는 겁니까?

유형3 문장흐름

- 最近読んだ新聞記事によると、航空、レジャー関連企業が若者に人気があるという。海外旅行が珍しい時代ではあるまいし、どうして若者はそういった企業に行きたがるのだろうか。 05
  최근 읽은 신문 기사에 따르면, 항공, 레저 관련 기업이 젊은이들에게 인기가 있다고 한다. 해외여행이 신기한 시대도 아닌데, 왜 젊은이들은 그러한 기업에 가고 싶어 하는 것일까?

26

～てまで / ～までして ~하면서까지 / ~까지 하면서

접속 동사의 음편형(て형)+てまで / 명사+までして

「～てまで」는 '~하면서까지', 「～までして」는 '~까지 하면서'라는 뜻으로, 어떤 상황이나 예를 들어서 그것을 하면서까지 하지는 않겠다는 의지나 판단 등이 담겨 있는 표현이다. 서로 비슷한 표현이므로 借金してまで(빚을 지면서까지)는 借金までして(빚까지 지면서)로 바꿔 쓸 수 있다.

☑ 家庭を犠牲にしてまでとなると 가정을 희생하면서까지가 되면 2011-1회

유형1 문법형식

- 仕事を休んでまで行く必要はないだろう。 05
  일을 쉬면서까지 갈 필요는 없을 것이다.

- この絵は、昔父が借金までして手に入れたものです。 02
  이 그림은 옛날에 아버지가 빚까지 지면서 손에 넣은 것입니다.

- 環境破壊をしてまで工業化をおし進めていくのには疑問がある。 95
  환경 파괴를 하면서까지 공업화를 추진해 가는 것에는 의문이 있다.

- 景観を犠牲にしてまでそこに展望塔を建てるなんてばかげている。
  경관을 희생하면서까지 그곳에 전망탑을 짓다니 바보스럽다.

유형2 문맥배열

- 借金 して まで 遊びに 行った と聞いて、あきれてしまった。 08
  빚을 지면서까지 놀러 갔다는 것을 듣고 기가 막히고 말았다.

- 好きなことを 我慢して まで 長生きしたい とは 思わない。 03
  좋아하는 것을 참으면서까지 오래 살고 싶다고는 생각하지 않는다.

- 担当者は 休日出勤 までして 開発に 力を 注いでいるらしい。 00
  담당자는 휴일에 출근까지 하면서 개발에 힘을 쏟고 있는 모양이다.

유형3 문장흐름

- 熱が39度もあるのに、**そうまでして**行かなきゃならないの。今日一日ぐらい休んだっていいじゃない。
  열이 39도나 되는데, 그렇게까지 해서 가야돼? 오늘 하루 정도 쉬어도 되잖아.

27

〜でもする 063 ~라도 하다

접속 동사 수동형의 연용형(ます형)

「〜でもする」는 '~라도 하다'라는 뜻으로, 보통 동사의 수동형의 연용형(ます형)에 접속한다. 예를 들면 「刺す(쏘다)→刺される(쏘이다)」에서 「刺され+でもする→「刺されでもする(쏘이기라도 하다)」의 형태가 된다.

- 万が一、刺されでもしたら大変でしょ 만일 쏘이기라도 하면 큰일이잖아요 **2010-2회**

유형1 문법형식

- もし潜水艦から核ミサイルが発射されでもしたならば、さらに深刻な事態になります。
  만약 잠수함에서 핵미사일이 발사되기라도 했다면, 더욱더 심각한 사태가 됩니다.

- 少年はその音に促されでもしたように、「あと百数えても来なかったら、帰ろう」ときっぱり言った。
  소년은 그 소리에 재촉이라도 받은 듯이, '앞으로 100을 세어도 안 오면 돌아가자'라고 단호히 말했다.

유형2 문맥배열

- ただ単に紛失しただけならまだしも、盗難にあって悪用されでもしたら自分自身だけではなく周りの人たちにも多大な迷惑をかけることとなります。
  그저 단지 분실했을 뿐이라면 몰라도, 도난당해 악용되기라도 한다면 자기자신 뿐만 아니라 주변 사람들에게도 큰 폐를 끼치게 됩니다.

- このように、会社の機密情報はいとも簡単に漏れるのです。マスコミに社名が報道されでもしたなら、それは悲惨なものです。
  이렇게 회사의 기밀정보는 아주 간단히 누설됩니다. 매스컴에 회사명이 보도되기라도 한다면, 그것은 비참합니다.

유형3 문장흐름

- まるでそれは、残された時間の少ないことをある日突然天から告示されでもしたような変貌ぶりであったらしい。友人に誘われて入会した短歌会を皮切りに、道内短歌会会員として活動するようになった彼女は、めきめきと頭角を表した。
  마치 그것은 남겨진 시간이 적은 것을 어느 날 갑자기 하늘에서 고시라도 받은 듯한 변모한 모습이었던 것 같다. 친구에게 권유받아 입회한 단가모임을 시작으로 도내 단가회 회원으로서 활동하게 된 그녀는 눈에 띄게 두각을 나타냈다.

28 〜ても始まらない⁰⁶⁴ ~해도 소용없다

접속 동사의 음편형(て형)

동사 「始まる(시작되다, 개시되다)」가 문법화되어 「〜ても始まらない(~해도 소용없다, ~해도 이제 와서 어쩔 수 없다)」의 형태로 사용된다. 대표적인 예로 今更後悔しても始まらない(이제 와서 후회해도 소용없다), いくら心配しても始まらない(아무리 걱정해도 소용없다) 등이다. 이와 비슷한 표현인 「〜ても仕方がない(~해도 어쩔 수 없다)」도 같이 익혀두자. 「〜ても始まらない」는 회화체로 「〜たって始まらない」의 꼴로도 사용한다.

☑ 落ち込んでばかりいても始まらない 침울해 있기만 해도 소용없다 **2015-2회**

문법형식

- くよくよ考えこんでも始まらない。「あしたはあしたの風が吹く」だ。
  공공대며 생각해도 소용없어. '내일은 내일의 바람이 분다'야.

- 今更失敗したことを弁解しても始まらない。
  이제 와서 실수한 일을 변명해도 소용없다.

- 今となってそんなこと言ったって始まらない。(=言っても始まらない)
  이제 와서 그런 말을 해도 소용없다.

문맥배열

- 2人で押し問答していても始まらないから、だれか第3者に聞いてもらおう。
  둘이서 입씨름해도 소용없으니까, 누군가 제3자에게 물어보자.

- 泣いてばかりいても始まらないので、強い母になります。コメントくださった皆さま、本当にありがとうございました。
  울고만 있어도 소용없으니 강한 엄마가 되겠습니다. 말씀주신 여러분 정말로 감사했습니다.

문장흐름

- 引越しのドタバタで心身ともに疲れ切ってしまっていましたが、やっと平穏な日々を取り戻しつつあります。いつオープン出来るのか、自分自身なかなか分からず決めかねていましたが、迷ってばかりいても始まらない、ということで1月1日に決定しました。
  허둥지둥 이사로 심신이 모두 지쳐버렸지만, 겨우 평온한 날을 되찾고 있습니다. 언제 오픈할 수 있을지 저 자신도 좀처럼 알 수 없어 정하기 어려웠습니다만, 망설이고만 있어도 소용없다고 생각해서 1월 1일로 결정했습니다.

29

～という [066] ① ~란 ~이 전부(모두) ② ~라는

접속 명사, 동사

「AというA」의 형태로 A라는 같은 단어를 넣어 '①~란 ~이 전부'의 뜻을 나타내며 A에는 주로 명사가 온다. 대표적인 예로 花という花が(꽃이란 꽃이 전부), 壁という壁が(벽이란 벽이), 窓という窓は(창이란 창은 모두) 등이 있다. 또한 「～という＋명사(체언)」의 형태로 '②~라는'의 뜻을 나타내며, 주로 명사나 동사에 접속한다. 대표적인 예로 映画俳優が住んでいるという話だ(영화배우가 살고 있다는 얘기다), みどりの日という国民の祝日です(녹색의 날이라는 국민의 휴일입니다) 등이 있다. 그리고 「～というような」의 형태로 '~라는(듯한)'의 취지를 나타내기도 한다.

- 少子化で、存続は難しいのではという危機感 저출산현상으로 존속은 어렵지 않을까 라는 위기감 〔2017-2회〕
- 赤ちゃんを一目見ようという多くの人で 새끼를 한번 보려는 많은 사람들로 〔2017-1회〕
- 春になると花という花が一斉に咲いて 봄이 되면 꽃이란 꽃이 전부 일제히 피어서 〔2014-2회〕
- 確か『わかる』というような意味だったんですけど 아마 "이해하다"라는 뜻이었는데요 〔2010-1회〕

유형1 문법형식

- 地震で家という家は大きな被害を受けた。
  지진으로 집이란 집은 모두 큰 피해를 입었다.

- お客様とは「仲間」とか「チーム」というような感覚でいられたらいいと思っています。
  고객님과는 '동료'라든가 '팀'이라는 느낌으로 있을 수 있다면 좋을 것 같습니다.

유형2 문맥배열

- 私は田中さんが 今日の午後 来る という メッセージを 受け取った。
  나는 다나카 씨가 오늘 오후 온다는 메세지를 받았다.

- 爆発で、そのビルの 窓 という 窓は こっぱみじんに 飛び散った。
  폭발로 그 빌딩의 창이란 창은 모두 산산조각으로 사방에 흩날렸다.

유형3 문장흐름

- 私には、世界のあちこちに友達がいて、絵葉書を送ってくれる。そういう絵葉書を壁にはり始めたところ、それが、いつのまにかものすごい数になった。今や壁という壁が絵葉書だらけになってしまった。
  나에게는 세계 각지에 친구가 있어서, 그림엽서를 보내준다. 그러한 그림엽서를 벽에 붙이기 시작했더니, 그것이 어느 새인가 굉장한 수가 되었다. 이제는 벽이란 벽이 모두 그림엽서 투성이가 되어 버렸다. 〔93〕

30

～というか(～というか)⁰⁶⁷ ~라고 할까(~라고 할까)

접속 명사, な형용사의 어간

「～というか(～というか)」는 '~라고 할까(~라고 할까)'의 뜻이다. 사람이나 사물에 대해서 그 인상과 판단 등을 생각나는 대로 나열하는 데 사용하며, 뒤에 총괄적인 판단 등을 서술하는 경우가 많다. 존경표현인 「～といいましょうか(~라고 할까요)」, 접속사 「というか(라고 할까)」도 잘 익혀두자.

☑ 先生のデザインは、見ているだけでほっとする**といいましょうか**
선생님의 디자인은 보고 있기만 해도 안심이 된다고 할까요   **2012-2회**

문법형식

- 一人であんな危険な場所へ行くとは、無茶**というか**、無知**というか**、とにかく私には理解できない。 **06**
  혼자서 그런 위험한 곳에 가다니, 터무니 없다고 할까 무지하다고 할까, 아무튼 나는 이해할 수 없다.

- このチラシ、大胆**というか**、無謀**というか**、映画のカットを全く使わないで、イラストを全面に押し出している。
  이 전단지, 대담하다고 할까 무모하다고 할까, 영화 컷을 전혀 사용하지 않고 일러스트를 전면에 내세우고 있다.

- 山田さんは単純**というか**素朴**というか**、とにかく一本気な性格だ。
  야마다 씨는 단순하다고 할까 소박하다고 할까, 아무튼 고집스런 성격이다.

문맥배열

- 不安感**というか** 恐怖心 **というか** そんな ものを 感じていた。
  불안감이랄까 공포심이랄까, 그런 것을 느끼고 있었다.

- その屋敷温泉は、開放的 **というか** 大胆**というか** ちょっと 恥ずかしい 温泉だ。
  그 저택 온천은 개방적이라고 할까 대담하다고 할까, 조금 부끄러운 온천이다.

문장흐름

- 普段から好き嫌いがないと公言してはばからない私ですが、実はカニはあまり食べません。**というか**6年間食べていません。なぜなら、食べる機会がなかったからです。
  평소에 편식이 없다고 거리낌 없이 공언한 나지만, 사실 게는 별로 먹지 않습니다. 라고 할까, 6년 동안 먹지 않았습니다. 왜냐하면 먹을 기회가 없었기 때문입니다.

콕콕 실전문제 08

問題1 次の文の（　）に入れるのに最もよいものを、1・2・3・4から一つ選びなさい。

① 専門家じゃ（　　）、そんなことわかるわけないじゃありませんか。 058·059
　1　なかろうし　　　2　あるまいし　　　3　ないし　　　4　あろうし

② 私は家族を犠牲に（　　）出世したくはありません。 061
　1　しただけで　　　2　するにせよ　　　3　してまで　　　4　すればこそ

③ いくらなんでも、僕にそっち系の趣味がないことくらい（　　）。 046
　1　わかるかぎりだ　2　わかるだろうに　3　わかるばかりだ　4　わかるだろうもの

④ 東京に来た（　　）、ちょっと足を延ばして、箱根まで行ってこようと思っている。 047
　1　ばかりに　　　　2　ところに　　　　3　とおりに　　　4　ついでに

⑤ 人が足りないんだけど、暇な（　　）から、お手伝いに来ない？ 051
　1　ときでいい　　　2　ときじゃない　　3　ときさえいい　4　ときじゃなくても

⑥ この大学は現在キャンパスの移転を検討し（　　）。 049
　1　がたい　　　　　2　がちである　　　3　きれない　　　4　つつある

⑦ 荒びた人もいますから、喧嘩に（　　）大変です。 063
　1　巻き込まれさえしたら　　　　2　巻き込まれでもしたら
　3　巻き込ませるなどしても　　　4　巻き込ませるくらいしても

⑧ あの人の行動は大胆（　　）、無邪気（　　）、みんなを困惑させた。 067
　1　といい／といい　　　　　　　2　といわず／といわず
　3　といって／といって　　　　　4　というか／というか

⑨ （　　）ので、前向きに取り組みましょう。 064
　1　落ち込みもしない　　　　　　2　落ち込むわけではない
　3　落ち込んでいたことは否めない　4　落ち込んでばかりいても始まらない

⑩ 花（　　）花が一斉に咲き乱れる情景に圧倒された。 066
　1　だの　　　　　　2　なり　　　　　　3　という　　　　4　との

問題2 次の文の ＿＿★＿＿ に入る最もよいものを、1・2・3・4から一つ選びなさい。

11 ＿＿＿ ＿＿＿ ＿★＿ ＿＿＿ を手に入れる人もいる。061
 1 借金まで   2 時には   3 豪邸や高級車   4 して

12 きのう ＿＿＿ ＿★＿ ＿＿＿ ＿＿＿ そんな手には乗らない。058
 1 赤ん坊   2 まいし   3 ではある   4 生まれた

13 初産だからもう少し ＿＿＿ ＿＿＿ ＿★＿ ＿＿＿、もう予定日より一週間もすぎてしまった。046
 1 にと   2 だろう   3 待ってもいい   4 思ったが

14 空気が読めないというか ＿＿＿ ＿★＿ ＿＿＿ ＿＿＿ 誰かに見せてもいいと思っている人もいる。067
 1 そのままあたりまえの   2 ように
 3 もらったものを   4 単純すぎるというか

15 これで少しは熱も下がるはずだから、少し ＿＿＿ ＿＿＿ ＿★＿ ＿＿＿ 飲んだりしてね。051
 1 楽になった   2 ときで   3 何か食べたり   4 いいから

16 散歩の ＿＿＿ ＿★＿ ＿＿＿ ＿＿＿ のが僕の日課になっている。047
 1 ついでに   2 ハトに   3 えさをやる   4 公園の

17 東南アジアもそうですが、狂犬病の予防接種をした犬は ＿＿＿ ＿＿＿ ＿★＿ ＿＿＿ 大変です。063
 1 したら   2 皆無なので   3 でも   4 万一噛まれ

18 ふるさとの活力の衰えに、ややもすれば ＿＿＿ ＿＿＿ ＿★＿ ＿＿＿。064
 1 いても始まらない   2 嘆いてばかり   3 させられるが   4 暗い気持ちに

19 築城には大量の石材が ＿＿＿ ＿＿＿ ＿★＿ ＿＿＿ 集められたといわれている。066
 1 ため   2 必要だった   3 石という石が   4 松阪近郊の

20 2人の関係は近ごろ ＿＿＿ ＿★＿ ＿＿＿ ＿＿＿。049・151
 1 ある   2 つつ   3 改善され   4 ようだ

問題 3 次の文章を読んで、文章全体の趣旨を踏まえて、21 から 25 の中に入る最もよいものを、1・2・3・4から一つ選びなさい。

　先輩をなんだと思っているんだ、と 21 怒りをあらわにしている大人がいる。その人たちを失望させるようだが、はっきり言って、若者は先輩や上司をなんとも思っていない。

　22 、ただ年齢や地位が上だからというだけで先輩や上司に一目置く、敬意を払うことはないのだ。あくまで、その人自身がどういう人かが、問題。

　だから、逆に相手が後輩や部下であっても、その人に自分にない特技や魅力があれば、「すごいね」と素直に言えるのも、今の若者の特徴だ。

　ただ、自分や相手の年齢や肩書きで上下の関係が決まる、という考えに慣れている年代の人にとっては、これはとてもやりにくい。まず、相手がどんな人間か、中身を知ったり伝えたりするまでには、かなりの時間がかかる。「係長」「部長」などの肩書きだけで、敬語になったり命令口調になったり、というのが決まる方が、ずっと話が早い。

　また、学校や職場の指示や命令には、いちいち理にかなった理由が 23 。たとえば先生が「気をつけ！」と言えば生徒は全員「気をつけ」の姿勢をとるから朝礼も円滑に進むが、ここで「どうして今、気をつけをしなければならないのですか」「なぜ 24 生徒に命令できるのですか」と言い始めては、とても朝礼などできないだろう。

　そこで、「どうして？」と疑問に感じる若者に説明をするのは面倒、と思った大人は、ときどき「言うことをきかなければ〇〇しないぞ」と現実的な理由で 25 を口にする。また、それまでは「教授だからというそれだけで、僕たちに命令する権利はない」などと威勢のよいことを言っていた学生も、「単位をやらないぞ」といったわかりやすいことばにはとても弱い。

（香山リカ『若者の法則』による）

21

1   若者に対して   2   若者にとって   3   若者にそって   4   若者にこたえて

22

1   ところが   2   ところで   3   というか   4   とはいえ

23

1   あるにきまっている   2   あるわけではない
3   あったほうがいい   4   あったとはいえない

24

1   先生に反して   2   先生ともなると
3   先生だからって   4   先生ときたら

25

1   脅かしつづけたこと   2   脅かしはじめたこと
3   脅かしおわったこと   4   脅かしめいたこと

문제해결 키워드

- **というか**^{N1 067} 라고 할까
  というかただ年齢や地位が
  라고 할까 단지 나이나 지위가 (04行)

- **～に対して**^{N1 113} ~에 대해, ~에게
  若者に対して怒りをあらわにしている
  젊은이에게 분노를 드러내고 있다 (01行)

- **～ようだ**^{N1 151} ~할 것 같다
  その人たちを失望させるようだが
  그 사람들을 실망시키는 것 같지만 (01行)

- **～にとって(は)**^{N1 118} ~에게 있어서(는)
  慣れている年代の人にとっては
  익숙한 세대의 사람에게 있어서는 (08行)

- **～わけではない**^{N1 154} ~하는 것은 아니다
  いちいち理にかなった理由があるわけではない
  하나하나 이치에 맞는 이유가 있는 것은 아니다 (12行)

- **～なければならない**^{N2 104} ~하지 않으면 안 된다
  気をつけをしなければならない
  차렷을 하지 않으면 안 된다 (14行)

- **～ては**^{N1 057} ~해서는
  言い始めては 말하기 시작해서는 (15行)

- **～めく** ~다워지다
  脅かしめいたことを口にする 협박조의 말을 한다 (17行)

- **～にそって** ~에 따라, ~을 따라

- **～にこたえて**^{N2 114} ~에 부응하여

- **～にきまっている**^{N1 105} 분명[반드시] ~이다

- **～ともなると**^{N1 084} ~이라도 되면

- **～ときたら** ~로 말할 것 같으면

31 ～というより⁰⁷¹ ~라기보다

접속 동사의 기본형(る형), い형용사의 기본형, な형용사+だ, 명사

「～というより」는 '~라기보다'라는 뜻으로, 어떤 사항에 대해 평가할 때 '말을 바꿔서 ~라기보다 …라고 하는 편이 옳다'라고 할 때 쓴다. 즉, 이 표현은 「AというよりB」의 꼴로 A라는 표현과 B라는 표현을 비교해서 B쪽이 적당하다고 말하고 싶을 때 사용한다. 그밖에 「～というよりは(~라기보다는)」, 「～というより(も)むしろ(~라기보다(도) 오히려)」, 접속사 용법으로 「というより(그렇다기 보다)」의 형태도 알아두자.

☑ 能力というより人気と知名度によるところが大きい 능력이라기보다 인기와 지명도에 의한 바가 크다 **2010-2회**

- 駅から家までバスに乗らずに歩くのは、節約というより健康のためだ。 **09**
  역에서 집까지 버스를 타지 않고 걷는 것은 절약이라기보다 건강을 위해서다.

- 山田さんは教育者というよりむしろ学者に近い。
  야마다 씨는 교육자라기보다 오히려 학자에 가깝다.

- 明らかに予想された災害にそなえなかったとすれば、これは天災というより人災というべきだ。
  분명히 예상된 재해에 대비하지 않았다고 하면, 이것은 천재라기보다 인재라고 해야 한다.

- 山田さんは書物が大好きで、技術者 というより 学者 といった 方が いい。 **98**
  야마다 씨는 책을 아주 좋아해서, 기술자라기보다 학자라고 하는 편이 낫다.

- きれいだ という よりは かわいいと いうほうじゃないかな。
  예쁘다기보다는 귀엽다는 쪽이 아닐까?

- これは仕事 という よりも むしろ 趣味で やってると言ったほうがいい。
  이것은 일이라기보다도 오히려 취미로 한다고 말하는 편이 좋다.

- 集中度の高いほど、心理的時間は短くなります。というより、時間のたつのを忘れてしまいます。
  집중도가 높을수록, 심리적 시간은 짧아집니다. 라고 할까, 시간이 가는 것을 잊어버립니다.

32 〜と言える ~라고 할 수 있다

접속 동사의 종지형, 명사(+だ) 등

「言える」는 「言う(말하다)」의 가능동사로 '말할 수 있다'라는 뜻이다. 「〜と言える」는 이것이 문법화된 것으로 '~라고 할 수 있다'라는 뜻이다. 그밖에 「〜と言えるだろうか(~라고 할 수 있을까)」, 「〜と言えよう(~라고 할 수 있을 것이다)」 등 다양하게 쓰인다.

- ☑ 教育の質が向上しているといえるだろうか 교육의 질이 향상되고 있다고 할 수 있을까 **2015-2회**
- ☑ 大いに勉強になる一冊と言える 대단히 공부가 되는 한 권의 책이라고 할 수 있다 **2015-1회**

유형1 문법형식

- その会社の業績が上がったのは、経営改革の成果と言えよう。 **08**
  그 회사의 실적이 오른 것은 경영개혁의 성과라고 할 수 있을 것이다.

- それぞれの地域で昔から行われているお祭りや年中行事なども文化の継承と言えるのではないでしょうか。
  각각의 지역에서 옛날부터 행해지고 있는 축제나 연중행사 등도 문화의 계승이라 할 수 있지 않을까요?

유형2 문맥배열

- 疲れとは、それに値する努力や労働をしたうえで感じるものであり、それは いわば、努力をした 証である と言える。
  피곤이란 그것에 상당하는 노력이나 노동을 한 후에 느끼는 것이며, 그것은 말하자면 노력을 한 증거라고 할 수 있다.

- 血のつながりの関係は生得的であり、約束や契約で結ばれる 関係は 獲得的な ものと いえよう。
  혈연 관계는 선천적인 것이며, 약속이나 계약으로 맺어지는 관계는 획득적인 것이라 할 수 있을 것이다.

유형3 문장흐름

- 幼児期から一日三食きちんと摂るという事を教えられてきた人は、本当に正しい食生活をしていると言えるだろうか。食事の時間は自分の都合で決められているわけではない。
  유아기부터 1일3식 규칙적으로 섭취한다는 것을 배워온 사람은, 정말로 올바른 식생활을 하고 있다고 할 수 있을까. 식사 시간은 자신의 상황으로 정해져 있는 것은 아니다.

33

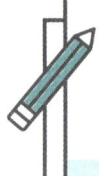

～といったらない・～といったらありゃしない 074

정말이지 ~하다, ~하기 짝이 없다

접속 い형용사의 기본형 또는 명사형, 동사의 연용형(ます형)+よう 등

「～といったらない・～といったらありゃしない」는 '정말이지 ~하다, ~하기 짝이 없다'라는 뜻이다. 이 표현은 '~란 형언할 수 없을 정도로 근사하다'와 같이 감동을 강조하거나, '~란 형편없다'와 같이 깎아내릴 때 쓴다. 격의없는 회화체이며 문장체에서는 쓰이지 않는다. 「～(とい)ったらない」와 같이 「とい」가 생략되는 경우가 많으며 「ありゃしない」는 「ない」와 같은 뜻이다.

참고 자세히 설명하면 「ある(있다)」의 부정형 강조로 「ありはしない(있지는 않다)」가 되고, 「ありはしない」의 「は」가 「や」로 바뀐 것이다. 그러므로 「ない(없다)」와 「ありゃしない(있지는 않다)」는 같은 뜻이 된다.

- ✓ 自分の案が採用されたときのうれしさといったらない
  나의 제안이 채용되었을 때는 정말이지 기뻤다 **2013-2회**

유형1 문법형식

- みんなの前で派手に転んで、恥ずかしいったらなかった。 **06**
  여러 사람 앞에서 심하게 넘어져서, 정말이지 부끄러웠다.

- また、いやな仕事がまわってきた。腹立たしいといったらありゃしない。 **92**
  또 하기 싫은 일이 돌아왔다. 정말이지 너무 화가 난다.

- あの食堂のラーメンのまずさといったらない。
  그 식당의 라면은 정말이지 맛이 없다.

유형2 문맥배열

- こんな複雑な書類を何十枚も 書かなきゃ いけない なんて 面倒くさい ったらなかった。 **07**
  이런 복잡한 서류를 몇 십 장이나 써야 한다니, 정말이지 귀찮았다.

- 結婚が決まったときの 彼の 喜びようと いったら なかった。 **01**
  결혼이 결정되었을 때의 그의 기뻐하는 모습이란 말로 표현할 수가 없었다.

유형3 문장흐름

- 夕べ久しぶりに友人宅でテレビを見たが、最近のテレビ番組はくだらないといったらない。見るだけ時間の無駄だ。
  저녁에 오랜만에 친구 집에서 TV를 봤는데, 최근 TV 프로그램은 시시하기 짝이 없다. 보는 만큼 시간 낭비다.

34 ～と言っても ～라고 해도

접속 동사의 기본형(る형)·과거형(た형)·부정형(ない형), 명사

「～と言っても」는 '～라고 해도'라는 뜻이다. 이것은 '～에서 기대되는 것과는 달리 사실은 …이다'라고 설명할 때 쓰며, 뒤에는 주로 말하는 사람의 의견이나 판단 등을 나타내는 문장이 온다. 「～と言っても」 자체 또는 이 표현을 키워드로 해서 문말의 알맞은 것을 고르는 문제도 출제될 수 있다.

- ☑ 日本一と言っても過言ではないだろう 일본 제일이라고 해도 과언은 아닐 것이다 **2014-1회**
- ☑ 気にかかるといってもその銀杏が老木だから 마음에 걸린다고 해도 그 은행나무가 고목이라서 **2013-1회**

문법형식

- といっても、週に一回だけだけど。 **05**
  그렇다고 해도 주 1회뿐이지만.

- 借金といっても、そんなに大した額ではないし、今後15年で返せばいいのだから大丈夫だ。 **01**
  빚이라고 해도 그렇게 대단한 금액이 아니고, 앞으로 15년 동안 갚으면 되니까 괜찮다.

- 休講と言っても、ちゃんと復習、予習を怠らないでください。
  휴강이라고 해도 착실하게 복습, 예습을 게을리하지 마세요.

문맥배열

- 料理の勉強を 始めた といっても まだ★ 3か月 にすぎない。 **01**
  요리 공부를 시작했다고 해도, 아직 3개월에 지나지 않는다.

- 酒が 飲めない といっても★ ぜんぜん 飲めないわけではない。 **91**
  술을 마시지 못한다고 해도 전혀 마시지 못하는 것은 아니다.

문장흐름

- 女性の政治家が増えたといっても、まだまだ少数だ。政治家は国を導いていく人たちなのだから、ぜひもっと、日本の女性が働きやすくなるようにお手本を見せてほしいものだ。
  여성 정치가가 늘었다고 해도 아직도 소수이다. 정치가는 나라를 이끌어 가는 사람들이니, 꼭 좀더 일본의 여성이 일하기 쉬워지도록 그 본보기를 보여주길 바란다.

35

～とか / ～とかで ～라고 하던데 / ～라고 하면서

접속 동사의 기본형(る형)·과거형(た형) 등

「～とか」는 '～라고 하던데, ～라고 들었는데'라는 뜻이다. 이 표현은 전문(伝聞)을 나타내는 「～そうだ(～라고 한다)·～ということだ(～라는 것이다)」보다 불확실한 느낌이 들 때나, 확실히 말하는 것을 피하고 싶을 때 쓴다. 또한 뒤에 조사 「で」를 붙여 「～とかで(～라고 하면서)」의 형태로 자주 쓰인다.

☑ そんなことどうだってかまわない**とか** 그런 일은 어떻든 상관없다던데 **2016-1회**

유형1 문법형식

- 夜、パーティーに行く**とかで**、小川さんはすごくすてきな服を着てきましたよ。 **05**
  밤에 파티에 간다고 하면서, 오가와 씨는 굉장히 멋진 옷을 입고 왔어요.

- 田中先生のお話では、景子さん、来年結婚なさる**とか**。
  다나카 선생님의 말씀에 따르면 게이코 씨, 내년에 결혼하신다고 들었는데.

- 山田さんは急用ができた**とかで**、今帰りましたよ。
  야마다 씨는 급한 용무가 생겼다고 하면서 방금 돌아갔어요.

- 今度の試験はかなり難しい**とかで**、妹は毎晩遅くまで勉強している。
  이번 시험은 꽤 어렵다고 하면서 여동생은 매일 밤 늦게까지 공부하고 있다.

유형2 문맥배열

- 島田君はあす <u>マラソン大会</u> <u>に出場する</u> <u>とか</u> <u>で</u>、今日は早く帰ったよ。
  시마다 군은 내일 마라톤 대회에 출전한다고 하면서 오늘은 일찍 돌아갔어.

- 友人が <u>けがをした</u> <u>とかで</u> 彼は <u>見舞い</u> に行ったよ。
  친구가 다쳤다고 하면서 그는 병문안을 갔어.

유형3 문장흐름

- 新聞によると、また<u>公共料金が上がる</u>とか。給料はカットされたというのに、物価は上がっていくばかりだ。これからのことを考えると頭が痛い。
  신문에 따르면 또 공공요금이 오른다던데. 급여는 삭감되었는데, 물가는 올라가기만 한다. 앞으로의 일을 생각하면 머리가 아프다.

36

〜ところ / 〜(た)ところ / 〜ところがある 079
~한 바 / ~했더니 / ~하는 데가 있다

접속 동사의 기본형(る형)·과거형(た형) 등 / 동사의 과거형(た형) / 동사의 기본형(る형), な형용사의 연체형(な형) 등

「〜ところ」는 '~한 바'라는 뜻으로 사물의 문제가 되는 어느 점을 나타낸다. 예를 들면 君の関与するところではない(네가 관여할 바가 아니다), 私の知るところでは(내가 아는 바로는), 見聞したところを述べる(듣고 본 바를 말하다), 思うところがかなって(생각하는 바가 이루어져서) 등이다. 「〜(た)ところ」는 '~했더니'라는 뜻으로, 「동사의 과거형(た형)」에 접속해 '~한 결과 이렇게 되었다'는 의미를 나타낸다. 이 표현은 대개 「A(た)ところBた」의 꼴로 A, B가 연달아 일어남을 기술한다. 「〜ところがある」는 '~하는 데가 있다'라는 뜻으로 앞에 수식하는 표현이 오고, 「〜ところによると」는 '~바에 의하면'이라는 뜻이다.

- ☑ 俳優の演技力によるところが大きい 배우의 연기력에 의한 바가 크다 2013-1회
- ☑ 人気と知名度によるところが大きい 인기와 지명도에 의한 바가 크다 2010-2회

문법형식

- 彼女は、自分の考えをはっきり主張する点はいいのだが、少し頑固なところがある。 08
  그녀는 자신의 생각을 분명하게 주장하는 점은 좋은데, 조금 완고한 데가 있다.

- 会場の問い合わせをしたところ、地図を送ってくれた。 99
  모임 장소를 문의했더니 지도를 보내 주었다.

- 会社に電話をしたところ、くわしい資料を送ってくれるそうだ。
  회사에 전화를 했더니 자세한 자료를 보내 준다고 한다.

- 久しぶりに友人を訪ねたところ、ちょうど留守でがっかりした。
  오랜만에 친구 집을 찾아 갔더니 마침 부재 중이어서 실망했다.

- その研究機関の発表したところによると、景気は上向いているらしい。
  그 연구기관이 발표한 바에 의하면, 경기는 좋아지고 있는 것 같다.

- 山田さんの 家へ 遊びに 行った ところ、ちょうど川本さんが来ていた。 02
  야마다 씨 집에 놀러 갔더니, 마침 가와모토 씨가 와 있었다.

- 電話帳で 調べた ところ そういう 名前の 会社はなかった。 96
  전화번호부로 조사했더니 그런 이름의 회사는 없었다.

- 田中さんの曲には 明るい中にも どこか哀愁を 感じさせる ところがある。
  다나카 씨의 곡에는 밝은 가운데에도 어딘가 애수를 느끼게 하는 데가 있다.

- その病気の研究はだいぶ進んできたが、まだ 薬で治せる ところまでは いっていない。
  그 질병의 연구는 상당히 진행되어 왔지만, 아직 약으로 치료할 수 있는 데까지는 가지 않았다.

- 聞く ところによると、鈴木さんは オリンピックに 出場したことがあるらしい。
  들은 바에 의하면 스즈키 씨는 올림픽에 출전한 적이 있는 것 같다.

- 木村さんと連絡が取れないので自宅にうかがったところ、海外に旅行に行っているとのことでした。来週には帰ってくるそうです。
  기무라 씨와 연락이 되지 않아서 자택을 방문했더니, 해외로 여행을 간 것이었습니다. 다음 주에는 돌아온다고 합니다.

- 今日、大きな政策課題となりつつある技術系職員の技術練度の向上に 寄与するところが大きいものと期待されている。
  오늘날 큰 정책과제가 되고 있는 기술계 직원의 기술 숙련도의 향상에 기여하는 바가 크다고 기대되고 있다.

37 〜とする / 〜とするか 082 ① ~(로) 하겠다 ② ~라고 하자 / ~하기로 할까

접속 명사, 동사의 종지형 등

「〜とする」는 크게 두 가지 용법이 있는데, 첫 번째는 '①~(로) 하겠다'라는 뜻으로 화자의 의지나 결의 등을 나타낸다. 예를 들어 **来週は休講とする**(다음 주는 휴강하겠다)와 같이 쓴다. 두 번째는 '②~라고 하자, ~라고 치자'라는 뜻으로 가정을 할 때 쓰이며, **手元に今、3千万円あるとします**(수중에 지금 3천만 엔 있다고 칩시다)와 같이 쓴다. 또한 뒤에 ~か가 붙어 「〜**とするか**」가 되면 '~하기로 할까'라는 표현이 된다. **さてと、そろそろ出かけるとするか**(그럼 슬슬 외출해 볼까?)와 같이 쓴다.

참고 「〜とする」는 '~으로 하다, ~라고 하다'의 의미로 쓰이기도 한다.

- ABC電力はクレーン車が電線に接触したのを原因としている
  ABC전력은 기중기차가 전선에 접촉한 것을 원인으로 하고 있다 **2017-2회**

- じゃあ、残りはあしたやるとするか 그럼, 나머지는 내일 하기로 할까 **2013-1회**

- ここに時間を止められる機械があるとします。あなたならそれを使って何をしますか。 **09**
  여기에 시간을 멈출 수 있는 기계가 있다고 칩시다. 당신이라면 그것을 사용해서 무엇을 하겠습니까?

- Aさんが「犬を連れてこい。」と言ったのでBさんは、そのへんにいる犬をAさんの所へ連れていった、としますね。
  A씨가 "개를 데려와"라고 말해서 B씨는 그 부근에 있는 개를 A씨가 있는 곳으로 데려갔다고 칩시다.

- あしたの天気はどうなるだろう。ともあれ、今夜は 早く 寝る ★と しよう。
  내일 날씨는 어떻게 될까? 어쨌든 오늘 밤은 일찍 자기로 하자.

- たとえば山道で 突然 クマに 出会った ★としよう。まず状況を分析し自分は怖いのだ、と結論してからおもむろに逃げる人がいるだろうか。
  예를 들어 산길에서 갑자기 곰을 만났다고 치자. 우선 상황을 분석하고 나는 무섭다는 결론을 내린 뒤 천천히 도망치는 사람이 있을까?

- とりあえずこれにて一件落着ということにしてしまおう。なんだかどっと疲れが出た。しょうがない、焼き鳥で一杯やるとするか。
  우선 이것으로 한 건 해결한 걸로 해버리자. 왠지 피로가 확 몰려왔다. 어쩔 수 없군. 닭꼬치로 한잔 하기로 할까.

38 〜との ~라는

접속 동사의 기본형(る형)·과거형(た형)·부정형(ない형), い형용사의 연체형 등

「〜との」는 '〜라는'의 뜻이다. 보통 「〜との＋명사(체언)」의 형태로 사용되는데, 명사에는 「手紙(편지)・返事(답장)・依頼(의뢰)・提案(제안)・警告(경고)・命令(명령)・報告(보고)」 등 언어활동이나 「意見(의견)・見解(견해)・考え(생각)・希望(희망)」 등 사고활동에 관계된 명사가 사용된다. 타인의 발언이나 생각에 관해서 말하는 경우에 사용되고, 화자 자신의 생각을 나타낼 경우에는 「〜との」가 아니라 「〜という」가 사용되는 것이 일반적이다.

☑ 詳細な調査をする必要があるとの報告があった 상세한 조사를 할 필요가 있다는 보고가 있었다 **2015-2회**

유형1 문법형식

- 午後8時に着くとの電報がありました。
  오후 8시에 도착한다는 전보가 왔습니다.

- 研究室のパソコンがウイルスに感染したとの連絡があった。
  연구실 컴퓨터가 바이러스에 감염됐다는 연락이 왔다.

- 現在のところ、生徒から異常があったとの連絡は入っておりません。
  현재 학생들로부터 이상이 있었다는 연락은 들어와 있지 않습니다.

유형2 문맥배열

- 取引先の担当者からスケジュールの 調整を したい との 連絡を 受けた。 **07**
  거래처의 담당자로부터 스케줄 조정을 하고 싶다는 연락을 받았다.

- 5月末日までに各部局などから 意見を いただきたい との 依頼が あった。
  5월 말일까지 각 부서 등에서 의견을 받고 싶다는 의뢰가 왔다.

유형3 문장흐름

- 恩師から結婚式には出席できないとの返事を受け取った。お体がお悪いのだそうだ。すごく残念だが仕方がない。
  은사로부터 결혼식에는 출석할 수 없다는 답장을 받았다. 몸이 안 좋으시다고 한다. 매우 유감이지만 어쩔 수 없다.

39 〜と見(み)られている 〜라고 여겨지고 있다

접속 명사, 〜ためだ, 〜か 등

동사「見る(보다)」가 문법화된 것으로,「〜と見ている(〜라고 보고 있다)」라는 표현의 수동형이 되어「〜と見られている(〜라고 보여지고 있다)」의 형태가 된 것이다. 그러므로, 이 표현 이외에「〜(と)見ている(〜라고) 보고 있다)」「見られている(보여지고 있다)」등 다양한 형태가 있으므로 학습에 유의하자.

☑ 何(なん)らかの発表(はっぴょう)をするのではないか**と見られていた**X社(しゃ) 어떤 발표를 하는 게 아닐까 하고 보여졌던 X사 `2014-2회`

유형1 문법형식

- この交通事故(こうつうじこ)の原因(げんいん)は、運転者(うんてんしゃ)が前(まえ)をよく見(み)ていなかったためだ**と見られている**。 `03`
  이 교통사고의 원인은 운전자가 앞을 잘 보고 있지 않았기 때문이라고 보여지고 있다.

- 過去(かこ)の実績(じっせき)とキャリアを考(かんが)えると山田選手(やまだせんしゅ)が有利(ゆうり)**と見られている**試合(しあい)です。
  과거의 실적과 경력을 생각하면 야마다 선수가 유리하다고 보여지는 시합입니다.

- 警察(けいさつ)はこの男子大学生(だんしだいがくせい)が殺害(さつがい)に関与(かんよ)した**とみている**。
  경찰은 이 남자 대학생이 살해에 관여했다고 보고 있다.

유형2 문맥배열

- 地球(ちきゅう)の温度(おんど)が 上(あ)がっている のは、二酸化炭素(にさんかたんそ) のためだ ★ **と見られている**。
  지구의 온도가 올라가고 있는 것은 이산화탄소 때문이라고 보여지고 있다.

- 試合(しあい)は、もちろん戦(たたか)ってみなければ分(わ)からないとはいえ、共(とも)に実力(じつりょく)で上回(うわまわ)る Aチームが 圧倒的(あっとうてき)に 有利★ と 見られている。
  시합은 물론 싸워 보지 않으면 모른다고는 하나, 동시에 실력에서 웃도는 A팀이 압도적으로 유리하다고 보여지고 있다.

유형3 문장흐름

- 今年(ことし)こそ受賞(じゅしょう)するのではないか**と見られていた**作家(さっか)の田中太郎(たなかたろう)さんは、惜(お)しくも受賞(じゅしょう)を逃(のが)す結果(けっか)となってしまいました。本当(ほんとう)に残念(ざんねん)でなりません。
  올해야말로 수상하는 게 아닐까 하고 보여졌던 작가 다나카 다로 씨는, 애석하게도 수상을 놓치는 결과가 되고 말았습니다. 정말로 유감이 아닐 수 없습니다.

40

～とも 088 ①~해도, ~하더라도 ②~하고말고 ③~라고도

접속 동사의 의지형((よ)う형), い형용사 く 등   ～ても 062

「～とも」는 「～ても」에 대한 문장어로 '①~해도, ~하더라도'라는 뜻을 나타낸다. 회화체로는 「～たって」의 꼴도 사용된다. 그외 활용어의 종지형에 붙어 '②~하고말고'라는 뜻도 나타낸다. 예를 들어 もちろん行きますとも(물론 가고말고요), ああ、そうだとも(암, 그렇고말고)와 같이 쓰인다. 또 「조사と+も」의 형태로 '③~라고도'라는 뜻도 있다. 예를 들어 この地方の心臓とも言うべき都市(이 지방의 심장이라고도 해야 할 도시), だれとも言えない(누구와도 말할 수 없다), 彼は行くとも行かないとも言わなかった(그는 간다고도 안 간다고도 말하지 않았다) 등이다. 또 「～ともあろう者が((명색이)~이라는 자가)」라는 형태로 사람을 지칭하는 말을 받아 그의 행위에 부정적인 입장을 취할 때 사용하는 표현도 있다. 예를 들면 学生ともあろう者が、辞書を持たないとは(명색이 학생이라는 자가 사전을 가지고 있지 않다니)와 같이 쓴다.

- ☑ 高成長を続けるA国の象徴ともいうべき存在 고성장을 계속하는 A국의 상징이라고도 해야 할 존재 **2015-1회**
- ☑ 周囲からどのような批判を浴びようとも 주위에서 어떠한 비판을 받더라도 **2014-1회**

유형1
문법형식

- 母はどんなに辛くとも、決してぐちを言わなかった。 02
  어머니는 아무리 괴로워도, 결코 푸념을 하지 않았다.

- 君が何をしようとも、私には責任はありません。
  당신이 무엇을 하더라도, 나에게는 책임은 없습니다.

- 私なら高くとも町の電気屋さんからそこそこの値段で買います。
  나라면 비싸더라도 동네 전자대리점에서 적당한 가격에 사겠습니다.

- 子を子とも思わない親、あるいは親を親とも思わない子がいるのも事実です。
  자식을 자식이라고도 생각하지 않는 부모, 혹은 부모를 부모라고도 생각하지 않는 자식이 있는 것도 사실입니다.

- A 「今度の週末のパーティーには行きますか。」

  B 「もちろん行きますとも。」

  A 이번 주말에 있는 파티에는 가나요?
  B 물론 가고말고요.

문맥배열

- どんなに 辛くとも 皆さんに 喜んで いただける 改革をしたい。

  아무리 괴로워도 여러분이 기뻐할 수 있는 개혁을 하고 싶다.

- 広いスペースや 豪華な 料理が なくとも ホームパーティーを 開くことは 可能だ。

  넓은 공간이나 호화로운 요리가 없어도, 홈파티를 여는 것은 가능하다.

- いやしくも 大学生 とも あろう 者が、こんな字も読めないとは情けない。

  적어도 대학생이라는 자가 이런 글자도 못 읽다니 한심하다.

- それは虹のように人々が そこで 何色を 見よう とも、本来連続した帯でしかない。

  그것은 무지개처럼 사람들이 거기서 무슨 빛깔의 색을 보더라도 본래 연속된 띠에 불과하다.

문장흐름

- 何か目標を持って努力しているときは、どんなに苦しくとも最後まで頑張り通せるものだ。反対に、目標がなければ、何かを続けるのは簡単ではないと言うことができるだろう。

  뭔가 목표를 가지고 노력할 때에는, 아무리 괴로워도 끝까지 열심히 할 수 있는 법이다. 반대로 목표가 없으면, 뭔가를 계속하는 것은 쉽지 않다고 할 수 있을 것이다.

- 無駄なものを捨てて暮らしを簡潔にするということは、家具や調度、生活用具を味わうための背景をつくるということである。芸術作品でなくとも、あらゆる道具には相応の美しさがある。

  필요 없는 것을 것을 버리고 생활을 간결하게 한다는 것은 가구나 집물, 생활용구를 감상하기 위한 배경을 만든다는 것이다. 예술 작품이 아니더라도 모든 도구에는 걸맞는 아름다움이 있다.

콕콕 실전문제 09

問題1 次の文の（　）に入れるのに最もよいものを、1・2・3・4から一つ選びなさい。

1　就職が決まったときの彼女の喜びようと（　　　）。074
　1　いうしだいだった　2　いったらなかった　3　いってもよかった　4　いうならこまった

2　この本もまた独自の鋭い批評で「テレビの見方」を教えてくれる（　　　）。072
　1　一冊がいい　　2　一冊といえる　　3　一冊でありたい　　4　一冊を知っている

3　実験室から出火した（　　　）想定で避難訓練が行われた。085
　1　ように　　2　ものの　　3　との　　4　ばかりに

4　いくらやってもきりがないね。あとはまたあした（　　　）。082・062
　1　やるとするか　　　　　　　　2　やりはするから
　3　やろうとしているか　　　　　4　やってはいるから

5　関係者によると、1日3時間の仕事で月収は15万円を少し超える（　　　）。078
　1　もの　　2　とも　　3　とか　　4　っけ

6　江戸時代、髪の装いは女性にとって、とても大事で「髪の乱れは、心の乱れ」と（　　　）のでしょう。087・118
　1　欠かせない　　2　否めない　　3　かかっていた　　4　見られていた

7　この本は、一般の学習者向き（　　　）専門家を対象にしている。071
　1　だけで　　2　というより　　3　にもかかわらず　　4　どころか

8　ブーム（　　　）全土にゆきわたっているわけではないだろう。075・154
　1　としたら　　2　どころか　　3　といっても　　4　というより

9　私たちはこれまで先輩の研究に負う（　　　）が大きいが、実はその作業のほとんどは私たちが自分でしたものだ。079
　1　ばかり　　2　だらけ　　3　ところ　　4　わけ

10　たとえ何事が（　　　）、私は決心を変えないだろう。088
　1　あったといえば　　　　　　　2　あろうにも
　3　あろうとも　　　　　　　　　4　あったにもかかわらず

問題2 次の文の ___★___ に入る最もよいものを、1・2・3・4から一つ選びなさい。

11 未熟者のくせに _____ _____ ___★___ _____ 受けた。
 1 批判を   2 大きな   3 との   4 口をきく

12 言語というものは、世の中にあるモノをグループ分けしていく、網の目 _____ _____ ___★___ _____ でしょう。
 1 と言える   2 くくっていく   3 性格をもっている   4 によって

13 せっかくの努力が水の泡になった _____ _____ ___★___ _____ 。
 1 ない   2 ときの   3 悔しさ   4 といったら

14 気を取り直して、どうせだからこのまま朝までここで _____ _____ ___★___ _____ か。
 1 寝て   2 明日行く   3 モーターショーは   4 とする

15 事実上、_____ _____ ___★___ _____ を取り仕切っているのは専務だ。
 1 社長   2 といっても   3 その会社   4 名ばかりで

16 2020年オリンピック開催に向けて、新たに建設される8つの競技施設を含め東京では _____ ___★___ _____ _____ 。
 1 続くと   2 いる   3 建設ラッシュが   4 見られて

17 時価1000万ドルのオパール製の時計や、パリのオペラ座の階段をモデルに作られた大理石の階段など、_____ _____ ___★___ _____ の場所に案内する。
 1 秘密   2 この駅の   3 魅力の   4 象徴ともいうべき

18 父はお金の _____ _____ ___★___ _____ 週3回英語を教えている。
 1 ためというより   2 近所の子供たちに   3 趣味として   4 自分の

19 噂によると、来年から _____ _____ ___★___ _____ ですね。
 1 いう話   2 とか   3 公共料金が   4 値上げされる

20 先生に _____ _____ ___★___ _____ ので、もう一度問い返した。
 1 よくわからない   2 質問した   3 答えが   4 ところ

問題3 次の文章を読んで、文章全体の趣旨を踏まえて、 21 から 25 の中に入る最も
よいものを、1・2・3・4から一つ選びなさい。

　　21 和菓子が好きだ。
　どうしてだろうと思う。
　　まちを歩いていても、和菓子やさんの店さきは、つい 22 。白いのれんが好ましい。ガラス窓に張り出した「葛ざくら」「水ようかん」などの、墨あとも涼やかな文字が美しい。ガラス戸をくぐって入った、たたきが清々しい。店の内側はわりあいひっそりしていて、あまり紅白粉の濃くない女店員さんが、つぶらなひとみで迎えてくれる。(中略)
　　父は、都心に出ると、帰りにどら焼きを買って来た。このどら焼きの 23 。こどものころ、私は幸福のもっとも具体例として、このどら焼きとチョコレートと小倉アイスをあげていた。どら焼きはキツネ色の皮の合わせ目に、ドラマを宿していた。そこはいつの場合でも、新鮮なタマゴと牛乳と砂糖と粉がミックスされていることを証拠立てるように、ねっとりとうるおっていた。十分に焼けていながらその合わせ目に自ずとあふれる材料のエキスの露。それが絶妙であった。
　　このごろのどら焼きにはああいう微妙な合わせ目のしめり気はない。 24 。あれは、おだやかな炭火で焼かないと生まれない芸なのだろうか。その芸を見たことが、私を終生の和菓子好きにしたのだろうと思う。
　　和菓子やさんというのは、甘いものを商うのではなく、ものをつくる 25 を人々に楽しませるステージのように思う。

(増田れい子『どら焼き』による)

(注1) どら焼き：小麦粉・たまご・さとうを原料として焼いた和菓子。皮2枚の間に粒餡が挟んである。
(注2) 宿す：宿泊させる。とどめる。内に含み持つ。

21
1　どちらかというと　　　　　2　どこふく風
3　どちらからくると　　　　　4　どこといっても

22
1　のぞいてしまうのだろうか　　2　のぞいてしまったのだろうか
3　のぞいてしまう　　　　　　　4　のぞいてしまった

23
1　うまさといったらない　　　　2　うまいわけではない
3　うまさというものだ　　　　　4　うまいはずがない

24
1　それがきびしい　　　　　　　2　そこがあやしい
3　それがうらやましい　　　　　4　そこがさびしい

25
1　どら焼き　　　2　芸　　　3　炭火　　　4　和菓子

문제해결 키워드

- **~といったらない** N1 074　정말이지 ~하다
  このどら焼きのうまさといったらない
  이 도라야키는 너무 맛있다 (07行)

- **~かというと** N2 021　~이냐 하면
  どちらかというと　굳이 어느 쪽이냐 하면 (01行)

- **~として** N1 081　~로서
  幸福のもっとも具体例として
  행복의 가장 구체적인 예로서 (08行)

- **~ながら** N2 102　~면서도, ~이지만
  十分に焼けていながら
  충분히 구워져 있으면서도 (11行)

- **~というのは**　~라는 것은
  和菓子やさんというのは
  일본 과자 가게라는 것은 (16行)

- **~わけではない** N1 154　~하는 것은 아니다

- **~というものだ** N1 070　~라는 것이다

41 〜ないでもない[089] ~하지 않는 것도 아니다

접속 동사의 부정형(ない형) 　　　　　　　　　　　　　　　　　　　　　　〜なくもない[094]

「〜ないでもない」는 '~하지 않는 것도 아니다'라는 뜻으로, '~라는 가능성이 있다', 또는 '~라 할 수 있는 면도 있다'라는 의미를 나타낸다. 예를 들어 「わからないでもない」는 '왠지 모르게 알 수 있을 것 같지만'이라는 뉘앙스의 '모르는 것도 아니다'란 뜻이다.

☑ 少し問題がある気がし**ないでもない**が 조금 문제가 있는 기분이 들지 않는 것도 아니지만　**2011-2회**

문법형식

- 会社をやめたいというあなたの気持ちは、わから**ないでもない**が、無断で仕事を休むのはよくないと思う。　**02**
  회사를 그만두고 싶다는 자네의 기분은 모르는 것도 아니지만, 양해없이 일을 쉬는 것은 좋지 않다고 생각한다.

- 留学が決まった時あれほど喜んだ気持ちがわから**ないでもない**。　**96**
  유학이 결정되었을 때 그토록 기뻐했던 기분을 모르는 것도 아니다.

- 日本人なら何となく彼の気持ちがわから**ないでもない**が、韓国人には全くわからないようだ。
  일본인이라면 왠지 그의 기분이 이해되지 않는 것도 아니지만, 한국인에게는 전혀 이해되지 않는 것 같다.

문맥배열

- 男性の私から見ても、何となく 不公平な 気がし**ない** でも ありません。
  남성인 내가 봐도 왠지 불공평한 기분이 들지 않는 것도 아닙니다.

- 彼女の 主張は わから**ない** でもない が、それを全面的に受け入れることはできない。
  그녀의 주장은 이해되지 않는 것도 아니지만, 그것을 전면적으로 받아들일 수는 없다.

문장흐름

- 代理出産について、気持ちはわからないでもないが、私は反対である。許してしまえば、人間としての倫理が崩れてしまうと思うからだ。
  대리출산에 대해서, 기분을 모르는 것도 아니지만, 나는 반대이다. 허용해 버리면, 인간으로서의 윤리가 무너져 버린다고 생각하기 때문이다.

42

～にあって 098 ~에 (있어서), ~의 상태(상황)에서

접속 명사

「～にあって」는 '~에 (있어서), ~의 상태(상황)에서'라는 뜻으로, '~라는 특별한 사태·상황에 처하여'라고 할 때 쓴다. 이 표현은 명사를 받아 '거기서 제시된 상황하에서'의 뜻을 나타낸다. 「～にあっては」는 '~에서는' 「～にあっても」는 '~에서도'라는 뜻을 나타낸다.

참고 「～にあって」는 격조사 「～で」로, 「～にあっても」는 「～でも」로 대부분 바꿔 쓸 수 있다.

☑ 異文化間の交流が活発化した現代にあっては 이문화 사이의 교류가 활발해진 현대에서는 **2012-2회**

- 父は責任者という立場にあって、寝る時間も惜しんで働かなければならなかった。 **02**
  아버지는 책임자라는 입장에서 잘 시간도 아껴서 일하지 않으면 안 되었다.

- 水も食糧もない状況にあって、人々は互いに助け合うことの大切さを学んだ。 **99**
  물도 식량도 없는 상황에서, 사람들은 서로 돕는 일의 중요성을 배웠다.

- この非常時にあっていかにすべきか。
  이 비상시에 어떻게 해야 할까?

- どのような 困難な 状況に あっても、あきらめてはいけない。 **08**
  어떠한 어려운 상황에서도 단념해서는 안 된다.

- 就職難の 時代に あって 就職先を 自分で さがすことは容易ではない。
  취직난 시대에 직장을 스스로 찾는 일은 쉽지 않다.

- この非常時にあってそんな自分勝手が許されるわけがない。苦しいだろうが、今は皆で協力しなければならないときだ。
  이 비상시에 그런 제멋대로의 행동이 허락될 리가 없다. 괴롭겠지만 지금은 모두 협력해야 할 때이다.

43

〜に応じ(て) 100 ~에 따라서, ~에 맞게

접속 명사

「〜に応じ(て)」는 '~에 따라서, ~에 맞게'라는 뜻으로, 앞 사항이 변하면 그에 따라 뒤 사항도 변함을 가리킨다. 그 밖에 「〜に応じた+명사(~에 따른 ~)」「〜に応じる+명사(~에 따르는~)」 등의 형태로도 쓰인다.

☑ 現場だと場面に応じて指導できるので 현장이면 상황에 맞게 지도할 수 있기 때문에 **2015-1회**

유형1 문법형식

- 旅行のプランは、お客様のご希望に応じて変更できます。 **09**
  여행 상품은 손님의 희망에 맞게 변경할 수 있습니다.

- 業績におうじて従業員全員にボーナスが支給された。
  실적에 따라서 종업원 전원에게 상여금이 지급되었다.

- お客様のすべての要望に応じることは困難です。
  고객님께서 원하시는 것을 모두 대응해드리기는 어렵습니다.

유형2 문맥배열

- みなさんの ご希望 に★おうじて 商品を 生産していく つもりです。 **96**
  여러분의 희망에 맞게 상품을 생산해 나갈 생각입니다.

- 組合の 要求 に応じ ★ 標準就業時間が 短縮される ことになった。
  조합의 요구에 따라 표준 근무 시간이 단축되게 되었다.

- 私たちの 呼びかけに 応じて 500人以上の 人々が 反戦デモに 参加した。
  우리들의 호소에 따라서 500명 이상의 사람들이 반전 시위에 참가했다.

유형3 문장흐름

- 高2からは、英語と数学はレベル別のクラスで授業を受けることになった。生徒たちは、実力におうじて、3つのクラスに分けられた。
  고2부터는 영어와 수학은 수준별 클래스로 수업을 받게 되었다. 학생들은 실력에 따라서 3개의 반으로 나누어졌다.

44 ～にかかっている[101] ~에 달려 있다

접속 명사, ～か

동사「かかる(걸리다, 달리다, 소요되다 등)」는 다의어이다. 여러 뜻 중에서 '의존하다, 걸리다'의 뜻이 문법화되어 주로「**～にかかっている**(~에 달려 있다)」의 형태를 취한다. 대표적인 예로 みなさんの努力にかかっている(여러분의 노력에 달려 있다), 彼の外交手腕にかかっていた(그의 외교 수완에 달려 있었다) 등이 있다. 또한 의미 그대로의「かかっている(달려 있다, 걸려 있다)」의 형태도 익혀두자.

유형1 문법형식

- 今年卒業できるかどうかは、これからの頑張りにかかっている。 [09]
  올해 졸업할 수 있을지 어떨지는 앞으로 분발하는 것에 달려 있다.

- 山田さんの成功は友だちが助けてくれるかどうかにかかっている。
  야마다 씨의 성공은 친구가 도와주는가 아닌가에 달려 있다.

- これは軽々しく決められる問題ではない。何百万人もの運命がかかっている。
  이것은 가볍게 결정할 수 있는 문제가 아니다. 수백 만 명이나 되는 운명이 걸려 있다.

유형2 문맥배열

- 君たちが成功するかどうかは、与えられた チャンスを どう 使うか にかかっている。 [05]
  자네가 성공할지 어떨지는 주어진 기회를 어떻게 사용하는지에 달려 있다.

- これは論証しやすい訴訟じゃない。たった 1人の 証言 にかかっているのだ。
  이것은 논증하기 쉬운 소송이 아니다. 단 한 사람의 증언에 달려 있는 것이다.

유형3 문장흐름

- 現代の生活をどう営み、明日の社会をどんなものにするかは、半ば現代人の選択と努力にかかっている。
  현대의 생활을 어떻게 영위하며 미래를 어떤 사회로 만들 것인지는 거의 현대인의 선택과 노력에 달려 있다.

45 ～にかかわらず / ～にもかかわらず[102]

~에 관계없이 / ~인데도 불구하고

접속 동사의 기본형(る형)·진행형(ている형)·과거형(た형), 명사, 의문사 か 등

「～にかかわらず」는 '~에 관계없이'라는 뜻으로 '~가 어떻든, 또 어느 쪽이든 ~라고 말할 수 있다'는 의미이다. 「～にもかかわらず」는 '~인데도 불구하고'라는 뜻으로, '~에서 당연히 예상되는 것과는 다른 결과가 되었다'라고 할 때 사용한다. 뒤에는 주로 말하는 사람의 놀람이나 의외, 불만, 비난 등의 기분을 나타내는 문장이 온다. 그밖에 「～に(は)かかわりなく(~하고(는) 상관없이)」도 알아 두자. テニスは年齢にかかわりなく(테니스는 나이와 상관없이), 会社での地位にはかかわりなく(회사에서의 지위와는 상관없이)와 같이 쓰인다.

☑ A社の工場にあることが明らかになった**にもかかわらず** A사의 공장에 있음이 밝혀졌는데도 불구하고 **2015-1회**

유형1 문법형식

- 好きか嫌いか**にかかわらず**、この仕事は必ずしなければならない。 **07**
  좋아하는지 싫어하는지에 관계없이 이 일은 반드시 해야 한다.

- 彼は、夏休み中**にもかかわらず**、毎日図書館で勉強している。 **02**
  그는 여름방학 중인데도 불구하고, 매일 도서관에서 공부하고 있다.

- 野球大会の当日は、激しい雨が降っていた。それ**にもかかわらず**大会は実施された。 **01**
  야구대회 당일은 비가 세차게 내리고 있었다. 그런데도 불구하고 대회는 실시되었다.

- テニスは年齢**にかかわりなく**楽しめるスポーツだ。
  테니스는 나이와 상관없이 즐길 수 있는 스포츠다.

유형2 문맥배열

- 天候 **にかかわ★らず** あすの 午後2時から 試合を行います。 **96**
  날씨에 관계없이 내일 오후 2시부터 시합을 거행합니다.

- 住民の 反対 運動に かかわり★ なく 建設が始まった。
  주민의 반대 운동과 상관없이 건설이 시작되었다.

유형3 문장흐름

- 多くの人が不可能だと思っている**にもかかわらず**、あの人は新発明のための研究をあきらめようとしない。 **96**
  많은 사람이 불가능하다고 생각하고 있는데도 불구하고, 저 사람은 신발명을 위한 연구를 포기하려고 하지 않는다.

46

～に決(き)まっている [105] 분명(반드시) ~이다

접속 동사의 기본형(る형)·과거형(た형)·부정형(ない형), い형용사의 기본형, 명사

「～に決(き)まっている」는 '분명(반드시) ~이다, ~임이 당연하다, ~할 게 뻔하다'라는 뜻으로, 필연·당연을 나타낸다. '~임에 틀림없다'라는 뜻의 「～に違(ちが)いない」[N3 087]「～に相違(そうい)ない」보다 확실성이 높고 단정에 가깝다. 즉 「～に決(き)まっている」는 말하는 사람이 단정하고 싶을 정도로 확신을 가지고 있는 추측 또는 주장을 나타낸다.

☑ 頼(たの)んでも、無理(むり)だと言われるに決(き)まっている 부탁해도 무리라고 들을 게 뻔하다 **2015-2회**

문법형식

- 子どもが大人(おとな)と相撲(すもう)をしたって、負(ま)けるにきまっています。 **03**
  아이가 어른과 씨름을 해 봤자 지는 것이 당연합니다.

- 今度(こんど)の選挙(せんきょ)では、実力(じつりょく)も人気(にんき)もあるあの若(わか)い候補(こうほ)が勝(か)つに決(き)まっている。 **02**
  이번 선거에서는 실력도 있고 인기도 있는 그 젊은 후보가 이길 게 뻔하다.

- 彼女はきっと後悔(こうかい)するに決(き)まっている。
  그녀는 틀림없이 후회할 게 뻔하다.

- あの監督(かんとく)の映画なら、おもしろいにきまっている。
  그 감독의 영화라면 분명 재미있다.

문맥배열

- 同(おな)じ値段(ねだん)なら、質(しつ)がいいほうが たくさん 売(う)れる にきまって いる。 **06**
  같은 가격이라면, 질이 좋은 편이 많이 팔리는 게 당연하다.

- だれにも負(ま)けた ことがない から 優勝(ゆうしょう)する に決(き)まって いますよ。 **98**
  누구에게도 진 적이 없으니 반드시 우승할 거예요.

- 未処理(みしょり)の下水(げすい)を 川に流(なが)せば 水質(すいしつ)が 悪(わる)くなる に決(き)まっている。
  처리가 안 된 하수를 강으로 흘려 보내면 수질이 나빠지는 것이 당연하다.

문장흐름

- 任期中(にんきちゅう)の彼の支持率(しじりつ)は、平均(へいきん)30%ととても低(ひく)いものだった。来年の選挙(せんきょ)で再選(さいせん)を狙(ねら)っているようだが、あの様子(ようす)では落選(らくせん)するに決(き)まっている。
  임기중 그의 지지율은 평균 30%로 아주 낮은 것이었다. 내년 선거에서 재선을 노리고 있는 듯하지만, 저 상태로는 낙선할 게 뻔하다.

47 ～に越したことはない[106] ~보다 나은 것은 없다, ~이 가장 좋다

접속 동사의 기본형(る형), い형용사의 기본형, な형용사의 어간, これ・それ・あれ, 명사

「～に越したことはない」는 '~보다 나은 것은 없다, ~이 가장 좋다'라는 뜻으로, 꼭 그래야 하는 것은 아니지만 상식적으로 생각해서 그 편이 좋다, 그 편이 안전하다고 말하고 싶을 때 쓴다. 동사 「越す(넘다, 낫다)」가 문법화된 것이다.

- 知識はある**に越したことはありません**が、それよりも… 지식은 있는 것이 가장 좋습니다만, 그것보다도… **2016-2회**

유형1 문법형식

- 申請書の提出締め切りは明日の午後4時だが、早めに出せれば**それにこしたことはない**。[99]
  신청서의 제출 기한은 내일 오후 4시지만, 일찌감치 제출할 수 있으면 그것보다 나은 것은 없다.

- 韓国語を学ぶなら、韓国人の先生に**こしたことはない**。
  한국어를 배우려면 한국인 선생님보다 나은 것은 없다.

- 平和が一番だ。戦争なんてない**に越したことはない**。
  평화가 제일이다. 전쟁 따윈 없는 것이 가장 좋다.

유형2 문맥배열

- ドアの鍵を二つつけるなど 用心する にこした ことは ない。[04]
  문의 자물쇠를 2개 다는 등 조심하는 것이 가장 좋다.

- 値段は 安い に越した ことはない が、品質は大丈夫だろうね。
  가격은 저렴한 것이 가장 좋지만, 품질은 괜찮겠지?

- 広い庭付きの一戸建てを 買える なら それ にこした ことはない。
  넓은 정원이 딸린 단독주택을 살 수 있다면, 그것보다 나은 것은 없다.

유형3 문장흐름

- 手術せずに治せるなら、**それに越したことはない**。体にメスを入れるのは、極力避けたほうがいいと言うからね。がんばりなさい。
  수술하지 않고 고칠 수 있다면, 그것보다 나은 것은 없어. 몸에 칼을 대는 것은 최대한 피하는 것이 좋다고 하니까. 힘내.

48

～にしてみれば・～にしてみると [110] ~의 입장·시점에서 보면

접속 명사　　　　　　　　　　　　　　　　　　　　　　　　　～にしたら・～にすれば[107]

「～にして[108]」는 크게 7가지의 용법이 있는데, 그 중에서 '~의 경우에도, ~의 입장에서'의 용법이 진화해서 「～にして+みれば(みると)」가 생긴 것이다. 「～にしてみれば・～にしてみると」는 '~의 입장·시점에서 보면'이라는 의미를 나타내며, 주로 사람을 주제로서 거론하는 표현이다. 이 표현은 「～としては[081](~로서는)」를 사용해도 되지만, 중립적인 「～としては」에 비해 '아무개의 입장이 되어 생각하면'이라는 동정이나 공감이 표현되는 점이 다르다. 문말에는 「～だろう・～かもしれない」 등 추측표현이 자주 온다. 「～にしたら・～にすれば[107](~로서는, ~의 입장으로서는)」와 유사한 표현이다.

☑ 地元の人にしてみれば日常の風景なのだろう 현지인의 입장에서 보면 일상적인 풍경일 것이다　2015-2회

문법형식

- 車椅子の人にしてみれば、駅の階段や歩道橋は、そびえ立つ山のようなものだろう。
  휠체어를 탄 사람의 입장에서 보면, 역의 계단이나 육교는 우뚝 솟은 산과 같은 것일 것이다.

- ここは知られていないのか、地元の人にしてみると当たり前すぎるのか、見学者が皆無だ。
  이곳은 알려져 있지 않은지, 현지인의 입장에서 보면 너무 당연한 것인지 견학자가 전혀 없다.

문맥배열

- 今度の試験問題は <u>2年生</u> <u>にして★みれば</u>、<u>易しい</u> <u>かもしれない</u> が、1年生にとっては難しいのだ。
  이번 시험문제는 2학년의 입장에서 보면 쉬울지도 모르지만, 1학년에게는 어렵다.

- その国の人にとっては <u>日常の一場面</u> であっても★、<u>外国人</u> <u>にしてみると</u> <u>憧れの異空間</u>である場合も多い。
  그 나라의 사람에게는 일상적인 한 장면이어도, 외국인의 입장에서 보면 동경하던 이색적인 공간일 경우도 많다.

문장흐름

- くらくらしたり、ふらっとしたり、実際に貧血を抱えている人にしてみると辛い症状ですよね。もちろん貧血の症状はそれだけではなく、中には仕事もままならないという人もいます。
  어질어질하거나 핑 돌거나, 실제로 빈혈을 안고 있는 사람의 입장에서 보면 괴로운 증상이죠. 물론 빈혈의 증상은 그것뿐만 아니라 그 중에는 업무도 뜻대로 안 된다는 사람도 있습니다.

49 ～にたえる / ～にたえない [114]　~할 만한 / (차마) ~할 수 없다, 너무나도 ~하다

접속　동사의 기본형(る형), 명사

「～にたえる」는 '~할 만한'이라는 뜻으로, 그럴 만한 가치가 있다고 할 때 쓴다. 「～にたえない」는 '(차마) ~할 수 없다, 너무나도 ~하다'라는 뜻으로, '불쾌감이나 심리적 압박 등에 의해 ~하는 것을 참을 수 없다'는 뜻을 나타낸다. 감정을 나타내는 「感謝(감사)·感激(감격)·悲しみ(슬픔)」 등의 명사에 붙으면 '꾹 참고 있을 수 없을 정도'라는 뜻으로 「～を禁じ得ない(~을 금할 수 없다)」와 같은 뜻이 되며, 동사의 기본형(る형)에 붙으면 화자 자신의 주관적·심정적 기분을 전하는 문형이 된다.

☑ 大人の鑑賞にたえるようなアニメ映画 어른이 감상할 만한 애니메이션 영화　**2015-2회**

유형1 문법형식

- 奥様がお亡くなりになったと伺って、悲しみにたえません。 **07**
  부인이 돌아가셨다는 말씀을 들어서 너무나도 슬픕니다.

- あの役者のきざな格好は、まったく見るにたえない。 **99**
  저 배우의 아니꼬운 모습은 정말이지 눈뜨고 볼 수 없다.

- 彼女の絵は、アマチュアながら鑑賞にたえるものだった。
  그녀의 그림은 아마추어이지만 감상할 만한 것이었다.

유형2 문맥배열

- 美しかった森林が、開発のため すべて 切り倒され 見るに たえない。 **04**
  아름다웠던 삼림이 개발 때문에 모두 베어져서, 차마 눈뜨고 볼 수 없다.

- 今回の出版に 関して ご配慮を たまわり 感謝に たえません。 **96**
  이번 출판에 관해 배려를 해 주셔서 너무나도 감사합니다.

- 彼女は 聞くに たえない 言葉で 夫の 悪口を言い立てた。
  그녀는 차마 들을 수 없는 말로, 남편의 험담을 늘어 놓았다.

유형3 문장흐름

- ここ数か月、私は大病を患い生死の境をさまよっていましたが、こうやって再びみんなの元気な姿に接し、喜びにたえません。
  요 수 개월, 나는 큰 병을 앓아 생사의 경계를 왔다갔다 했지만, 이렇게 다시 여러분의 건강한 모습을 대하니 너무나도 기쁩니다.

50 〜について / 〜につき[115]　~에 관해서 / ①~이므로, ~이라서 ②~당

접속 명사　　　　　　　　　　　　　　　　　　　　　　　〜に関して[104]

「〜について」는 '~에 관해서'라는 뜻으로, 동작이 향하는 대상을 나타내며, 뒤에는 보통 언어 활동이나 사고 활동에 관계되는 말(言う・聞く・考える・書く・調べる 등)이 오는 경우가 많다. 유사 표현으로「〜に関して」[104](~에 관해서)가 있다. 뒤에 조사가 붙어「〜については(~에 관해서는)」,「〜についても(~에 관해서도)」,「〜についての+명사(~에 관한 ~)」등의 형태도 쓰인다.

「〜につき」는 명사와 접속해 '①~이므로, ~이라서'라는 이유를 나타내는데, 주로 알림이나 게시·벽보 등에서 자주 볼 수 있다. 그리고 비율을 나타내는 단어 뒤에 붙었을 때는 '②~당'이라는 뜻도 나타낸다.

☑ 本日結論が出なかった問題については 오늘 결론이 나지 않았던 문제에 관해서는　**2011-2회**

유형1 문법형식

- アルバイト料は昼は一時間につき800円ですが、深夜は1000円です。 **09**
  아르바이트비는 낮에는 1시간당 800엔입니다만, 심야는 1000엔입니다.

- 昼休みにつき、事務所は1時まで休みです。 **02**
  점심 시간이라서 사무실은 1시까지 쉽니다.

- この問題についてはもう少しみんなでよく考えてみてください。 **93**
  이 문제에 관해서는 좀더 모두가 잘 생각해 보세요.

유형2 문맥배열

- 大学では 日本文学史 について★ 研究したい と思っています。 **07**
  대학에서는 일본문학사에 관해서 연구하고 싶습니다.

- 読書感想文は、本のあらすじを書くのではなく、本に ついての★ 自分の感想や意見 を書くものです。
  독서감상문은 책의 줄거리를 쓰는 것이 아니라, 책에 관한 자신의 감상이나 의견을 쓰는 것입니다.

유형3 문장흐름

- 雨天につき、今日の遠足は来週に延期します。今日は普通どおり授業をします。もし来週も雨が降ったら、残念ですが今年の遠足は中止にします。
  우천이라서 오늘 소풍은 다음 주로 연기됩니다. 오늘은 평소대로 수업을 합니다. 만약 다음 주에도 비가 내리면, 유감스럽지만 올해 소풍은 취소합니다.

콕콕 실전문제 10

問題 1 次の文の（　）に入れるのに最もよいものを、1・2・3・4から一つ選びなさい。

① 私たちが成功するかどうかはみなさんの努力に（　　　）。
1　あたっている　　2　およんでいる　　3　かなっている　　4　かかっている

② 行き違いもできない、小さなホームだけど、地元の人（　　　）待ちに待った駅でした。
1　からして　　2　といっても　　3　にしてみれば　　4　はともかくとして

③ 彼が大企業に就職が決まったとき、あれほど喜んだ気持ちがわから（　　　）。
1　ないとばかりだ　　2　ないでもない　　3　ないにかたくない　　4　ないにいたる

④ 乾いた現代社会（　　　）、被害者と遺族の痛みは、決して人ごとではない。
1　ばかりか　　2　にとって　　3　にあって　　4　だけしか

⑤ 日本語が話せるようになりたかったら、日本へ行くに（　　　）と思う。
1　こしたことはない　　　　2　こすことはない
3　こしたことではない　　　4　こすことではない

⑥ 多くの絵画が陳列されているが、鑑賞に（　　　）作品というのは少ない。
1　ある　　2　あたる　　3　かかわる　　4　たえる

⑦ 当店では、お客様のご予算に（　　　）、いろいろなものをご用意してございます。
1　応じて　　2　もとにして　　3　関して　　4　ついて

⑧ あらん限りの努力（　　　）、彼女は助からなかった。
1　にそって　　2　にもかかわらず　　3　とすれば　　4　をもとにして

⑨ がんばっても、どうせいい成績なんか取れない（　　　）。
1　わけがない　　　　2　ばかりになっている
3　にかぎる　　　　　4　にきまっている

⑩ 採点中（　　　）、この部屋への出入りを禁じる。
1　にとって　　2　につき　　3　の末に　　4　のもので

問題 2 次の文の ___★___ に入る最もよいものを、1・2・3・4から一つ選びなさい。

11 夜遅くまで _____ _____ ___★___ _____ 、これでは優秀な新卒（しんそつ）を確保するのは難しいんじゃないのか。 089・059

   1　サービス残業　　　2　でもないが　　　3　わからない　　　4　が多いのは

12 本学がこれからも個性輝く大学として _____ ___★___ _____ _____ 。 101・072・081

   1　といえよう　　2　存立（そんりつ）しうるかは　　3　今後の努力に　　4　かかっている

13 電話番号が市外局番（03 や 06、094 など）の場合、その地域以外の _____ _____ ___★___ _____ でしょう。 110・054

   1　番号に馴染（なじ）みがなく　　　　　2　心理的距離を
   3　人にしてみると　　　　　　　　　　4　感じてしまう場合もある

14 _____ _____ ___★___ _____ を信じていきたい。 098

   1　お互い　　　2　いかなる　　　3　あっても　　　4　状況に

15 外国語を学ぶのは、やる気さえあれば、何歳からでもできる。しかしできれば _____ _____ ___★___ _____ 。 106・032

   1　ことはない　　　2　やるに　　　3　若いうちに　　　4　こした

16 このままオゾン層が破壊され続けると、この先 _____ _____ ___★___ _____ 。 114

   1　どう　　　2　憂慮（ゆうりょ）に　　　3　なるか　　　4　たえない

17 この英会話（えいかいわ）スクールでは、_____ _____ ___★___ _____ ようになっている。 100

   1　生徒の希望　　　2　が選べる　　　3　に応じて　　　4　さまざまなコース

18 _____ _____ ___★___ _____ 社会は、コンピューターがなければ成立しないようになってきたのです。 102

   1　現代の　　　2　望むと　　　3　にかかわらず　　　4　望まざると

19 環境（かんきょう）_____ ___★___ _____ _____ ことが重要です。 115

   1　子どもたちを　　　2　教育する　　　3　問題に　　　4　ついて

20 今、やらなかったらあとで _____ ___★___ _____ _____ います。 105

   1　後悔（こうかい）　　　2　する　　　3　きまって　　　4　に

問題3 次の文章を読んで、文章全体の趣旨を踏まえて、 21 から 25 の中に入る最もよいものを、1・2・3・4から一つ選びなさい。

　　最近になって、「文章作成機（ワープロ）を捨てた」と報告する詩人や作家の言をちらほら 21 。むろんまだその声は小さく、時代の趨勢(注1)は、文章作成機（ワープロ）化、個人用電子計算機（パソコン）化、情報化へと突き進んで行くのだろうが、文章作成機（ワープロ）を早くから使い始めた詩人や作家が 22 違和感を感じ、捨て始めたという行動に、いくぶんかの興味がそそられる。（中略）
　　事務機としては第二次世界大戦前から、計算機があり、和文タイプライターがあった。なるほど、文章作成機（ワープロ）や個人用電子計算機（パソコン）は事務機としては有能な機器である。使って 23 。だが、表現や教育に役立つか否かとなると話は別だ。
　　実は、和文タイプライターが文章作成機（ワープロ）にとって代わられた時代から、歴史と文化の断絶がひそかに始まっている。
　　文章作成機（ワープロ）や個人用電子計算機がアメリカの軍事通信技術の廃物利用（民生化）として生まれたいびつ(注2)な機械であることについては、ここでは触れないでおこう。しかし和文タイプライターと文章作成機（ワープロ）の根本的な違いについては、触れておく必要がある。
　　発音記号のごとき英文アルファベットは、わずか26文字。26文字を並べてるだけで成立する英文のタイプライター化は早く進んだ。むろん、現在もなお、西欧知識人で「肉筆」でなければならないと考える人達も 24 ──それは正しい論ではある──が、欧米文の場合には、アルファベットが発音記号のごとき文字であるために、アルファベット成立以来、声、発生への依存度の高い声中心言語として、言（はなしことば）自体が語順を 25 文体を整然と整えてきた。このような音声中心言語の西欧においては、タイプライターによる打字が、言葉の表現力をそれほど大きく損なうものではない。

（石川九楊『「書く」ということ』による）

（注1）趨勢：物事の進み向かう様子。
（注2）いびつ：形が整わずゆがんでいるさま。

21
1　耳にするしかなかった　　2　口にするしかなかった
3　耳にするようになった　　4　口にするようになった

22
1　これに対して　　2　これによって　　3　これにとって　　4　これにあたって

23
1　役立てるにこすことではない　　2　役立てたくてならない
3　役立てるにたりない　　4　役立てるにこしたことはない

24
1　いるにはいる　　2　いないわけだ　　3　いるはずがない　　4　いないそうだ

25
1　もとにする　　2　はじめとする　　3　きっかけとする　　4　中心とする

문제해결 키워드

□ ~にこしたことはない N1 106 ~보다 나은 것은 없다
　使って役立てるにこしたことはない
　사용해서 도움이 되게 하는 것보다 나은 것은 없다 (08行)

□ ~については N1 115 ~에 관해서는
　いびつな機械であることについては
　일그러진 기계인 것에 관해서는 (12行)
　文章作成機の根本的な違いについては
　문서작성기의 근본적인 차이에 관해서는 (13行)

□ ~として N1 081 ~로서
　事務機としては 사무기로서는 (07行)
　声中心言語として 소리 중심 언어로서 (19行)

□ ~か否か N1 009 ~인지 아닌지
　表現や教育に役立つか否か
　표현이나 교육에 도움이 될지 아닌지 (08行)

□ ~にとって N1 118 ~에 있어서
　ワープロにとって 워드 프로세서에 있어서 (09行)

□ ~ごとき N1 027 ~와 같은
　発音記号のごとき英文アルファベット
　발음 기호와 같은 영문 알파벳 (15行)

□ ~をはじめ N2 158 ~을 비롯한
　語順をはじめとする文体 어순을 비롯한 문체 (20行)

□ ~においては N2 107 ~에서는
　西欧においては 서구에서는 (20行)

□ ~ものではない N1 143 ~하는 게 아니다
　それほど大きく損なうものではない
　그다지 크게 손상시키지는 않는다 (21行)

□ ~にあたって ~할 때에

□ ~てならない N1 055 ~해서 견딜수 없다

51

～につけても / ～につけ(て) / ～につけ～につけ[116]

~와 관련하여 항상 / ~때마다 / ~하든 ~하든

접속 い형용사의 기본형, 명사, それ, なにか 등

「～につけても」는 '~와 관련하여 항상'이라는 뜻이다. **それにつけても**(그와 관련해서도)와 같이 관용적으로 쓰이는 표현은 통째로 외워 두자. 이 외에「～につけ(て)」는 '~때마다, ~에 따라'라는 뜻으로 '같은 상황에 놓이면 언제나 어떤 기분이 되어 그렇게 한다'라고 말하고 싶을 때 사용한다. 보통 **なにかにつけて**(무슨 일이 있을 때마다), **なにごとにつけて**(무슨 일이든) 등과 같이 관용적으로 쓰인다. 그리고「～につけ～につけ」는 '~하든 ~하든'이라는 뜻인데,「～」부분에 대립되는 의미의 단어를 나열하여 '언제나'라는 뜻을 나타낸다.

☑ 都会から田舎に移り住んだ人の話を聞く**につけ** 도시에서 시골로 이주한 사람의 이야기를 들을 때마다 2011-1회

문법형식

- それ**につけても**時の流れのなんと早いことか。
  그와 관련해서도 시간의 흐름은 얼마나 빠른지.

- 彼は何ごと**につけて**他人を非難する人だ。
  그는 무슨 일이든 타인을 비난하는 사람이다.

- うれしい**につけ**悲しい**につけ**あの当時の生活を思い出す。
  기쁘든 슬프든 그 당시의 생활이 생각난다.

- 良き**につけ**悪しき**につけ**、支持率というものがいつも話題になる。
  좋은 일이건 나쁜 일이건, 지지율이라는 것이 항상 화제가 된다.

문맥배열

- いい**につけ** 悪い **につけ** 現状を 報告させる 必要がある。 96
  좋든 나쁘든 현 상황을 보고시킬 필요가 있다.

- ゴッホの『星月夜』の作品を 見る **につけ**、作家の偉大さをしみじみと感じさせられる。
  고흐의 「별이 빛나는 밤」 작품을 볼 때마다 작가의 위대함을 절실히 느낀다.

문장흐름

- 寒い**につけ**暑い**につけ**、外で仕事をする人たちは大変です。睡眠をよくとって、体調管理に十分気を配らなければなりません。
  춥든 덥든 바깥에서 일을 하는 사람들은 힘듭니다. 수면을 잘 취하고, 컨디션 관리에 충분히 신경을 쓰지 않으면 안 됩니다.

52 ～にともなって・～にともない [119] ~(함)에 따라

접속 동사의 기본형(る형), 명사 　　　　　　　　　　　～につれて[117]・～にしたがって N3 083

「～にともなって・～にともない」는 '~함에 따라, ~에 따라'라는 뜻으로, 한 쪽의 동작·작용·변화가 진행됨에 따라 다른 한 쪽의 동작·작용·변화도 진행됨을 나타낸다. 그리고 「～にともなう+명사(~에 따른 ~)」의 형태로도 출제될 수 있다. 戦争にともなう多大の犠牲(전쟁에 따른 많은 희생) 등과 같이 쓰인다. 동사 「伴う(따르다, 수반하다)」가 문법화된 표현이다.

☑ 急激な経済成長にともない、エネルギー消費量が 급격한 경제 성장에 따라 에너지 소비량이 　2012-2회

유형1 문법형식

- 現代の医学は進歩している。それにともなって、平均寿命が延びている。 04
  현대 의학은 진보하고 있다. 그에 따라 평균수명이 늘어나고 있다.

- この町でもどんどん人口が増加している。それにともなってスーパーや銀行もでき、便利になってきた。 01
  이 동네도 점점 인구가 증가하고 있다. 그에 따라 슈퍼마켓이나 은행도 생겨서 편리해졌다.

- 景気が回復するにともない失業率が下がってきた。
  경기가 회복함에 따라 실업률이 낮아졌다.

유형2 문맥배열

- その島は、森林の 減少に ★ともなって 鳥や 動物の数が減ってきている。 09
  그 섬은 삼림의 감소에 따라 새와 동물의 수가 줄어들고 있다.

- 都心の 人口増加 ★にともなう 住宅問題は 深刻化 している。 96
  도심의 인구 증가에 따른 주택 문제는 심각해지고 있다.

유형3 문장흐름

- 自動車事故の発生率の増加にともなって、死亡率も高くなっている。これには、飲酒運転によるスピードの出しすぎが大きく関係している。
  자동차 사고의 발생률 증가에 따라 사망률도 높아지고 있다. 이것에는 음주운전에 의한 과속이 크게 관계하고 있다.

53

〜に上る[120] ~에 달하다, ~에 이르다

접속 명사

동사「のぼる」는 다의어로 한자에 따라 여러 가지 뜻이 있다. 즉「上る(오르다, 올라가다, 상경하다, 달하다)」「昇る(오르다, 떠오르다)」「登る(오르다, 높은 곳으로 올라가다)」등이다. 여기서「上る」의 '달하다'가 문법화되어「〜に上る(~에 달하다)」라는 형태가 되었다. 또한 死者が千人にも上った(사망자가 천 명이나 되었다)와 같이 쓰이기도 한다. 이와 유사 표현인「〜に達する(~에 달하다)」도 함께 익혀두자.

✓ Y遊園地の昨年の入場者数は、1000万人に上った
　Y유원지의 작년 입장객수는 1000만 명에 달했다 [N2 2013-1회]

- 新聞社の調査によれば、1か月に1冊も本を読まない人が60％にのぼるそうだ。 09
  신문사의 조사에 따르면 한 달에 책을 한 권도 읽지 않는 사람이 60%에 이른다고 한다.

- 入院時の主な疾患は多様だが、肺炎が群を抜いていて多く、162人に上った。
  입원시의 주요 질환은 다양하지만, 폐렴이 특히 많아 162명에 달했다.

- 新しい水族館の来館者が3万人に達した。
  새로운 수족관의 방문객이 3만 명에 달했다.

- 発表したデータによると、児童のいる世帯で 母子のみの 家庭の割合は 約6.8%★に上る そうだ。
  발표한 데이터에 따르면 아동이 있는 세대에서 모자(만의) 가정의 비율은 약 6.8%에 이른다고 한다.

- これで一連の審査は終結し、逮捕や書類送検された 社員らは あわせて★ 62人 にのぼった。
  이것으로 일련의 심사는 종결되고, 체포나 서류 송청된 사원들은 합쳐서 62명에 이르렀다.

- 世界銀行の調査によれば、世界の出稼ぎ労働者数は2億人で、総人口の約3パーセントに上るとされます。また同調査によればインドは、世界一の送金受領国となっています。
  세계은행의 조사에 따르면 세계의 외화벌이 노동자수는 2억 명으로 총인구의 약 3%에 달한다고 합니다. 또한 같은 조사에 따르면 인도는 세계 제일의 송금 수령국가로 되어 있습니다.

54

～にほかならない [122] 바로 ~이다, ~임에 틀림없다

접속 동사의 진행형(ている형)+から, い형용사의 기본형+から, 명사

「～にほかならない」는 '바로 ~이다, ~임에 틀림없다'라는 뜻으로, '그것 이외의 어떤 것도 아니다, 바로 그것이다'라고 단정할 때 쓴다. 한정된 표현에 사용되므로 그냥 예문을 통해 익혀 두는 게 좋다. 즉「～」부분에는 「あらわれ(표현, 표출)・努力(노력)・～ているから(~하고 있기 때문에)」등이 자주 등장한다.

☑ 信頼できる仲間がいたからにほかならない 바로 신뢰할 수 있는 동료가 있었기 때문이다. **2015-2회**

유형1 문법형식

- このイベントが成功したのは、周囲の支援とメンバー全員の努力の結果にほかならない。 **09**
  이 이벤트가 성공한 것은 주위의 지원과 멤버 전원의 노력의 결과임에 틀림없다.

- 今回の失敗の原因は、準備不足にほかならない。 **03**
  이번 실패의 원인은 바로 준비 부족이다.

- 見舞いに来てくれたのは、彼の友情のあらわれにほかならない。 **96**
  병문안을 와 준 것은 그의 우정의 표현임에 틀림없다.

- 子どもをこんなに厳しく叱るのは、子どもの将来のことを心配するからにほかならない。
  아이를 이렇게 엄하게 야단치는 것은, 바로 아이의 장래를 걱정하기 때문이다.

유형2 문맥배열

- それは、みんなが 関心を 持って いるから にほかならない。 **00**
  그것은 바로 모두가 관심을 갖고 있기 때문이다.

- 彼に成功をもたらしたものは 日々の 努力に ほか ならない。 **93**
  그에게 성공을 가져다 준 것은 나날의 노력임에 틀림없다.

유형3 문장흐름

- 今回のストは、政府の政策に対する反発のあらわれにほかならない。政府は今回の事態を重く受け止め、真剣に議論するべきだ。
  이번 파업은 바로 정부 정책에 대한 반발의 표현이다. 정부는 이번 사태를 중대하게 받아들여, 진지하게 논의해야 한다.

55 〜ばかりに[127] ~바람에, ~탓에

접속 동사의 과거형(た형), い형용사의 기본형 등

「〜ばかりに」는 '~바람에, ~탓에'라는 뜻으로, '겨우 그 정도의 것이 원인이 되어 나쁜 결과가 되고 말았다'라는 뉘앙스가 들어 있다. 따라서 뒤에는 나쁜 결과를 나타내는 문장이 와서 말하는 사람의 후회나 유감 등의 심정을 나타내게 된다. 「동사의 과거형(た형)」에 접속한다. 이 밖에 い형용사나 희망의 조동사 たい에 붙어 화자의 희망이 절실하여 그것을 실현시키기 위해 평범하지 않은 행동을 한다는 뜻으로도 쓰인다. 예를 들어 大学に合格したいばかりに、問題用紙を盗んだらしい(대학에 합격하고 싶어서 문제지를 훔친 것 같다)와 같이 쓴다.

☑ 僕がミスをしたばかりに君にまで残業してもらうことになってしまって…
내가 실수를 한 바람에 너까지 잔업을 하게 돼서… 2010-1회

- よけいなことを言ったばかりに、クラス会の案内状作りを頼まれてしまった。 02
  쓸데없는 말을 한 탓에 학급회의 안내장 제작을 부탁받고 말았다.

- この仕事を選んだばかりに、今、苦労ばかりしている。 94
  이 일을 선택한 바람에 지금 고생만 하고 있다.

- ブランドバッグを手に入れたいばかりに、夏休みは一生懸命アルバイトをした。
  명품백이 갖고 싶어서 여름방학에는 열심히 아르바이트를 했다.

- パーティーの場所を 聞いた ★ばかりに 手伝いを 頼まれて しまった。
  파티 장소를 물어 본 바람에 도와 달라는 부탁을 받고 말았다. 98

- あまりよく考えないで仕事を 引き受けた ★ばかりに ひどい目 にあった。
  별로 잘 생각하지 않고 일을 맡은 바람에 혼쭐이 났다.

- 日本語を 生かした 仕事を したい ★ばかりに 彼は貿易会社に就職した。
  일본어를 살린 일을 하고 싶어서, 그는 무역회사에 취직했다.

- 一言冗談を言ったばかりに、彼女に嫌われてしまった。だけど、たったあれだけのことで嫌われるのなら、また仲良くなることはできないだろう。
  농담 한 마디를 한 탓에 그녀에게 미움을 사고 말았다. 하지만, 겨우 그만한 일로 미움을 산다면, 다시 사이가 좋아질 수는 없을 것이다.

56 〜べきだ / 〜べきではない [131] ~해야 한다 / ~해서는 안 된다

접속 동사의 기본형(る형)

「〜べきだ」는 '~해야 한다'라는 뜻으로, '~하는 것이 인간으로서의 의무다'라고 할 때 쓴다. 그리고 부정 표현인 「〜べきではない」는 '~해서는 안 된다, ~하는 것이 아니다'라는 뜻이다. 「동사의 기본형(る형)」에 접속하지만, する의 경우「するべき」와「すべき」모두 가능하다. 그 밖에「〜べき+명사(~해야 할[될] ~)」의 형태도 있는데「考えるべきこと(생각해야 할 일)」와 같이 쓰인다.

☑ 本人が気づくまで、もう何も言うべきではないのでしょうか
   본인이 알아차릴 때까지 이제 아무 말도 해서는 안 되는 걸까요? **2010-2회**

문법형식

- 約束は守るべきです。そうしないと、信用を失いますよ。 **08**
  약속은 지켜야 합니다. 그렇게 하지 않으면 신용을 잃어요.

- 大学院は自分で研究を進めるところだから、先生に頼ろうとするべきではない。 **04**
  대학원은 스스로 연구를 진행하는 곳이므로, 선생님에게 의지하려고 해서는 안 된다.

- 乗り物の中では、若者は老人に席をゆずるべきだ。 **93**
  차 안에서는 젊은이는 노인에게 자리를 양보해야 한다.

문맥배열

- 変えた方がよいところとそうでない ところ について さらに 検討するべきだ。 **99**
  바꾸는 편이 좋은 부분과 그렇지 않은 부분에 대해서 다시 검토해야 한다.

- 暴力行為は、どんな理由があっても 絶対に 許す べき ではない。 **91**
  폭력 행위는 어떤 이유가 있어도 절대로 용서해서는 안 된다.

문장흐름

- どんな理由があっても、絶対に人の物を盗むべきではない。生活に困っているなら、働くのが道理というものだ。
  어떤 이유가 있든 절대로 다른 사람의 물건을 훔쳐서는 안 된다. 생활이 힘들다면 일하는 것이 도리라는 것이다.

57

～べく [132] ~하고자, ~하기 위해

접속 동사의 기본형(る형)

「～べく」는 '~하고자, ~하기 위해'라는 뜻으로, 어떤 목적을 가지고 그렇게 했다고 말하고 싶을 때 사용한다. 접속은 「동사의 기본형(る형)」에 붙는데, 단 「する」는 「すべく」가 된다.

- 急いで帰る**べく**業務をこなしていても 서둘러 돌아가기 위해 업무를 처리하고 있어도 `2012-2회`

유형1 문법형식

- ウイルスの感染経路を明らかにす**べく**、調査が行われた。 `04`
  바이러스의 감염 경로를 밝히기 위해 조사가 실시되었다.

- 彼は1日も早く借金を返す**べく**、必死で働いている。
  그는 하루라도 빨리 빚을 갚기 위해 필사적으로 일하고 있다.

- 彼女たちが彼を失脚させる**べく**、画策したのだった。
  그녀들이 그를 실각시키기 위해 획책한 것이었다.

- その党は次の選挙で政権を奪還す**べく**準備を開始した。
  그 당은 다음 선거에서 정권을 탈환하고자 준비를 개시했다.

유형2 문맥배열

- 兄は 締め切りに 間に 合わせる **べく**、昼も夜も論文に取り組んでいる。 `98`
  형은 마감에 맞추기 위해 밤낮으로 논문에 몰두하고 있다.

- 雪山で 遭難した 青年を 救う **べく**、救援隊は山へと向かった。
  눈이 쌓인 산에서 조난당한 청년을 구하기 위해 구조대는 산으로 향했다.

- いったん立候補したら 選挙民の 心をつかむ **べく** あらゆる努力をしなければならない。
  일단 후보가 되면 민심을 사로잡기 위해 온갖 노력을 해야 한다.

유형3 문장흐름

- 今年の日本語能力試験N1に受かる**べく**、昼も夜も勉強に取り組んでいる。今年こそN1に受かって、就職活動の足しにしたい。
  올해 일본어 능력시험 N1에 합격하기 위해 밤낮으로 공부에 열중하고 있다. 올해야말로 N1에 합격해서, 구직활동에 보태고 싶다.

58 ～ほど / ～ほどだ[133] ~할 정도로, ~할 만큼 / ~할 정도이다

접속 동사의 보통형(る형·ない형·た형), い형용사의 기본형, な형용사의 연체형(な형), 명사   ～くらいだ 024

「～ほど」는 '~할 정도로, ~할 만큼'이라는 뜻으로, 응용 표현에 「～ほど～ない(~만큼 ~(것은) 없다)」가 있다. 이 표현은 어떤 상태가 어느 정도 그러한지를 강조해서 말하고 싶을 때 쓴다. 「～」에는 주로 화자의 의지를 포함하지 않는 동사나 동사의 「たい형」이 온다. 그 밖에 「～ほどの+명사(~만큼의 ~)」형도 잘 익혀 두자. 「あの人ほどの美人はいない(저 사람만큼의 미인은 없다)」 등과 같이 쓰인다.

- 希望の職につけるほど世間は甘くないらしい
  희망하는 직업을 갖게 될 만큼 세상은 호락호락하지 않은 것 같다 **2016-2회**

유형1 문법형식

- この料理はとても辛くて、体じゅうから汗が出るほどだ。 **08**
  이 요리는 너무 매워서 온몸에서 땀이 날 정도이다.

- 主婦のアイディアを採り入れた新製品は、おもしろいほどよく売れた。 **01**
  주부의 아이디어를 채용한 신제품은 즐거울 정도로 잘 팔렸다.

- あの人に助けてもらって、涙が出るほどありがたかった。 **93**
  저 사람이 구해줘서 눈물이 날 정도로 고마웠다.

유형2 문맥배열

- 聞いている人 すべてが 涙を 浮かべた★ ほど だった。 **04**
  듣고 있는 사람 모두가 눈물을 글썽일 정도였다.

- あの人は外国人だ という ことを かんじさせない★ ほど 日本語がじょうずだ。 **97**
  저 사람은 외국인이라는 것을 느끼지 못할 정도로 일본어를 잘한다.

- 先日起きた 事件 ほど ★ 人々に 恐怖感 を与えた事件はないだろう。 **95**
  일전에 일어난 사건만큼 사람들에게 공포감을 준 사건은 없을 것이다.

유형3 문장흐름

- 毎日仕事が忙しくてろくに昼食もとれないほどだが、体を壊してはいけないので、パンと牛乳だけでも食べるようにしている。
  매일 일이 바빠서 제대로 점심도 먹지 못할 정도지만, 건강을 해쳐서는 안 되기 때문에, 빵과 우유만이라도 먹도록 하고 있다.

59 ～ほどのことでは(じゃ)ない[134] ~할 만한 것은 아니다

접속 동사의 기본형(る형)

「～ほどのことでは(じゃ)ない」는 '~할 만한 것은 아니다'라는 뜻으로, '이미 충분히 예상하고 있었던 상황이라서 놀랄 정도의 일이 아니다, 그럴 만한 사항이 아니다'라는 것을 나타낸다. 보통 동사「驚く(놀라다)・自慢する(자랑하다)・報道する(보도하다)」등에 붙는다. 그밖에 「～ほどのことでもない(~할 만한 것도 아니다)」, 「～ほどのものでは(じゃ)ない(~할 만한 것은 아니다)」도 함께 알아두자.

- ☑ 怒るほどのことでもないのかもしれない 화낼 만한 일도 아닐지도 모른다 2014-2회
- ☑ 自慢するほどのことではないが 자랑할 만한 것은 아니지만 2010-2회

유형1 문법형식

- このような結果は十分予想できたことであり、驚くほどのことではない。 04
  이러한 결과는 충분히 예상할 수 있었던 일이며, 놀랄 만한 것은 아니다.

- 今日の勝利は自慢するほどのことではない。相手は今シーズン全敗してる人だから。
  오늘의 승리는 자랑할 만한 것은 아니다. 상대는 이번 시즌을 전패하고 있는 사람이니까.

- でも、そんなことはわざわざ大げさに報道するほどのことでもない。
  하지만, 그런 것은 일부러 과장되게 보도할 만한 것도 아니다.

- そのニュースはテレビで報道するほどのものではなかった。
  그 뉴스는 TV에서 보도할 만한 것은 아니었다.

유형2 문맥배열

- 既に「右肩上がり」という常識は 破綻している のだから 驚く★ ほどのこと ではない。
  이미 '오름세'라는 상식은 결딴이 났으므로 놀랄 만한 것은 아니다.

- 彼女の料理は悪くないよ。でも、すごい という ほどの★ もの じゃない。
  그녀의 요리 솜씨는 나쁘지 않아. 하지만 굉장하다고 할 만한 것은 아니야.

유형3 문장흐름

- 別に、骨にひびが入る程度、この祭りではすでに驚くほどのことではない。もっと重傷を負う人たちが毎年続出するのだから。
  딱히 뼈에 금이 가는 정도는 이런 축제에서는 이미 놀랄 만한 일은 아니다. 더 중상을 입는 사람들이 매년 속출하니까.

60 ～もさることながら [138] ~은 물론이거니와 (또)

접속 명사

「～もさることながら」는 '~은 물론이거니와 (또), ~도 무시할 수 없지만'이라는 뜻으로, '전자도 무시할 수 없으나, 후자도 중요하다'라는 뉘앙스이다. 즉 「AもさることながらB」의 형태로 'A는 물론 그렇지만, 동시에 (그것보다도) B'라는 의미를 나타낸다. 보통 상대의 생각 A에 대해 자기 의견을 말하는 표현으로 B에 중점을 둔, 즉 '어느 쪽인가 하면 A보다도 B의 쪽이'라는 완곡한 표현의 비교문형이 되는 경우가 많다.

☑ このドラマの人気は、ストーリーもさることながら 이 드라마의 인기는 스토리는 물론이거니와 **2013-1회**

유형1 문법형식

- 市や町の取り組みもさることながら、個人の心がけもやはり大切だ。
  시와 쵸의 대처는 물론이거니와 개인의 마음가짐도 역시 중요하다. **07**

- 政府や企業の対応もさることながら、消費者の態度も重要な要素となる。 **94**
  정부나 기업의 대응은 물론이거니와 소비자의 태도도 중요한 요소가 된다.

- 彼は英語の能力もさることながら、スポーツも万能だ。
  그는 영어 능력은 물론이거니와, 스포츠도 만능이다.

유형2 문맥배열

- 親の 希望も さることながら やはり 本人の 気持ちが 第一だろう。 **02**
  부모의 희망은 물론이거니와, 역시 본인의 마음이 제일일 것이다.

- 空腹や 寒さも さることながら 話せる 相手の いないことが 最もつらいことだった。 **98**
  배고픔과 추위는 물론이거니와, 이야기할 상대가 없다는 것이 가장 괴로운 일이었다.

- 就職先を決める 時は 仕事の 内容も さることながら、条件や 待遇も無視できない。
  직장을 정할 때는 업무 내용은 물론이거니와, 조건이나 대우도 무시할 수 없다.

유형3 문장흐름

- 鈴木選手が婚約を発表した。相手はなんと幼馴染だそうだ。あの選手は運動能力もさることながら、ハンサムなので、若い女性に人気がある。
  스즈키 선수가 약혼을 발표했다. 상대는 놀랍게도 소꿉친구라고 한다. 저 선수는 운동 능력은 물론이거니와, 잘생겨서 젊은 여성에게 인기가 있다.

콕콕 실전문제 11

問題1 次の文の（ ）に入れるのに最もよいものを、1・2・3・4から一つ選びなさい。

1　今では月間の応募者数は、100人（　　　）そうだ。¹²⁰
　　1　にのぼる　　　2　にわたる　　　3　を経る　　　4　をひかえる

2　期日に間に合わせる（　　　）、24時間体制で工事を進めた。¹³²
　　1　から　　　2　ので　　　3　べく　　　4　ゆえ

3　韓国は高金利の国で、このような利率も驚くほどの（　　　）らしい。¹³⁴·¹⁵¹·¹⁵³
　　1　わけではない　　　2　ようではない　　　3　ところではない　　　4　ことではない

4　彼が名選手になれたのは、努力（　　　）、優れた才能を持っていたからだ。¹³⁸
　　1　としたところで　　　　　　　2　にしたがって
　　3　もさることながら　　　　　　4　にいたっては

5　有名人の行動は、いい（　　　）悪い（　　　）話題にされる。¹¹⁶
　　1　でも／でも　　　2　とも／とも　　　3　につけ／につけ　　　4　にあり／にあり

6　私たちの町では、都市化（　　　）動植物の分布がずいぶん変わった。¹¹⁹
　　1　をめぐり　　　2　をたよりに　　　3　に対し　　　4　にともなって

7　彼の今度の入選は血のにじむような努力の結果（　　　）。¹²²·¹⁵¹
　　1　にほかならない　　　2　にともなわない　　　3　であたらない　　　4　でいられない

8　あなたが大声を出した（　　　）、子供が泣き出してしまった。¹²⁷·⁰⁵⁴
　　1　ばかりに　　　2　かぎりに　　　3　とおりに　　　4　ところに

9　業績不振の原因をさぐり、会社の再建をはかる（　　　）。¹³¹
　　1　ほどだ　　　2　ものだ　　　3　わけだ　　　4　べきだ

10　あの人はどこへ行っても必ずと言って（　　　）問題を起こす。¹³³·⁰⁶²
　　1　よさそうに　　　2　いいほど　　　3　いいように　　　4　いいものの

問題2 次の文の ___★___ に入る最もよいものを、1・2・3・4から一つ選びなさい。

11 津波により冷凍倉庫が流され素材がほとんど _____ _____ _____ _____。
   1 被害総額は   2 約5億円に上った   3 流出したほか   4 店舗も浸水し

12 この _____ _____ _____ _____、やむにやまれず筆を執った。
   1 べく   2 惨状を   3 訴える   4 なんとかして

13 売れ残りを原料として再利用することは食品業界ではあたりまえで _____ _____ _____ _____。
   1 なにも   2 驚く   3 ほどの   4 ことではない

14 美しい _____ _____ _____ _____、旅の楽しみはやっぱり食べることだ。
   1 ちょっとした   2 風景や   3 ことながら   4 冒険もさる

15 幼いころ私は何事 _____ _____ _____ _____ をしていた。
   1 のため   2 劣等感   3 につけ   4 ひねくれた考え

16 貨幣 _____ _____ _____ _____ 複雑になった。
   1 発展に   2 社会生活は   3 経済の   4 伴い

17 メンバーの連帯感が生まれたのは、達成すべき目的と _____ _____ _____ _____。
   1 にほかならない   2 いたから   3 目標が   4 はっきりして

18 私の家内は _____ _____ _____ _____ たいへん困った経験をした。
   1 ない   2 公的証明書が   3 ばかりに   4 写真入りの

19 体をこわしてまでダイエットを _____ _____ _____ _____。
   1 つづける   2 ない   3 べき   4 では

20 今回のテストの成績は、自分 _____ _____ _____ _____ ひどかった。
   1 なる   2 なさけなく   3 でも   4 ほど

問題3 次の文章を読んで、文章全体の趣旨を踏まえて、 21 から 25 の中に入る最もよいものを、1・2・3・4から一つ選びなさい。

　物語が関係づけるはたらきをもっているという点で、自と他との関係づけに加えて、自分の内部における関係づけのことも忘れてはならない。深層心理学的な発想で言えば、意識と無意識をつなぐものとしての物語の役割を認識することである。人間の内部では、通常にはたらかせている意識と共に、簡単には意識化できない心のはたらきも生じている。「私」と呼んでいる存在は、 21 どれほどの広がりや深さをもつか測りようもないが、一般には「私」は私自身のことを知っていると信じられている。しかし、身体のことを考えてみるとすぐわかるが、「私」は私の身体がどのようにはたらいているか、まったく知らない。 22 、それはうまく機能している。身体でも「私」がコントロールできたり、そのはたらきを認識している部分もある。心の方も、どうもこれと同様のことらしい。自分の知らない心のはたらきが生じて、それは全体としてうまく機能している。

　この全体的な統合が破綻すると、そのような人はわれわれ心理療法家を訪れてくる。ノイローゼの症状に悩むのなどは、その典型である。たとえば不潔恐怖症になると、 23 何度も手を洗わねばならない。通常の意識としては、そんな必要のないことがわかっているのだが、手を洗わないと気がすまない。無意識的な心のはたらきと通常の意識との折り合い(注1)をつけるために、どうしてもそのような強迫行為が必要になっている。

　これほど問題が深刻でない場合はどうなるか。たとえば、通常の意識としては、自分はある会社の課長であること、それが一般にどれほどの地位と思われているかもよく知っている。しかし、無意識の方は、自分が唯一無二でかけがえのない存在であること、地位や財産などとお構いなく絶対的な存在価値をもつ点を大いに強調したがっている。 24 、この両者をつなぐ「物語」が必要になる。その人なりにそれぞれの工夫があろうが、ある課長は、飲んで酔ってくると、自分が部長の誤りを指摘してこっぴどく(注2)やっつけたという「お話」——事実は 25 のだが——を必ずする、というようなことになる。この「物語」が彼の人格の統合に一役買っている。

（河合隼雄『物語を生きる』による）

（注1）折り合いをつける：関係をつける。
（注2）こっぴどく：非常にひどく。

21
1 ついに 2 まさか 3 どうやら 4 はたして

22
1 それからというもの 2 それはさておき
3 それにもかかわらず 4 それはそれは

23
1 何にしても 2 何はともあれ 3 何もかも 4 何かにつけて

24
1 一度 2 そこで 3 さっき 4 必ず

25
1 それほどでもない 2 それまでもない
3 これわけでもない 4 これはずもない

문제해결 키워드

- **〜につけて** N1 116 ~할 때마다
  何かにつけて 무슨 일이 있을 때마다 (13行)

- **〜に加えて** ~에 더하여
  自と他との関係づけに加えて
  자신과 타자와의 관계 맺음에 더하여 (11行)

- **〜における** N2 107 ~에서의
  自分の内部における 자기 내부에서의 (01行)

- **〜てはならない** ~해서는 안 된다
  忘れてはならない 잊어서는 안 된다 (02行)

- **〜として** N1 081 ~로서
  意識と無意識をつなぐものとしての
  의식과 무의식을 연결하는 것으로서의 (03行)
  通常の意識としては 통상의 의식으로서는 (13行・16行)

- **〜とともに** ~와 함께
  意識と共に 의식과 함께 (04行)

- **〜ようもない** N1 150 ~할 수도 없다
  測りようもないが 잴 수도 없지만 (05行)

- **〜にもかかわらず** N1 102 ~인데도 불구하고
  それにもかかわらず 그럼에도 불구하고 (07行)

- **〜ねばならない** N2 127 ~해야 한다
  手を洗わねばならない 손을 씻어야 한다 (13行)

- **〜なりに** N2 105 ~나름대로
  その人なりに 그 사람 나름대로 (20行)

- **〜(よ)うが** N1 006 (설령) ~하더라도
  工夫があろうが 연구가 있더라도 (20行)

61

〜もの・〜もん 140 ~걸 뭐, ~한 걸

접속 동사의 과거형(た형)·たい형+のだ, い형용사·な형용사의 부정형·과거형+のだ 등

「〜もの」는 '~걸 뭐, ~한 걸'이라는 느낌의 표현이다. 이것은 구어체로 이유를 설명하는 종류의 문장 끝에 써서, 그런 이유를 말하는 기분이나 생각을 상대방이 잘 이해해 주기를 바랄 경우에 쓴다. 「**だって、〜もの**(그야, ~걸 뭐, ~란 말야)」 「**でも、〜もの**(하지만, ~한 걸)」의 형태로 쓰이는 경우가 많다. 여자나 아이들이 많이 쓰며, 「〜もん」으로 쓰는 경우도 많다.

☑ 難しくて全然わかんないんだ**もん** 어려워서 전혀 모르겠는걸 **2014-1회**

유형1 문법형식

- A 「どうして来なかったのだい。」
  B 「**だって**、行きたくなかったんだ**もん**。」
  A 왜 오지 않았어?
  B 그야, 가고 싶지 않았단 말야.

- A 「全部食べなさい。」
  B 「**でも**、おいしくないんだ**もん**。」
  A 전부 먹어라.
  B 하지만 맛이 없는 걸요.

- わたし、姉です**もの**。妹の心配をするのは当たり前でしょう。
  나는 언니인 걸요. 여동생을 걱정하는 것은 당연하잖아요.

유형2 문맥배열

- 彼にはいささかきつい冗談だったようだ。彼は本気でおこってしまった **もの**。
  그 사람에게는 약간 심한 농담이었던 모양이야. 그는 진짜로 화내고 말았는 걸.

- 借りたお金は返しておきました。もらいっぱなしでは いやだ **もの**。
  빌린 돈은 갚았어요. 받은 채로 지내는 것은 싫은 걸요.

유형3 문장흐름

- でも、**お会いしたかったんですもの**。両親には止められたけれど、どうしても会いたくて、ここまで来てしまいました。
  하지만 만나고 싶었던 걸요. 부모님은 말렸지만 꼭 만나고 싶어서 여기까지 오고 말았어요.

62 〜ものがある ~하는 데가 있다, 상당히 ~하다

접속 동사의 기본형(る형), い형용사의 기본형, 〜べき

「〜ものがある」는 '~하는 데가 있다, 상당히 ~하다'라는 뜻이다. 이 표현은 화자가 어떤 사실에서 느낀 것을 감정을 담아 말할 때 사용하는 것으로, 「〜」에는 주로 화자의 감정을 나타내는 말이 온다. 보통 「〜ことがある」와 비교를 하는데, 「〜ことがある」는 「동사의 과거형(た형)」에 붙을 경우에는 '~한 적이 있다'라는 경험의 뜻을 나타내고, 「동사의 기본형(る형)」에 붙을 경우에는 '~할 경우가 있다'라는 뜻을 나타낸다.

☑ マスメディアに与えた影響は少なからぬ**ものがある** 매스미디어에 끼친 영향은 적지 않은 데가 있다 **2013-1회**

유형1 문법형식

- 彼女の演奏には、人の心を動かす**ものがある**。 **02**
  그녀의 연주에는 사람의 마음을 움직이게 하는 데가 있다.

- 彼は、性格は別として絵の才能には見るべき**ものがある**。 **99**
  그는 성격은 차치하고 그림에 대한 재능은 볼만한 것이 있다.

- ストーリーは単純だが、この小説には妙に情に訴える**ものがある**。
  이야기는 단순하지만, 이 소설에는 묘하게 정에 호소하는 데가 있다.

유형2 문맥배열

- こんな単純な作業を 3時間も 続ける のは つらい★ ものがある。 **08**
  이런 단순 작업을 3시간이나 계속하는 것은 상당히 고통스럽다.

- この1年の彼の 成長ぶり には めざましい★ ものがある。
  요 1년 동안의 그의 성장 모습에는 눈부신 데가 있다.

- この子のサッカーの才能には 注目する べき ものが★ ある。
  이 아이의 축구에 대한 재능은 주목해야 할 데가 있다.

유형3 문장흐름

- スポーツには、勝負を超えて人々の**感動を誘うものがある**。全力を尽くして戦う姿が、私たちの胸を打つのだ。
  스포츠에는 승부를 넘어 사람들의 감동을 이끌어내는 데가 있다. 전력을 다해 싸우는 모습이, 우리들의 심금을 울리는 것이다.

63 〜ものと思われる / 〜ものとは思えない

~라고 여겨지다/~라고는 여겨지지 않는다

접속 동사의 기본형(る형)·과거형(た형) 등

「〜ものと思われる/〜ものとは思えない」는 '~라고 여겨지다/~라고는 여겨지지 않는다'라는 뜻이다. 이것은 동사 「思える・思われる(여겨지다, 생각되다)」와 부정형 「思えない・思われない(여겨지지 않다)」가 앞의 「ものと(は)」와 연결되어 문법화된 것이다.

- 海底のより詳細な地質構造が明らかになるものと思われる
  해저의 보다 상세한 지질 구조가 명백해지리라 여겨진다 `2016-2회`

유형1 문법형식

- 今回の調査で事故の原因が明らかになるものと思われる。 `09`
  이번 조사로 사고 원인이 명백해지리라 여겨진다.

- 泥棒はおそらくこの窓から入ったものと思われます。
  도둑은 아마 이 창문으로 들어왔다고 여겨집니다.

- もともと河川の流域は森林、湿地帯に囲まれ、河川は蛇行した流れをしていたものと思われる。
  원래 하천인 유역은 삼림, 습지대에 둘러싸여 하천은 꾸불꾸불한 흐름을 하고 있었다고 여겨진다.

유형2 문맥배열

- その話は必ずしも実際の 体験を そのまま 伝えた ものとは 思えなかった。 `90`
  그 이야기는 반드시 실제 체험을 그대로 전했다고는 여겨지지 않았다.

- 前日の午後6時半ごろには異常がなかったので、夜半に 実行された ものと 思われる。
  전날 오후 6시반 쯤에는 이상이 없었기 때문에, 한밤중에 실행되었다고 여겨진다.

유형3 문장흐름

- 国民の多くが、生活の中で重点を置く分野として第一にレジャー・余暇活動をあげていることからすれば、この分野を充実していくことが国民生活をより豊かなものにしていく上で、今後ますます重要な課題になるものと思われる。
  국민의 대다수가 생활 속에서 중점을 두는 분야로서 첫째로 레저·여가 활동을 거론하고 있는 것을 보면, 이 분야를 충실히 해 나가는 것이 국민 생활을 보다 윤택하게 해 나가는 데 있어서, 앞으로 점점 중요한 과제가 되리라 여겨진다.

64 〜ものを ¹⁴⁷ ~인데, ~일 텐데, ~인 것을

접속 동사의 기본형(る형)·과거형(た형)·부정형(ない형), い형용사의 기본형·과거형

「〜ものを」는 '~인데, ~일 텐데, ~인 것을'이라는 뜻으로, 기대와는 달라져버린 현실을 안타까워하거나 불만으로 여길 때 쓴다. 의심이나 원망, 비난, 후회, 유감 등을 담아 말하는 경우가 많다. 「〜ものを、〜」와 같이 문장 중간에 오는 형태와 「〜ものを。」와 같이 문장 끝에 오는 형태가 있다.

☑ 素直に「ごめん」と 謝ればいいものを 솔직하게 '미안해'라고 사과하면 될 텐데 **2014-2회**

유형1 문법형식

- 検査を受けていればすぐに治ったものを、痛みを我慢して検査に行かなかったことが悔やまれる。 **06**
  검사를 받았더라면 바로 나았을 텐데, 아픈 것을 참고 검사하러 가지 않았던 것이 후회된다.

- 電話をくだされば車でお迎えにまいりましたものを。 **99**
  전화를 주셨더라면 차로 마중하러 나갔을 텐데.

- 知っているなら教えてくれればいいものを、彼は全然言ってくれなかった。
  알고 있으면 가르쳐 주면 좋을 텐데, 그는 전혀 말해 주지 않았다.

유형2 문맥배열

- もう少し早く 病院に 行けば 助かった ものを 放っておいたので、手遅れになってしまった。 **95**
  좀더 빨리 병원에 갔더라면 살았을 텐데 내버려둬서 때를 놓치고 말았다.

- だれかに相談すれば 簡単に 解決できた ものを どうして 一人で 悩んでいたのだろう。 **92**
  누군가에게 의논하면 간단하게 해결되었을 텐데 왜 혼자서 고민하고 있었을까?

- たいへんなら、だれかに 手伝って もらえば いい ものを。
  힘들면 누군가한테 도움을 받으면 좋을 텐데.

유형3 문장흐름

- 彼は口が軽くて困る。そのまま黙っていればいいものを、結局正直に白状してしまった。おかげでこっちは相手に弱点を掴まれて、身動きが取れなくなってしまった。
  그는 입이 가벼워 곤혹스럽다. 그대로 잠자코 있으면 좋을 텐데, 결국 정직하게 자백해 버렸다. 덕분에 우리는 상대에게 약점을 잡혀 옴짝달싹 할 수 없게 되었다.

65 〜ようによっては[152] ~하기에 따라서는

접속 동사의 연용형(ます형)

「〜ようによっては」는 '~하기에 따라서는'이라는 뜻으로,「〜よう(様)」는 동사의 연용형(ます형)을 받아 '~하는 방법'이라는 뜻을 나타낸다. 이와 유사한 표현으로「〜方」가 있다. 즉「仕様・仕方(방법, 사양)」라는 뜻이며, 여기에「〜によっては」가 붙어 문법화된 것이다.

- ☑「毒も使いようによっては薬になる」と言われている '독도 사용하기에 따라서는 약이 된다'고들 한다 **2012-1회**
- ☑ 考えようによっては、外国語を話すよりも難しい 생각하기에 따라서는 외국어를 말하는 것보다 어렵다 **2012-1회**

- やりようによっては、その仕事はもっと簡単に済ませることができる。 **01**
  하기에 따라서는, 그 일은 더 간단하게 끝마칠 수 있다.

- この古新聞も、使いようによっては何かの役に立つのではないかと思いますが。 **93**
  이 오래된 신문도 사용하기에 따라서는 뭔가 도움이 되지는 않을까 생각합니다만.

- その仕事はやりようによっては、とても素晴らしいものになるだろう。
  그 일은 하기에 따라서는, 아주 멋진 것이 될 것이다.

- 考え <u>ように</u> <u>よっては</u> 彼らの人生も <u>幸せだった</u> と言えるかもしれない。
  생각하기에 따라서는 그들의 인생도 행복했다고 말할 수 있을 지도 모른다.

- やり <u>ように</u> <u>よっては</u> かなり のものまで 作成できると思います。
  하기에 따라서는, 상당한 것까지 작성할 수 있다고 생각합니다.

- どんな 道具も 使いよう によっては 便利にも 危険にもなります。
  어떤 도구든 사용하기에 따라서는 편리하게도 위험하게도 됩니다.

- 彼らのこのような態度は、したがって**取りようによっては**横柄とも傲慢とも映りかねないものである。
  그들의 이와 같은 태도는, 그러므로 해석하기에 따라서는 건방지다고도 오만하다고도 비춰질지 모른다.

66 ～を受けて ~을 받아

접속 명사

동사「受ける」는 다의어로 '받다, 입다, 시인하다, 당하다, 치르다, 향하다' 등의 뜻을 나타낸다. 이 중에서 '받다'가 문법화되어「～を受け(て)」의 형태로 행위나 상태의 변화를 나타내는 명사에 붙어 '~을 받아'라는 표현이 되었다.

- 景気の回復傾向を受けて 경기 회복의 경향을 받아 **2014-2회**
- 燃料価格の高騰を受けて運賃を値上げした 연료가격의 폭등을 받아 운임을 인상했다 **2011-2회**

유형1 문법형식

- 円安基調の定着や米国などを中心とした海外景気の回復を受けて、輸出は今後も緩やかな増加基調を辿るとみられる。
  엔저 기조의 정착이나 미국 등을 중심으로 한 해외 경기의 회복을 받아, 수출은 앞으로도 완만한 증가기조를 걸으리라 보여진다.

- 米国経済の循環的な回復を受けて企業の生産活動や輸出が徐々に持ち直してくると見られる。
  미국 경제의 순환적인 회복을 받아 기업의 생산활동이나 수출이 서서히 회복될 거라고 보여진다.

유형2 문맥배열

- 消費税率引き上げの 影響を受けて 景気回復の ★ ペースが鈍った ことが雇用者数の伸び悩み要因として一時的に作用したと考えられる。
  소비세율 인상의 영향을 받아 경기 회복의 진행 속도가 둔해진 것이 고용자수의 제자리걸음 요인으로서 일시적으로 작용했다고 생각된다.

유형3

- 以上の需要動向を受けて、生産活動は2015年からの回復傾向が年後半にかけてより鮮明となり、年間ではプラスとなった。雇用は2015年と同様に、有効求人倍率、新規求人数がともに上昇し、失業率も緩やかに低下するなど、雇用情勢は改善傾向で推移した。
  이상의 수요동향을 받아, 생산활동은 2015년부터의 회복 경향이 그 해 후반에 걸쳐서보다 선명해져 연간 흑자가 되었다. 고용은 2015년과 마찬가지로 유효구인배율(전체 구인 수에서 직업을 구하는 사람을 나눈 것), 신규 구인수가 함께 상승하여 실업률도 완만하게 저하하는 등, 고용정세는 개선 경향으로 변해갔다.

67 〜を限りに・〜を最後に 〜을 마지막으로(끝으로)

접속 명사

「〜を限りに・〜を最後に」는 '〜을 마지막으로(끝으로)'라는 뜻으로, 지금까지 계속되어 온 일이 앞으로는 더 이상 계속되지 않게 됨을 나타낸다. 「〜を限りに」는 '〜의 한계까지'라는 뜻도 있는데, 관용적인 표현으로 「声をかぎりに(목청껏)」가 있다.

- ☑ おととしの全日本大会優勝を最後に、競技から離れていた
  재작년의 전일본대회 우승을 마지막으로 경기에서 떠나 있었다 **2014-1회**

- 昨日の講義を限りに、山田教授は大学を定年退官した。
  어제 강의를 끝으로 야마다 교수님은 대학을 정년 퇴임했다.

- 懸賞の申し込みは本日をかぎりに終了します。
  현상 신청은 오늘을 끝으로 종료하겠습니다.

- 先週を最後に水遊びが終了しました。お家やお外のプールとはまた違った雰囲気を味わっていただけたことと思います。
  지난주를 마지막으로 물놀이가 종료되었습니다. 집이나 야외 수영장과는 또 다른 분위기를 맛보셨으리라 생각합니다.

- きょうのサッカーの 試合の 中継放送を かぎりに 引退 した。 **97**
  오늘 축구 시합 중계방송을 끝으로 은퇴했다.

- WBCが 2017年の大会 を最後に 消滅する 可能性がある とアメリカのメディアが報じた。
  WBC가 2017년 대회를 마지막으로 소멸될 가능성이 있다고 미국의 매체가 보도했다.

- 突風にあおられ、乗っていたボートが沖に流されてしまった。三人は大きく手を振りながら声をかぎりに叫び、助けを求めた。
  돌풍에 뒤흔들려 타고 있던 보트가 앞바다로 떠내려가 버렸다. 세 사람은 크게 손을 흔들며 목청껏 소리쳐 구조를 요청했다.

68 ～を契機に・～を機に [157] ~을 계기로

접속 동사의 기본형(る형)·과거형(た형)+の, 명사   ～をきっかけに N3 119

「～を契機に・～を機に」는 '~을 계기로'라는 뜻으로, 「入学(입학)・就職(취직)」 등 사건이나 동작을 나타내는 명사에 붙어 '뭔가의 사건이 계기나 전환점이 되어'라는 뜻을 나타낸다. 비슷한 표현에 「～を契機として・～をきっかけに N3 119」가 있다. 또한 「契機(계기)」 단독으로 사용되기도 한다.

☑ 開業90周年を迎えるのを機に 개업 90주년을 맞이하는 것을 계기로   2010-2회

유형1 문법형식

- これを契機に、もっと健康に気をつけて生活しようと決心した。 07
  이것을 계기로 좀더 건강에 조심해서 생활하려고 결심했다.

- 転職を機に、何か新しい技術領域へチャレンジをしたいと考えていますが、可能でしょうか。
  이직을 계기로 뭔가 새로운 기술영역에 도전하고 싶다고 생각하고 있는데 가능할까요?

- この発見は遺伝子治療の研究を前進させる大きな契機となった。
  이 발견은 유전자 치료 연구를 전진시키는 큰 계기가 되었다.

유형2 문맥배열

- 会社名が 変わる のを 契機に★ 社員の制服も 新しくすることが決められた。 05
  회사명이 바뀌는 것을 계기로, 사원의 유니폼도 새로 하기로 결정되었다.

- 病気に なった のを★ 契機に、酒もたばこもやめた。
  병에 걸린 것을 계기로 술도 담배도 끊었다.

- これを 契機に アメリカ史の 知識を★ 深めたい と思います。
  이것을 계기로 미국 역사의 지식을 깊게 하고 싶습니다

유형3 문장흐름

- 第一線で活躍する女性が結婚を機にワークライフバランスの取れる職種への転身するべきかどうか、転職のプロに話を伺いました。
  제일선에서 활약하는 여성이 결혼을 계기로 일과 생활의 조화를 이룰 수 있는 직종으로 직업을 바꿔야 할지 말지, 이직 전문가에게 이야기를 여쭈었습니다.

69 〜を〜とする / 〜を〜として[158]

①~을 ~로 하다 ②~을 ~라고 하다 / ①~을 ~로서(~로 삼아) ②~을 ~라고 해서

접속 명사+を 명사+とする

「〜を〜とする」는 '①~을 ~로 하다', 「〜を〜として」는 '①~을 ~로서, ~을 ~로 삼아'라는 뜻이다. 「AをBとする(として)」라는 형태로 어떤 행동이나 장면에서 A는 B라고 말하고 싶을 때 쓴다. 또 조사 と의 의미를 살려 '②~을 ~라고 하다/~을 ~라고 해서'의 의미로도 쓰인다. 그 밖에 「〜を〜とした+명사(~을 ~로 한~)」「〜を〜にして(~을 ~로 해서)」라는 표현도 있으므로 잘 익혀 두자. 대표적인 예로 人類の平和を主題とした小説(인류의 평화를 주제로 한 소설), 孫のえりちゃんを話し相手にして(손녀인 에리를 말동무로 삼아) 등이 있다.

☑ 突然の解雇を不当として 갑작스런 해고를 부당하다고 해서 **2010-1회**

- 山田教授を隊長とする探検隊がブラジルのアマゾンに向けて出発した。
  야마다 교수를 대장으로 하는 탐험대가 브라질의 아마존을 향해 출발했다.

- 研修会に、山田氏を代表として参加の申し込みをした。
  연수회에 야마다 씨를 대표로 삼아 참가 신청을 했다.

- たまたま国際親善を目的とする集まりがあったので、彼女を誘った。
  때마침 국제친선을 목적으로 하는 모임이 있어서 그녀를 불렀다.

- 投票の結果、山田氏を 会長 **とする** ことに 決定した。 **00**
  투표 결과, 야마다 씨를 회장으로 하기로 결정했다.

- 田中氏 を 委員長 **にして** 委員会が 構成された。
  다나카 씨를 위원장으로 해서 위원회가 구성되었다.

- その活動は、科学や科学技術の普及、啓蒙であり、人びとが現在の科学や科学技術のあり方をよしとして応援してくれるようになることを目的としています。
  그 활동은 과학이나 과학기술의 보급, 계몽이며 사람들이 현재의 과학이나 과학기술 방식을 좋다고 하며 응원해 주게 되는 것을 목적으로 하고 있습니다.

70 ～をよそに ～을 무시하고, ~을 아랑곳하지 않고

접속 명사

「～をよそに」는 '~을 무시하고, ~을 아랑곳하지 않고'라는 뜻이다. '어려운 상황에도 포기하지 않고 무언가에 용감하게 맞서다'라는 뜻으로, 말하는 사람 자신의 행위에는 쓸 수 없다. 「よそ」에는 '무관심·남의 일'이라는 뜻이 있는데 여기서 나온 문법이다. 그러므로 '~을 무시하고, ~을 남 일처럼'이라는 의미가 있다. 「～を顧みず」(~을 아랑곳하지 않고)나「～に(も)かまわず」(~에(도) 상관없이)와도 비슷한 표현이다.

☑ 車内の混雑をよそに、平然とノートパソコンを広げて、作業に没頭していた
　차내 혼잡을 아랑곳하지 않고, 태연히 노트북을 펼쳐 작업에 몰두하고 있었다　**2016-2회**

- 親の期待をよそに、子供たちは毎日ゲームに熱中している。 **04**
  부모의 기대를 무시하고 아이들은 매일 게임에 빠져 있다.

- 田中さんは周囲の心配をよそに、ヨットで長い航海に出た。 **97**
  다나카 씨는 주위의 걱정을 아랑곳하지 않고 요트로 긴 항해에 나섰다.

- あの子は教師の忠告をよそに、相変わらず悪い仲間とつきあっている。 **95**
  그 아이는 교사의 충고를 무시하고 여전히 나쁜 친구와 만나고 있다.

- あの人は 周囲の 心配を よそに 好き勝手に 振る舞っている。 **07**
  그 사람은 주위의 걱정을 아랑곳하지 않고 제멋대로 행동하고 있다.

- 住民の反対運動が 盛り上がる のを よそに 高層ホテルの 建設工事はどんどん進められた。 **00**
  주민의 반대 운동이 고조되는 것을 아랑곳하지 않고 고층호텔의 건설공사는 착착 진행되었다.

- 親の 心配を よそに 遊んで ばかり いる。 **92**
  부모의 걱정을 아랑곳하지 않고 놀고만 있다.

- その地域に原子力発電所を作る危険性について、様々な意見が出されていた。それにもかかわらず、**住民の不安をよそに原子力発電所の建設は進められた。**
  그 지역에 원자력 발전소를 만드는 위험성에 대해 다양한 의견이 나왔다. 그럼에도 불구하고, 주민들의 불안을 아랑곳하지 않고 원자력 발전소 건설은 추진되었다.

콕콕 실전문제 12

問題 1 次の文の（　）に入れるのに最もよいものを、1・2・3・4から一つ選びなさい。

1 最近では景気の回復傾向（　　　）、大学生の就職率も上昇している。
   1 に限って   2 を受けて   3 にわたって   4 を含めて

2 どうしてタケル君が私を選んでくれたのか、全然（　　　）。
   1 わからないんだもん   2 わからないもんか
   3 わからないんだっけ   4 わからないからって

3 汽車が遅れなければ、父の死に目に間に合った（　　　）、残念なことをした。
   1 ものでも   2 ものだから   3 ものを   4 ものなら

4 この問題について、話し（　　　）によっては5分で終わってしまうこともある。
   1 さま   2 ふう   3 むけ   4 よう

5 鈴木選手は昨年12月の全日本選手権大会優勝（　　　）、現役を引退した。
   1 を最後に   2 を皮切りに   3 にあたって   4 に沿って

6 地域住民の不安を（　　　）、原子力発電所の建設は強行された。
   1 よそに   2 ほかに   3 そとに   4 あとに

7 韓国国民の日本に対する反感や対抗心はまだ根強い（　　　）。
   1 ほかはない   2 ことである   3 ものがある   4 わけではない

8 今回の事件を（　　　）人々の安全に対する危機意識が高まった。
   1 めぐって   2 中心として   3 越えて   4 契機に

9 今後とも社会の各般にわたってインターネット取引が本格的に（　　　）。
   1 なるものと思われる   2 なるわけにはいかない
   3 なってやまない   4 なってみせる

10 選挙の結果、佐藤氏を新会長と（　　　）ことに決定した。
   1 なる   2 する   3 える   4 とる

11 言いたいことがあれば、言えばよさそうな（　　　）、どうして言わないのだろう。
   1 ものを   2 ばかりに 3 ほどを   4 ように

12 いよいよ決勝戦、ぼくたちは、応援席から声を（　　　）選手たちに声援を送った。
   1 かぎって 2 ばかりに 3 かぎりに 4 しまって

13 間近に控えた入試（　　　）、彼は遊んでばかりいる。
   1 をよそに 2 はおろか 3 によらず 4 はもとより

14 1人で過ごすクリスマスは、さびしい（　　　）。
   1 ほかはない 2 ことである 3 わけではない 4 ものがある

15 いっしょに行ってくれない？ 一人で行くのはこわい（　　　）。
   1 そう   2 はず   3 こと   4 もの

問題2 次の文の ＿＿★＿＿ に入る最もよいものを、1・2・3・4から一つ選びなさい。

16 対応がもっと ＿＿＿ ＿＿＿ ＿★＿ ＿＿＿、救助が遅れて被害が広がった。
   1 早ければ 2 すんだ   3 被害は少なくて 4 ものを

17 ＿＿＿ ＿＿＿ ＿★＿ ＿＿＿ は、原子爆弾にもなる。
   1 作りよう 2 によって 3 エネルギーも 4 原子力の

18 今回の ＿＿＿ ＿＿＿ ＿★＿ ＿＿＿ 省エネにどのように取り組んでいたのであろうか。
   1 受けて   2 高騰を   3 中小企業は 4 原油価格の

19 だって、役のためにヘルメットをかぶったら _____ _____ __★__ _____。140

　1　もの　　　　　2　もう髪型を　　　3　直すことは　　　4　できないんだ

20 二次会のカラオケでは _____ _____ __★__ _____ 2時間だった。156

　1　皆声を　　　　2　あっという間の　3　限りに　　　　　4　歌い

21 彼女は、_____ _____ __★__ _____、飾り気一つない粗末な黒い服を着て、毎日研究所に通った。160

　1　世間の　　　　2　をよそに　　　　3　賞賛　　　　　　4　尊敬と

22 最近の女性の _____ _____ __★__ _____。142

　1　ものがある　　2　進出には　　　　3　社会への　　　　4　めざましい

23 今回の _____ _____ __★__ _____ 農薬分析が求められるようになった。157

　1　事件を　　　　2　対する　　　　　3　加工食品に　　　4　機に

24 山田家の客間に飾ってある皿ともなれば、彼女の _____ _____ __★__ _____。144

　1　ものとは　　　2　思えなかった　　3　弁償できる　　　4　小遣いで

25 この財団は、若い _____ _____ __★__ _____ ものです。158

　1　目的として　　2　設立された　　　3　育てることを　　4　芸術家を

問題3 次の文章を読んで、文章全体の趣旨を踏まえて、26 から 30 の中に入る最もよいものを、1・2・3・4から一つ選びなさい。

　　近年の中国の近代化の速さには見張るものがあります。 26 、その一方で、経済成長過程の負の資産とも言える環境問題が一層深刻になっています。
　　例えば、中国では一次エネルギーの70%程度を石炭に依存していますが、石炭中の硫黄含有量が非常に多いため、燃料に伴い硫黄酸化物が大量に発生し、大気汚染や酸性雨の原因となっています。
　　このような 27 、中国政府は環境保護を重要な行政課題と定め、環境保護を担当する行政機構の強化、環境保護に関する計画の策定、関連法制度の拡充、環境保護産業の育成、ISO14000認証取得の奨励など、種々の環境保護政策に取り組んでいます。
　　 28 、急速な経済成長に対して、広大な国土を有する中国政府の環境対策は未だ十分には追いついていないのが実情です。
　　一方、ある国の環境問題は 29 、国境や海を超えて周辺諸国を中心とする他国の経済・社会にまで影響を及ぼす地球環境の問題であり、日本にとっての問題でもあります。日本は高度成長期からこの分野の経験を蓄積しているため、これらをうまく活用することができれば、日中のみならず世界全体の環境問題の改善に大いに意義のあることと言えます。
　　日本政府は中国政府の自助努力を支援することにより、ひいては 30 重要である世界全体の持続可能な開発に貢献することを対中環境ODAの基本的な姿勢としています。また、協力に当たっては中国側との話を重視しています。

(HP:www.mofa.go.jp による)

26
1　さらに　　　2　すなわち　　　3　それどころか　　　4　しかし

27
1　状況ときたら　　2　状況のもとに　　3　状況となると　　4　状況のあげく

28
1　さながら　　　2　それとも　　　3　しかしながら　　　4　なるほど

29
1　その国のみにて　　　　　　2　その国のみならず
3　その国まででなく　　　　　4　その国までも

30
1　日本にとっても　2　日本によっても　3　日本に対しても　4　日本についても

📝 문제해결 키워드

- **〜ものがある** N1 142　〜하는 데가 있다
  近代化の速さには見張るものがあります
  근대화의 속도에는 눈이 휘둥그레지는 데가 있습니다 (01行)

- **〜と言える** N1 072　〜라고 할 수 있다
  経済成長過程の負の資産とも言える
  경제 성장 과정의 마이너스 자산이라고도 할 수 있는 (01行)
  大いに意義のあることと言えます
  크게 의의가 있는 것이라고 할 수 있습니다 (14行)

- **〜に伴い** N1 119　〜(함)에 따라
  燃料に伴い硫黄酸化物が大量に発生し
  연료에 따라 유황산화물이 대량으로 발생하여 (04行)

- **〜のもとに**　〜하에
  このような状況のもとに　이러한 상황 하에 (06行)

- **〜に関する** N1 104　〜에 관한
  環境保護に関する計画　환경보호에 관한 계획 (07行)

- **〜に対して** N1 113　〜에 대해, 〜에게

- しかしながら、急速な経済成長に対して
  그렇지만 급속한 경제 성장에 대해 (09行)

- **〜のみならず** N1 124　〜뿐만 아니라
  その国のみならず　그 나라뿐만 아니라 (11行)
  日中のみならず世界全体の環境問題
  일본과 중국뿐만 아니라 세계 전체의 환경 문제 (14行)

- **〜にとって** N1 118　〜에게 있어서
  日本にとっての問題でもあります
  일본에게 있어서의 문제이기도 합니다 (12行)
  ひいては日本にとっても重要である
  더 나아가서는 일본에게 있어서도 중요한 (16行)

- **〜に当たっては**　〜할 때에는
  協力に当たっては　협력할 때에는 (18行)

- **〜どころか** N2 087　〜은커녕

- **〜ときたら**　〜로 말할 것 같으면, 〜은

- **〜(た)あげく** N2 001　〜한 끝에

N1 문법 40

2010년부터 지금까지 출제된 일본어 능력시험 N1 기출문법을 철저히 분석하여 앞으로 출제 가능성이 높은 출제3순위 문법 40개를 선정하였다. 접속 및 쓰임새를 잘 파악하여 시험에 대비하자. 기능어 우측의 숫자는 부록 「일본어 능력시험 N1 문법 출제표」의 번호를 나타낸다.

01 〜(よ)うとする[007] ~하려고 하다

접속 동사의 의지형(よう・う형)

「〜(よ)うとする」는 '~하려고 하다'라는 뜻으로, 의지적인 행위를 나타내는 동사에 붙어서 그 행위가 시도되었지만, 아직 달성되지 않았을 때나 어느 행위가 시행되기 직전이라는 것을 표현할 때 쓰인다. 간혹 자연현상 등 무의지적인 사건을 나타내는 동사에 붙는 경우도 있지만, 이 때는 그 사건이 일어나기 직전이라는 것을 나타낸다. 예를 들면 冬が終わりを告げようとしている(겨울이 마지막을 알리려고 하고 있다), ドアが閉まろうとしたとき(문이 닫히려고 했을 때) 등이다. 부정형은 「〜(よ)うとしない(~하려고 하지 않는다)」로, 그 행위를 나타내는 의지나 낌새가 없다는 것을 나타낸다.

☑ 市民の心をつかもうとしたものの 시민의 마음을 붙잡으려고 했지만 **2016-1회**

유형1 문법형식

- そういうことが起きてはじめて、我々は、電気と原発の問題を真剣に考えはじめ**ようとする**だろうからだ。

  그런 일이 일어나야 비로소 우리들은 전기와 원자력발전 문제를 심각하게 생각하기 시작하려고 할 테니까 말이다.

- 「自ら」は、自分の意図でどうこうし**ようとする**ことで、「自ずから」は自分の意図によらずに自然にそういうふうになるものだ。

  「自ら(스스로)」는 자신의 의도로 이리저리 하려는 것이고, 「自ずから(저절로)」는 자신의 의도에 의하지 않고 자연스럽게 그런 식으로 되는 것이다.

유형2 문맥배열

- 彼に 電話し**ようと** して いた ところに ちょうど彼から電話がかかってきた。

  그에게 전화하려고 하던 참에 마침 그에게서 전화가 걸려 왔다.

유형3 문장흐름

- たとえば教室が騒がしくなったとき、それを「クラスみんなの責任だ」と考えると、騒がしくなるきっかけを作った張本人がそれを自分のこととして真剣に考えなくなる。それと同じで、連帯責任では誰も**責任を取ろうとしなくなるため**、結局のところ、無責任であると言える。

  예를 들어 교실이 소란스러워졌을 때, 그것을 '반 전체의 책임이다'라고 생각하면, 소란스러워지는 계기를 만든 장본인이 그것을 자기 일로서 심각하게 생각하지 않게 된다. 그것과 마찬가지로 연대책임으로는 누구도 책임을 지려고 하지 않기 때문에 결국 무책임하다고 말할 수 있다.

02 〜きれない / 〜きれる 다 ~할 수 없다 / (끝까지) ~할 수 있다

접속 동사의 연용형(ます형)

「〜きれない」는 '다 ~할 수 없다'라는 뜻으로, '완전하게는 ~할 수 없음'을 나타낸다. 「동사의 연용형(ます형)」에 접속한다. 「〜きれる」는 '(끝까지) ~할 수 있다'라는 뜻으로 기존 시험에서 출제된 적은 없지만 함께 알아두자.

참고 「〜きる」는 '전부 ~하다, 완전히 ~하다'라는 뜻이다. 예를 들어 全部読みきった(전부 다 읽었다)와 같이 쓴다.

- ☑ そんなに絶対、読みきれっこないと思ったが 그렇게 절대로 다 읽을 수 있을 리가 없다고 생각했는데 **2017-1회**
- ☑ 経営努力だけでは対応しきれない 경영노력만으로는 모두 대응할 수 없다 **2016-2회**

유형1 문법형식

- こんなに長い小説は、1日では読みきれない。 **07**
  이렇게 긴 소설은 하루에는 다 읽을 수 없다.

- お祝いの手紙をたくさんもらったが、忙しくて返事が書ききれない。
  축하 편지를 많이 받았지만, 바빠서 답장을 다 쓸 수 없다. **98**

- こんなにごちそうがならぶと、とても食べきれません。 **94**
  이렇게 맛있는 음식이 늘어서 있으면, 도저히 다 먹을 수 없습니다.

- この海峡を泳ぎきれる人はいないだろう。
  이 해협을 끝까지 헤엄칠 수 있는 사람은 없을 것이다.

유형2 문맥배열

- たった一回の授業では、とても この本の 内容を 説明し きれない。 **03**
  딱 한 번의 수업으로는 도저히 이 책의 내용을 다 설명할 수 없다.

- この資料はページ数も多いので 今日中 には 読みきれ そうも ありません。
  이 자료는 페이지수도 많아서 오늘 중으로는 다 읽지 못할 것 같습니다.

- 冷たい雨の中で選手は 体が こごえて いつもの力が 出しきれ なかった。
  차가운 빗속에서 선수는 몸이 얼어 여느 때의 실력을 다 발휘할 수 없었다.

유형3 문장흐름

- この料理は量が多すぎて、二人では食べきれない。もったいないから、残ったら包んでもらって家に持っていこう。
  이 요리는 양이 너무 많아서 둘이서는 다 먹을 수 없다. 아까우니까 남으면 포장해서 집에 갖고 가야지.

03 ～くらいだ・ぐらいだ[024] ~정도이다

접속 동사의 보통형(る형, ない형, た형, たい형), な형용사의 연체형(な형), 명사　　　　　　～ほどだ[133]

「～くらいだ・ぐらいだ」는 '～정도이다'라는 뜻이다. 이것은 사물이나 상태의 정도를 나타내는 표현으로, 앞의 단어와 상관없이 「～ぐらいだ」로 써도 무방하다. 이외에 「～くらい・ぐらい(~할 정도로, ~할 만큼)」의 형태도 잘 익혀 두자. 抱きしめたい**くらい**(꼭 껴안고 싶을 정도로), 動けない**ぐらい**(움직일 수 없을 만큼)와 같이 쓰인다.

☑ この人を見ない日はないと言ってもいい**ぐらいだ** 이 사람을 보지 않는 날은 없다고 해도 좋을 정도이다　N2 2011-1회

- 怖くて怖くて、大声で叫びたい**くらいだった**。 09
  너무 무서워서 큰 소리로 외치고 싶을 정도였다.

- テストでこんな点しか取れないなんて、くやしくて泣きたい**ぐらいだ**。
  시험에서 이런 점수밖에 받지 못하다니, 분해서 울고 싶을 정도이다. 99

- あまりに忙しくて、猫の手も借りたい**くらいだ**。
  너무 바빠서 고양이 손이라도 빌리고 싶을 정도이다.

- わたしは彼女の心づかいが、涙が出る**くらい**うれしかった。
  나는 그녀의 배려가 눈물이 날 정도로 기뻤다.

- 今日は朝から仕事が忙しくて、食事をする　時間も　ない　**くらい**　だ。 03
  오늘은 아침부터 일이 바빠서, 식사를 할 시간도 없을 정도이다.

- この本は6歳の　子どもでも　読める　**くらい**　やさしい。
  이 책은 6살 아이라도 읽을 수 있을 정도로 쉽다.

- 彼は使い切れない**くらい**金を持っているが、周りの人を助けることなど全くしない。だから、彼のことを心から大切に思っている人はあまりいないようだ。
  그는 다 쓸 수 없을 정도로 돈을 갖고 있지만, 주변 사람을 도와주는 일 같은 건 전혀 하지 않는다. 그래서 그를 진심으로 소중히 생각하는 사람은 그다지 없는 것 같다.

04 ～こそすれ 026 ~할지언정, ~이긴 하나

접속 명사, 동사의 명사형

「～こそすれ」는 '~할지언정, ~이긴 하나'라는 뜻으로, 일단 긍정하는 표현부터 사용하는 것이 일반적이다. 예를 들어 「感謝こそすれ(감사할지언정)」와 같이 쓰이며, 이와 유사한 표현인 「**～こそあれ**(~할지언정)」도 같이 익혀두자. 苦しみこそあれ(고통스러웠을지언정), 程度の差こそあれ(정도의 차이는 있을지언정) 등과 같이 쓴다.

유형1 문법형식

- 収入は一定で、減りこそすれ伸びなくなるのだから、あとはもう自分で自分なりの幸福を見つけるしかない。
  수입은 일정해서 줄지언정 늘어나지는 않으니까, 앞으로는 이제 자신이 자신 나름의 행복을 찾을 수밖에 없다.

- あの人は憎みこそすれ、決して危害を加えたことはない。
  그 사람은 미워하긴 하나 결코 위해를 가한 적은 없다.

- 期待こそあれ、挫折は想像すらしなかっただけに意外です。
  기대는 했을지언정 좌절은 상상조차 하지 않았던 만큼 의외입니다.

유형2 문맥배열

- 心の距離は　近くなり　こそすれ　遠くなる　日がくる　とは思いもしなかった。
  마음의 거리는 가까워질지언정 멀어지는 날이 오리라고는 생각지도 못했다.

- 君から注意してやるなら、あの人は　感謝　こそすれ、怒る　ことはあるまい。
  자네가 주의를 준다면, 그 사람은 감사할지언정 화내는 일은 없을 것이다.

- 田中さんは　学者なので　論文は　読み　こそすれ、自己啓発本のようなものはほとんど読みません。
  다나카 씨는 학자이므로 논문은 읽을지언정 자기계발서 같은 것은 거의 읽지 않습니다.

유형3 문장흐름

- 名称の違いは、単なるレッテルの相違にすぎないのではなく、異なった名称は、程度の差こそあれ、かなり違ったものを、私たちに提示している。
  명칭의 차이는 단순히 그 이름이 다른 것에 지나지 않는 것이 아니라, 다른 명칭은 정도의 차이는 있을지언정 훨씬 더 다른 것을 우리에게 제시하고 있다.

05 ～ことだ[028] ~하는 것이 상책이다, ~해야 한다

접속 동사의 기본형(る형)·부정형(ない형)

「～ことだ」는 '~하는 것이 상책이다, ~해야 한다'라는 뜻으로, 상대방을 위해 그렇게 하는 것이 필요, 또는 당연하다고 하는 화자의 판단을 나타낸다. 즉 특정 상대에 대한 권고·충고·요구·주장 등을 나타낸다. 이 표현은 회화체에서 사용되는 경우가 많으며, 다소 명령적 또는 충고적인 뉘앙스가 있다.

유형1 문법형식

- 上手になりたければ、毎日短い時間でもいいから練習を続けることだ。 09
  능숙해지고 싶으면, 매일 짧은 시간이라도 좋으니 연습을 계속하는 것이 상책이다.

- すぐにあきらめないことです。これが私からのアドバイスです。 08
  바로 단념하지 않는 것이 상책입니다. 이것이 제가 드리는 충고입니다.

- 語学上達のひけつは、反復して学習することだ。
  어학 실력 향상의 비결은 반복해서 학습하는 것이 상책이다.

- 軽い風邪なら、薬を飲んでよく寝ることです。
  가벼운 감기라면 약을 먹고 잘 자야 합니다.

유형2 문맥배열

- 体をじょうぶにしたかったら、好ききらいを しないで 何でも 食べる★ ことだ。 01
  몸을 튼튼하게 하고 싶으면, 편식을 하지 말고 뭐든지 잘 먹어야 한다.

- これが口で言うほど簡単なことかどうか、まず 自分で やってみる★ こと だ。 98
  이것이 말로 할만큼 쉬운 일인지 어떤지, 먼저 스스로 해 보는 것이 상책이다.

- 健康を取り戻すには、何も 考えずに よく★ 眠る ことだ。
  건강을 되찾으려면, 아무 생각도 하지 말고 잘 자야 한다.

유형3 문장흐름

- 夏は食べ物が傷みやすいので、早めに食べることだ。そうしなければ、食中毒にかかって大変なことになるよ。
  여름은 음식이 상하기 쉬우니까, 일찌감치 먹는 게 상책이야. 그렇게 하지 않으면 식중독에 걸려 큰일날 거야.

06

～ことで 029   ~해서, ~로 인해, ~한 일로

접속 동사의 기본형(る형), 과거형(た형), な형용사 연체형(な형) 등

～ことから N2 038

「～ことで」는 '~해서, ~로 인해, ~한 일로'라는 뜻이다. 이 표현은 「AことでB」의 꼴로 사용하여 A가 원인으로 B가 된다는 뜻으로, A라는 수단으로 B라는 목적을 달성한다는 의미이다. 이와 비슷한 표현으로 「～ことから N2 038(~로 인해, ~이 원인이 되어)」가 있는데, 이 표현은 A가 기인(起因), 실마리가 되어 B의 사태로 퍼져가는 것을 나타낸다.

(○) 注射をうつことで、病気を予防する。 주사를 맞아서 병을 예방한다.

(×) 注射をうつことから、病気を予防する。

유형1 문법형식

- 中田さんは、去年の国際バイオリンコンクールで優勝したことで、初めて人びとに知られるようになった。 00
  나카타 씨는 작년 국제 바이올린 콩쿠르에서 우승한 일로 처음으로 사람들에게 알려지게 되었다.

- 検察が汚職事件を明るみに出したことで、大臣は辞任においこまれた。
  검찰이 독직 사건을 밝혀내어 장관은 사임에 내몰렸다.

- カンニングが見つかったことで、ひどくしかられました。
  컨닝을 들켜서 몹시 야단을 맞았습니다.

유형2 문맥배열

- 留学した ★ことで 異なる 文化に 興味を持つようになった。 08
  유학으로 인해 다른 문화에 흥미를 가지게 되었다.

- その計画に 反対した ★ことで 彼は 同僚たち からつるしあげを食った。
  그 계획에 반대한 일로 그는 동료들로부터 곤욕을 당했다.

유형3 문장흐름

- この国では外国人であることで得することがあります。たとえば、税金が安くなったり、無料で健康診断が受けられるなどということです。
  이 나라에서는 외국인이어서 이득을 보는 경우가 있습니다. 예를 들면 세금이 저렴해지거나, 무료로 건강진단을 받을 수 있는 등의 일입니다.

07

～ざるをえない 034 ~하지 않을 수 없다

접속 동사의 부정형(ない형)

「～ざるをえない」는 '~하지 않을 수 없다'라는 뜻이다. 이 표현에는 하고 싶지는 않지만 피할 수 없는 어떤 사정에 의해 '하는 수 없이 ~하다, 본의 아니게 ~하다'라는 의미가 내포되어 있다. 「동사의 부정형(ない형)」에 접속하는데, 「する」는 「せざるをえない(하지 않을 수 없다)」의 형태가 되므로 주의하기 바란다. 참고로 「～ざるをえない」는 「～ないわけにはいかない」N2 154(~하지 않을 수 없다)」보다 강제력이 강하다.

유형1 문법형식

- 2回も同じ間違いをするとは、注意が足りなかったと言わざるをえない。 06
  두 번이나 같은 실수를 하다니, 주의가 부족했다고 말하지 않을 수 없다.

- 母が急に入院したので、行くのをあきらめざるをえない。 95
  어머니가 갑자기 입원했기 때문에, 가는 것을 포기하지 않을 수 없다.

- 高すぎて品物が売れない場合には値下げせざるをえない。 94
  너무 비싸서 물건이 팔리지 않을 경우에는 가격을 내리지 않을 수 없다.

유형2 문맥배열

- 日本で生活を する のなら 漢字を ★覚えざる をえない。 03
  일본에서 생활을 한다면, 한자를 익히지 않을 수 없다.

- 留学したい気持ちは分かるが、この病状では、延期 せざるを ★えない だろう。 99
  유학가고 싶은 마음은 알지만, 이런 병세로는 연기하지 않을 수 없을 것이다.

- この点に関してだけはどう見ても 間違って いると 言わ★ざる をえない。 97
  이 점에 관해서만은 아무리 봐도 잘못되었다고 말하지 않을 수 없다.

유형3 문장흐름

- 本当は酒はあまり好きでないのだが、上司に飲みに行こうと言われれば、部下は行かざるをえない。サラリーマンならきっと誰もが同じだと思う。
  사실은 술은 그리 좋아하지 않지만, 상사가 술 마시러 가자고 하면 부하는 가지 않을 수 없다. 샐러리맨이라면 필시 누구나 같으리라 생각한다.

08 〜始末だ ~형편(꼴)이다

접속 동사의 기본형(る형), この・あの

「〜始末だ」는 '~형편(꼴)이다'라는 뜻으로 '좋지 못한 일을 거쳐 결국 마지막에 더욱 좋지 못한 결과가 되었다'고 할 때 쓴다. 이것은 「〜あげく(に)」N2001(~한 끝에)・ついには(결국에는)・とうとう(결국)・最後は(마지막에는)」 등의 말과 함께 자주 쓰인다. 관용적으로 쓰이는 「このしまつだ(이 모양이다)」「あのしまつだ(저 모양이다)」는 통째로 외워 두자.

유형1 문법형식

- 走りすぎて膝を痛めてしまい、病院に通う始末だ。 06
  너무 뛰어서 무릎을 다치고 말아 병원에 다니는 형편이다.

- ああした方がいい、こうした方がいいと大騒ぎしたあげく、このしまつだ。 99
  이렇게 하는 게 낫다, 저렇게 하는 게 낫다고 대소동을 피운 끝에 이 모양이다.

- あの学生はテストなのに、筆記具も持ってこないしまつだ。
  저 학생은 시험인데 필기구도 가져오지 않는 꼴이다.

- せっかく部屋を片づけたのに、またこのしまつだ。
  모처럼 방을 치웠는데 또 이 모양이다.

유형2 문맥배열

- 遅刻はする、約束は忘れる、ついには居眠り運転で 事故を 起こすしまつだ。 03
  지각은 하지, 약속은 잊지, 결국에는 졸음 운전으로 사고를 내는 꼴이다.

- ああでもない、こうでもないと 迷惑を かけた あげく あの しまつだ。 96
  이렇지도 않고 저렇지도 않다면서 폐를 끼친 끝에 저 모양이다.

유형3 문장흐름

- 彼には頭を痛めている。自分で失敗しておいて、人を叱り付けるしまつだ。これでは職場の雰囲気が険悪になってしまう。
  그에게는 골치를 썩이고 있다. 자기가 실수해 놓고, 다른 사람을 엄청 야단치는 꼴이다. 이래서는 직장 분위기가 험악해져 버린다.

09 ～すぎる 038 너무 ~하다, 지나치게 ~하다

접속 동사의 연용형(ます형), い형용사・な형용사의 어간

「～すぎる」는 어떤 동작이나 상태가 도에 지나침을 나타낸다. 따라서 이 표현은 바람직하지 못한 상황을 표현할 때 쓰이는 경우가 대부분이다. 그리고「～過ぎる」와 같이 한자로 쓰이는 경우도 있다. '너무 ~하다'는 우리말 식으로「とても～する」라는 표현보다는 동사・い형용사・な형용사에「～すぎる」를 붙여서 사용하는 것이 일본어적이다.

☑ つい仕事に夢中になり**すぎる**私に 자신도 모르게 일에 너무 빠져버리는 나에게 **2016-2회**

- あのデザートは、レモンとグレープフルーツの味が強**すぎた**。つまり、酸っぱ**すぎた**のだ。
  그 디저트는 레몬과 자몽 맛이 너무 강했다. 즉 너무 시었다.

- 上着を持って出かけたので、クーラーの効き**過ぎた**電車内でも寒く感じずにすんだ。
  외투를 들고 나갔기 때문에, 에어컨이 너무 센 전철 안에서도 춥게 느껴지지 않았다.

- 人間の眼は、ある段とその前後の段とのグラデーションの差は、あまりにも微妙**すぎて**気づくことができない。
  인간의 눈으로는 어느 단과 그 앞뒤 단과의 그라데이션의 차이는 너무나도 지나치게 미묘해서 알아차릴 수 없다.

- やがて、携帯電話の驚異的な普及が、その特権性を失わせ、強面の道具から ★若者の 便利**すぎる**、つまり超便利な小道具として成立した。
  이윽고 휴대전화의 경이적인 보급이 그 특권성을 잃게 하여, 강경한 도구에서 젊은이의 지나치게 편리한, 즉 초편리한 소도구로서 성립되었다.

- どんなに効果のあることでも、**度が過ぎると**逆効果になってしまうものだ。たとえば、ランニングなどの運動は健康を保つために役立つことだが、あまりに長時間、**長距離を走り過ぎると**、逆に足腰を痛めてしまうことになる。
  아무리 효과가 있는 일이라도 도가 지나치면 역효과가 되기 마련이다. 예를 들어 런닝 등의 운동은 건강을 지키기 위해서 도움이 되는 것이지만, 너무 장시간, 장거리를 지나치게 뛰면 반대로 다리와 허리를 상하게 된다.

10 ～そうだ 040 ①~라고 한다〈전문〉 ②~한 듯하다, ~할 것 같다〈양태〉

접속 〈전문〉동사·い형용사의 종지형, な형용사의 사전형, 명사+だ
〈양태〉동사의 연용형(ます형), い형용사·な형용사의 어간

〈전문〉의 「～そうだ」는 '①~라고 한다'라는 뜻으로, 일반적으로 본인이 직접 들은 것을 상대방에게 전달할 때 사용한다. 주로 「～によると(~에 따르면, ~에 의하면)」와 호응한다. 〈양태〉의 「～そうだ」는 '②~한 듯하다, ~할 것 같다'라는 뜻으로, 주관적으로 판단한 모양과 상태를 나타낸다. 그리고 동사에 접속하는 「～そうだ」의 부정형은 「～そうに(も)ない・～そうもない」 041 (~할 것 같지 않다)가 되므로 주의해서 알아두자.

참고 い형용사 「ない・よい」의 양태 표현은 「なさそうだ・よさそうだ」가 된다.

☑ 酔ったような状態になることに由来するそうです 취한 듯한 상태가 되는 것에 유래한다고 합니다 **2016-2회**

- 新聞社の調査によれば、1か月に1冊も本を読まない人が60%にのぼるそうだ。 **09**
  신문사의 조사에 따르면 한 달에 책을 한 권도 읽지 않는 사람이 60%에 이른다고 한다.

- 動物園では、類人猿の係をゴリチンがかりというそうだ。
  동물원에서는 유인원의 관계를 고리친 관계라고 말한다고 한다.

- 彼女は 気位が 高そうに 見え、ぼくのこと など相手にしてくれそうになかった。
  그녀는 자존심이 센 듯이 보여서, 나 같은 건 상대해주지 않을 것 같았다.

- いろいろな課題が見いだされるにつれ、そう簡単に、「理想的な世界」は 実現され そうにもない。
  다양한 과제가 등장함에 따라 그리 쉽게 '이상적인 세계'는 실현될 것 같지 않다.

- 人気のあるアニメには、タイプの異なるキャラクターが揃っている。たとえば、体が大きく腕っぷしの強そうなキャラクター、賢そうなキャラクター、桃太郎のようなキャラクター、仲間と打ち解けず孤独を好むキャラクターなどだ。
  인기있는 애니메이션에는 타입이 다른 캐릭터가 갖추어져 있다. 예를 들어 몸이 크고 팔 힘이 셀 듯한 캐릭터, 현명할 듯한 캐릭터, 모모타로 같은 캐릭터, 동료와 어울리지 못하고 고독을 즐기는 캐릭터 등이다.

콕콕 실전문제 13

問題1 次の文の（　）に入れるのに最もよいものを、1・2・3・4から一つ選びなさい。

1 うちの息子は酒は飲むわ、たばこは吸うわ、ついには家出までする（　　　）。037
　1　しまつだ　　2　かぎりだ　　3　しまいだ　　4　おわりだ

2 久しぶりに絵を（　　　）、資料となる本を買ってきてくれる人がいない。007
　1　描こうとしたものの　　　　2　描ききれなかったものの
　3　描こうとしたからといって　4　描ききれなかったからといって

3 アメリカのような広大な国で翌日配達を実現しようとすれば、飛行機を（　　　）。034・007・151
　1　利用すべきではない　　　　2　利用するおそれがある
　3　利用することはない　　　　4　利用せざるをえない

4 当市の宿泊施設だけでは観光客を収容（　　　）。021・043
　1　しかけない　　2　しきれない　　3　しつけない　　4　しかねない

5 彼女の演技はほかの俳優と比べ物にならない（　　　）すばらしい。024
　1　だけに　　2　ばかりに　　3　ように　　4　くらい

6 私はフランス語は（　　　）、話すのはさっぱりだめです。026
　1　読めばこそ　　2　読んだだけに　　3　読みこそすれ　　4　読みだけあって

7 哲学を勉強したいなら、子供に質問させてみる（　　　）。その子のおかげで真理を発見できるかもしれない。028
　1　そうだ　　2　せいだ　　3　ことだ　　4　おかげだ

8 この仕事は肉体的に要求するものが（　　　）私の年では対処できない。038
　1　きつそうで　　2　きつすぎて　　3　きついようで　　4　きつくなくて

9 わかっても（　　　）ものなのに、夫は私が髪を切ったことに少しも気づかなかった。040
　1　よさそうな　　2　よいそうな　　3　なさそうな　　4　ないそうな

10 息子はマラソン大会で2位に入賞した（　　　）大きな自信を得た。029
　1　ことだから　　2　ことには　　3　ことで　　4　ことなら

問題2 次の文の ___★___ に入る最もよいものを、1・2・3・4から一つ選びなさい。

11 あの学生にはいくら教えてもむだですよ。本人に ___ ___ ___★___ ___ んですから。007

1　とする　　　　2　覚えよう　　　　3　ない　　　　4　意欲が

12 私の機械音痴ぶりは相当なもので、子供に ___ ___ ___★___ ___ だ。037

1　しまつ　　　　2　馬鹿に　　　　3　される　　　　4　まで

13 私はその時さんざん ___ ___ ___★___ ___ 心理状態になっていた。034

1　脅されて　　　2　署名せざる　　　3　契約書に　　　4　をえない

14 山田さんはきっとだめとは言わないだろうが、一応聞いてみる ___ ___ ___★___ ___。024

1　しても　　　　2　よかろう　　　　3　ことは　　　　4　ぐらいの

15 まず ___ ___ ___★___ ___ 持っていると想像してください。021・133

1　きれない　　　2　使い　　　　3　ほどの　　　　4　お金を

16 子どもに触らせたくないというのなら、最初から ___ ___ ___★___ ___。028

1　所に　　　　　2　置かない　　　　3　手の届く　　　4　ことだ

17 自他の観念を払拭した本来の東洋的な心には、___ ___ ___★___ ___、羨むことはありません。026

1　人の　　　　　2　こそすれ　　　　3　よい生活を　　4　喜び

18 その悪化を ___ ___ ___★___ ___、その進行を抑えるよう最善を尽くすつもりだ。038・121・N3 046

1　かもしれないが　2　遅すぎる　　　3　食い止める　　4　には

19 彼女が ___ ___ ___★___ ___ 彼女をつかまえた。040

1　沈みそうに　　2　なったちょうど　3　そのときに　　4　救助員が

20 田中選手は世界選手権で今回 ___ ___★___ ___ ___ となった。029

1　金メダル獲得　2　3大会連続の　　3　ことで　　　　4　優勝した

問題 3 次の文章を読んで、文章全体の趣旨を踏まえて、 21 から 25 の中に入る最もよいものを、1・2・3・4から一つ選びなさい。

　地域社会の再生には2つのシナリオがある。1つは、あくまでも工場誘致という従来の路線の延長線上で持続可能性を求めるシナリオである。しかし、工業分野では地域社会は、新興工業国のはげしい追い上げに直面している。

　企業は新興工業国に 21 、労働を極度に単純化して、労働コストを低下させて競争力を強めようとする。高度成長期には労働を単純化してテイラー主義にもとづいて合理化すれば、コストが低下して競争力を強めることができたからである。
（注1）

　 22 、ブレトン・ウッズ体制がくずれ変動相場制になった以上、コストを低減して競争力を強めても、たちまち円高に揺れてしまい競争力が低下する。そのためより一層の労働の単純化を進めて、競争力を強めざるをえない。 23 、労働コストを低下させると、消費需要は減少してしまうという悪循環に陥る。
（注2）

　 24 企業は新興工業国にフライトしていってしまう。工業を呼び戻すため、企業誘致を図っても不可能である。単純労働のコストでは、発展途上国にとうてい太刀打ちできないからである。 25 、これ以上、工業によって環境を悪化させると、地域社会での人間の生活が不可能になるまでに、地域環境問題は深刻化している。
（注3）

　高齢化が進んでいくことを考えても、大量生産・大量消費は不可能となる。多様な人びとの多様なニーズを充足することが重要になるからである。

（神野直彦『地域再生の経済学』による）

(注1) テイラー：イギリスの数学者。解析学における関数のテイラー展開は有名。
(注2) ブレトン・ウッズ体制：1994年のIMF設立から1971年8月のニクソンショックまでの間、世界経済をささえてきた国際通貨体制。
(注3) 太刀打ち：物事を張り合って立ち向かうこと。

21				
	1 対応しないため		2 対応するため	
	3 対応しないのに		4 対応するのに	

22				
	1 ところで	2 それに	3 ところが	4 それで

23				
	1 さらに	2 それどころか	3 しかし	4 すなわち

24				
	1 それはそうと		2 なにはともあれ	
	3 なにかにつけ		4 あげくの果てに	

25				
	1 しかも	2 しかし	3 実は	4 たとえ

문제해결 키워드

- **~(よ)うとする** N1 007 ~하려고 하나
  競争力を強めようとする
  경쟁력을 강화시키려고 한다 (04行)

- **~ざるをえない** N1 034 ~하지 않을 수 없다
  競争力を強めざるをえない
  경쟁력을 강화하지 않을 수 없다 (09行)

- **~にもとづいて** ~에 의거하여
  テイラー主義にもとづいて
  테일러 주의에 의거해 (05行)

- **~以上** N1 003 ~한 이상
  変動相場制になった以上 변동시세제가 된 이상 (07行)

- **~によって** N2 125 ~에 의해, ~에 따라
  工業によって環境を悪化させると
  공업으로 인해 환경을 악화시키면 (13行)

- **~どころか** N2 087 ~은커녕

- **~につけ(て)** N1 116 ~때마다, ~에 따라
  なにかにつけ 무슨 일이 있을 때마다

11 ～つつ(も)⁰⁴⁸ ~하면서(도)

접속 동사의 연용형(ます형)　　　　　　　　　　　　　　　　　　　　　　　～ながら(も)⁰⁹¹

「～つつ(も)」는 '~하면서(도)'라는 뜻으로, 앞 문장의 동작이나 상태에 모순되는 일이 뒤 문장에서 일어남을 나타낸다. 주로 말하는 사람이 반성, 후회, 고백 등을 하는 경우에 쓰인다. そう考えつつも(그렇게 생각하면서도), 子どもをしかりつつも(아이를 야단치면서도)와 같이 「동사의 연용형(ます형)」에 접속한다.

- 健康のためには階段を使ったほうがいいと思い**つつ**、ついエレベーターに乗ってしまう。 ⁰⁹
  건강을 위해서는 계단을 사용하는 게 좋다고 생각하면서, 그만 엘리베이터를 타고 만다.

- もう起きなければと思い**つつも**、なかなか起きられない。 ⁹⁸
  이제 일어나지 않으면 안 된다고 생각하면서도 좀처럼 일어날 수 없다.

- 悪いことと知り**つつも**、友だちにうそをついてしまった。
  나쁜 일인 줄 알면서도, 친구에게 거짓말을 하고 말았다.

- われわれはこの社会の中でおたがいに助け合い**つつ**、暮らしているのです。
  우리들은 이 사회 속에서 서로 도우면서 살고 있는 것입니다.

- たばこは 体に 悪い と 知り つつも、つい 吸ってしまう。 ⁹⁵
  담배는 몸에 나쁘다고 알면서도 그만 피우고 만다.

- いつも「すまない」とは 思い つつも 親に 迷惑ばかりかけている。
  항상 '미안하다'고는 생각하면서도 부모님께 폐만 끼치고 있다.

- **体に悪いと知りつつ、たばこがやめられない人はまだまだ多い。た**ばこは麻薬と同じぐらい中毒性があるらしい。
  몸에 나쁘다고 알면서 담배를 끊지 못하는 사람은 아직도 많다. 담배는 마약과 동일할 정도로 중독성이 있는 것 같다.

12 〜ておく(〜とく) 053 ~해 놓다, ~해 두다

접속 동사의 음편형(て형)

「〜ておく」는 '~해 놓다, ~해 두다'라는 뜻으로, 회화체에서는 축약된 표현이 자주 사용된다. 예를 들면 「考えておく(생각해두다)→考えとく」처럼 되는데, 여기서 주의해야 할 것은 「読んでおく(읽어두다)→読んどく」처럼 탁음(゛)이 들어간 동사이다. これ、来週までに読んどいて(이거 다음 주까지 읽어둬)와 같이 쓴다.

☑ あ、その資料は捨てないで取っといて 아, 그 자료는 버리지 말고 맡아둬 2013-1회

- 山田さんに推薦状をお願いに行くなら私が電話をしておきましょう。
  야마다 씨에게 추천서를 부탁하러 가는 거라면 내가 전화를 해 두겠습니다.

- 良ちゃんは牛乳がいいのね。あしたは用意しとくよ。
  료는 우유가 좋지? 내일은 준비해둘게. (用意しておく→用意しとく)

- あなたのお弁当なら作っといたわ。
  당신 도시락이라면 만들어 두었어요. (作っておいた→作っといた)

- 友人に 頼んどいた 買い物の代金を クレジットカード 使って支払いしたいんです。
  친구에게 부탁해둔 쇼핑의 대금을 신용카드를 써서 지불하고 싶습니다. (頼んでおいた→頼んどいた)

- このマンガ だけは 読んどかないと 人生損するぞ ってマンガを教えてください。
  이 만화만은 읽어두지 않으면 인생을 손해 보게 된다는 만화를 가르쳐주세요. (読んでおかないと→読んどかないと)

- A 「なにか持っていこうか。」
  B 「食事は用意しとくから飲み物を持ってきて。」
  A 뭔가 가져 갈까?
  B 식사는 준비해 둘테니 마실 것을 가져 와. (用意しておく→用意しとく)

13 ～てしまう(～ちゃう) 054 ~해 버리다, ~하고 말다

접속 동사의 음편형(て형)

「～てしまう」는 '~해 버리다, ~하고 말다'라는 뜻으로, 회화체에서는 축약된 표현이 자주 사용된다. 예를 들면 「忘れてしまった(잊어버렸다)→忘れちゃった」처럼 되는데, 여기서 주의해야 할 것은 「うさぎが死んじゃった(토끼가 죽었다)」, 「頼んでしまわないか(부탁해 볼까?) → 頼んじゃわないか」처럼 탁음(゛)이 들어간 동사이다.

- ☑ 本心とは違うことを 言ってしまう 본심과는 다른 말을 하고 만다 **2016-1회**

문법형식

- フライパンを火にかけているとあせっ**ちゃう**から、まずはお茶碗に割ってごらん。
  프라이팬에 불을 켜고 있으면 조급해지니, 우선은 밥공기에 (계란을) 깨어 보렴. (あせってしまう→あせっちゃう)

- ハウスクリーニングを東京のお掃除屋さんに頼ん**じゃった**。
  하우스 클리닝을 도쿄의 청소회사에 부탁해 버렸다. (頼んでしまった→頼んじゃった)

문맥배열

- うちの犬ったら このあいだ けんかし**ちゃって**、前足は大丈夫だけど、後ろの足の片方が折れたの。
  우리 집 개는 요전에 싸워서 앞발은 괜찮은데 뒷발 한쪽이 부러졌어. (けんかしてしまって→けんかしちゃって)

- もしここで 失敗したら、オムレツに **しちゃえば** いい の。
  만약 여기서 실패하면 오믈렛으로 해 버리면 돼. (してしまえば→しちゃえば)

문장흐름

- 席を譲ってあげようかと思ったけど、最近の年寄りには元気な人が多い。年寄り扱いしたら気を悪くするだろうかなどと考えたら、立つのをやめたほうがいいという判断になった。結局**寝たふりしちゃった**。
  자리를 양보할까 했지만 요즘 어르신들은 기력이 좋으신 분들이 많다. 노인네 취급을 하면 기분을 나쁘게 할까 싶어, 서는 것을 그만두는 편이 좋겠다는 판단이 되었다. 결국 자는 척을 했다.
  (寝たふりしてしまった→寝たふりしちゃった)

14 ～ての 056 ~해서, ~한

접속 동사의 음편형(て형)

「～ての」는 「～て」에 오는 동사를 강조하기 위해 사용하는 표현인데, 일본어 표현 중에서 독특한 것 중의 하나로 해석은 앞뒤 문맥에 맞춰 해야 한다. 또한 家族の励ましがあってのことだ(가족의 격려가 있었기 때문이다)와 같이 「～あっての⁰⁰¹(~이 있어야 성립하는)」와 함께 학습하기 바란다.

- ☑ 経営努力だけでは対応しきれないと判断してのことだ
  경영노력만으로는 모두 대응할 수 없다고 판단해서 내린 것이다 **2016-2회**

- ☑ 子どものためを思ってのことなのだが 아이를 위한다고 생각해서 하는 일이지만 **2012-2회**

문법형식

- うつ病が完全に治ってない人を働かせようとすることは、本当にその人のためを思ってのことなのでしょうか。
  우울증이 완전히 낫지 않은 사람을 일하게 하려는 것은, 정말로 그 사람을 위한다고 생각해서 하는 일일까요?

- 見ての通り、地元の人しかいないビーチです。波も穏やかで、小さなお子様連れには公園もあるので楽しめるはずです。
  보다시피, 현지인밖에 없는 해변입니다. 파도도 잔잔하고 어린 아이를 동반한 가족에게는 공원도 있기 때문에 즐길 수 있을 것입니다.

문맥배열

- 当初、3か月契約でしたが、とても3か月続けるつもりにはなれなかったことと、また 辞めるなら 早い方が いいと★ 判断しての ことです。
  당초 석달 계약이었지만, 도저히 석달 계속할 생각은 들지 않아서, 다시 그만둔다면 빠른 편이 좋다고 판단해서 내린 것입니다.

문장흐름

- JR東日本よりお客さまにお願いいたします。ホーム上などで歩きながら携帯電話などをご利用になりますと、他のお客さまとぶつかるなどして、思わぬけがや事故につながる場合がございます。操作をされる際は、立ち止まってのご利用をお願いいたします。
  JR동일본에서 손님에게 부탁드립니다. 플랫폼 위 등에서 걸으면서 휴대전화 등을 이용하시면 다른 손님과 부딪히는 등 생각치 못한 부상이나 사고로 이어지는 경우가 있습니다. 조작을 하실 때에는 멈추어 선 다음에 이용을 부탁드립니다.

15

〜ては / 〜ていては⁰⁵⁷ ①~해서는 ②~하고는 / ~하고 있어서는

접속 동사의 음편형(て형)

「〜ては」는 '①~해서는'이라는 뜻으로, 순접의 가정조건 외에 확정조건, 반복을 나타내는 용법이 있는데, 순접의 가정조건을 나타내는 용법에서는 바람직하지 않은 조건을 가정하는 점이 특징이다. 그리고 동사의 연결형 「〜て(~하고)」와 조사 「は(은/는)」의 결합으로 '②~하고는'의 의미도 있다. 이들 표현은 스스럼없는 회화체에서는 「〜ちゃ・〜じゃ」로 되는 경우가 많다. 「〜ていては」는 '~하고 있어서는'이라는 뜻이다.

☑ デザイン画を描いては直すを数十回繰り返すこと、やっと納得のいくものができた
디자인 스케치를 그리고는 고치기를 수십 회 반복해서, 겨우 납득이 가는 것이 완성되었다 `2017-1회`

☑ 他人に知られては困る情報は… 다른 사람에게 알려져서는 곤란한 정보는… `2016-2회`

유형1 문법형식

- そんな暗い部屋で本を読んでいては目が悪くなるから、電気をつけなさい。 `08`
  그런 어두운 방에서 책을 읽고 있어서는 눈이 나빠지니까, 불을 켜라.

- こんなに物価が上昇しては、生活が苦しくなるばかりです。
  이렇게 물가가 상승해서는, 생활이 어려워질 뿐입니다.

- その人にとって迷惑になってはいないでしょうか。
  그 사람에게 폐가 되고는 있지 않을까요?

유형2 문맥배열

- 息子は小学生のころ、よく お腹が痛い といっては 学校を 休んで いた。
  아들은 초등학생 때, 자주 배가 아프다고 해서는 학교를 쉬었었다. `07`

- そんなに毎日甘いもの ばかり 食べて いては 虫歯に なりますよ。 `03`
  그렇게 매일 단것만 먹고 있어서는 충치가 생겨요.

- こんなスピードで やって いては とうてい 締め切り に間に合わないでしょう。
  이런 속도로 하고 있어서는, 도저히 마감 시간에 댈 수 없을 것입니다.

유형3 문장흐름

- 成果を得ることを第一として、スピードと効率だけを追い求めていては、傍らにあって、大発見の芽になるような糸口を見落としてしまうかもしれないのだ。
  성과를 얻는 일을 중시하고 속도와 효율만을 추구하고 있어서는 큰 발견의 싹이 될 만한 단서가 바로 옆에 있어도 놓쳐버릴지도 모른다.

16 〜というものだ / 〜というものではない ⁰⁷⁰
~라는 것이다 / ~라는 것은 아니다

접속 동사의 기본형(る형), い형용사의 기본형

「〜というものだ」는 '~라는 것이다'라는 뜻이다. 이것은 '진심으로 ~라고 생각한다'라는 의미로, 화자가 어떤 사실을 보고 그에 대한 비판이나 감상을 단정적으로 말할 때 사용한다. 즉, 어떤 것의 기능이나 내용 설명을 할 때 쓰인다. 「〜というものではない」는 '~라는 것은 아니다, ~라고는 말할 수 없다'라는 뜻으로, 「〜」을 부정함으로써 그 본성이나 본질, 습성 등을 서술하는 표현이다. '항상 반드시 ~라고는 할 수 없다'고 할 때 쓴다. 강조할 때는 「〜というものでもない(~라는 것도 아니다)」라고 한다.

☑ 大人になった甲斐がないというものである 어른이 된 보람이 없다는 것이다 `2012-2회`

유형1 문법형식

- 勝負は勝てばよいというものではない。どんな勝ち方をしたのかが重要である。 `09`
  승부는 이기면 된다는 것은 아니다. 어떤 식으로 이겼는가가 중요하다.

- 相手の話も聞かずに自分の主張だけ通そうとするなんて、それはわがままというものだ。 `02`
  상대방의 말도 듣지 않고 자기 주장만 내세우려 하다니, 그건 제멋대로 라는 것이다.

- 有名な大学を卒業したからといって、それで幸せになれるというものでもない。
  유명한 대학을 졸업했다고 해서 그것으로 행복해질 수 있는 것도 아니다.

유형2 문맥배열

- この新しい電池は、光と熱の エネルギーを 利用しよう★ というものだ。 `05`
  이 새로운 전지는 빛과 열의 에너지를 이용하자는 것이다.

- この病気は すぐに よくなる という★ ものでは ないらしい。 `98`
  이 병은 바로 좋아지는 것은 아닌 듯하다.

유형3 문장흐름

- 親は子供をただ叱ればよいというものではない。叱られないためにはどうすればいいのか、それをきちんと教えて子どもを導いてやるのが、親の役目だ。
  부모는 자녀를 그저 야단치면 된다는 것은 아니다. 야단맞지 않기 위해서는 어떻게 하면 되는지, 그것을 확실히 가르쳐 아이를 이끌어주는 것이 부모의 역할이다.

17 〜(か)と思ったら・〜(か)と思うと 077 ~나 싶더니 (곧)

접속 동사의 과거형(た형), な형용사의 어간+だろう, 명사

「〜(か)と思ったら・〜(か)と思うと」는 '~나 싶더니 (곧), ~하자 곧, ~라고 생각했더니'라는 뜻이다. 이것은 앞일이 일어난 직후에 뒷일이 일어남을 나타내는 표현으로 자신의 일에는 쓸 수 없다.

유형1 문법형식

- 出かけたかと思うとすぐ忘れ物を取りに帰ってくる。 03
  외출했나 싶더니 바로 두고 간 것을 가지러 돌아온다.

- 私は最近新しいアパートに引っ越したが、駅の近くだから便利だろうと思ったらそうでもない。 99
  나는 최근 새 아파트에 이사했는데, 역 근처라서 편리할 거라고 생각했더니 그렇지도 않다.

- 弟は、さっき起きてきたと思ったら、また寝ている。
  남동생은 조금 전 일어났나 싶더니 또 자고 있다.

- 深刻な話かと思ったら、そんなことはごくありふれた話じゃないですか。
  심각한 이야기인가 했더니, 그런 것은 아주 흔해 빠진 이야기가 아닙니까?

유형2 문맥배열

- 妹は、今 勉強を始めた かと思ったら もう居間で テレビを見ている。 99
  여동생은 지금 공부를 시작했나 싶더니, 벌써 거실에서 텔레비전을 보고 있다.

- やっと 頂上に 着いた と思ったら 目的の山頂 はさらに先だった。
  겨우 정상에 도착했다고 생각했더니 목적지인 산 정상은 더 가야 했다.

유형3 문장흐름

- 急に空が暗くなったかと思うと、激しい雨が降ってきた。私たちはあわてて近くの喫茶店に駆け込み、コーヒーを飲みながら雨がやむのを待った。
  갑자기 하늘이 어두워졌는가 싶더니 곧 비가 세차게 내리기 시작했다. 우리들은 허둥지둥 근처 커피숍에 뛰어들어가, 커피를 마시면서 비가 그치기를 기다렸다.

18 〜どころではない / 〜どころではなく

~할 상황이 아니다 / ~할 처지가 아니라, ~은커녕

접속 동사의 기본형(る형), 명사

「〜どころではない」는 '~할 상황이 아니다'라는 뜻이고, 「〜どころではなく」는 '~할 처지가 아니라, ~은커녕'이라는 뜻이다. 이 표현은 모두 '~할 여유가 없다'고 강하게 부정할 때 쓴다. 「〜どころではなく」를 키워드로 해서 문말의 알맞은 것을 고르는 문제가 출제될 수도 있다.

문법형식

- 今年の夏休みは旅行どころではなかった。というのは、父が病気で入院してしまったからだ。 09

   올 여름 휴가는 여행을 갈 상황이 아니었다. 왜냐하면 아버지가 병으로 입원하고 말았기 때문이다.

- あちこち旅行できていいとみんなに言われるが、いつも忙しくて見物するどころではない。 00

   여기저기 여행할 수 있어서 좋겠다고 모두들 그러지만, 항상 바빠서 구경할 상황이 아니다.

- 先週は試験勉強どころではなかった。毎日、送別会や歓迎会で夜遅くまで帰れなかった。 95

   지난주는 시험 공부할 상황이 아니었다. 매일 송별회나 환영회로 밤늦게까지 돌아가지 못했다.

- 時が時だけに、みんな忙しくてそれどころではない。

   때가 때인 만큼 모두 바빠서 그럴 상황이 아니다.

문맥배열

- 今は それ どころではなく 仕事に 追われる 毎日だ。 06

   지금은 그럴 상황은커녕 매일 일에 쫓기는 신세이다.

- 仕事に 追われて いっしょに 酒を飲む どころでは なかった。 02

   일에 쫓겨 같이 술을 마실 상황이 아니었다.

- 戦争中は ピアノの練習 どころではなく 音楽を 聞くこと もできなかった。

   전쟁 중에는 피아노 연습은커녕 음악을 들을 수도 없었다.

문장흐름

- 勉強が忙しくて、アルバイトどころではない。親には申し訳ないが、事情を話して仕送りを少し増やしてもらおう。

   공부가 바빠서 아르바이트할 상황이 아니다. 부모님에게는 죄송하지만, 사정을 얘기하고 생활비를 조금 늘려달라고 해야지.

19

〜とて 083 ① ~라고 해서, ~더라도 ② ~도 역시, ~라도 ③ ~때문에, ~이므로, ~이라서

접속 ①활용어의 종지형, から ②체언(명사) ③명사

「〜とて」는 일반적으로 3가지의 뜻이 있다. 첫째로 '① ~라고 해서, ~더라도'라는 뜻을 나타내는데, 대표적인 예로 買い物に行くとて出かけた(쇼핑을 하러 간다면서 외출하였다), 泣いたとて同情はされない(운다고 해서 동정은 받지 못한다), 強いとて偉いものか(강하다고 해서 훌륭할까보냐), いくら不人情だとてそんな仕打ちはあるまい(아무리 몰인정하더라도 그런 처사는 있을 수 없겠지), 金があるからとて幸福だとは限らない(돈이 있다고 해서 행복하다고는 할 수 없다) 등이 있다.

둘째로 「〜とて」는 '② ~도 역시, ~라도'라는 뜻으로, 어떤 사물이 다른 일반의 경우와 마찬가지의 사정에 속한다는 것을 나타낸다. 대표적인 예로 君とてそう思うはずだ(너도 역시 그렇게 생각할 것이다), 私とてそれを考えないわけではない(나도 역시 그것을 생각하지 않은 것은 아니다), 部長とて責任はまぬかれない(부장님이라도 책임은 면하지 못한다) 등이 있다.

셋째로 「〜とて」는 '③ ~때문에, ~이므로, ~이라서'라는 뜻으로, 원인·이유를 나타낸다. 현대에서는 주로 「〜こととて(~이므로, ~이라서)」의 형태로 사용된다. 대표적인 예로 初めての仕事こととて(처음 하는 일이라서), 休日のこととて(휴일이라서) 등이 있다.

유형1 문법형식

- 最近の電化製品は機能が多すぎる。開発者たちとてすべての機能が必要とは思わないのではないか。 07

  요즘 전자제품은 기능이 너무 많다. 개발자들이라도 모든 기능이 필요하다고는 생각하지 않지 않을까.

- 基礎練習の積み重ねなくして、試合で勝つことはあり得ません。国語とて同じです。

  기초연습이 쌓이지 않고 시합에서 이기는 일은 있을 수 없습니다. 국어도 역시 마찬가지입니다.

유형2 문맥배열

- 常に 冷静な 彼 とて やはり 人間だから、感情的にどなってしまうこともあるのだろう。 09

  항상 냉정한 그 사람이라도 역시 사람이기 때문에, 감정적으로 고함을 칠 때도 있을 것이다.

유형3 문장흐름

- 買い物に行くとて、何時間も太陽にさらされることもありません。せいぜい、駅までの10分程度で、直射日光のない地下や案内アーケードの下をうろうろしているのです。

  쇼핑하러 간다고 해서 몇 시간이나 햇빛을 쬐는 일도 없습니다. 고작해야 역까지 가는 10분 정도이고, 직사광선이 없는 지하나 안내 통로 아래를 이리저리 다니는 것입니다.

20 〜とは ⁰⁸⁶ ~하다니, ~이라니

접속 동사의 기본형(る형)·과거형(た형)·부정형(ない형)

「〜とは」는 '~하다니, ~이라니'라는 뜻으로, 「〜」라는 사실을 보거나 듣고 그것이 뜻밖이라는 심정을 강조한 표현이다. 주로 앞 문장에서는 알게 된 사항에 대해 말하고, 뒤 문장에서는 놀람 등을 나타낸다.

☑ 4時間もかかる**とは**全くあきれてしまった 4시간이나 걸리다니 정말이지 질려버렸다 **2014-1회**

 **문법형식**

- 普段はおとなしい彼があんなに怒る**とは**、よほどひどいことを言われたのだろう。 **08**
  평상시에는 얌전한 그가 그토록 화를 내다니, 상당히 심한 말을 들었을 것이다.

- 著名な画家の行方不明になっていた作品が発見された**とは**、非常に喜ばしいことだ。 **04**
  저명한 화가의 행방불명됐던 작품이 발견되었다니, 몹시 기쁜 일이다.

- 20歳にもなりながら、そんな簡単なこともできない**とは**、実に情けないことだ。 **93**
  스무 살이나 먹었으면서 그런 간단한 것도 못하다니 정말 한심한 일이다.

 **문맥배열**

- あんなに 巨大な建物を 大昔の人が 造った ★ **とは**、不思議としか言いようがない。 **06**
  저렇게 거대한 건물을 아주 옛날 사람이 지었다니, 불사가의하다고밖에 말할 수 없다.

- 部下から そんな ことを ★ 言われる **とは**、さぞ不愉快だっただろう。 **99**
  부하에게 그런 말을 듣다니, 필시 불쾌했을 것이다.

- 他人の 土地を だまして 売りつける **とは**、実にあくらつな手口だ。
  남의 땅을 속여 강매하다니, 실로 악랄한 수법이다.

 **문장흐름**

- ほう、どこの好男子かと思ったら、ひろちゃんだったのか。あの泣き虫がこんなに立派な人になった**とは**。まったく、歳月の流れを感じさせられるなあ。
  호~ 어디 사는 미남인가 했더니, 히로였구나. 그 울보가 이렇게 멋진 사람이 되었다니. 정말이지 세월의 흐름이 느껴지는구나.

問題1 次の文の（　）に入れるのに最もよいものを、1・2・3・4から一つ選びなさい。

1　自分でこの会をしようと言っておきながら、当日休む（　　　）、無責任な人だ。086
　1　わけに　　　　2　とは　　　　3　にすら　　　　4　ものの

2　今日は頭痛いから、明日から暇な時に（　　　）よ。053
　1　読んじゃった　2　読んどく　　3　読まずにすんだ　4　読まなくていい

3　2台の車はつねに一定の距離を（　　　）つつ、走った。048
　1　保ち　　　　　2　保った　　　3　保つ　　　　　4　保って

4　忙しいことは忙しいが、暇を（　　　）社会奉仕活動をしている。057
　1　みないで　　　2　みれば　　　3　みても　　　　4　みては

5　飲み物だけ先に（　　　）。のどがからからだよ。054
　1　頼んじゃわないか　　　　　　2　頼んどけないよ
　3　頼んどかないで　　　　　　　4　頼んじゃうんじゃないよね

6　何でも多ければよい（　　　）。「量より質」という言葉からもわかるように、質も重要なものだ。070・151
　1　というものだ　　　　　　　　2　としたものではない
　3　としたものだ　　　　　　　　4　というものではない

7　（　　　）通り、乳酸菌を過剰摂取しすぎたとしても特に副作用はありません。056・038・081
　1　知ったもの　2　知ってもの　3　知ったの　　4　知っての

8　飛行機が（　　　）と思ったら、すごい勢いですぐ遠くへ去っていってしまった。077・054
　1　見える　　　2　見えた　　　3　見えなかった　4　見えよう

9　子ども（　　　）そうすることは許されるはずがありません。083
　1　のみ　　　　2　ほど　　　　3　とて　　　　4　ゆえ

10　今度の出張は、日にちが足りなくて、見物する（　　　）。080
　1　どころではない　2　べきではない　3　ものではない　4　はずではない

224

問題 2 次の文の ___★___ に入る最もよいものを、1・2・3・4から一つ選びなさい。

11 夜昼(よるひる)なく友人が _____ _★_ _____ _____ 。080
　　1　下宿(げしゅく)生活は　　2　勉強どころ　　3　ではなかった　　4　訪ねてさわぐ

12 直した _____ _____ _★_ _____ 目を通しておけ。053
　　1　方が　　　　　2　から　　　　3　書いといた　　4　いい箇所(かしょ)

13 かわいがっていた _____ _★_ _____ _____ 、彼も思ってみなかっただろう。086
　　1　とは　　　　　2　部下に　　　3　足を　　　　　4　すくわれる

14 早く _____ _____ _★_ _____ なってしまい申しわけありません。048・054
　　1　出さねばと　　2　思いつつも　　3　こんなに遅く　　4　ご返事を

15 あら、いいところへ行ったわねえ。よかったでしょ。私も _____ _____ _★_ _____ 。054
　　1　感激(かんげき)し　　2　ちゃった　　3　去年　　　　4　行って

16 外国に _____ _★_ _____ _____ 、現代の日本についてかえって誤解(ごかい)を与えることになろう。057・115
　　1　いては　　　　2　紹介して　　3　ばかり　　　　4　日本の伝統文化

17 社長だからといって何でも _____ _____ _★_ _____ よ。070・018
　　1　できると　　　2　自分勝手(かって)に　　3　いうものでは　　4　ありません

18 会社をやめて留学することにした。もちろん、自分 _____ _____ _★_ _____ だ。056
　　1　こと　　　　　2　いろいろ考え　　3　なりに　　　　4　の

19 もし彼と同じ状況に _____ _★_ _____ _____ 同じことをしただろう。083
　　1　とて　　　　　2　としたら　　　　3　君　　　　　　4　置かれていた

20 先週、となりの部屋に留学生が引っ越してきたんですよ。_____ _★_ _____ _____ 。077
　　1　日本語が　　　2　とても上手でした　　3　かと思ったら　　4　話せないの

問題 3 次の文章を読んで、文章全体の趣旨を踏まえて、21 から 25 の中に入る最もよいものを、1・2・3・4から一つ選びなさい。

　「文明」という言葉の語源となったヨーロッパ語の《civilization》は、18 世紀に造られた語である。ヨーロッパの近代的な科学・技術が、その実体的な姿を現すのが 19 世紀であるとすれば、「文明」という概念の誕生と、近代的な科学・技術の形成との間に少なくとも 21 歴史的な関連があることを推測してもよいだろう。

　実際私は、そこには単に時間的な意味での歴史的関連だけではなく、より構造的で内的な関連があると考えている。言うまでもなく《civil》という語は、ラテン語の《civis》もしくは《civitas》から派生した語で、それらは「市民」 22 「都市」と関わり合いのある語である。したがって《civilization》を直訳すれば「都市化」あるいは「市民化」ということになろう。しかし、ここで「都市」や「市民」として象徴されているのは究極的には「人為」ということであろう。そして、その「人為」に対置されているのが「自然」である、というのが、「文明」という概念についての私の基本的な解釈である。

　そうだとすると、「文明」という言葉が伝えようとする根本的な原理は「自然の人為化」ということになるだろう。実際、「文明」という言葉が誕生してみると、かつて歴史の遠い過去にも「自然の人為化」を図った例がいくつか見いだされると考えられた。23 「エジプト文明」、「インダス文明」、「中国文明」あるいは「メソポタミア文明」という表現が使われるようになった。もちろん言うまでもないが、それらは本来は「文化」であって、「文明」ではなかった。

　そして再び言うまでもないが、「文化」のヨーロッパ語である《culture》の語源は本来「農耕」である。そして「農耕」は「 24 人為の働き掛け」そのものであった。灌漑を利用しての穀物の単品種濃厚栽培と、その収穫物の貯蔵と計画的分配とが農耕社会の特徴であるとすれば、農耕社会つまりは「文化」は、「人為」と「自然」とが対置された上で、「 25-a 」が「 25-b 」を自然のままに放置せず、そこに介入し、手を加える最初の試みであったということができる。

（村上陽一郎　『文明のなかの科学』による）

21

1 ある人の   2 あるときの   3 ある日の   4 ある種の

22

1 といっても   2 一方   3 あるいは   4 すなわち

23

1 必ず   2 そこで   3 さっき   4 一度

24

1 自然に対する   2 自然にともなう
3 お客における   4 お客に基づく

25

1 a 都市 / b 市民   2 a 人為 / b 自然
3 a 市民 / b 都市   4 a 自然 / b 人為

문제해결 키워드

- **〜て**^{N1 056} ~해서 ~한
  灌漑を利用しての穀物
  관개를 이용한(이용해서 만든) 곡식 (19行)

- **〜とすれば・〜とすると**^{N2 089} ~라고 한다면
  19世紀であるとすれば
  19세기라고 한다면 (02行)

  そうだとすると 그렇다고 한다면 (12行)
  農耕社会の特徴であるとすれば
  농경사회의 특징이라고 한다면 (20行)

- **〜だけで(は)なく**^{N1 125} ~뿐만 아니라
  歴史的関連だけではなく
  역사적 관련뿐만 아니라 (05行)

- **〜までもない** ~할 것까지도 없다
  言うまでもなく 말할 필요도 없이 (06行)
  もちろん言うまでもないが
  물론 말할 것까지도 없지만 (16行)

- **〜についての**^{N1 115} ~에 관한
  概念についての私の基本的な解釈
  개념에 관한 나의 기본적인 해석 (11行)

- **〜(よ)うとする**^{N1 007} ~하려고 하다
  言葉が伝えようとする根本的な原理
  말이 전달하려고 하는 근본적인 원리 (12行)

- **〜(た)上で**^{N1 005} ~한 뒤에
  対置された上で 대치된 뒤에 (21行)

21

～ないものでもない[090] ~하지 않는 것도 아니다

접속 동사의 부정형(ない형)　　　　　　　　　　　　　～ないでもない[089]・～なくもない[094]

「～ないものでもない」는 '~하지 않는 것도 아니다, ~못할 것도 없다'라는 뜻으로, '어떤 경우에는 ~하기도 한다, 조건이 맞으면 ~할지도 모른다'라고 할 때 쓴다. 이중부정을 써서 소극적으로 긍정하거나 단정을 피할 때 쓰며, 개인적인 판단이나 추측, 기호 등을 말할 때 많이 쓴다. 유사표현에 「～ないでもない[089]・～なくもない[094]」가 있다.

문법형식

- 「私が悪かった」と素直に謝れば、許してやらないものでもない。 09
  '내가 나빴어'라고 솔직하게 사과하면, 용서해 주지 않는 것도 아니다.

- 大変な困難を伴う仕事だが、夜を徹して行えば、できないものでもない。 06
  힘든 고생을 동반하는 일이지만, 밤을 새워 하면 못할 것도 없다.

- ひょっとして、引き受けないものでもない。
  어쩌면 못 맡을 것도 없다.

문맥배열

- そんなに頼むのなら、その仕事を 代わって やら★ない もの でもない。
  그렇게 부탁한다면 그 일을 대신해 주지 못할 것도 없다. 04

- 君がどうしても 行ってくれと 言うなら 行か★ない ものでもない が、行ってもいい結果は出ないと思う。 91
  네가 무슨 일이 있어도 가 달라고 한다면 못 갈 것도 없지만, 간다고 해도 좋은 결과는 나오지 않을 것 같다.

- あなたが 反省して いるの なら 許さ★ない ものでもない。
  당신이 반성하고 있다면 용서하지 못할 것도 없다.

문장흐름

- その事業への出資はリスクが高いので、私には負担です。もちろん、あなたが保証してくれるのなら出資しないものでもないけど。
  그 사업으로의 투자는 위험이 크기 때문에, 저에게는 부담입니다. 물론, 당신이 보증해 준다면 투자하지 못할 것도 없지만.

22 ~など・~なんか / ~なんて　~따위 / ①~라는 ②~라고는 ③~하다니

접속 동사의 기본형(る형)·과거형(た형)·부정형(ない형)·의지형(よう+だ), 명사(だ), い형용사의 종지형 등

「~など・~なんか」는 '~따위, ~같은 것'이라는 뜻이다. 「~なんか」는 「~など」의 구어체로 어떤 사물에 대하여 대수롭지 않다든지 자신에 관해 겸손하게 말할 때 사용한다. 예를 들면 パチンコなどするものか(파친코 따위 할까 보냐), 彼なんか10枚も買った(그는 10장이나 샀다) 등이다. 「~なんて」는 '①~라는, ~따위(는)'의 뜻으로 勉強なんていやだ(공부따위는 싫다)와 같이 쓴다. 또 '②~라고는'의 뜻으로는 いやだなんて言えないよ(싫다고는 할 수 없어)와 같이 쓰이며, '③~하다니'의 뜻으로는 彼をだますなんて悪いよ(그를 속이다니 나빠요)와 같이 쓰인다. 또 「~なんて」는 주로 회화체로 쓰여 '대단하다, 뜻밖이다'라는 감탄을 나타내기도 한다.

- 夜中にラーメン**なんか**食べるんじゃなかった　밤중에 라면 따위 먹는 게 아니었다　**2017-2회**
- 職場まで歩いて数分**なんて**人は本当にうらやましい
  직장까지 걸어서 몇 분이라는 사람은 정말 부럽다　**2013-1회**
- あからさまに「子供は大人の邪魔するな」**なんて**ことは言わないのだけれど
  있는 그대로 '아이는 어른을 방해하지 마라'라는 말은 하지 않지만　**2012-2회**

유형1 문법형식

- こんなところで先生に会う**なんて**、思ってもみなかった。　**06**
  이런 곳에서 선생님을 만나다니 생각지도 못했다.
- 一日中やっても一匹もつれなかったから、もう魚つり**なんか**行きたくない。　**99**
  하루 종일 해도 한 마리도 잡지 못했기 때문에, 이제 낚시 같은 건 가고 싶지 않다.
- 苦労せずに人生を送りながら成功しようだ**なんて**無理だよ。
  고생하지 않고 인생을 보내면서 성공하려고 하다니 무리야.

유형2 문맥배열

- 自分の 主張だけ 通そう とする **なんて**、それはわがままというものだ。
  자기 주장만 관철시키려고 하다니, 그건 제멋대로라는 것이다.　**02**
- あんな自分勝手な人に優しい 言葉 **なんか** かけてやる もんか。
  저런 제멋대로인 사람에게 상냥한 말 같은 걸 걸어 줄까보냐.
- それは 難しい **なんて** もの じゃ ない、まず不可能だ。
  그건 어렵다고 할 정도가 아니다, 거의 불가능하다.

유형3 문장흐름

- 他人の欠点を一つ一つさがし出す**なんて**、よくない趣味だよ。それよりも長所を見つけてあげる方が、ずっといいと思うけど。
  타인의 결점을 하나하나 찾아내다니 좋지 않은 취미야. 그것보다도 장점을 찾아주는 편이 훨씬 좋다고 생각하는데.

23 〜なり〜なり 097 ~든지 ~든지

접속 동사의 기본형(る형), 명사

「〜なり〜なり」는 '~든지 ~든지, ~도 좋고 ~도 좋고'라는 뜻으로, 생각할 수 있는 몇 가지 예를 드는 표현이다. 같은 종류에 속한 사물을 몇 가지 예시하고 그 밖에도 좋은 선택이 있을 수 있다는 것을 암시한다. 「AなりB」의 꼴로 사용되는 경우도 있지만, 주로 「AなりBなりして」의 꼴로 쓰인다. 명사뿐만 아니라 동사의 기본형(る형)에도 접속한다.

문법형식

- 辞書を引く**なり**だれかに聞く**なりして**、調べておきなさい。 99
  사전을 찾든지 누구한테 묻든지 해서 조사해 놓아라.

- 出発まで映画を見る**なり**、お茶を飲む**なりして**時間をつぶそう。
  출발까지 영화를 보든지 차를 마시든지 해서 시간을 때우자.

- 君が来る**なり**、僕が行く**なり**しなくてはならない。
  네가 오든지 내가 가든지 해야 한다.

- 電話**なり**手紙**なり**で連絡ください。
  전화든 편지든 연락 주세요.

문맥배열

- 休日には映画を 見る なり 音楽会に 行く なりして、気分転換を図ったほうがいい。 93
  휴일에는 영화를 보든지 음악회에 가든지 해서, 기분전환을 꾀하는 편이 좋다.

- 本を 忘れたなら 借りる なり コピーする なりしなさい。
  책을 두고 왔다면 빌리든지 복사하든지 해라.

- この魚は煮る**なり** 焼く **なり** して 召し上がって ください。
  이 생선은 삶든지 굽든지 해서 드세요.

문장흐름

- 車がなければ**電車なりバスなり**で来られるはずだ。車がないから行けないというのは理由にならない。
  차가 없으면 전철이든 버스든 타고 올 수 있을 것이다. 차가 없어서 못 간다는 것은 이유가 되지 않는다.

24 ～に限る[103] ~하는 것이 제일이다

접속 동사의 기본형(る형), 명사

「～に限る」는 '~하는 것이 제일이다'라는 뜻이다. 보통 동사나 명사 등에 붙어 '~가 제일이다'라는 것을 주장하는 데 사용하고, 앞에 「～なら(~하려면)」 「～たら(~하면)」 「～には(~하려면)」 등을 수반하는 경우가 많다. 그리고 명사에 붙는 경우 **希望者は女子に限る**(희망자는 여성에 한한다)처럼 '~에 한한다'라는 뜻으로 간혹 쓰이는 경우도 있으므로 주의하자.

- 疲れたときは、寝るに限ります。 [94]
  피곤할 때는 자는 게 제일입니다.

- 学生はひまのあるときは図書館に行くに限ります。
  학생은 짬이 날 때는 도서관에 가는 게 제일입니다.

- 台風の日は外に出ずに一日中寝るに限ります。
  태풍이 온 날은 밖에 나가지 말고 하루종일 자는 게 제일입니다.

- 調子が悪いときは、ゆっくり休むに限ります。
  컨디션이 안 좋을 때는 푹 쉬는 게 제일입니다.

- こんな日は雨にぬれずに 時間を つぶせる ★ 美術館に行く に限る。
  이런 날은 비에 젖지 않고 시간을 보낼 수 있는 미술관에 가는 게 제일이다.

- やっぱり中華料理を 食べに 行くのは 大人数に ★ 限ります ね。
  역시 중화요리를 먹으러 가는 것은 많은 인원수로 가는 게 제일이네요.

- ガイドブックにも載っていない飛び切りの情報は、やはり現地の人から直接聞くに限ります。だから、少しでも現地の言葉を覚えて、あとはボディーランゲージでコミュニケーションできる度胸をつけておきましょう。
  가이드북에도 실려 있지 않는 최상의 정보는, 역시 현지에 있는 사람에게 직접 듣는 게 제일입니다. 그러니까 조금이라도 현지의 언어를 익히고, 그 다음은 바디랭기지로 커뮤니케이션을 할 수 있는 배짱을 가져 둡시다.

25 ～に関して / ～に関する [104] ~에 관해서(는) / ~에 관한

접속 명사   ～について [115]

「～に関して」는 '~에 관해서'라는 뜻이다. 이 표현은 「～について[115](~에 관하여, ~에 대하여)」와 마찬가지로 언어 및 사고 활동에 관계되는 말 뒤에 오는 경우가 많다. 이외에 「～に関する+명사(~에 관한 ~)」의 형태도 잘 익혀 두자. 事件に関する情報(사건에 관한 정보), 日本文法に関する研究書(일본 문법에 관한 연구서)와 같이 쓰인다.

유형1 문법형식

- この国の経済に関しては、今後も注目していく必要がある。 [91]
  이 나라의 경제에 관해서는 앞으로도 주목해 나갈 필요가 있다.

- 人間の言語習得に関してはまだまだ不明のことが多い。
  인간의 언어 습득에 관해서는 아직도 불명확한 점이 많다.

유형2 문맥배열

- コンピューターの 使い方 に関して 質問が ある方は、私のところまでどうぞ。 [00]
  컴퓨터 사용법에 관해서 질문이 있는 분은 제게 와 주세요.

- その学会で 山田氏の発表 に関して 多くの 批判が なされた。
  그 학회에서 야마다 씨의 발표에 관해서 많은 비판이 이루어졌다.

유형3 문장흐름

- ここに、日本文化の特色に関する論文があります。これをよく読んで、あなたの意見をレポートにまとめてきてください。
  여기에 일본문화의 특색에 관한 논문이 있습니다. 이것을 잘 읽고 당신의 의견을 리포트에 정리해서 오세요.

유사표현 비교

「～に関して」 vs 「～について」

「～に関して」와 「～について」는 둘 다 '~에 관해서'라는 의미로 쓰인다. 이 두 표현의 차이를 살펴보면, 「～について」는 대상과의 긴밀도가 높은 반면 「～に関して」는 글자 그대로 '관계를 갖는다'는 정도로 대상과의 관련성을 명시하는 데 그친다. 「～に関して」가 「～について」보다 격식 차린 표현이다.

26 〜にしろ・〜にせよ[111] ~라 하더라도, ~한다 해도

접속 동사의 기본형(る형)·부정형(ない형), い형용사의 기본형, 명사 등   〜にしても N2 115

「〜にしろ・〜にせよ」는 '~라 하더라도, ~한다 해도'라는 뜻으로, 「〜」라는 사실을 일단 인정하고 그와는 상반·모순된 상황이 뒤에 전개됨을 나타낸다. 「いずれにしろ・いずれにせよ」(어차피, 결국)라는 관용 표현도 잘 익혀 두자. 참고로 「〜にしろ 〜にしろ・〜にせよ 〜にせよ」는 '~하든 ~하든, ~도 ~도'라는 뜻이다. 복수의 대상을 병렬시켜 예시하는 용법으로, 그 예를 포함한 동류의 다른 모든 것에도 그 내용이 적용됨을 뜻한다. 대표적인 예로 与党にしろ野党にしろ(여당이든 야당이든), 行くにせよ残るにせよ(가든 남든) 등이 있다.

☑ A社が開発したものには遠く及ばないにしろ A사가 개발한 것에는 훨씬 못 미친다고 해도 **2017-1회**

유형1 문법형식

- 出席するにしろ欠席するにしろ、招待状の返事は早く出したほうがいい。 **09**
  출석하든 결석하든 초대장의 답장은 빨리 보내는 것이 좋다.

- たった三日の旅行にせよ、準備は必要だ。 **98**
  겨우 사흘의 여행이라 하더라도 준비는 필요하다.

- 急ぐ必要はない。いずれにせよ遅刻するのだから。
  서두를 필요는 없다. 어차피 지각하니까.

- 先輩に命令されてやったことであるにせよ、責任は君にもある。
  선배가 명령해서 한 일이라 하더라도 책임은 너에게도 있어.

유형2 문맥배열

- 引き受けるにしろ 引き受けない にしろ なるべく 早く 決めたほうが いい。 **03**
  떠맡든 떠맡지 않든, 가능한 한 빨리 정하는 것이 좋다.

- 入試の結果が よい にせよ 悪いにせよ 通知だけは ください。
  입시 결과가 좋든 나쁘든, 통지만은 주세요.

유형3 문장흐름

- 子どもにとっては親が、しばしばそうした模倣や対抗の対象であり、その関係は成長してもしばしば継続する。モデルにするにしろ反発するにしろ、親が模倣や対抗の対象になっているのだ。
  자녀 입장에서는 부모가 자주 그러한 모방과 대항의 대상이며, 그 관계는 성장해도 몇 번이고 계속된다. 롤모델로 삼든 반발을 하든 부모가 모방 및 대항의 대상이 되고 있는 것이다.

27 〜に対し(て) / 〜に対する [113] ①~에 대해, ~에게 ②~에 비해서 / ~에 대한

접속 명사(な+の), 동사 현재진행형(ている형)+の, な형용사 연체형(な형)+の 등

「〜に対し(て)」는 '①~에 대해, ~에게'라는 뜻으로, 동작이나 감정이 향하는 대상을 나타내며, 상대방에게 직접 동작이 미칠 때 사용한다. 이외에 「〜に対しては(~에 대해서는, ~에게는)」 「〜に対しても(~에 대해서도, ~에게도)」도 잘 익혀 두자. 「〜に対し(て)」는 또 '②~에 비해서'라는 뜻도 있는데, 어떤 일에 대해서 두 개의 상황을 대비시켜 말할 때 쓴다. 「〜に対する+명사」는 '~에 대한 ~'라는 뜻이다.

☑ 脱税を行った疑いがあるなどと報じられたことに対し 탈세를 한 혐의가 있는 등 보도된 것에 대해 **2016-2회**

유형1 문법형식

- 地方では人口が減っているのに対して、都市部では人口が急激に増えている。 **09**
  지방에서는 인구가 줄고 있는 것에 비해서, 도시부에서는 인구가 급격하게 늘고 있다.

- 戦争に対して、批判の声が次第に高まっている。 **04**
  전쟁에 대해서 비판의 목소리가 점차 고조되고 있다.

- 公害を出す企業に対する批判が強くなっている。 **92**
  공해를 배출하는 기업에 대한 비판이 심해지고 있다.

- それは、子どもが大人に対して使っていい言葉ではない。 **90**
  그건 아이가 어른에게 사용해서 좋은 말이 아니다.

- 父が短気なのに対して、母の方は気が長い。
  아버지가 성미가 급한 것에 비해, 어머니 쪽은 느긋하다.

유형2 문맥배열

- 先日の 会議では 彼の説明 に対して 質問が集中した。 **01**
  일전의 회의에서는 그의 설명에 대해 질문이 집중되었다.

- この店では、特に お客 に対する 言葉づかい や態度に注意をはらっている。 **95**
  이 가게에서는 특히 손님에 대한 말씨나 태도에 주의를 기울이고 있다.

유형3 문장흐름

- 彼は、先月新しいカメラを購入してから毎日何十枚も写真を撮っている。彼のカメラに対する情熱は、当分冷めそうもない。
  그는 지난달 새 카메라를 구입한 후 매일 몇 십장이나 사진을 찍고 있다. 그의 카메라에 대한 열정은 당분간 식지 않을 것 같다.

28 〜につれ(て) 117 ~(함)에 따라, ~하게 되면서

접속 동사의 기본형(る형), 명사   　　　　　　　　　　　　　　　　〜にともなって119, 〜にしたがってN3 083

「〜につれ(て)」는 '~(함)에 따라, ~하게 되면서'라는 뜻으로, '한 쪽의 정도가 변하면 그것이 이유가 되어 다른 한 쪽도 변한다'는 뜻이 내포되어 있다. 보통 「〜につれ(て)」의 앞뒤에는 변화를 나타내는 표현이 오며, 뒤 문장에는 「〜つもりだ N3 046(~할 작정이다)」와 같은 말하는 사람의 의지를 나타내는 문장이나, 「〜ましょう(~합시다)」와 같은 권유하는 문장은 오지 않는다. 「동사의 기본형(る형)」과 「명사」에 접속한다.

유형1 문법형식

- 農業技術が発達する**につれて**、人々の暮らしは豊かになっていった。 09
  농업 기술이 발달함에 따라 사람들의 생활은 풍요로워져 갔다.

- 時間がたつ**につれて**、悲しいことは忘れていった。 05
  시간이 지남에 따라 슬픈 일은 잊혀져 갔다.

- 年月がたつ**につれて**彼女はますます美しくなった。
  세월이 지남에 따라 그녀는 점점 아름다워졌다.

유형2 문맥배열

- あたりが 暗くなる **につれて** だんだん 眠くなって きた。 06
  주위가 어두워짐에 따라 점점 졸음이 왔다.

- 時間がたつ **につれて** パーティーは にぎやか になってきた。 97
  시간이 지나게 되면서 파티는 시끌벅적해졌다.

- 父は、年を とる に つれて だんだん記憶力が衰えてきたと悩んでいる。
  아버지는 나이를 먹게 되면서 점점 기억력이 퇴보했다고 고민하고 있다.

유형3 문장흐름

- 物価の上昇**につれ**、生活が苦しくなってきた。だが、これまで以上にお金の使い方を工夫して、できるだけ明るく暮らせるように努力したい。
  물가 상승에 따라 생활이 어려워졌다. 하지만 이제까지보다 더 돈의 사용법을 궁리해서, 가능한 한 밝게 살 수 있도록 노력하고 싶다.

29

～にとって(は) [118] ~에게(는), ~에게 있어서(는)

접속 명사

「～にとって(は)」는 '~에게(는), ~에게 있어서(는)'이라는 뜻으로, 판단하거나 평가하는 입장·시점을 나타낼 때 사용한다. 그 밖에 「～にとっても(~에게도, ~에게 있어서도)」「～にとっての+명사(~에게 있어서의 ~)」의 형태로도 많이 쓰인다. 대표적인 예로 外国人にとっても(외국인에게 있어서도), 60歳以上の人にとっての戦後(60세 이상인 사람에게 있어서의 전후) 등과 같이 쓰인다.

유형1 문법형식

- 今回改正された法律は、ほとんどの国民にとってあまり役に立たない。 07
  이번에 개정된 법률은, 대부분의 국민에게 그다지 도움이 되지 않는다.

- この時計は古いのですが、私にとってとても大切なものなのです。 05
  이 시계는 낡았지만, 제게 무척 소중한 것입니다.

- 俳優にとって衣装代は必要経費といえます。
  배우에게 있어서 의상비는 필요 경비라고 할 수 있습니다.

- きみには簡単でも、ぼくにとっては難しい。
  너한테는 간단해도 나에게는 어렵다.

유형2 문맥배열

- 花つくりは わたし にとって 一番の 楽しみ である。 96
  화초 재배는 내게 제일의 즐거움이다.

- 日本人の常識が 外国人 にとっても 常識 とは限らない。
  일본인의 상식이 외국인에게도 상식이라고는 할 수 없다.

- 娘 にとっての 母親は 親 というより むしろライバルと言える。
  딸에게 있어서의 어머니는 부모라기보다 오히려 라이벌이라고 할 수 있다.

유형3 문장흐름

- スターにとっては、人気が落ちるということは、きっとさびしいことだろう。だからきっと、どんなトップスターでも、いつも不安を抱えているに違いない。
  스타에게 있어서는 인기가 떨어진다는 것은 틀림없이 쓸쓸한 일일 것이다. 따라서 분명, 어떤 톱스타든 항상 불안감을 안고 있음에 틀림없다.

30

～には[121] ~하려면

접속 동사의 기본형(る형)　　　　　　　　　　　　　　　　　　　　　　　～ためには[N3 041]

「～には」는 '~하려면'이라는 뜻이다. 이것은 '그렇게 하기 위해서는, 그렇게 하고 싶다고 생각한다면'이라는 의미를 나타낸다. 이와 비슷한 표현으로 「～ためには[N3 041](~하기 위해서는)」가 있다. 그리고 명사에 붙으면 「春には(봄에는)」처럼 때를, 「私にはわからない(나는 모르겠다)」처럼 평가의 기준을 나타낸다.

문법형식

- 国際交流を進める**には**、相手を理解しようとする姿勢が欠かせない。 05
  국제교류를 진행시키려면, 상대를 이해하려고 하는 자세를 빠뜨릴 수 없다.

- 人生を豊かにする**には**趣味をたくさん持つことが大事だ。
  인생을 풍요롭게 하려면 취미를 많이 갖는 것이 중요하다.

- 辞書を見ずに新聞を読む**には**、相当の語学力が必要だ。
  사전을 보지 않고 신문을 보려면, 상당한 어학실력이 필요하다.

문맥배열

- 東京駅 に行く★**には** そこの角を 曲がった 方が近いですよ。 02
  도쿄역에 가려면 거기 있는 모퉁이를 도는 편이 가까워요.

- 曲線美を 表現する **には**★ この材料を 使う のがよさそうだ。
  곡선미를 표현하려면 이 재료를 사용하는 것이 좋을 것 같다.

- プロ級の 腕になる **には**★ 何年もの 練習が 必要です。
  프로급의 실력이 되려면 몇 년이나 되는 연습이 필요합니다.

문장흐름

- Eメールを送る**には**、まずパソコンのことをよく知っていなければだめだ。Eメールは便利だが、機械が苦手な人やお年寄りは、電話やファックスを使ったほうがいいだろう。
  이메일을 보내려면, 우선 컴퓨터에 관한 것을 잘 알고 있지 않으면 안 된다. 이메일은 편리하지만, 기계를 잘 못 다루는 사람이나 노인은 전화나 팩스를 쓰는 게 좋을 것이다.

問題 1 次の文の（　）に入れるのに最もよいものを、1・2・3・4から一つ選びなさい。

1. 人に気持ちを伝える（　　　）、メールと手紙のどちらがよいのだろうか。[121]
   1　かは　　　　2　とは　　　　3　のが　　　　4　には

2. 古いラジオを捨ててしまおうと思ったが、聞こえ（　　　）ので捨てなかった。[090]
   1　ないものでもない　2　るまでもない　3　ないまでもない　4　るものでもない

3. 寒いなら、セーターを着る（　　　）何か温かいものを作って食べる（　　　）すれば。[097]
   1　し／し　　　2　なり／なり　　　3　こと／こと　　　4　と／と

4. こんなときは、栄養のある物を食べて早く（　　　）に限る。[103]
   1　寝　　　　2　寝て　　　　3　寝る　　　　4　寝た

5. 各地方で多少の違いはあるに（　　　）、このような民話は日本中いたるところに残っている。[111・151]
   1　しか　　　　2　だけ　　　　3　つけ　　　　4　せよ

6. 現在の私たちに（　　　）、もっとも重要なのは、地球の環境を守ることであろう。[118]
   1　つれて　　　2　ついて　　　3　とって　　　4　たいして

7. 温度が低くなるに（　　　）、発育にかかる日数は長くなっていく。[117]
   1　よって　　　2　いたって　　　3　つれて　　　4　さいして

8. ジョンソン（　　　）男、会ったこともない。[095]
   1　なんと　　　2　なんで　　　3　なんに　　　4　なんて

9. その質問に（　　　）、わたしは否定も肯定もしなかった。[113]
   1　おいて　　　2　つけて　　　3　とって　　　4　対して

10. 今回の政策（　　　）、政府に対する非難の声が高かった。[104・113]
    1　に際しては　　　2　に関しては　　　3　にかけては　　　4　にあたっては

問題2 次の文の ___★___ に入る最もよいものを、1・2・3・4から一つ選びなさい。

11 長期は無理だが、短期間ならその _____ ___★___ _____ _____ 。
 1 もの　　　　　2 依頼に　　　　3 でもない　　　　4 協力できない

12 今日は飲み放題です。_____ _____ ___★___ _____ どうぞ。
 1 ワインなり　　2 物を　　　　　3 お好きな　　　　4 何なり

13 一人 _____ ___★___ _____ _____ 、その国や地域のことを前もってよく調べた方がいい。
 1 する　　　　　2 には　　　　　3 海外旅行を　　　4 で

14 英作文の基礎を作るにはやさしい本を _____ _____ ___★___ _____ 。
 1 限る　　　　　2 読む　　　　　3 たくさん　　　　4 に

15 どんな _____ ___★___ _____ _____ 意味もない。
 1 にしろ　　　　　　　　　　　　2 何の
 3 すぐれた道具　　　　　　　　　4 使いこなせなければ

16 刺激の _____ _____ ___★___ _____ 刺激が強すぎる。
 1 をしていた人　2 にとって　　　3 都会の生活は　　4 少ない生活

17 台風の威力は _____ _____ ___★___ _____ 。
 1 近づく　　　　2 島に　　　　　3 につれて　　　　4 増した

18 8けたの電話番号を一度 _____ _____ ___★___ _____ 彼はすごいな。
 1 聞いた　　　　2 なんて　　　　3 だけで　　　　　4 覚えてしまう

19 実際に使ってみると、想像していた以上に便利だったので、_____ _____ ___★___ _____ 。
 1 あらためた　　2 パソコンに　　3 認識を　　　　　4 対する

20 われわれは _____ ___★___ _____ _____ おいて意見が一致している。
 1 関しては　　　2 大体に　　　　3 計画に　　　　　4 その

問題3 次の文章を読んで、文章全体の趣旨を踏まえて、21 から 25 の中に入る最もよいものを、1・2・3・4から一つ選びなさい。

　さて、相互認識の前提にあるのは、他者性・異質性である。この他者性・異質性がなければ、相互認識は論理的に成立しない。孫歌氏は、魯迅(注1)の「持ってこい政策」の背景にある自己否定によるアイデンティティ形成という考え方を引き合いに出して、自己否定や 21 異文化に接することができないということ、翻訳のプロセスにおいて主体がそのまま存続できず「バラバラにされる」ことを強調した。

　確かに、異文化とは、自らが立脚する価値体系・言語体系とは 22 、それを理解するためには、一度自らの価値体系・言語体系を忘れて一から学び直す必要がある。そのために、外国で生活しはじめると、多くの人が、最初は、自分が赤ん坊になったような経験をすることになる。翻訳で外国語を扱う場合にも、一度自らの価値観や判断を留保しなくてはならないから、そのような意味で自らの主体が退くということはできるだろう。 23 、そのような状況は、異文化を理解する過程で一時的に生じる現象で、永続する性格のものではない。

　異質性・他者性を越えて 24 、自分と他者とを説明するためのある種の共通の基盤が必要となる。翻訳の例で言えば、他言語の認識が可能であるということは、相手の言語体系なり価値体系なりを理解できる基盤が成立していることを意味している。相手の言葉や価値体系を理解するための基盤がなければ、相手を理解することは不可能なのである。

　 25 、異文化を理解できるということは、実は、当人にとってはすでにその文化が異文化ではないという状況を意味している。「異」文化の存在とその文化の理解とは、一人の人間のなかでは両立しない。たとえ、日本文化やアメリカ文化が存在するとしても、その両者を比較して理解できるということは、どちらの文化もその人にとっては異文化ではないということなのである。

(高山博『歴史学と異文化認識』による)

(注1) 魯迅：中国の文学者・思想家。日本に留学、帰国後、革命運動に参加したが、のち学問に没頭。

21
1　自己喪失に限らず　　　　2　自己喪失と相まって
3　自己喪失をよそに　　　　4　自己喪失なしに

22
1　異なることだから　　　　2　異なることでも
3　異なるものだから　　　　4　異なるものでも

23
1　そのうえ　　2　実は　　3　しかし　　4　それに

24
1　自分を理解するには　　　2　他者を理解するには
3　自分を理解するとは　　　4　他者を理解するとは

25
1　したがって　　2　しかしながら　　3　ところが　　4　もっとも

문제해결 키워드

- **~には** N1 121　~하려면
  他者を理解するには 타인을 이해하려면 (13行)

- **~なり~なり** N1 097　~든지 ~든지
  相手の言語体系なり価値体系なり
  상대의 언어체계든 가치체계든 (14行)

- **~にとっては** N1 118　~에게는
  当人にとっては 본인에게는 (18行)

- **~による** N2 125　~에 의한, ~에 따른
  自己否定によるアイデンティティ形成
  자기 부정에 의한 아이덴티티(독자성) 형성 (03行)

- **~なしに**　~없이
  自己否定や自己喪失なしに
  자기 부정이나 자기 상실 없이 (03行)

- **~において** N2 107　~에서
  翻訳のプロセスにおいて
  번역의 프로세스(방법)에서 (04行)

- **~とは**　~이란
  異文化とは 이문화란 (06行)

- **~ものだから**　~이기 때문에
  価値体系・言語体系とは異なるものだから
  가치체계・언어체계와는 다르기 때문에 (06行)

- **~なくてはならない** N2 104　~하지 않으면 안 된다
  価値観や判断を留保しなくてはならない
  가치관이나 판단을 유보하지 않으면 안 된다 (09行)

- **~としても** N1 081　~라고 해도
  存在するとしても 존재한다고 해도 (20行)

- **~に限らず** N2 110　~뿐만 아니라

- **~と相まって**　~와 더불어

- **~をよそに** N1 160　~을 아랑곳하지 않고

31 〜に向け(て)[123] ~을 향해, ~을 목표로

접속 명사

「〜に向け(て)」는 '~을 향해, ~을 목표로'라는 뜻이다. 이 표현은 방향·목적지·상대·목표의 4가지 용법이 있다. 그 중에서 목표를 잘 익혀 두자. 목표의 용법은 사건 등을 나타내는 명사를 받아 '그 사건 등의 실현을 목표로 해서'라는 뜻을 나타내며, 뒤에는 행위를 나타내는 표현이 온다.

유형1 문법형식

- 来月の演奏会に向けて、毎日バイオリンの練習を続けている。 [09]
  다음 달 연주회를 목표로, 매일 바이올린 연습을 계속하고 있다.

- 修了公演にむけ、毎日3時間ほどの練習を続けている。
  졸업 공연을 목표로, 매일 3시간 정도의 연습을 계속하고 있다.

- 将来の成功にむけ、あきらめずに今も精いっぱい生きている。
  장래의 성공을 향해 포기하지 않고 지금도 최선을 다해 살고 있다.

유형2 문맥배열

- オリンピックの 成功に むけ 競技場や 道路の 整備が 行われている。 [03]
  올림픽 성공을 향해, 경기장이나 도로 정비가 이루어지고 있다.

- 12月の 発表会 に向けて 順調に 準備 が進められていると思います。
  12월 발표회를 목표로 순조롭게 준비가 진행되고 있다고 생각합니다.

- 今は来月の国体 最終予選 に向けて 毎日 一生懸命練習 を行っている。
  지금은 다음 달 국민체육대회 최종예선을 목표로 매일 열심히 연습을 하고 있다.

유형3 문장흐름

- わが国は、議長国として、**会議の成功に向けて**諸準備を円滑に進める必要がある。関係者全員が常に緊張を緩めることなく、何事にも慎重に取り組んでもらいたい。
  우리나라는 의장국으로서 회의의 성공을 목표로 모든 준비를 원활하게 진행시킬 필요가 있다. 관계자 전원이 항상 긴장을 늦추지 말고, 무슨 일이든 신중하게 대처했으면 한다.

32 〜ばかりか・〜ばかりでなく・〜だけでなく [125] ~뿐만 아니라

접속 동사의 보통형(る형・た형・ない형), 명사, い형용사의 기본형, それ 등　　　〜に限らず・〜のみならず N2 110

「〜ばかりか・〜ばかりでなく・〜だけでなく」는 '~뿐만 아니라'라는 뜻으로, '~외에 정도가 더 심한 어떤 것까지 추가된다'는 뉘앙스이다. 예를 들어 かぜが治らない**ばかりか**もっと悪くなってきた(감기가 낫지 않을 뿐만 아니라 더 악화되었다), 英語**ばかりでなく**日本語も上手だ(영어뿐만 아니라 일본어도 잘 한다), 食べ物に気をつける**だけでなく**運動することも(음식을 조심하는 것 뿐만 아니라 운동하는 것도) 등과 같이 쓴다. 이 표현들의 뒤에는 명령이나 강제의 문장은 거의 오지 않는다.

☑ 情報が正しいか否か**だけでなく** 정보가 맞는지 아닌지 뿐만 아니라　2016-1회

유형1 문법형식

- 私に食事をごちそうしてくれた**ばかりか**、しばらく暮らせるだけのお金まで貸してくれた。 01
  나에게 식사를 대접해 주었을 뿐만 아니라, 얼마간 생활할 수 있을 만큼의 돈까지 빌려 주었다.

- 彼は英語**ばかりか**、フランス語、ドイツ語、そして中国語も話せるそうだ。 99
  그는 영어뿐만 아니라, 프랑스어, 독일어, 그리고 중국어도 할 수 있다고 한다.

- この問題**ばかりでなく**、ほかの問題も討議しよう。
  이 문제뿐만 아니라 다른 문제도 토의하자.

유형2 문맥배열

- それ **ばかりか**★ 友人たち からも 相当の金を借りているらしい。 03
  그것뿐만 아니라, 친구들에게서도 상당한 돈을 빌리고 있는 것 같다.

- 東京の夏が暑いのは、温度が 高い **だけでなく**★ 湿度も 高いからだ。
  도쿄의 여름이 더운 것은 온도가 높을 뿐만 아니라 습도도 높기 때문이다.

유형3 문장흐름

- 日本では子ども**ばかりか**、大人さえまんがを読んでいる。そのような大人が通勤電車の中にたくさんいるので、外国人が見るとびっくりしてしまうようだ。
  일본에서는 어린이뿐만 아니라 어른조차 만화를 읽고 있다. 그러한 어른이 통근 전철 안에 많아서, 외국인이 보면 깜짝 놀라는 것 같다.

33 ～ばかりで / ～ばかりだ[126] ~하기만 해서(하고) / ~하기만 하다

접속 동사의 기본형(る형), い형용사의 사전형, な형용사의 연체형(な형)

「～ばかりで/～ばかりだ」는 '~하기만 해서(하고)/~하기만 하다'라는 뜻이다. 이 표현은 일의 변화가 나쁜 방향으로 진행되고 있음을 나타낸다. 「～ばかりで」는 보통 「AばかりでBない(A하기만 하고 B하지 않다)」의 형태로, B의 상황이 화자에게 있어서 불만이라는 점을 나타낸다. 「～ばかりだ」는 보통 동사의 기본형(る형)에 접속하며, 비슷한 표현에 「～一方だ[N2 005](~하기만 하다)」가 있다.

- ☑ あとは出発を待つばかりとなった 남은 일은 출발을 기다리기만 하면 되었다　2017-1회
- ☑ むしろ強くなるばかりだった 오히려 세지기만 했다　N2 2013-1회
- ☑ 人のやることに文句を言うばかりで 다른 사람이 하는 일에 불평하기만 하고　N2 2010-1회

문법형식

- 物価は上がるばかりで生活は少しも楽にならない。 01
  물가는 오르기만 해서 생활은 조금도 편해지지 않는다.

- このかばんは重いばかりで、ちっとも入らない。
  이 가방은 무겁기만 하고 조금도 들어가지 않는다.

- わたしが聞いても、父は笑っているばかりで何も答えてくれない。
  내가 물어도, 아버지는 웃기만 하고 아무것도 대답해주지 않는다.

- 試験が1週間後に迫り、気持ちはあせるばかりだ。
  시험이 1주일 뒤로 다가와 기분은 초조하기만 하다.

문맥배열

- 雨は ひどくなる ばかりで まったく やむ気配 はなかった。
  비는 심해지기만 하고 전혀 그칠 기색은 없었다.

- この島の 人口は 年々 減っていく ばかり です。
  이 섬의 인구는 매년 줄어들기만 합니다.

문장흐름

- 有名な先生の講義を受けたが、たいくつなばかりでおもしろくなかった。無名でも、授業が面白い先生の方が僕は好きだと思った。
  유명한 선생님의 강의를 들었지만, 지루하기만 하고 재미있지 않았다. 이름은 없더라도 수업이 재미있는 선생님 쪽이 좋다고 나는 생각했다.

34 〜はともかく(として) / 〜ならともかく [129]

~은 차치하고, ~은 어찌됐든 / ~라면 모르겠지만

접속 명사, 〜かどうか

「〜はともかく(として)」는 '~은 차치하고, ~은 어찌됐든'이라는 뜻이다. 이 표현에는 '~의 문제도 생각해야 하지만, 우선은 그것보다도 뒤 문장의 내용을 먼저 생각해야 한다'는 뉘앙스가 담겨 있다. 그리고 응용 표현인 「〜ならともかく」는 '~이라면 모르겠지만'이라는 뜻이다. 대표적인 예로 デートで着るならともかく(데이트 때 입는다면 모르겠지만)와 같이 쓰인다.

문법형식

- このレストラン、ちょっと高いんですけど、値段はともかく味はいいですね。 08
  이 레스토랑, 조금 비싸지만, 가격은 차치하고 맛은 좋네요.

- この店の料理は、味はともかく量は多い。 04
  이 가게의 요리는 맛은 차치하고 양은 많다.

- 行くか行かないかはともかく、飛行機の予約だけはしておこう。
  갈지 안 갈지는 차치하고 비행기 예약만은 해 두자.

문맥배열

- 試合の結果 はともかく 最後まで みんな よくがんばった。 98
  시합 결과는 차치하고 끝까지 모두 열심히 했다.

- 遅刻 ならともかく 無断欠勤 など もってのほか だ。
  지각이라면 모르겠지만 무단결근 따위 당치도 않다.

- 彼が行く かどうか はともかくとして 初めの計画 どおり 旅行しよう。
  그가 갈지 어떨지는 차치하고 처음 계획대로 여행가자.

문장흐름

- 大昔ならともかく、この時代にそんな迷信を信じる人はいない。人々の考えはどんどん変わっているのだから、昔のことばかり言っていても仕方がないよ。
  아주 옛날이라면 모르겠지만, 이런 시대에 그런 미신을 믿는 사람은 없어. 사람들의 생각은 자꾸 변하고 있기 때문에, 옛날 일만 말하고 있어도 어찌할 도리가 없어.

35 ～分 ~상태, ~정도, ~부분, ~분, ~만큼

접속 「この・その・あの」, 동사의 과거형(た형)・현재진행형(ている형)・부정형(ない형), い형용사의 종지형

「～分」은 '~상태, ~정도, ~부분, ~분, ~만큼' 등의 뜻을 나타낸다. 殖えた分は貯金する(증식분은 저금한다), 減った分を補う(줄어든 부분을 보충하다), 手間がかかっている分(수고가 드는 만큼), あの分では困る(저런 정도(상태)라면 곤란하다) 등과 같이 쓰인다.

✅ 値段は多少高めだが手間がかかっている分 가격은 다소 비싼 편이지만 수고가 드는 만큼 **2013-2회**

유형1 문법형식

- あまり深入りしない分だけ害悪を被ることが少ないから、失望させられることもほとんどない。
  그다지 깊이 관계하지 않는 분만큼 해악을 입는 경우가 적기 때문에 실망하게 되는 일도 거의 없다.

- よごれが目立たない分、洗わずにごまかしてしまうことも増え、不潔になるのではないか。
  더러운 것이 눈에 띄지 않는 만큼 세탁하지 않고 어물쩍 넘어갈 때도 늘어서 불결해지는 것은 아닐까?

유형2 문맥배열

- 移動にかかる 時間が 短くなった ★ 分、目的地にゆっくり滞在できるようになったのは幸いである。
  이동에 걸리는 시간이 짧아진 만큼, 목적지에 느긋이 체류할 수 있게 된 것은 다행이다.

- 身体を 使わなくなった ★ 分、心に かかずらう時間が増えた。
  몸을 사용하지 않게 된 만큼, 마음에 쓰는 시간이 늘었다.

유형3 문장흐름

- お酒やコーヒーをたくさん飲んでも、最後のほうは喉が渇いてきますよね。これは利尿作用といって、お酒やコーヒーを摂取した分だけ尿量も増えるので結局水分は出ていってしまい、水分補給にならないのです。
  술이나 커피를 많이 마셔도 마지막에는 목이 마르지요? 이것은 이뇨작용이라고 해서, 술이나 커피를 섭취한 양만큼 소변량도 늘기 때문에 결국 수분은 나가버려 수분보충이 안 되는 것입니다.

36 〜まい / 〜まいか¹³⁵ ~하지 않을 것이다, ~하지 않겠다 / ~하지 않을까?

접속 동사의 기본형(る형)·부정형(ない형) 등

「〜まい」는 '~하지 않을 것이다'라는 뜻으로 부정적인 추측을 나타내거나, '~하지 않겠다'라는 강한 부정의 의지를 나타낸다. 응용표현인 「〜しかあるまい(=〜しかないだろう)」는 '~할 수밖에 없을 것이다'라는 뜻으로 引き受けるしかあるまい(받아들일 수밖에 없을 것이다)와 같이 쓴다.
「〜まいか」는 '~하지 않을까?'라는 뜻이다. 주로 「〜のではあるまいか(~하는 것은 아닐까?)」의 형태로 문말에 쓰여, 「〜」라는 것을 완곡하게 나타낸다. 그 밖에 「〜(よ)うか〜まいか(~할지 ~하지 않을지)」도 알아 두기 바란다. 대표적인 예로 行こうか行くまいか迷っている(갈지 말지 망설이고 있다) 등이 있다.

유형1 문법형식

- 自分の目で確かめない限り、そんな恐ろしいことはだれも信じまい。
  자기 눈으로 확인하지 않는 한, 그런 무서운 일은 아무도 믿지 않을 것이다. 04

- 私がビジネスでこれまでに訪れたことのある国は、すでに50をこえているのではあるまいか。 98
  내가 비즈니스로 지금까지 방문한 적이 있는 나라는 이미 50개국을 넘고 있는 것은 아닐까?

- 個人的見解として、放射能汚染物の処分場は原発の地元が引き受けるしかあるまいと思う。
  개인적인 견해로는 방사능 오염물 처리장은 원자력 발전소가 있는 지역에서 맡을 수밖에 없겠다고 생각한다.

유형2 문맥배열

- 親に経済的な 負担を かけまい として アルバイトで 生活費を 稼いだ。 01
  부모님께 경제적인 부담을 주지 않으려고 아르바이트로 생활비를 벌었다.

- 不当な 待遇に もう 泣き寝入り しまい と決意した。
  부당한 대우에 이젠 그냥 당하지 않겠다고 결의했다.

유형3 문장흐름

- 日本へ来てしばらくは、国へ電話はかけるまいと思っていた。家族の声を聞いたら、寂しくなって国に帰りたくなると思ったからだ。
  일본에 와서 얼마 동안은 고향에 전화는 걸지 않겠다고 생각하고 있었다. 가족의 목소리를 들으면, 외로워져서 고향에 돌아가고 싶어질 것 같았기 때문이다.

37 〜まで(のこと)だ [136] ~할 따름(뿐)이다

접속 동사의 기본형(る형)·과거형(た형)

「〜までだ」는 동사의 기본형(る형)에 붙어 '~할 따름(뿐)이다'라는 뜻을 나타내는데, 현재 방법이 안 되더라도 낙담할 일은 없으며 다른 방법을 취한다는 화자의 결의를 나타낸다. 그리고 동사의 과거형(た형)에 붙어 '~했을 뿐이다'라는 뜻으로도 출제되고 있는데, 이것은 화자가 그런 행동을 한 것은 단순히 그럴만한 이유가 있는 것으로 다른 뜻은 없다는 의미를 나타낸다. 그밖에 변화형에는 「〜までで」(~했을 따름으로)가 있으며, 「〜まで」 다음에 「のこと」를 넣은 「〜までのことだ」란 형태로 어구를 강조하는 느낌을 줄 수도 있다.

- 私は率直な感想を述べたまでです。特定の人を批判する意図はありません。 07
  나는 솔직한 감상을 말했을 뿐입니다. 특정한 사람을 비판할 의도는 없습니다.

- 就職が決まらなくても困らない。アルバイトをして生活するまでだ。 05
  취직이 정해지지 않아도 궁하지 않다. 아르바이트를 해서 생활할 따름이다.

- 暇だったから行ったまでで、別に行きたかったわけじゃない。
  한가했기 때문에 갔을 뿐으로, 딱히 가고 싶었던 것은 아니다.

- 飛行機がだめなら、列車で 行く までの こと だ。 99
  비행기가 안 된다면 열차로 갈 따름이다.

- あなたが来て くれないなら こっちから 行く までの ことだ。
  당신이 와 주지 않으면 이쪽에서 갈 따름이다.

- 君が来てくれ と 言うから 来た まで だ。
  자네가 와 달라고 해서 왔을 뿐이다.

- ニュースによると、最新の携帯電話が発売されたらしい。高価だが、とりあえず見るだけでも行ってみようか。まず商品を見て、本当に欲しくなければ買わずに帰るまでのことだ。
  뉴스에 따르면, 최신 휴대전화가 발매된 것 같다. 고가이지만, 우선 보기만이라도 가 볼까? 우선 상품을 보고, 정말 갖고 싶지 않으면 사지 않고 돌아올 따름이다.

38 ～ようだ[151] ①~인 것 같다, ~인 듯하다〈불확실〉 ②~와 같다〈비유, 예시〉

접속 〈불확실〉 い형용사의 사전형, 명사+の, 명사 과거형(だった) 등
〈비유, 예시〉 명사+の, 활용어의 종지형

「～ようだ」는 '①~인 것 같다, ~인 듯하다'라는 뜻이다. 추측 또는 불확실한 단정의 용법으로 오감이나 촉감을 통한 직감적인 판단을 나타낸다. 또 「～ようだ」는 '②~와 같다'란 뜻의 비유와 예시도 나타낸다. 「～ような」는 '~같은, ~듯한'이라는 뜻이지만, 취지를 나타낼 때에는 우리말로 해석되지 않는 경우도 있다. 예를 들면 **そのような 意味のことを言った**(그러한 의미의 말을 했다), **金がほしいというようなメール**(돈이 필요하다는 메일) 등이다. 「～ように」는 '~처럼, ~같이, ~대로'라는 뜻이다.

- ☑ 後悔する**ような**生き方はしたくない 후회하는 (그런) 삶은 살고 싶지 않다 2017-2회
- ☑ 馬が食べると酔った**ような**状態になる 말이 먹으면 취한 듯한 상태가 된다 2016-2회
- ☑ 「わかる」という**ような**意味だった 「이해하다」라는 의미였다 2010-1회

문법형식

- いまや100円ショップは我々の生活にじわじわ浸透し、まるで日本そのものが100円ショップになってしまった**ようだ**。
  이제는 100엔숍은 우리들 생활에 서서히 침투해, 마치 일본 그 자체가 100엔숍이 되어버린 것 같다.

- 自己中心型の人が増えている、と言われているのだが、どうもそうばかりではない**ようだ**。
  자기 중심적인 사람이 늘고 있다지만, 아무래도 꼭 그렇지만은 않은 것 같다.

문맥배열

- もし 気が変わる **ような** ことが あったら 電話をください。
  만일 마음이 바뀌게 되면 전화를 주세요.

- 気候変動の悪影響を軽減するためには、社会全体を見直し、その悪影響に 適応できる **ような** 体制を 整えていくことが必要です。
  기후변동의 악영향을 경감하기 위해서는, 사회전체를 재검토하고, 그 악영향에 적응할 수 있는 체제를 조정해 나가는 것이 필요합니다.

문장흐름

- みんな、決して悪意で作ったのではない。けれども、結果としてみると、20世紀の科学が作り出したものは、とりわけその最先端の科学が作り出したものは、ことごとく人類を**不幸にしているように見える**。
  모두 결코 악의로 만든 것이 아니다. 하지만 결과적으로 보면 20세기 과학이 만들어낸 것은, 특히 그 최첨단의 과학이 만들어낸 것은 모두 인류를 불행하게 만들고 있는 것처럼 보인다.

39 〜らしい[153] ①~인 것 같다 ②~답다

접속 동사, い형용사의 종지형, な형용사의 어간, 명사

「〜らしい」는 '①~인 것 같다'라는 뜻으로, 외부 정보에 근거를 둔 추측 표현이다. 들은 내용, 본 것 또는 전문(伝聞) 정보를 판단 재료로 해석해서 객관적으로 판단할 때 사용한다. 「〜らしい」는 이외에도 「명사+らしい」라는 형태로 '②~답다'라는 의미를 나타내기도 한다. 学生らしい(학생답다), 大人らしい人(어른스러운 사람) 등과 같이 쓰인다.

☑ 世間は甘くないらしい 세상은 호락호락하지 않은 것 같다 **2016-2회**

유형1 문법형식

- 少しご機嫌をとるつもりでそう言ったのに、きみはその考えが随分気に入ったらしく、途端に上機嫌になった。
  조금 비위를 맞출 생각에 그렇게 말했는데, 너는 그 생각이 상당히 마음에 든 듯, 바로 기분이 아주 좋아졌다.

- この頃になって、ここ信州の山も、やっと夏らしい表情を取り戻したようにみえる。
  요즘 들어 여기 신슈의 산도 겨우 여름다운 표정을 되찾은 것처럼 보인다.

유형2 문맥배열

- このピッチャー には ほとんど 欠点 らしい 欠点がない。
  이 투수에게는 거의 내세울 만한 결점이 없다.

- 磁石がある物体には付き、ある物体には付かないという現象は、彼らにとって 非常に おもしろく 感じられる ものらしい。
  자석이 어느 물체에는 붙고, 어느 물체에는 붙지 않는다는 현상은 그들에게 있어 상당히 재미있게 느껴지는 것 같다.

유형3 문장흐름

- だから、子どもたちや十代の人たちは、自分を自分として「このままで」肯定してくれる友だちや恋人を、これまでのどの時代よりも強く求めるようになっているらしい。
  따라서 어린이들이나 10대 청소년들은 자신을 자신으로 '이대로' 긍정해주는 친구나 연인을, 지금까지의 어느 시대보다도 강력하게 원하게 되고 있는 것 같다.

40

～わけだ / ～わけではない [154] ~한 셈이다 / ~하는 것은 아니다

접속 동사의 기본형(る형)·부정형(ない형), い형용사의 기본형

「～わけだ」는 '~한 셈이다'라는 뜻으로, 당연·필연, 납득 따위를 서술하는 용법이다. 어떤 사실이나 상황으로 보아 '당연히 ~한 결론이 된다'고 말하고 싶을 때 사용한다. 「～わけではない」는 '~하는 것은 아니다'라는 뜻으로, 어떤 사실로부터 필연적으로 도출되는 사실을 부정하는 표현이다. 「～ないわけではない(~하지 않는 것은 아니다)」 등으로 응용해서 쓸 수 있는데, 이것은 부분적으로 어떤 사실을 긍정하는 표현이다.

유형1 문법형식

- 最近の子どもはテレビゲームばかりしているようだが、必ずしも外で遊ば**ないわけではない**。 [04]
  요즘 아이들은 TV게임만 하고 있는 것 같지만, 꼭 밖에서 놀지 않는 것은 아니다.

- 彼は、去年の３月に来日したのだから、まだ１年も経っていない**わけだ**。
  그는 작년 3월에 일본에 왔으니까, 아직 1년도 지나지 않은 셈이다.

- 私はその計画についてすべて知っている**わけじゃない**。
  나는 그 계획에 관해 모두 알고 있는 것은 아니다.

유형2 문맥배열

- スポーツが苦手だといっても、スポーツ番組を見るのが 嫌いだ という **わけでは** ない。 [07]
  운동을 잘 못한다고 해도 스포츠 채널 보는 것을 싫어하는 것은 아니다.

- 彼女の 肩を持つ **わけでは** ないが どうも きみの意見には賛成できない。
  그녀의 편을 드는 것은 아니지만, 아무래도 자네의 의견에는 찬성할 수 없네.

유형3 문장흐름

- 高い料理が必ずしもおいしい**わけではない**。安い材料を使っても手をかければ、とても美味しくなることもある。それがプロの腕前だ。
  비싼 요리가 반드시 맛있는 것은 아니다. 값싼 재료를 사용해도 공을 들이면 아주 맛있게 되는 경우도 있다. 그게 프로의 솜씨다.

콕콕실전문제 16

問題1 次の文の（　）に入れるのに最もよいものを、1・2・3・4から一つ選びなさい。

[1] 借金を返していただけないのでしたら、裁判に訴える（　　　）です。 136
　1　はず　　　　2　まで　　　　3　のみ　　　　4　ゆえ

[2] 学年が上がるにつれ、教科書に載っている絵の数が減り、（　　　）、字が増えているでしょう。 130・117
　1　その分　　　2　その上　　　3　そのまま　　4　そのため

[3] その計画の実現（　　　）なお一層の努力をいたします。 123
　1　の末に　　　2　のあげく　　3　にとって　　4　に向けて

[4] 人気グループ○○が全国でマラソン握手会（　　　）汗臭いイベントをやりました。 151
　1　といったはずの　2　といったつもりの　3　というような　4　というそうな

[5] 値段の安い高いは（　　　）、いい品物はまず売れるという傾向がある。 129
　1　あくまで　　2　なにしろ　　3　ともかく　　4　あいにく

[6] いったんどちらかに踏み切れば、どんどんそちらのほうに行く。どうも、そういうふうに人間の心は（　　　）。 153
　1　できつつある　2　できていそうだ　3　できてしまう　4　できているらしい

[7] あのレストランは高いし、まずいし、もう二度と（　　　）。 135
　1　行こう　　　2　行きかねない　3　行くまい　　4　行ききれる

[8] 彼女は休まない（　　　）、遅刻したこともないんですよ。 125
　1　あまりか　　2　しかか　　　3　だけか　　　4　ばかりか

[9] 収入は上がる見こみがないのに、かかるお金は増えていく（　　　）だ。 126
　1　とおり　　　2　ばかり　　　3　おかげ　　　4　くらい

[10] 地位を（　　　）、人を踏み台にしてまで出世しようとは思わない。 154・061
　1　得たいというより　　　　2　得たくないから
　3　得たくないわけではないが　4　得たいわけではないが

252

問題2 次の文の ___★___ に入る最もよいものを、1・2・3・4から一つ選びなさい。

11　急にお金が必要になった。保証人(ほしょうにん)に頼んでみて、_____ __★__ _____ _____ だ。
　　1　だめ　　　　　　2　あきらめる　　　　3　まで　　　　　　4　なら

12　_____ _____ __★__ _____ すべてが順調(じゅんちょう)に進んでいる。
　　1　首脳(しゅのう)会談に　　2　向けて　　　　　3　開かれる　　　　4　月末に

13　選考期間が _____ _____ __★__ _____ ことを危惧(きく)して焦っています。
　　1　企業は　　　　　2　優秀な学生の　　　3　取り合いになる　　4　短くなった分

14　真偽(しんぎ)は _____ _____ __★__ _____ 鮮(あざ)やかに描(えが)きだしている。
　　1　として　　　　　2　彼の性格を　　　　3　ともかく　　　　　4　その話は

15　両親に _____ __★__ _____ _____ アルバイトで留学費用(ひよう)をためました。
　　1　負担(ふたん)を　　2　かけまい　　　　3　彼女は　　　　　　4　として

16　彼は我々 _____ _____ __★__ _____ 政治家だ。
　　1　だれもが　　　　2　ような　　　　　　3　偉(い)大な　　　　4　尊敬(そんけい)する

17　今日は初(はつ)デート _____ _____ __★__ _____ ファッションにしました。
　　1　という　　　　　2　前面(ぜんめん)に出した　　3　ことで　　　　　4　女らしさを

18　現在に _____ __★__ _____ _____ 社会は、決して正常な社会とは呼べないだろう。
　　1　絶望している　　　　　　　　　　2　未来にも希望を
　　3　見いだせない人々が多い　　　　　4　だけでなく

19　高校生の _____ _____ __★__ _____ 進路にとても迷っていました。
　　1　将来への　　　　2　不安が募(つの)る　　　3　ころは　　　　　4　ばかりで

20　十分に _____ _____ __★__ _____ 試験は点数が悪くてもしかたがない。
　　1　わけでは　　　　2　ないから　　　　　3　勉強した　　　　　4　今度の

問題3 次の文章を読んで、文章全体の趣旨を踏まえて、 21 から 25 の中に入る最もよいものを、1・2・3・4から一つ選びなさい。

あなたはいい加減な人だ——そういわれたなら日本人のだれもが不快 21 、腹をたてることだろう。わたしのどこがいい加減なんですか、と、ムキになって反論する人も 22 。ということは、「いい加減」という言葉がけっして好ましいことではないことを語っている。

 23 、考えてみると、これはまことに奇妙なことではあるまいか。「いい加減」というのは字義(注)どおりに解すれば、よい加減という意味であり、 24 、適切な、ということだからである。したがって、いい加減な人というのは、ものごとに対してきわめて適切な処置のとれる人、感情の起伏が激しくなく、いつも平静を保っていることのできる人、過激な行動に走ることなく、つねに節度をわきまえている人、ということになる。にもかかわらず、いい加減な人間といわれると、十人のうち十人までが憤るというのは、この言葉がけっしてそうした字義どおりの意味で使われていないことを証明している。 25-a 私はあらためて辞書(『広辞苑＝第二版』)を引いてみる。 25-b 、「好い加減」の項には次の三つの意味が記されている。

一、よい程あい。適当。二、条理に尽さぬこと。徹底せぬこと。でたらめ。いいくらい。三、(副詞的に用いて)相当。だいぶ。かなり。

そして、第三の意味の用例として、「いい加減待たされた」という用法があげられている。だが、どう考えてみても、この三つの意味のあいだには関連が見いだせそうにない。「適当」と「でたらめ」と「かなり」に、どんな共通項があるのだろう。まったくニュアンスを異にする意味を三つもふくんでいるとすれば、「いい加減」という言葉は文脈で判断するほかない。

(森本哲郎『日本語 表と裏』による)

(注)字義：ことばの意味。

21

1 どころか　　　2 どころではなく　　3 ところが　　　4 ところで

22

1 多いと思えない　2 多いに過ぎない　3 多いと言えない　4 多いに違いない

23

1 それで　　　　2 すなわち　　　　3 しかし　　　　4 それどころか

24

1 つまり　　　　2 その上　　　　　3 けれど　　　　4 すると

25

1 a そこで / b そこで　　　　2 a そこで / b すると
3 a すると / b すると　　　　4 a すると / b そこで

문제해결 키워드

- **〜まいか** N1 135 ~하지 않을까?
  奇妙なことではあるまいか
  기묘한 일이지 않을까? (05行)

- **〜どころか** N2 087 ~은 물론이거니와, ~은커녕
  不快どころか、腹をたてることだろう
  불쾌는 물론이거니와 화를 낼 일일 것이다 (01行)

- **〜というのは** ~이라는 것은
  「いい加減」というのは 「いい加減」이라는 것은 (05行)
  十人のうち十人までが憤るというのは
  10명 중 10명 모두가 화낸다는 것은 (10行)

- **〜どおりに** N2 083 ~대로
  字義どおりに解すれば
  한자의 뜻 그대로 해석하면 (06行)

- **〜ことなく** N1 031 ~하지 않고, ~하는 일 없이
  過激な行動に走ることなく
  과격한 행동으로 치닫지 않고 (09行)

- **にもかかわらず** N1 102 그럼에도 불구하고
  にもかかわらず、いい加減な人間といわれると
  그럼에도 불구하고 엉성한 사람이라는 말을 들으면 (10行)

- **〜そうにない** N1 041 ~할 것 같지도 않다
  関連が見いだせそうにない
  관련성을 찾아낼 것 같지 않다 (17行)

- **〜とすれば** N2 089 ~라고 한다면
  三つもふくんでいるとすれば
  3가지나 포함하고 있다면 (19行)

- **〜ほかない** N2 138 ~할 수밖에 없다
  文脈で判断するほかない
  문맥으로 판단할 수밖에 없다 (20行)

- **〜どころではなく** N1 080 ~할 상황이 아니라

Part 2

점수를 UP시키는
N1문법

한 문제 이상 꼭 나오는 경어

경어란 말하는 사람이 상대방에게 경의를 나타낼 때 쓰는 표현을 말하며, 주로 회사 상사나 고객 등에게 사용하는 경우가 많다. 경어에는 존경어, 겸양어, 정중어가 있다. 2010년부터 지금까지 출제된 경향을 보면 매 시험마다 1~2문제씩 꼭 출제되고 있으므로 고득점을 위해서는 빠뜨려서는 안 될 분야이다.

1. 존경어

존경어는 듣는 사람이나 대화 속에 등장하는 사람을 높이는 말이다.

● 존경표현

01

おいでくださる 와 주시다

- 本日は雨の中、遠くまでおいでくださって、ありがとうございました。
  오늘은 비가 오는 가운데 먼 곳까지 와 주셔서 감사합니다.

- 今日はお忙しいところをおいでくださって、ありがとうございました。
  오늘은 바쁘신 데도 와 주셔서 감사했습니다.

02

お/ご～ください ~해 주십시오

- お客様、こちらの料理はしょうゆなど何もつけずに、どうぞそのままおめしあがりください。 **07**
  손님, 이 음식은 간장 등 아무것도 찍지 말고 부디 그대로 드세요.

- おうちに帰られたら、お父様によろしくお伝えください。 **97**
  댁에 가시면 아버님께 안부 전해 주십시오.

- 時間があまりありませんので、お急ぎください。
  시간이 별로 없으니 서둘러 주십시오.

- 留守にしますので、21日〜30日までは下記の電話番号にご連絡ください。
  집을 비우므로 21일~30일까지는 아래 전화 번호로 연락해 주십시오.

03

お/ご〜だ ~하시다, ~이시다

- 何かお探しでしたら、手伝いましょうか。 N2 2017-1회
  뭔가 찾으신다면 도와드릴까요?

- お客さまがついさっきまでお待ちだったんですよ。
  손님이 방금 전까지 기다리셨어요.

- 問題解決のためのはっきりした考えをお持ちですか。
  문제 해결을 위한 분명한 생각을 가지고 계십니까?

- 学長は、本日の会議にはご欠席です。
  학장님은 오늘 회의에는 불참하십니다.

04

お/ご〜くださる ~해 주시다

- みなさん、わざわざお出迎えくださり、ありがとうございます。 98
  여러분, 일부러 마중나와 주셔서 감사합니다.

- 皆様でご検討くださるようお願いいたします。
  여러분들이 검토해 주시도록 부탁드립니다.

- 現品をお持ちくだされば、お取り替えいたします。
  현품을 가져와 주시면, 교환해 드리겠습니다.

05

お/ご〜なさる ~하시다

- はい、課長がご説明なさいます。 2017-1회
  네, 과장님이 설명하실 것입니다.

- どうぞご心配なさらないでください。息子は、元気に遊んでいます。
  아무쪼록 걱정하시지 마세요. 아들은 신나게 놀고 있습니다.

- 展示品を全部ご覧なさると半日かかります。
  전시품을 전부 보시면 반나절 걸립니다.

06 お/ご〜になる ~하시다

- 田中先生、最近先生がお書きになったご本のことで、おうかがいしたいんですが。 [93]
  다나카 선생님, 최근 선생님이 쓰신 책에 관해서 여쭙고 싶은데요.

- 故障の際にはお求めになった販売店へご連絡ください。
  고장일 때에는 구입하신 판매점으로 연락 주십시오.

07 お/ご〜になれる ~하실 수 있다

- あの喫茶店ならゆっくりお話しになれますよ。
  저 커피숍이라면 천천히 이야기 하실 수 있어요.

- お客様は飛行機の操縦室へはお入りになれません。
  손님은 비행기의 조종실에는 들어가실 수 없습니다.

08 ご覧くださる 봐 주시다

- 先生は私のレポートを丁寧にご覧くださった。
  선생님은 내 리포트를 꼼꼼하게 봐 주셨다.

- 先生、私の作品をご覧くださってありがとうございます。
  선생님, 제 작품을 봐 주셔서 감사합니다.

09 〜(さ)せてくださる ~하게 해 주시다

- 先生は私にその本を使わせてくださった。
  선생님은 나에게 그 책을 쓰게 해 주셨다.

- 自由に作品を作らせてくださった山田先生、本当にありがとうございました。
  자유롭게 작품을 만들게 해 주신 야마다 선생님, 정말로 감사했습니다.

10 ～ていらっしゃる ~하고 계시다

- 先生は、最近どんなご研究をしていらっしゃいますか。
  선생님은 요즘 어떤 연구를 하고 계십니까?

- 先生が絵をご覧になっていらっしゃいます。
  선생님이 그림을 보고 계십니다.

11 ～でいらっしゃる ~이시다

- あ、木村先生でいらっしゃいますか。 2011-1회
  아, 기무라 선생님이십니까?

- こちらは山本先生の奥様でいらっしゃいます。 09
  이 분은 야마모토 선생님의 부인이십니다.

- 食べ物は何がお好きでいらっしゃいますか。
  음식은 무엇을 좋아하십니까?

12 ～ておいでになる ~하고 계시다

- 村に初めて汽車が走ったときのことを鮮明に覚えておいでになり、その記憶力に驚いた。 2016-2회
  마을에 처음 기차가 달렸을 때의 일을 선명하게 기억하고 계셔서, 그 기억력에 놀랐다.

- 山田教授は日本の歴史を研究しておいでになる。
  야마다 교수님은 일본 역사를 연구하고 계신다.

- 先生はいま本を読んでおいでになります。
  선생님은 지금 책을 읽고 계십니다.

● 출제가능성이 높은 존경 동사

01

あがる (밥이나 술을) 드시다

- どうぞご飯をあがっていらっしゃってください。
  어서 진지를 드시고 가십시오.

- どうぞ遠慮なくあがってください。
  어서 사양하지 말고 드세요.

02

お越しになる 오시다

- お近くにおこしの節はぜひお立ちよりください。 93
  근처에 오실 때는 꼭 들러주세요.

- 子供たちが皆様のおこしになるのを楽しみにしております。
  아이들이 여러분이 오시는 것을 기대하고 있습니다.

- 山田さんは先月こちらにおこしになったそうです。
  야마다 씨는 지난달 여기에 오셨다고 합니다.

03

おっしゃる / ～とおっしゃる 말씀하시다 / ~라고 하는(~と言う의 존경 표현)

- 店長から一言おっしゃってくださいませんか。 2013-2회
  점장님이 한마디 말씀해 주시지 않겠습니까?

- 先生は「それはいい考えだ」とおっしゃいました。
  선생님은 '그건 좋은 생각이네'라고 말씀하셨습니다.

- そのようなお誉めの言葉をおしゃっていただけるとは、光栄です。
  그러한 칭찬의 말씀을 해주시다니 영광입니다.

- 先生にお会いしたいと、鈴木さんとおっしゃる方が事務室にいらっしゃっています。
  선생님을 만나뵙고 싶다고 스즈키 씨라는 분이 사무실에 와 계십니다.

04

ご覧になる 보시다

- 利用規約をご覧になった上で、お申し込みください。 2013-1회
  이용규약을 보신 후에 신청해주세요.

- 課長は、あの映画をご覧になりましたか。
  과장님은 그 영화를 보셨습니까?

05

めす (옷을) 입으시다, (연세를) 드시다, (마음에) 드시다, (감기에) 걸리시다 등

- いかがですか。こちらのお着物はお気に召されたでしょうか。 95
  어떠세요? 이쪽 옷은 마음에 드셨어요?

- A「先生の奥様はどの方かご存じですか。」
- B「あそこのお年を召していらっしゃるご婦人です。」 94
  A 선생님의 부인은 어느 분인지 아십니까?
  B 저기 계신 연세 드신 부인입니다.

- 社長夫人はいつも素敵な着物をお召しになっています。
  사장님 부인은 항상 멋진 옷을 입고 계십니다.

- お気に召しましたら、どうぞお持ち帰りください。
  마음에 드셨다면, 어서 가져 가세요.

- 昨日のパーティーは、お年を召した方も大勢出席なさり、にぎやかでした。
  어제 파티는 연세 드신 분도 많이 참석하셔서 화기애애했습니다.

- 社長のお母様はお風邪を召されて、ここ1週間ほど休んでいらっしゃるそうです。
  사장님의 어머님은 감기에 걸리셔서, 요 일주일 정도 쉬고 계신다고 합니다.

▶ 특수한 존경 동사 정리표

보통 동사	뜻	존경 동사	뜻
いる	있다	いらっしゃる おいでになる	계시다
行く	가다	いらっしゃる おいでになる お越しになる	가시다
来る	오다	いらっしゃる おいでになる お越しになる お見えになる・見える	오시다
する	하다	なさる	하시다
言う	말하다	おっしゃる	말씀하시다
食べる 飲む	먹다 마시다	召し上がる 上がる	드시다
見る	보다	ご覧になる	보시다
知っている	알고 있다	ご存じだ	알고 계시다
くれる	(나에게) 주다	くださる	(나에게) 주시다
寝る	자다	お休みになる	주무시다
着る	입다	お召しになる	입으시다
年をとる	나이를 먹다	お年を召す	연세를 드시다
気に入る	마음에 들다	お気に召す	마음에 드시다
風邪を引く	감기에 걸리다	お風邪を召す	감기에 걸리시다

2. 겸양어

겸양어는 말하는 사람 자신의 동작이나 상태를 낮추어 간접적으로 상대방이나 다른 사람을 높이는 말이다.

● 겸양표현

01

お/ご〜いただく ~해 주시다

- ご不便をおかけ致しますが、どうかご理解いただきたく… 2010-1회
  불편을 끼쳐드리게 됩니다만, 아무쪼록 이해해 주시기를…

- 本日はこのような素晴らしいパーティーにお招きいただき、ありがとうございます。 09
  오늘은 이런 멋진 파티에 초청해 주셔서 감사드립니다.

- 興味をお持ちの方は奮ってご参加いただきたいと思います。
  흥미를 가지고 계신 분은 자진해서(적극적으로) 참가해 주셨으면 합니다.

02

お/ご〜する(いたす) ~해 드리다

- 先生、この本をあさってまでお借りしてもよろしいでしょうか。 95
  선생님, 이 책을 모레까지 빌려도 될까요?

- A「今度の旅行では、珍しい本を手に入れたんですよ。ちょっとお見せしましょうか。」
  B「それはぜひお願いします。」 94
  A 이번 여행에서는 귀한 책을 입수했어요. 좀 보여 드릴까요?
  B 정말 꼭 보여 주세요.

- 先生、私が荷物をお持ちします。 92
  선생님, 제가 짐을 들어 드릴게요.

- 条件に合う仕事が出た場合、ご連絡いたします。
  조건에 맞는 일이 나왔을 경우에 연락해 드리겠습니다.

03 お/ご〜できる ~해 드릴 수 있다

- この品物は、今週の土曜日おとどけできます。
  이 상품은 이번 주 토요일에 배달해 드릴 수 있습니다.

- わたしが山田先生をご案内できますよ。
  제가 야마다 선생님을 안내해 드릴 수 있어요.

04 お/ご〜願う ~을 부탁드리다

- １月15日までに、人事課の村田までお知らせ願います。 2017-2회
  1월 15일까지 인사과의 무라타에게 알려주시기 바랍니다.

- 他のホテルにご変更願いたいのですが。 2012-1회
  다른 호텔로 변경을 부탁드리고 싶은데요.

- 田中監督ご自身の今のお気持ちをお聞かせ願えますか。 2011-2회
  다나카 감독님 자신의 지금 심정을 들려주실 수 있으십니까?

- お忙しいところ申し訳ありませんが、何とかお引き受け願えませんでしょうか。
  바쁘신 중에 죄송합니다만, 어떻게 좀 받아 주실 수 없을까요? 07

- 間違いはないと思いますが、念のため、お調べ願います。
  실수는 없다고 생각합니다만, 만약을 위해 조사를 부탁드립니다.

- 数量に限りがありますので、売り切れの節はご容赦願います。
  수량에 한정이 있으니, 품절일 때에는 사정을 참작해 주시기 바랍니다.

05 お/ご〜申し上げる ~하여 드리다

- お客様に多大なご不便をおかけしましたことを深くおわび申し上げます。 2012-1회
  손님에게 큰 불편을 끼친 점 깊이 사과드립니다.

- 引き続き本サービスをご利用くださいますようお願い申し上げます。 2012-1회
  계속해서 본 서비스를 이용해주시기를 부탁드립니다.

- お客様に大変ご迷惑をおかけしましたことを深くおわび申し上げます。 2010-2회

  손님에게 대단히 폐를 끼친 점 깊이 사과드립니다.

- 営業の山田でございます。よろしくお願い申しあげます。

  영업부의 야마다입니다. 잘 부탁드립니다.

- 明日ご招待申し上げたく存じます。

  내일 초대를 하고 싶습니다.

06

 ～(さ)せていただく ～하다

- 私、今日でこのサークルを辞めさせてもらおうかと思って。 2016-2회

  저, 오늘로 이 서클을 그만둘까 하고요.

- ドアのところに私のかさを置かせていただいてもいいですか。 04

  문이 있는 곳에 제 우산을 두어도 됩니까?

- 今日の午後はちょっと早めに帰らせていただきたいのですが。 98

  오늘 오후는 좀 일찍 돌아가고 싶습니다만.

- このたび代表として国際会議に行かせていただくことになりました。 97

  이번에 대표로서 국제회의에 가게 되었습니다.

- A 「これが最近書いた本なんですが、あなたにさしあげますから、どうぞお読みください。」
  B 「はい、拝見させていただきます。」 94

  A 이것이 최근에 쓴 책인데요, 당신에게 드릴테니 부디 읽어 주세요.
  B 네, 삼가 보겠습니다.

- だれもやる人がないなら、私がやらせていただきます。 93

  아무도 할 사람이 없다면, 제가 하겠습니다.

- 時間の都合で、あいさつは省かせていただきます。

  시간 형편상 인사는 생략하겠습니다.

- 残念ですが、今日のパーティーには欠席させていただきます。

  유감이지만, 오늘 파티에는 불참하겠습니다.

- 友人を代表してお祝いの言葉を述べさせていただきます。

  친구를 대표해서 축하의 말을 하겠습니다.

- では、失礼してお部屋を見させていただきます。

  그럼, 실례지만 방을 보겠습니다.

07

〜ていただく (〜에게) ~해 받다, (〜가) ~해 주다

- なるべく早く見ていただけると助かるんですが。 2015-1회
  가능한 빨리 봐주시면 도움이 되겠습니다만.

- あと３日待っていただくわけにはいきませんか。 2011-1회
  앞으로 3일 기다려 주실 수는 없나요?

- ここからは工事中で危険ですので、安全帽子を着用していただきます。 90
  이곳부터는 공사 중이라 위험하니, 안전모를 착용해 주십시오.

- 子どもの勉強を見ていただきましょう。
  자녀의 공부를 봐 주세요.

- 品物はお届けしますが、代金は先に払っていただきます。
  물건은 배달해 드립니다만, 대금은 먼저 지불해 주십시오.

08

〜ておる / 〜ておらず ~하고 있다 / ~하고 있지 않아서

- 上田選手が来ることは参加者には知らされておらず… 2014-1회
  우에다 선수가 오는 것은 참가자에게는 알려져 있지 않아서…

- あいさつする予定の市長がまだ到着しておらず、開会式が遅れそうだ。 09
  인사할 예정인 시장님이 아직 도착하지 않아서 개회식이 늦어질 것 같다.

- インターネットでのご注文は24時間受け付けております。
  인터넷에서의 주문은 24시간 접수 받고 있습니다.

09

〜て参る ~해지다, ~하고 오다(가다)

- 市長として私自らが先頭に立って実行してまいります。 2014-1회
  시장으로써 저 자신이 선두에 서서 실행해 나가겠습니다.

- 今後は再発防止に努めて参りますので… 2012-1회
  앞으로는 재발 방지에 힘쓰겠으니(힘써 나가겠으니)…

- 暖かくなって**まいりました**が、いかがお過ごしでしょうか。 93
  따뜻해졌습니다만, 어떻게 지내시는지요?

- わたしが見て**まいります**ので、ここでお待ちください。
  제가 보고 올 테니까 여기서 기다려 주십시오.

● 출제가능성이 높은 겸양 동사

01 上がる 방문하다, 찾아뵙다

- ご注文の品をお届けに**上がりたい**のですが、明日のご都合はいかがでしょうか。 2012-2회
  주문하신 물건을 배달하러 방문하고 싶은데요. 내일 형편은 어떠십니까?

- 今から原稿をいただきに**上がっても**よろしいでしょうか。 2011-1회
  지금 원고를 받으러 찾아뵈어도 될까요?

- 今度の日曜日にお届けに**あがっても**よろしいでしょうか。 95
  이번 일요일에 배달하러 방문해도 될까요?

- 明日先生のお宅へ**あがって**よろしいでしょうか。
  내일 선생님 댁으로 찾아뵈어도 될까요?

02 いただく 받다, 먹다(마시다)

- わたしはこのごろ体の調子もよくなり、何でもおいしく**いただけます**。 97
  저는 요즘 컨디션도 좋아져서, 뭐든지 맛있게 먹을 수 있습니다.

- わたしは山田先生から、この辞書を**いただきました**。
  저는 야마다 선생님께 이 사전을 받았습니다.

- 先月はお歳暮を贈っていただき、ありがとうございました。子供たちも喜び、家族みんなでおいしく**いただきました**。
  지난 달에는 오세이보(중추절 선물)를 보내 주셔서 감사합니다. 아이들도 기뻐하였고, 가족 모두가 맛있게 먹었습니다.

- A 「飲み物は何になさいますか。」
  B 「ウーロン茶を**いただきます**。」
  A 마실 것은 무엇으로 하시겠습니까?
  B 우롱차를 마시겠습니다.

03

うかがう 방문하다, 여쭙다, (말씀을) 듣다

- ご相談したいことがあるんですが、先生の研究室に**うかがっても**よろしいでしょうか。
  상의 드릴 일이 있습니다만, 선생님 연구실에 방문해도 될까요?

- ちょっと**うかがいますが**、病院へはどう行けばよいのでしょうか。
  잠시 여쭙겠습니다만, 병원에는 어떻게 가면 좋을까요?

- **うかがう**ところによると、最近横浜に引っ越されたそうですね。
  듣자 하니 최근에 요코하마로 이사하셨다면서요?

04

うけたまわる 삼가 받다, 삼가 듣다, 삼가 승낙하다

- ああ、前田様ですね。ご予約、**うけたまわって**おります。
  아~, 마에다님이시군요. 예약 받았습니다(예약을 받은 상태입니다).

- 今度の事件に関して先生のご意見を**承りたい**と存じます。
  이번 사건에 관해서 선생님의 의견을 듣고 싶습니다.

05

お目にかかる (만나)뵙다

- この話は私が社長に**お目にかかった**ときに、ゆっくりご説明いたします。
  이 이야기는 제가 사장님을 뵈었을 때에 천천히 설명해 드리겠습니다.

- 一度**お目にかかりたい**と思っておりますが、なかなか時間がなく、失礼しております。
  한 번 만나뵙고 싶습니다만, 좀처럼 시간이 없어 죄송스럽게 생각하고 있습니다.

- 来年みなさまに**お目にかかれる**のを楽しみにしております。
  내년에 여러분을 뵐 수 있기를 기대하고 있습니다.

- 先生に**お目にかかりたい**んですが、おさしつかえのない日は、いつでしょうか。
  선생님을 만나뵙고 싶은데요, 괜찮으신 날은 언제이십니까?

06 お目にかける 보여 드리다

- わたしの故郷の美しい山々を、ぜひ先生にもお目にかけたいものです。
  제 고향의 아름다운 산들을 선생님께도 꼭 보여 드리고 싶습니다.

- めずらしいものをお目にかけたいと思います。
  신기한 것을 보여 드리고 싶습니다.

07 ご覧いただく 보시다

- 詳細についてはホームページをご覧いただく場合がございます。
  자세한 것에 대해서는 홈페이지를 보실 경우가 있습니다.

08 ご覧に入れる 보여 드리다

- あなたにぜひご覧に入れたい本があります。
  당신에게 꼭 보여 드리고 싶은 책이 있습니다.

- 写真や動画ではうまく伝わりませんが、簡単に仕上げられる様子をご覧に入れましょう。
  사진이나 동영상으로는 잘 전하지 못하지만, 간단히 완성되는 모습을 보여드릴게요.

09 存じる・存じ上げる 생각하다, 알다

- 前に仕事で大変お世話になったことがあって、よく存じ上げています。 2015-2회
  전에 업무로 대단히 신세진 적이 있어서 잘 알고 있습니다.

- 引き続きご検討いただければ幸いに存じます。 2013-1회
  계속해서 검토해 주시면 감사하겠습니다.

- 先生はお変わりなくお過ごしのことと存じます。 99
  선생님께서는 별고 없이 지내시리라 생각합니다.

- 私どもも、先生のお名前は以前から存じあげておりました。
  저희들도 선생님 성함은 이전부터 알고 있었습니다.

- 3年前に出版された先生のご著書については、わたしもよく存じております。
  3년 전에 출판된 선생님의 저서에 관해서는 저도 잘 알고 있습니다.

頂戴する 받다, 먹다

- お客様から頂戴したご意見、ご感想を掲載しております。 2014-2회
  손님께 받은 의견, 감상을 게재하고 있습니다.

- ここに先生のサインをちょうだいしたいのですが。
  여기에 선생님 사인을 받고 싶습니다만.

- たいへん立派な物を頂戴いたしまして、ありがとうございました。
  매우 훌륭한 물건을 받아서 감사했습니다.

- さあ、みなさん。お菓子をちょうだいしましょう。
  자, 여러분. 과자를 먹읍시다.

拝見する(いたす) 삼가 보다

- この間、山田教授のお書きになった論文を、雑誌で拝見いたしました。 00
  얼마 전에 야마다 교수님이 쓰신 논문을 잡지에서 보았습니다.

- それでは、皆さんの作品を拝見いたします。
  그럼, 여러분의 작품을 보겠습니다.

拝借する 삼가 빌리다

- この本を拝借したいのですが。
  이 책을 빌리고 싶습니다만.

- 明日まで拝借してもよろしいでしょうか。
  내일까지 빌려도 될까요?

▶특수한 겸양 동사 정리표

보통 동사	뜻	겸양 동사	뜻
いる	있다	おる	있다
行く	가다	まいる	가다, 오다
来る	오다		
する	하다	いたす	하다
言う	말하다	申す・申し上げる	말씀드리다
食べる / 飲む	먹다 / 마시다	いただく	먹다, 마시다
聞く	묻다	うかがう	여쭙다
聞く	듣다	うかがう・拝聴する	삼가 듣다
見る	보다	拝見する	삼가 보다
借りる	빌리다	拝借する	빌리다
知る / 思う	알다 / 생각하다	存じる・存じ上げる	알다, 생각하다
会う	만나다	お目にかかる	만나뵙다
あげる	(남에게) 주다	差し上げる	드리다
もらう	받다	いただく・賜る・頂戴する	삼가 받다
受ける	받다, 수용하다	承る	받다, 수용하다
見せる	보여주다	お目にかける・ご覧に入れる	보여드리다
分かる	이해하다	承知する・かしこまる	이해하다
訪ねる	방문하다	うかがう・あがる	찾아뵙다

3. 정중어

01

～てございます (보조동사 용법) ~하여져 있습니다

- 社長 「あ、君。食事の用意はできてるの。」
- 社員 「はい、あちらのお部屋にすでに準備してございます。」 92

  사장 아, 자네. 식사 준비는 되어 있나?
  사원 네, 저쪽 방에 이미 준비되어 있습니다.

- 奈良の旅の思い出になら〇〇館にしか手に入らない限定商品も多数取り揃えてございます。

  나라 여행의 추억으로라면 〇〇관에서밖에 살 수 없는 한정 상품도 다수 갖추어져 있습니다.

02

～でございます ~입니다, ~하십니다

- お席はここでございます。

  자리는 여기입니다.

- きょうは110名を越えるお客様で満席でございます。

  오늘은 110명을 넘는 손님으로 만석입니다.

- あいにくのお天気で富士山をご覧いただけなかったのが残念でございます。

  공교롭게도 날씨가 좋지 않아 후지산을 볼 수 없었던 것이 유감입니다.

- 月末までにお返事をいただければ幸いでございます。

  월말까지 답장을 주셨으면 좋겠습니다.

콕콕실전문제 17

問題1 次の文の（　）に入れるのに最もよいものを、1・2・3・4から一つ選びなさい。

1. 今のところ北海道などの限られた地域でしか繁殖が確認されて（　　）、今後とも全国的な被害に発展する可能性は低いものと考えられる。
   1. おり　　　2. おらず　　　3. いるわりに　　　4. いないわりに

2. このサイトって、学校の先生も（　　）いるのではないでしょうか。
   1. お目にかかって　2. お見えになって　3. 拝見して　4. ご覧になって

3. パーティーには珍しく、社長夫人も（　　）います。
   1. お見えられして　2. お見えして　3. お見えになって　4. お見えられなって

4. 私の本の序文を先生がお書き（　　）とは、誠に光栄なことでございます。
   1. にする　　　2. いたされる　　　3. にされる　　　4. くださる

5. 山田先生は、毎晩遅くまでご教材のご研究を（　　）。
   1. なさっております　　　2. いたしております
   3. していらっしゃいます　　　4. いたしていらっしゃいます

6. これは、精選された素材をふんだんに用い、心をこめて調製して（　　）。
   1. まいります　　　2. ございます　　　3. いたします　　　4. なさいます

7. 先生は（　　）を召していらっしゃいますが、お元気です。
   1. 年　　　2. お年　　　3. 年齢　　　4. お年齢

8. 委員長が出席できないため、副委員長である私が代理を（　　）。
   1. 務めてくださいます　　　2. 務めていただきます
   3. 務めさせていただきます　　　4. 務めさせてくださいます

9. 水質管理などのため、プールの入場者には必ず水泳帽をかぶって（　　）。
   1. くれます　　　2. さしあげます　　　3. いただきます　　　4. くださいます

10. 寒さも厳しくなってまいりましたが、その後、お変わりなくお過ごしのこと（　　）。
    1. でございます　2. と申しあげます　3. でいらっしゃいます　4. と存じます

問題2 次の文の ___★___ に入る最もよいものを、1・2・3・4から一つ選びなさい。

11　シンポジウムに参加してくださるかどうか、先生の ___ ___★___ ___ ___ ました。

　　1　をうかがい　　2　あがり　　3　ご意向　　4　に

12　ご質問がなければ、___ ___★___ ___。

　　1　終わらせて　　2　この　　3　いただきます　　4　記者会見は

13　講演なさる先生は、外科の大先輩で、___ ___★___ ___ 方ですので緊張します。

　　1　よく　　2　いる　　3　存じあげて　　4　名前は

14　見学中の喫煙、___ ___★___ ___ お願いいたします。

　　1　つつしんで　　2　よう　　3　飲食は　　4　いただく

15　___ ___★___ ___、料金はいただきません。

　　1　場合　　2　お気　　3　召さない　　4　に

16　今日は重い荷物を持っていたので、___ ___★___ ___ 助かりました。

　　1　あなたに　　2　持って　　3　本当に　　4　いただいて

17　___ ___★___ ___ よろしいでしょうか。

　　1　あがっても　　2　今度の　　3　土曜日に　　4　お届けに

18　お子さんの写真を数枚 ___ ___★___ ___ ませんか。

　　1　願え　　2　とる　　3　お認め　　4　ことを

19　去年出版された山下先生のご著書については ___ ___★___ ___。

　　1　よく　　2　存じて　　3　私も　　4　おります

20　それではここで新郎の恩師前田教授 ___ ___★___ ___ と思います。

　　1　ちょうだい　　2　お言葉を　　3　したい　　4　より

問題 3 次の文章を読んで、文章全体の趣旨を踏まえて、 21 から 25 の中に入る最もよいものを、1・2・3・4から一つ選びなさい。

　　ずっと以前に読者のかたからお手紙を 21 以来、気にかかっていることがある。「ごくろうさま」の用いかたについてである。なんでもないあいさつだが、考え出すとこれがなかなかむずかしい。
　　ごく大ざっぱに言えば、上から下へのねぎらいのことばである、とそう言ってよかろうと思う。「です」や「でした」がついてもかわりはない。
　　たとえば会社で、課長と部下とがいっしょに残業をしている。部下がさきに仕事が終わって課長に「お先に 22 」とあいさつする。課長が「ああ、ごくろうさま」と答える。――これは問題なかろう。
　　逆に課長が「じゃ先に 23 よ」と声をかける。部下が腰を浮かしかげんにしながら「ごくろうさまでした」――これは適当ではないようだ。
　　もっとも実際には、 24 いろんな場合がある。小生会社のことはよくわからないので学校を例にとりましょう。
　　演習の際に教師が学生に、図書室から資料を取ってくるように言う。学生が一件資料をそろえてもってくると、「やあ、ごくろうさま」。これはOK。――このOKは必ずしもたいへんよいという意味ではないが、わたしなら「はいはい、ありがとう」と言うかもしれないが、「やあ、ごくろうさま」でわるいことはなさそうだ、ということである。
　　この教師が引っ越しをした。学生が数人手つだいに行った。荷物の運びこみがおわり、引越屋さんが帰って一段落。荷物を片よせて部屋の中央にみんな腰をおろす。そこで教師が、「やあ、どうもごくろうさまでした」　――これはいけませんね。この場合は、「どうもありがとう。助かったよ」、「おせわになりました」などで 25 。学校の演習とちがってこれは純然たる私的な好意だからである。

（高島俊男の文章による）

21
1 ちょうだいして　2 ちょうだいした　3 くださって　4 くださった

22
1 お失礼いたします　　　　　2 失礼いたします
3 お失礼になります　　　　　4 失礼しました

23
1 帰ってくださる　　　　　　2 帰っていただく
3 帰らせてもらう　　　　　　4 帰らせてくださる

24
1 上下としたら　2 上下どころか　3 上下というより　4 上下といっても

25
1 あるにちがいない　　　　　2 なくてもかまわない
3 あるにほかならない　　　　4 なくてはいけない

문제해결 키워드

- 頂戴する 받다, 먹다
  お手紙をちょうだいして 편지를 받고 (01行)

- ～(さ)せてもらう '～하다'의 겸양어
  じゃ先に帰らせてもらうよ 그럼 먼저 퇴근할게 (09行)

- ～て以来 N2 065 ～한 이래
  お手紙をちょうだいして以来 편지를 받은 이래 (01行)

- ～について N1 115 ～에 관해서
  「ごくろうさま」の用いかたについて
  '수고하셨어요'의 사용법에 관해서 (01行)

- ～ながら N2 102 ～하면서
  腰を浮かしかげんにしながら
  엉거주춤 일어나면서 (09行)

- ～ようだ N1 151 ～인 것 같다
  これは適当ではないようだ
  이것은 적당하지 않은 것 같다 (10行)

- ～といっても N1 075 ～라 해도
  上下といってもいろんな場合がある
  상하라 해도 여러 경우가 있다 (11行)

- ～なくてはいけない N2 104 ～하지 않으면 안 된다
  「おせわになりました」などでなくてはいけない
  '신세 많이 졌습니다'같은 것이 아니면 안 된다 (20行)

- ～ていただく (～에게) ～해 받다, (~가) ~해 주다

- ～にちがいない N3 087 ~임에 틀림없다

- ～にほかならない N2 124 바로 ~이다, ~임에 틀림없다

問題1 次の文の（　）に入れるのに最もよいものを、1・2・3・4から一つ選びなさい。

1. 入場券を（　　）でない方は、こちらでお求めください。
   1. お持ち　2. お持ちになり　3. 持ち　4. 持ちにいたし

2. 今回はその工場の撮影に成功したので、皆さんにも（　　）たいと思う。
   1. 拝見し　2. ごらんになり　3. お目にかけ　4. お目にかかり

3. ご用が（　　）、わたくしにおっしゃってください。
   1. おありでしたら　2. おありましたら　3. いらっしゃったら　4. おっしゃったら

4. 先生、ここがよくわからなかったのですが、もう一度（　　）か。
   1. 説明していただきます　2. 説明していただけません
   3. ご説明いたします　4. ご説明になります

5. こちらは山田さんのお父さんで（　　）。
   1. います　2. おります　3. いられます　4. いらっしゃいます

6. パーティーのご案内状をお送りしたいのですが、つきましてはご住所を（　　）ませんでしょうか。
   1. ご教え願え　2. ご教え願い　3. お教え願え　4. お教え願い

7. 先生は、学生たちに「テストはよくできました」と（　　）。
   1. もうしました　2. まいりました　3. おっしゃいました　4. いらっしゃいました

8. おじょうさまの結婚式には、ぜひわがホテルをご利用（　　）でしょうか。
   1. いたせない　2. いただかない　3. なさらない　4. いただけない

9. 本日は大変にぎやかな「春の懇親会」に（　　）、まことにありがとうございます。
   1. お招きなさり　2. お招きいただき　3. お招きいたし　4. お招きになり

10. すっかり寒くなって（　　）が、皆さんはいかがお過ごしでしょうか。
    1. いらっしゃいました　2. くださいました
    3. いただきました　4. まいりました

問題2 次の文の ___★___ に入る最もよいものを、1・2・3・4から一つ選びなさい。

11 ___ ___★___ ___ ___ くださる場合は、お電話・ファクスどちらも結構です。

1 寄せ　　　　2 意見を　　　　3 お　　　　4 ご

12 日本はブラジルとの間で ___ ___ ___★___ ___ 自国民の引き渡しを禁じており、簡単には応じないとみられる。

1 ブラジルも憲法で　2 外国への　　3 犯罪人引渡条約を　4 結んでおらず

13 さて、では ___ ___★___ ___ ___ ましょう。

1 これから　　　2 入れ　　　　3 手品を　　　　4 ごらんに

14 ご質問への返答には ___ ___★___ ___ ___ 。

1 もございます　　2 のかかる　　3 場合　　　　4 お時間

15 色など特にご希望がなければこちら ___ ___★___ ___ ___ 。

1 作らせて　　　2 適当に　　　3 いただきます　　4 で

16 あなたの募金の努力に敬意を表して ___ ___★___ ___ ___ 。

1 いただきます　2 寄付させて　　3 少し　　　　4 私も

17 お客さまからお預かりした ___ ___★___ ___ ___ いただきます。

1 持って　　　　2 運用させて　　3 資金は当店で　4 責任を

18 先生、こちらの席が空いて ___ ___★___ ___ ___ 。

1 どうぞ　　　　2 いますので　　3 ください　　　4 おかけ

19 なにしろ慣れていないので、ご迷惑を ___ ___★___ ___ ___ 。

1 しれません　　2 する　　　　3 かも　　　　4 おかけ

20 お客様にご理解 ___ ___ ___★___ ___ 。

1 いただけるよう　2 今後とも　　3 まいります　　4 努力して

問題3 次の文章を読んで、文章全体の趣旨を踏まえて、 21 から 25 の中に入る最もよいものを、1・2・3・4から一つ選びなさい。

　　恩師のお宅へ年始に 21 の帰り、電車に乗ると、ちょうど1人分の席が空いていたので、急いでいって座った。
　　車内を見回すと、私のあとから乗ったおばあさんが、重そうな荷物をさげて立っている。もう80歳をこしているらしい。おばあさんは真っ白な髪(かみ)を後ろに結んでいる。 22 腰が少し曲がっているので、つり皮につかまることができず、手すりにつかまっている。電車がゆれたはずみによろけて、隣の人の足を踏んでしまって、丁寧に何回もあやまっている。

　　こんにちは。
　　先生、お変わりなくお過ごしでしょうか。私もようやく中学入試が終わり、ひと安心しているところです。
　　さて、小学校生活もあとは卒業式を残すだけとなりましたが、6年1組では卒業式の前日に演奏会(えんそうかい)を催(もよお)したいと考えて、これまで練習をしてきました。難しい曲ですが、なんとかみんなで力を合わせてしっかり演奏できるようになりました。これも先生が私たちに楽器を演奏する楽しさを 23 からだと思っています。
　　については、先生に私たちの演奏をぜひ 24 と思い、お招きすることになりました。これはクラス全員の願いでもあります。
　　そのときには先生が得意にしているオーボエの演奏も聞かせてください。みんなも久しぶりに先生にお会いできるのを楽しみにしています。
　　それでは、寒い日が続きますが、お元気で 25 。

　　　　　　　　　　　　　　　　　　　　　　　　　　　　　さようなら

　　　3月1日
　　　　　　　　　　　　　　　　　　　　　　　　　　　　6年1組一同
　田中よし子先生

21
1 うかがって　　2 頂戴（ちょうだい）して　　3 拝見（はいけん）して　　4 ご覧（らん）になって

22
1 大柄なうちに　　2 大柄なものの
3 小柄なわりに　　4 小柄なうえに

23
1 教えてさしあげた　　2 お教えにされた
3 教えてくださった　　4 お教えいたした

24
1 召してもらいたい　　2 拝見させていただきたい
3 上がってもらいたい　　4 聞いていただきたい

25
1 お過ごさせください　　2 お過ごしください
3 過ごさせていただきます　　4 過ごしていただきます

문제해결 키워드

- **うかがう** 찾아뵙다, 방문하다(겸양어)
  お宅（たく）へ年始（ねんし）にうかがって 댁에 연초에 찾아뵙고 (01行)

- **お・ご～です** ~하시다
  お過（す）ごしでしょうか 지내십니까? (09行)

- **～てくださる** ~해 주시다
  教（おし）えてくださった 가르쳐 주셨다 (14行)

- **～ていただく** (~가)~해 주시다
  聞いていただきたい 들어주셨으면 한다 (15行)

- **お・ご～する** ~하다

- **お招（まね）きする** 초청하다 (15行)
  お会（あ）いできる 만나뵐 수 있다, 만나뵙게 되다 (18行)

- **お・ご～ください** ~해 주세요
  お過（す）ごしください 지내세요 (19行)

- **～て**^{N1 056} ~하고 나서, ~하는
  うかがっての帰り
  찾아뵙고 나서 돌아가는 길에 (01行)

- **～うえに**^{N2 007} ~인데다가
  小柄（こがら）なうえに 몸집이 작은 데다가 (05行)

하나하나 따져봐야 하는 사역・수동・사역수동표현

2010년부터 지금까지 출제된 사역・수동・사역수동 문제를 보면 2~3회 정도 매번 출제될 정도로 시험에서 중요한 파드이다. 나와 상대를 잘 따져서 주체가 누구인지를 파악하며 문제를 풀어나가는 것이 중요하다. 기출문장을 중심으로 어떤 형태로 출제되고 있는지 잘 살펴보자.

1. 사역

어떠한 동작이나 행위를 지시하거나 허락할 때 사용하는 표현을 말한다.

01

～に言わせる ~에게 묻다

- 友達に言わせると、私はけっこう怒りっぽいらしい。 2013-2회
  친구에게 물으니 나는 꽤 화를 잘 내는 것 같다.

- ぼくにいわせれば弱い人間とか未熟な人間のほうが、はるかにふくれあがる可能性を持っている。
  내게 묻는다면 약한 사람이라든가 미숙한 사람인 편이 훨씬 발전할 가능성을 가지고 있다.

02

～(さ)せてくれる ~하게 해주다

- 私に本当に大切なものは何なのか気づかせてくれるありがたい存在。 2016-2회
  나에게 정말로 소중한 것이 무엇인지 깨닫게 해주는 고마운 존재.

- 私にまた新しい恋をしようと思わせてくれた曲です。 2013-1회
  나에게 또 새로운 사랑을 해야지 하고 생각하게 해준 곡입니다.

- どれも食事の楽しさを私たちに感じさせてくれるようなかわいいデザインです。
  모두 식사의 즐거움을 우리들에게 느끼게 해주는 귀여운 디자인입니다.

03

～から言わせてもらう ~에서 말하다(~에서 말하게 하여 받다)

- 私たち営業の立場から言わせてもらえば、現在の状況でそこまでやるのは厳しいです。 2012-2회
  저희들 영업의 입장에서 말씀드리면, 현재 상황에서 거기까지 하는 것은 힘듭니다.

- 経験側から言わせてもらえば、何かが手に入りにくければ入りにくいほどその価値は上昇し、それだけ人はそれを欲しがるようになる。
  경험의 측면에서 말하면, 뭔가가 손에 넣기 어려우면 어려울수록 그 가치는 상승해서 그만큼 사람은 그것을 갖고 싶어하게 된다.

04

～(さ)せてしまう ~하게 해버리다, ~시켜버리다

- いやおうなしに見させてしまうああいうやり方は… 2011-1회
  억지로 보게 해버리는 저런 방식은…

- ニキビを悪化させてしまう原因はいくつかありますが、最も大きな要因は手でニキビを触ることです。
  여드름을 악화시켜버리는 원인은 몇 가지 있지만, 가장 큰 요인은 손으로 여드름을 만지는 것입니다.

2. 수동

다른 외부요소에 의해서 동작이나 작용을 받게 되는 경우를 말한다. 이때, 동작이나 작용을 받는 쪽이 수동문의 주어가 된다.

01

～(ら)れる ①~함을 당하다, ~되다〈수동〉 ②~하시다〈존경〉 ③(저절로)~하게 되다〈자발〉

① ～(ら)れる ~함을 당하다, ~되다〈수동〉

- 他人に知られては困る。 2016-2회
  타인에게 알려져서는 곤란하다.

- 私には一時的な現象のように思われる。 2013-2회
  나에게는 일시적인 현상처럼 생각된다.

- むしろだらしのないくらいの父親のほうが親しまれることになる。 2010-1회
  오히려 칠칠치 못한 정도의 아버지가 더 친근감을 지니게 된다.

② ～(ら)れる ~하시다〈존경〉

- どうかお体をご自愛ください。1日も早く回復されますように。 2016-1회
  아무쪼록 몸조심하세요. 하루라도 빨리 회복하시기를.

- 過去に診断したことがあり、別の診療科を新たに受診される方は「再診・他科初診の方」をご覧ください。
  과거에 진단한 적이 있고, 다른 진료과를 새로 진료받으시는 분은 '재진・타과 초진인 분'을 봐 주세요.

③ ~(ら)れる (저절로)~하게 되다 〈자발〉

- あのころのことが昨日のことのように思い出される。 2015-1회
  그 때의 일이 어제 일처럼 생각난다.

- 大事な場面でのミスが悔やまれてならない。 2014-2회
  중요한 상황에서의 실수가 너무 분하다.

02

言われてみれば・言われてみると 들어 보면, 듣고 보니

- A 「林さんと森君が結婚するんだって？」
  B 「言われてみればそんな気配はあったね。」
  A 하야시 씨와 모리 군이 결혼한다며?
  B 듣고 보니 그런 낌새는 있었네.

- 言われてみれば「なるほど」と考えさせられるエピソードを紹介します。
  들어 보면 '과연 그렇구나'라고 생각하는 에피소드를 소개합니다.

- そう言われてみると、私もそれをどこかで見たような気がします。
  그렇게 듣고 보니, 나도 그것을 어딘가에서 본 듯한 기분이 듭니다.

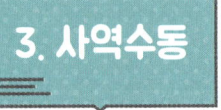

사역에 수동을 추가하여, 상대방의 의지에 의하여 어떤 행동을 했을 때 쓰는 표현이다.

01

~(さ)せられる 억지로 ~하다, 어쩔 수 없이 ~하다

자신의 의지와는 상관없이 남의 요구에 의하여, 또는 어쩔 수 없는 상황에 의해 행동하는 경우에 사용하며 해석은 문장에 따라 달라진다.

- 生きているものには個性があると、あらためて認識させられる出来事だった。
  살아 있는 것에는 개성이 있다고, 새삼스레 인식한 사건이었다. 2016-2회

- 主人公と恋人が親に無理やり別れさせられそうになる話なんだけど… 2012-1회
  주인공과 연인이 부모 때문에 억지로 헤어지게 되는 이야기인데…

- あれこれ質問に答えさせられたあげく… 2011-1회

  이것저것 질문에 어쩔 수 없이 대답한 끝에…

- 家内が買い物に行くと、店のものを全部買い占めようとしてるんじゃないかと思わせられるよ。

  아내가 장을 보러 가면, 가게에 있는 물건을 전부 사버리는 게 아닐까 하는 생각이 들어.

- あの作家は字が汚いので、編集者は読むのに苦労させられるという。

  그 작가는 글씨가 지저분하기 때문에 편집자는 읽는 데 고생을 하게 된다고 한다.

> **참고** ~(さ)せられる ~하게 할 수 있다(사역+가능)
>
> 문맥에 따라서는 [사역+가능]의 표현도 있으므로 학습에 주의하자.
>
> - 乳化剤、安定剤も使わず本物のミルクと卵から作られたアイスクリームだから小さなお子さんにも安心して食べさせられます。
>
>   유화제, 안정제도 사용하지 않고 진짜 우유와 계란으로 만들어진 아이스크림이라서 어린 자녀분에게도 안심하고 먹게 할 수 있습니다.

02

사역동사+(ら)れる ~하다

「待つ(기다리다) → 사역동사 待たす(기다리게 하다) → 待たされる(줄을 서서 기다리다)」와 같이 사역동사에 「~(ら)れる」가 붙는 형태도 있다. 思う의 경우, 思う(생각하다) → 사역동사 思わす(생각하게 하다) → 思わされる(생각이 든다, 생각하다)가 된다.

- たくさん人が並んでいたので待たされるかと思いきや… 2013-2회

  사람이 많이 줄서 있어서 기다리는가 했더니…

- 子供の出番はないのだと思わされた。 2012-2회

  어린이가 나갈 차례는 없는 것이라고 생각했다.

- このような人たちを見ていると、人間には生まれつき、心のエネルギーを沢山持っている人と、少ない人とがあるのかな、と思わされる。

  이러한 사람들을 보고 있으면 인간은 선천적으로 마음의 에너지를 많이 갖고 있는 사람과 적은 사람이 있는 걸까 하고 생각이 든다.

問題 1 次の文の（　）に入れるのに最もよいものを、1・2・3・4から一つ選びなさい。

1　専門家に（　　）、そんな環境は快適どころか一歩間違えると「危なくてしょうがない家」になってしまうかもしれないという。
　1　言われば　　　2　言われたら　　　3　言わせると　　　4　言わせて

2　実際にたばこをやめた人間（　　）、事前準備さえしっかりとできていれば、禁煙は中距離どころか短距離走にもなり得ると思います。
　1　に言わせていれば　　　　　　　2　から言わせてやれば
　3　に言わせてあげれば　　　　　　4　から言わせてもらえば

3　正直動画を見終わっても何の会社なのかはわからないのですが、最後まで（　　）力のある動画をトップページに採用しています。
　1　見させてしまう　　　　　　　　2　見させてみる
　3　見られてしまう　　　　　　　　4　見られてみる

4　重要な個人情報など、他人に（　　）困る情報は絶対に入力しないでください。
　1　知られつつも　　2　知られては　　3　知らせられつつも　　4　知らせられては

5　それをどう受け止めてゆくかは、意外と人生にとって大事なことのように、私には（　　）。
　1　思う　　　　　2　思っている　　　3　思われる　　　　4　思わせる

6　胃腸に優しい食べ物を摂取されて、どうか早く回復（　　）。
　1　されますように　　　　　　　　2　いたしたく思います
　3　願ってはどうですか　　　　　　4　していらっしゃるでしょうか

7　現場の緊張感と責任感は数か月経過した今でも昨日のことのように（　　）。
　1　思い出す　　　2　思い出すだろう　　3　思い出させた　　4　思い出される

8 恋愛禁止の塾に通う高校生たちがその中で付き合っている人がいることが発覚。親や講師から（　　　）二人、果たして花子は二人の恋を実らせられるのか。
1 別れそうになる　　　　　　　　2 別れさせられそうになる
3 別れられそうになる　　　　　　4 別れさせそうになる

9 予約をしていないので（　　　）、意外にもすんなり診てもらえた。
1 待たされたかと思えば　　　　　2 待たされることと思い
3 待たされるかと思いきや　　　　4 待たされたことと思うが

10 20代で一度は諦めた夢を、もう一度目指そうと（　　　）きっかけとは、いったいどんなものだったのでしょうか。
1 思われていた　　　　　　　　　2 思わせてくれた
3 思わせてはいけなかった　　　　4 思われてならなかった

問題2 次の文の ＿★＿ に入る最もよいものを、1・2・3・4から一つ選びなさい。

11 ＿＿＿ ＿＿＿ ＿★＿ ＿＿＿ ロボットアームを紹介する映像です。
1 食べさせてくれる　　　　　　　2 しながらでも
3 何かの作業を　　　　　　　　　4 自動でスナック菓子を

12 タバコの害を訴えている我々の ＿＿＿ ＿＿＿ ＿★＿ ＿＿＿ などあり得ません。
1 言わせて　　2 もらえば　　3 立場から　　4 完全な分煙

13 話の内容はたいしたことがなくても声の ＿＿＿ ＿＿＿ ＿★＿ ＿＿＿ 張りのある声です。
1 納得させて　　2 しまう　　3 相手を　　4 説得力で

14 当サイト ＿＿＿ ＿＿＿ ＿★＿ ＿＿＿ のは非常に危険な行為です。
1 に限らず一般的に　　　　　　　2 情報を送信する
3 に知られては困る　　　　　　　4 電子メールで他人

15 子供の好きなようにランドセルを ＿＿＿ ★ ＿＿＿ ＿＿＿ かもしれません。

1　というのは　　　　　　　　2　確かに一時的には
3　選ばせてあげる　　　　　　4　喜ばれることになる

16 毎年撮る家族写真の大切さが年を追うごとに ＿＿＿ ＿＿＿ ★ ＿＿＿ 仕方ない。

1　息子が2歳の年に　　　　　2　分かってくるにつれて
3　悔やまれて　　　　　　　　4　撮り損ねたのが

17 発注後届くのがとても遅くて、やっと届いたと思ったら、サイズが記載してるものと ＿＿＿ ★ ＿＿＿ ＿＿＿ と言われました。

1　在庫がない　　　　　　　　2　交換をお願いしたら
3　待たせられたあげく　　　　4　全く違ったので

18 言われてみると確かに、テレビ ＿＿＿ ＿＿＿ ★ ＿＿＿ 、まとめて考えを話したことはなかった。

1　ものの　　2　断片的に話す　　3　などで　　4　ことはある

19 本書を読んでみると、部下に信頼されること、＿＿＿ ＿＿＿ ★ ＿＿＿。

1　いかに真摯な態度を　　　　2　と思わされた
3　が重要だ　　　　　　　　　4　見せられるか

20 彼に言わせると、英語に ＿＿＿ ★ ＿＿＿ ＿＿＿ 英語がうまいと思われ、コミュニケーションが円滑にはかれるようになるとのことであった。

1　自信のない人も　　　　　　2　使えばそれだけでもう
3　これらの言い回しさえ　　　4　一発で外国人から

問題 3 次の文章を読んで、文章全体の趣旨を踏まえて、 21 から 25 の中に入る最もよいものを、1・2・3・4から一つ選びなさい。

　3年程前、12月の末にホーチミン市とバンコクを訪れた。時間が足りなくなって、自分の生まれ育ったトーキョーには寄っている暇がなくなった。トーキョーよりもむしろアジアの他の町を歩いている時の方が、懐かしいという感じのすることが多いから、それでよかったのかもしれない。懐かしいと言っても、ドイツで暮らしていて、何かが足りないと感じることは滅多にない。 21 、時々アジアへ行きたくなるのは、自分の生まれ育った場所では当たり前だったものが、新しい目で眺めると面白く見えることがあるからだ。

　そういうわけで、このアジア旅行でも、子供の頃によく見たもので、長年ドイツで暮らしている間にほとんど忘れかけていたある物に再会した。それはプラスチック製のクリスマス・ツリーだった。ドイツでも時々、プラスチックのツリーを見かけることはあるが、本物の木が何かの都合で使えない場合、仕方なくプラスチックで代用しているというだけの話で、一般的に蔑視されている。 22 、アジアのプラスチックのツリーは代用品ではなく、まさにプラスチックでなければならないと言いたげに堂々と立っている。まるで、プラスチックそのものを神聖なものとして崇めているかのように 23 。

　ヨーロッパ、特にドイツでは、プラスチックは悪いものだという考え方があり、プラスチックを使うことに罪の意識を感じる人がたくさんいる。これは、もちろん、環境問題を考えた場合、もっともなことで、私も合成樹脂をたくさん使い捨てさせられる日本のような社会には 24 。

　しかし、ドイツ人が木を愛し、プラスチックに生理的嫌悪を感じることができるのは、もっと古い信仰の痕跡が心に残されているからではないか。樹木信仰は日本にもある。しかし、それがキリスト教的なプラスチック排斥の心と結び付いた時、初めて「もみの木は善、プラスチック・ツリーは悪」という図式が 25 。樹木は神の手で創造されたものだが、プラスチックは人間が作ったものだから、いけないのかもしれない。

（多和田葉子『カトコトのうわごと』による）

21
1 要するに　　　2 その結果　　　3 あるいは　　　4 それでも

22
1 それによって　　2 それに対して　　3 これにあたって　　4 これにとって

23
1 しか見えない
2 見えやすくなった
3 さえ見える
4 見えるだけのことだ

24
1 うんざりさせられる
2 うんざりさせる
3 うんざりされる
4 うんざりさせてしまった

25
1 生まれずにすまないのではないか
2 生まれるのではないか
3 生まれないにかぎるではないか
4 生まれがたいのではないか

문제해결 키워드

- **~(さ)せられる** 억지로 ~하다
  使い捨てさせられる日本のような社会にはうんざりさせられる
  (억지로) 한번 쓰고 버리는 일본과 같은 사회는 지긋지긋하다 (17行)

- **~と言っても**[N1 075] ~라고 해도
  懐かしいと言っても 그립다고 해도 (04行)

- **~かける**[N2 018] ~하고 있다
  ほとんど忘れかけていた 거의 잊고 있었다 (09行)

- **~に対して**[N1 113] ~에 비해
  それに対して 그것에 비해 (12行)

- **~なければならない**[N2 104] ~해야 한다
  プラスチックでなければならない
  플라스틱이어야 한다 (13行)

- **~げに** ~한 듯이
  言いたげに堂々と立っている
  말하고 싶은 듯이 당당히 서 있다 (13行)

- **~かのようだ**[N1 015] (마치) ~인 듯하다
  神聖なものとして崇めているかのように
  신성한 존재로써 숭상하고 있는 듯이 (14行)

- **~さえ**[N2 044] ~도, ~조차
  崇めているかのようにさえ見える
  숭상받고 있는 듯이 조차 보인다 (14行)

- **~のではないか**[N1 059] ~이 아닐까?
  図式が生まれるのではないか
  도식이 생겨나는 것은 아닐까? (22行)

간과해서는 안 될 조사

2010년부터 지금까지 출제된 조사 문제를 보면 「조사+조사」의 형태, 단독으로는 から・くらい・だけ・ほど・も 등의 조사가 주로 출제되고 있다. 조사라고 간과해서는 틀리기 쉬운 무문이다. 기출분장을 중심으로 어떤 형태로 줄제되고 있는지 잘 살펴보자.

1. 조사+조사

01 ～てから＋では ~하고 나서는

- 海の生態系に大きな影響が出てからでは遅い。 2015-1회
  바다의 생태계에 큰 영향이 나오고 나서는 늦다.

- さきほど書いたように、我慢に我慢を重ねて健康状態に大きな影響が出てからでは取り返しがつかない。
  조금 전 썼듯이, 참고 참기를 거듭해서 건강상태에 큰 영향이 나오고 나서는 되돌릴 수가 없다.

02 ～で＋は ~로는

- この美術館の絵を全部見ようと思ったら、半日では足りないと思います。 2010-1회
  이 미술관의 그림을 전부 보려고 생각하면 반나절로는 부족하다고 생각합니다.

- 相談時間が40分では足りないと思うので、80分とってもらえませんか。
  상담시간이 40분으로는 부족하다고 생각하기 때문에 80분 해주시겠습니까?

03 ～と＋でも ~로라도, ~이라고(도)

- 私を仲間だとでも思っていたのだろうか。 2012-2회
  나를 동료로라도 생각하고 있었던 걸까?

- 彼の生き方の根底には、武士の魂とでもいうべきものがあった。
  그의 삶의 근저에는 무사의 혼이라고 할 만한 것이 있었다.

04

〜に＋と　　~로(주려고), 열거(に+に+と 등) → 해석은 예문에 따라 다름

- 家族へのおみやげにと、人気の紅茶クッキーを買った。　2015-1회
  가족에게 줄 선물로 인기 있는 홍차쿠키를 샀다.

- いため物に、揚げ物にと何にでも使えて…　2011-1회
  볶음용으로 튀김용으로 무엇에라도 사용돼서…

05

〜の＋は / 〜に＋は　　~것은 / ~에게는

- この仕事をすべて一人でやるのは新入社員の田中さんには無理だ。　2014-1회
  이 일을 모두 혼자서 하는 것은 신입사원인 다나카 씨에게는 무리다.

- 番組の途中にCMが入るのはいい。　2011-1회
  프로그램 도중에 광고가 들어가는 것은 좋다.

06

〜は〜で　~은 ~대로

- 大人は大人で大変なことがいろいろあるのだ。　2015-2회
  어른은 어른대로 힘든 일이 여러 가지 있는 것이다.

- 数字を足したり引いたりという面倒くさい仕事も一旦始めてしまえば、それはそれで面白さがあるものだよ。
  숫자를 더하거나 빼거나 하는 귀찮은 일도 일단 시작하면, 그건 그거대로 재미가 있는 법이야.

07

〜を〜で　~을 ~로

- 絶対に、夢を夢で終わらせない。　2013-1회
  절대로 꿈을 꿈으로 끝나게 하지 않겠다.

- 失敗したときには、素直に失敗を認め、失敗を失敗で終わらせるのではなく、何かを学ぶ機会としてください。
  실패했을 때는 솔직하게 실패를 인정하고, 실패를 실패로 끝나게 하는 것이 아니라 뭔가를 배우는 기회로 삼아 주세요.

2. 그 밖의 조사

01

～から ~로부터

- 大学時代に君から借りたもののはずです。 2011-2회
  대학시절에 자네에게서 빌린 것일 것입니다.

- 借金の時効は業者から借りたものだと5年、個人から借りたものだと10年となっています。
  빌린 돈의 시효는 업자에게서 빌린 돈이라면 5년, 개인에게서 빌린 돈이라면 10년으로 되어 있습니다.

02

～くらい(～ぐらい) ~정도

① ～くらい(ぐらい)のものだ (고작해야) ~정도이다 〈최저한〉

- 100万円も払ってこんな役に立たない機械を買うのは君ぐらいのものだ。
  100만 엔이나 지불해서 이런 쓸모 없는 기계를 사는 것은 너 정도이다.

- あのボールが打てるのは彼くらいのものだろう。
  그 공을 칠 수 있는 것은 고작해야 그 사람 정도일 것이다.

03

～だけ ~뿐, ~만, ~만큼 등

① ～が～だけに ~가 ~인 만큼

- 時期が時期だけに親子連れで混雑していた。 2013-2회
  시기가 시기인 만큼 아이를 동반한 가족으로 혼잡했다.

- 言葉が言葉だけに、真剣に調査していますという姿勢を十分に理解してもらえるよう、誠意を込めた長文の手紙を綴ることにしよう。
  말이 말인 만큼 진지하게 조사하고 있다는 자세를 충분히 이해받을 수 있도록 성의를 담은 장문의 편지를 짓기로 하자.

- 事件のあった場所が場所だけにあっという間に黒山の人だかりができた。

  사건이 있었던 장소가 장소인 만큼 눈깜짝할 사이에 사람들이 새까맣게 모였다.

② ~だけだ ~할 뿐이다, ~할 따름이다

문장을 잇는 「~だけで(~뿐으로)」, 과거형으로 「~だけだった(~뿐이었다)」, 문말에 「だ」 대신 「さ」가 들어가기도 한다.

- 母は黙って聞くだけだった。 2015-2회

  엄마는 잠자코 들을 뿐이었다

- A 「どこに行くの。」
  B 「手紙を出しに行くだけさ。」

  A 어디에 가는 거야?
  B 편지를 부치러 갈 뿐이야

- 彼は口に出して言わないだけで、本当は君の態度にあきれかえっているんだよ。

  그는 입밖에 내지 않을 뿐으로, 사실은 자네의 태도에 질려버렸어.

③ だけで ~만으로, ~하기만 해도

- 資格を取っただけで希望の職につけるほど世間は甘くないらしい。 2016-2회

  자격을 따기만 해도 희망하는 직업을 갖게 될 만큼 세상은 녹록치 않은 것 같다.

- もちろん実際は、メダルを取っただけで万事うまくいくほど、世の中は甘くない。

  물론 실제로는 메달을 따는 것만으로 만사가 잘 풀릴 만큼 세상은 호락호락하지 않다.

③ ~だけでは ~만으로는

- 安全対策や原油の高勝で支出が増え、経営努力だけでは対応しきれないと…

  안전대책이나 원유 폭등으로 지출이 늘어, 경영노력만으로는 모두 대응 할 수 없다고… 2016-2회

- 国民年金だけでは老後の生活ができないと思う。

  국민연금만으로는 노후 생활을 할 수 없다고 생각한다.

⑤ ~だけでも ~만이라도 → せめて~だけでも (적어도~만이라도)와 같이 사용되기도 한다.

- せめて気分だけでも南極を感じてもらおうと… 2013-1회

  적어도 기분만이라도 남극을 느끼라고…

- 真夏のネクタイ姿は見ているだけでも暑苦しい。

  한여름의 넥타이 모습은 보고 있는 것만으로도 숨막힐 듯이 덥다.

- せめて名前だけでもわかればその人を探しようもあるが。

  적어도 이름만이라도 알면 그 사람을 찾을 방법도 있지만.

⑥ ～だけのこと ~하는 것뿐

- ブラウス1枚選ぶだけのことなのに… 2014-1회
  블라우스 한 장 고르는 것뿐인데…
- この書類を預けてくれればいいだけのことだから… 2011-2회
  이 서류를 맡아주면 되는 것뿐이라서…
- 検査といってもちょっと写真を撮るだけのことですからね。
  검사라고 해도 잠시 사진을 찍는 것뿐이니까요.
- ちょっと熱が出たというだけのことで、医者を呼ぶのはおおげさすぎる。
  열이 좀 났다는 것만으로 의사를 부르는 것은 너무 야단스럽다.

⑦ ～というだけ ~라는 것만, 라는 것뿐 = ～っていうだけ(회화체)

- デザートがただっていうだけじゃないか。 2012-1회
  디저트가 공짜라는 것뿐이잖아.
- 彼が言う国際化とは、ただ海外旅行をしろというだけのことだ。
  그가 말하는 국제화란 단지 해외여행을 하라는 것뿐이다.

04

～ほど ①한계, 한도　②~정도, ~쯤

① ～にもほどがある ~에도 한도가 있다, ~에도 유분수다

- 「猫好きにもほどがあるだろう。」って言われたりする。 2013-1회
  '고양이를 좋아하는 것도 유분수지'라는 말을 듣기도 한다.
- この国の一番のリスク要因が首相官邸だなんて、冗談にもほどがある。
  이 나라의 가장 큰 위험 요인이 수상관저라니 농담도 유분수지.
- 披露宴会場で大勢の人が見守る中、新郎新婦を非難するような声を上げるとは、失礼にもほどがある。
  피로연장에서 수많은 사람들이 지켜보는데 신랑신부를 비난하는 목소리를 높이다니, 실례도 이런 실례가 없다.

② ～ほどだ ~할 정도이다

- わざわざそのための学校に通う人もいるほどだ。 2010-2회
  일부러 그것을 위한 학교에 다니는 사람도 있을 정도이다.
- 重厚なストーリーはオープニングから飛ばしっぱなしで、その壮大なスケールに圧倒されるほどだ。
  심오한 스토리는 오프닝부터 눈을 뗄 수 없고, 그 장대한 스케일에 압도될 정도다.

05 〜まで / 〜までに ~까지 / ~할 정도로(까지)

주로 「〜までに」의 형태를 취하며, '~할 정도로(까지)'의 뜻으로 주로 형용사에 접속하는 형태로 출제된다.

- その確かな表現力で見事なまでに演じきった。 `2014-2회`
  그 확실한 표현력으로 훌륭할 정도로 해냈다.

- 建物は堅固なつくりとなっていたし、入り口は強固な扉と複雑な鍵で守られていた。その結果、西洋では、鍵が異常なまでに発達したのである。
  건물은 견고한 구조로 되어 있었고, 입구는 공고한 문과 복잡한 열쇠로 지켜지고 있었다. 그 결과 서양에서는 열쇠가 이상할 정도로 발달한 것이다.

06 〜まま ~대로, ~채

① 〜まま・〜ままに ~대로

- 店員に勧められるまま、大きいテーブルを買ってしまった。 `2010-1회`
  점원이 권하는 대로 큰 테이블을 사고 말았다.

- 店員に勧められるままに高価なバッグを買ってしまい、後悔している。 `09`
  점원이 권하는 대로 고가의 가방을 사고 말아서 후회하고 있다.

② 〜ままになっている ~한 채이다

- 高校を卒業して以来、森さんはずっと会えないままになっている。 `09`
  고등학교를 졸업한 이래, 모리 씨는 계속 만나지 않은 채이다.

- デジタルが浸透したことで、生活者が1日に受け取る情報は膨大になり、多くの広告は見られないままになっている。
  디지털이 침투해서, 생활자가 하루에 수신하는 정보는 방대해지고, 많은 광고는 보여지지 않은 채이다.

③ 〜ままなのは ~한 채로 있는 것은

- 君に貸したままなのは、たった一つ。 `2011-2회`
  너에게 빌려준 채로 있는 것은 단 하나.

- 病的原因がないのに膝が伸びきらず曲がったままなのは、姿勢の前後バランスの異常から起きるそうだ。
  병적 원인이 없는데도 무릎이 다 펴지지 않고 굽어진 채로 있는 것은, 자세의 앞뒤 균형의 이상에서 일어난다고 한다.

07 〜も

① 〜も ~도

- 何と、牛も怒ったのだ。 2014-2회

  웬걸 소도 화가 난 것이다.

- 40代も後半となり、わたしもとうとう中高年の仲間入りだ。 2012-1회

  40대도 후반이 되어, 나도 드디어 중년에 들어섰다.

② 〜も ~이나, ~정도면 (대략의 정도)

- 警備員が20人もいれば十分です。 N2 2012-1회

  경비원이 20명 정도만 있으면 충분합니다.

- 多くの人は孤独感や寂しさを感じており、本当に深い絆で結ばれた友達は、2、3人もいれば十分多いほうだと思われます。

  많은 사람들은 고독감이나 쓸쓸함을 느끼고 있으며, 정말로 깊은 유대로 맺어진 친구는 2, 3명 정도만 있으면 충분히 많은 편이라고 생각됩니다.

③ 〜も〜だ ~도 ~이다

이 표현은 같은 단어를 사이에 두어 정도가 심한 것을 나타낸다.

- それくらいのことで怒った君も君だよ。 2012-2회

  그 정도의 일로 화낸 너도 너야.

- 理屈にならないことを言っている子供も子供だが、そんなことを言わせる親も親だ。

  이치에 맞지 않는 말을 하고 있는 아이도 아이지만, 그런 말을 하게 하는 부모도 부모다.

④ 〜も〜も ~(하는 것)도 ~(하는 것)도

- 成功するもしないも、本人の努力次第だ。 2016-1회

  성공하는 것도 하지 않는 것도 본인의 노력에 달려 있다.

- 復職に成功するも失敗するも自分次第です。

  복직에 성공하는 것도 실패하는 것도 자신에게 달려 있습니다.

콕콕실전문제 20

정답과 해석 QR코드로 바로 확인!

問題1 次の文の( )に入れるのに最もよいものを、1・2・3・4から一つ選びなさい。

① 砂糖とまちがえて塩を入れてしまい、気がついた時（　　）、あとの祭りだった。
　1　とは　　　　2　には　　　　3　とさえ　　　　4　にさえ

② 中華ソースは、サラダに、冷奴に（　　）何にでも合わせられるソースです。
　1　は　　　　2　と　　　　3　や　　　　4　か

③ 夏、部屋に日が（　　）、とても暑い。
　1　入るのがいいのか　　　　　2　入るのでいいのか
　3　入るのはいいのだが　　　　4　入るのにいいのだが

④ 英語（　　）通じなかったので、下手なフランス語で話した。
　1　のは　　　　2　ので　　　　3　には　　　　4　では

⑤ 迅速に共助を求めるためには、災害が（　　）遅いのです。
　1　発生したせいなのかは　　　　2　発生してしまうかは
　3　発生したばかりでは　　　　　4　発生してからでは

⑥ 社員だと生徒獲得のための営業活動が主になりますし、（　　）生徒さんからの予約が入らなければ収入になりませんから。
　1　講師は講師で　　2　講師が講師に　　3　講師より講師で　　4　講師から講師に

⑦ 天気予報（　　）午後に雨が降るらしい。
　1　にわたって　　2　にかけて　　3　までは　　4　では

⑧ （　　）終わらせないために、自分が今できることをぜひ当サイトで探してみてください。
　1　目標が目標なら　　2　目標を目標で　　3　目標なら目標と　　4　目標に目標を

⑨ 花子さんが身につけているイヤリングとネックレスは、姉の景子さん（　　）借りたものだ。
　1　では　　　　2　には　　　　3　から　　　　4　ので

301

10　これができるのは私とおまえ（　　　）。
　　1　ぐらいのものだろう　　　　　　2　だけのものだろう
　　3　ほどのものだろう　　　　　　　4　ばかりのものだろう

11　時期（　　　）時期だけに、納品までの時間短縮に一同全力を挙げております。
　　1　が　　　　　2　は　　　　　3　に　　　　　4　で

12　今までは黙って（　　　）けど、最近は「それはお母さんがおかしいと思う。」とか、「姉ちゃんは自分の気持ちをうまく言葉にするのが苦手だけど、ほんとはわかってると思うよ。」とか言い返すようになった。
　　1　聞くかと思った　　　　　　　　2　聞くようになった
　　3　聞きたそうだった　　　　　　　4　聞くだけだった

13　暦の上では春とはいえ、まだまだ寒い時期が続きますね。寒がりすぎる私は、せめて気分（　　　）南国にいるような、あったかい気分になりたいなんて妄想してみたりしました。
　　1　のみも　　　　2　くらいも　　　3　だけでも　　　4　ですらも

14　怒った時に思わず手をあげる人間があるように、犬（　　　）怒った時にはまず噛みつく姿勢をとる犬も少なくありません。
　　1　に　　　　　2　も　　　　　3　より　　　　4　ぐらい

15　もしかしたら自分の世界を楽園に（　　　）自分次第なんじゃないかな。
　　1　するやらしないやら　　　　　　2　するなりしないなり
　　3　するというかしないというか　　4　するもしないも

16　しょうが、普段の食事にどれだけ取り入れていますか。私はほとんど毎日です。朝のオートミールにも入れますし、お茶にも入れてます。しょうが入りなんとかっていうと買いたくなるし、そして買ってます。しょうが好き（　　　）けど、それくらい好きです。
　　1　のかぎりではない　　　　　　　2　のことにかぎる
　　3　にもほどがある　　　　　　　　4　にあるほどでもない

17 当ページは生命保険を勧められる（　　　）決めるのが、どうしていけないかについて掲載しております。

　　1　ままなのに　　　2　ままでも　　　3　ままを　　　4　まま

18 活動内容が謎に（　　　）、作戦の一環かもしれないという。

　　1　包まれたままなのは　　　　　　　2　包まれることができるのは
　　3　包んでいるのは　　　　　　　　　4　包まなくてはいけないのは

19 リモートワークに週休3日制と、近年、従来の働き方を見直し、新たな形を模索する企業の動きが止まらない。より自由な職場環境を求めて（　　　）。

　　1　転職するまでもなかろう　　　　　2　転職する人もいるほどだ
　　3　転職するべきである　　　　　　　4　転職する人がいるのだろう

20 期待値とか言ってるやつも馬鹿だとは思うが、そんなことでいらいらしてるお前（　　　）お前だよ。

　　1　も　　　　　2　で　　　　　3　でも　　　　　4　まで

問題 2 次の文の ＿★＿ に入る最もよいものを、1・2・3・4から一つ選びなさい。

21 さて、この曲、タイトルが ＿＿＿＿ ＿★＿ ＿＿＿＿ ＿＿＿＿ TVやラジオでしばらく放送が自粛される動きがあった。

　　1　起こった後は　　　　　　　　　　2　2011年3月11日の
　　3　タイトルだけに　　　　　　　　　4　東日本大震災が

22 アイスランドへ海外旅行に行くという若いご夫婦が、お友達 ＿＿＿＿ ＿＿＿＿ ＿★＿ ＿＿＿＿、駄菓子を買いに来店しました。

　　1　への　　　2　おみやげ　　　3　と　　　4　に

23 両親は ＿＿＿＿ ＿＿＿＿ ＿★＿ ＿＿＿＿ 妹には甘い。

　　1　私に　　　2　厳しい　　　3　が　　　4　は

24 コールセンタースタッフはたとえバイトでもその企業の ＿＿＿ ＿＿＿ ＿★＿ ＿＿＿ 果(は)たします。

1　でも　　　　　2　顔と　　　　　3　いうべき　　　　4　役割(やくわり)を

25 資格を ＿＿＿ ＿＿＿ ＿★＿ ＿＿＿ とは限りません。車の免許だって、取った翌日、首都高速を使って配達仕事なんてできないですよね。

1　だけ　　　　　2　すぐ使える　　　3　取った　　　　　4　で

26 どれだけ深く広く冷たい海でも、泳ぎきる覚悟で飛び込み台を蹴(け)る。そこからは、もがいてるうちに泳げるようになっているものだ。必死とは、そういうことだ。本当に ＿＿＿ ＿＿＿ ＿★＿ ＿＿＿ だから。

1　だけのこと　　2　また別の海に　　3　飛び込めばいい　4　だめなら

27 ところが、この美しい糸の山からたった ＿＿＿ ＿＿＿ ＿★＿ ＿＿＿ 、全くあきれてしまった。

1　とは　　　　　2　4時間もかかる　　3　2色を選ぶ　　　4　だけのことなのに

28 高校野球の ＿＿＿ ＿＿＿ ＿★＿ ＿＿＿ までに再現する「ひとり甲子園(こうしえん)」は、野球ファンなら誰もが楽しめる、まさに「野球エンターテイメント」です。

1　野球ファンならではの　　　　　　2　試合進行を
3　見事な　　　　　　　　　　　　　4　鋭い洞察力で

29 それ ＿＿＿ ＿＿＿ ＿★＿ ＿＿＿ 、年間のコストは2万ぐらいは安くなります。

1　が　　　　　　2　だけで　　　　　3　いう　　　　　　4　無料って

30 中小企業を取り巻く社会経営環境は厳しさを ＿＿＿ ＿＿＿ ＿★＿ ＿＿＿ 、中小企業がグループとなって課題を解決していく必要があります。

1　個々の企業の経営努力　　　　　　2　だけでは克服できない
3　課題に対して　　　　　　　　　　4　増していることから

問題 3 次の文章を読んで、文章全体の趣旨を踏まえて、 31 から 35 の中に入る最もよいものを、1・2・3・4から一つ選びなさい。

　「失敗は成功のもと」「便りがないのが便り」「負けるが勝ち」などという言葉を知っていますか。ちょっと聞いた 31 、矛盾したおかしなことを言っているように聞こえる言葉です。しかし、実はそれぞれに、「ああ、なるほどね」と納得できるような意味があり、世の中の真実の一面を言い当てているのです。このような言葉を、パラドックス(逆説的表現)と呼びます。

　「失敗は成功のもと」とは、どのような意味でしょうか。ケンタ君は、絵の具をパレットの上に出す時、隣り合う小部屋に白と黒を出してしまい、途中で色が混ざって汚れ、描いた絵も汚らしいものになってしまいました。 32 失敗したわけです。しかし、次にパレットを使う時、ケンタ君は当然、白と黒の絵の具を離れた位置に出そうとするでしょう。

　 33 、絵の色彩もくっきり美しくなりました。つまり成功したのです。失敗すると、私たちはその原因を探り改善しようとし、その分だけ成功に近づくので、失敗とは結局のところ成功のもとになるものであるーこのことを、「失敗は成功のもと」と言うのです。

　このようなパラドックスは、ほかにもたくさんあります。また、あなた自身が作り出すこともできます。あなたも、対比される二つの言葉を結びつけ、そこに意味を付け加えていくことで、独自のパラドックスを作ってみましょう。

　さて、Aさんが、次のようなパラドックスを作りました。「寒い時は暑い」この言葉の解釈を、数人の子が考えました。Aさん自身は、こう言いました。「寒い時はマラソンをするので、結局のところ、逆に暑く感じるようになってくる、という意味です。」それを聞いたBさんは、こう言いました。「うーん。どうかなあ。 34 、こんな意味にするよ。寒い時は服をたくさん着るため、結局のところ、逆に暑く感じるようになるということ。」

　すると、Aさんも、他の子たちも、「なーるほど」という顔をしました。 35 、Bさんが考えた解釈の方が、多くの人に納得してもらえたようです。

31	1 ばかりにわたって	2 ばかりにかけて
	3 だけまでは	4 だけでは

32
1 あるいは　　2 要するに　　3 もっとも　　4 ついては

33
1 ところで　　2 とはいえ　　3 その結果　　4 それでも

34
1 一方　　2 実に　　3 私なら　　4 こうして

35
1 どうやら　　2 なんて　　3 かえって　　4 まさか

문제해결 키워드

- **~など**[N1 095] ~따위, ~같은 것
  「負けるが勝ち」などという言葉
  「지는 것이 이기는 것」이라는 말 (01行)

- **~だけでは** ~만으로는
  ちょっと聞いただけでは 조금 들은 것만으로는 (02行)

- **~ようだ**[N1 151] ①~인 것 같다 ②해석 안 됨〈취지〉
  納得できるような意味 납득할 수 있는 의미 (03行)
  多くの人に納得してもらえたようです
  많은 사람이 납득해 준 모양입니다 (24行)
  多くの人が納得できるような解釈
  많은 사람이 납득할 수 있는 해석 (27行)

- **~わけだ**[N1 154] ~인 셈이다
  失敗したわけです 실패한 셈입니다 (08行)

- **~(よ)うとする**[N1 007] ~하려고 하다
  離れた位置に出そうとする
  떨어진 위치에 꺼내려고 한다 (09行)
  その原因を探り改善しようとし
  그 원인을 찾아 개선하려고 하며 (12行)

- **~分**[N1 130] ~부분, ~정도
  その分だけ 그 정도만큼 (12行)

- **~ものだ**[N1 143] ~하는 것이다〈당연〉
  結局のところ成功のもとになるものである
  결국 성공의 근원이 되는 것이다 (12行)

- **~ことで**[N1 029] ~해서, ~로 인해
  そこに意味を付け加えていくことで
  거기에 의미를 부가해 가는 것으로 인해 (15行)

글의 흐름을 읽게 하는 **접속사·부사·기타**

이 파트는 문제3 문장의 문법을 대비하기 위한 파트이다. 접속사·부사 등은 문법형식에서도 출제되지만 문장의 문법에서는 매번 100% 출제되고 있다. 문장의 문법 문제는 괄호 속에 들어가는 지시어 문제나 글의 흐름을 잇는 접속사, 문장을 부드럽게 이어주는 부사 등 다양하다. 기출문장을 중심으로 어떤 형태로 출제되고 있는지 잘 살펴보자.

특정의 것을 지칭하는
1. こ・そ・あ・ど / ある

01 **こう** 이렇게

- 男の子は顔面をくしゃくしゃにして、嬉しそうにこういった。 2014-1회
  남자아이는 얼굴을 쭈글거리며 기쁜 듯이 이렇게 말했다.

02 **こういう** 이러한 / **そういう** 그러한 / **ああいう** 저러한, 그러한(서로 알고 있는 상황)

- ああいう子が一人いたらいいなあ。 2016-1회
  그런 애가 한 명 있었으면 좋겠다.

- あからさまに「子供は大人の邪魔するな」なんてことは言わないのだけれど、そういう雰囲気が盆踊り会場にただよってくる。 2012-2회
  있는 그대로 '아이는 어른을 방해하지 마라'라는 말은 하지 않지만, 그러한 분위기가 봉오도리 회장에 감돌기 시작한다.

- しかしそういう父親の子どもは「自由な意志」を持つようにはなるが、「よい意志」を持つようにはならない。 2010-1회
  그러나 그러한 아버지의 아이는 '자유로운 의지'를 가지게는 되지만, '좋은 의지'를 가지게는 되지 않는다.

- 同日夕刻に都内のホテルで予定されていた後援会がキャンセルされた理由については「こういう状況で私が出向くことができないため」と説明した。
  같은 날 저녁무렵 도내 호텔에서 예정되어 있던 후원회가 최소된 이유에 대해서는 '이러한 상황에서 제가 나갈 수 없어서'라고 설명했다.

03 **こうして** 이렇게 해서, 이러한 경로로

- こうして生まれる格差は若年夫婦で群を抜いて大きい。 2015-1회
  이렇게 해서 생기는 격차는 젊은 부부에서 아주 크다.

- 穴が若干大きくなれば、今度はリスやモモンガなどが棲むようになる。こうして小動物が10年ほど棲んでいる間に、アカマツの幹はさらに成長するから穴もともなって大きくなる。
  구멍이 조금 커지면 이번에는 다람쥐나 날다람쥐 등이 살게 된다. 이렇게 해서 작은 동물이 10년 정도 살고 있는 동안에 소나무 줄기는 더욱 성장하기 때문에 구멍도 함께 커진다.

04 このため 이 때문에

- それで王宮などでも、塀もなく、しばしば道路に直接面して建てられました。このため建物は堅固なつくりとなっていました。

  그래서 왕궁 등에서도 벽도 없이 여러 번 도로에 직접적으로 인접해 지어졌습니다. 이 때문에 건물은 견고한 구조로 되어 있었습니다.

05 こんな 이런 / そんな 그런 / あんな 저런, 그런(서로 알고 있는 상황)

- 八百屋の店先に直径1メートルはあろうかという大きなかぼちゃが置いてあった。私は、こんなかぼちゃを生まれて初めて見た。

  채소가게 매대에 직경 1미터는 됨직한 큰 호박이 놓여 있었다. 나는 이런 호박을 태어나서 처음 보았다.

- いつも彼女と真夜中にいろいろなことを話し、助け合いながら生きてきた。そんな彼女の息子が一人暮らしを始めた。

  늘 그녀와 한밤중에 이런 저런 이야기를 하고, 서로 도우면서 살아왔다. 그런 그녀의 아들이 자취를 시작했다.

- 遊園地の入園料が中学生から大人料金だなんて、そんなことちっとも知らなかった。

  유원지의 입장료가 중학생부터 어른 요금이라니, 그런 건 전혀 몰랐다.

- 埋蔵金がないか、勘を頼りに地面を掘るらしい。あんな方法では、いくらやってもだめだろう。

  매장된 금이 없는지 직감에 의지하여 지면을 파는 듯하다. 그런(저런) 방법으로는 아무리 해도 불가능할 것이다.

06 そこで 거기서

- 「こちらのほうが先に来ていたではないか！」と言葉が出かかった。そこで頭をよぎったのが、牛のことだ。 2014-2회

  '이쪽이 먼저 와 있었잖아!'하고 말이 막 나가려고 했다. 거기서 머리를 스친 것이 소에 관한 일이다.

07 それが 그것이

- 犬は威嚇されていると思い込むものなんです。この辺、人間の常識は通じませんから。目は合わせない、それが犬の礼儀作法です。 2013-2회

  개는 위협받고 있다고 믿어버리기 마련입니다. 이쯤에서 인간의 상식은 통하지 않으니까요. 눈은 마주치지 않는다, 그것이 개의 예의범절입니다.

08 それに 그것에

- コミュニケーション能力をめぐる競争が激しい社会は、それにつまずいてしまった人にとても冷淡だ。 2010-2회

  커뮤니케이션 능력을 둘러싼 경쟁이 격렬한 사회는, 그것에 실패해버린 사람에게 너무나 냉담하다.

09 それを 그것을

- え、納期の日程を設定したのはあっちだろう。それを、納期まで2週間の今になって、早めろと言うなんて勝手すぎる。 2014-1회

  뭐? 납기 일정을 설정한 건 그쪽이잖아. 그것을 납기까지 2주일 남은 이제 와서 빨리 하라고 하다니 너무 제멋대로야.

- その犬に会ったら、かならず、犬クッキーをやることにします。それを繰り返すうちに、犬は… 2013-2회

  그 개를 만나면 반드시 애견쿠키를 주기로 합니다. 그것을 반복하는 사이에, 개는…

10 あるとき 어떤 때

- あるとき、来てくれた人を見渡して、その男の子にだけもう一度同じ話を聞くことを我慢してもらえば、他の人におもしろい話ができることに気がついた。 2014-1회

  어떤 때, 와준 사람을 바라보며, 그 남자아이만 다시 한 번 같은 이야기를 듣는 것을 참으면, 다른 사람에게 재미있는 이야기를 할 수 있다는 것을 깨달았다.

11 あれ以来 그 이후(대화의 상대가 서로 이미 알고 있는 상황일 때)

- 5年ほど前、神戸で会った時、「ホテルに財布を忘れてきた」と言うから貸した1万円だけか。あれ以来会っていないんですね。

  5년 정도 전, 고베에서 만났을 때, '호텔에 지갑을 두고 왔다'고 해서 빌려준 만 엔 뿐인가. 그 이후 만나지 않았네요.

2. 접속사・부사・기타

あ

01 あるいは 혹은

- 夏休みには、わたしはいつも、海かあるいは山へ行くことにしています。
  여름 휴가 때는 나는 항상 바다 혹은 산으로 가기로 하고 있습니다.

- お返事は電話あるいは手紙でいたします。
  답변은 전화 혹은 편지로 하겠습니다.

02 一切 일절, 전혀

- 業務に関するデータや資料を社外に持ち出すことは、一切認められていない。 2015-2회
  업무에 관한 데이터나 자료를 사외로 반출하는 것은 일절 허용되지 않는다.

- こちらは添加物を一切使用していない、ヘルシーな食用油です。 2010-2회
  우리는 첨가물을 전혀 사용하지 않는 건강한 식용유입니다.

03 一方 한편

- 一方「ある筈なのに見当たらない本」が少なからずあって、それを誰に貸したかを思い出すのに 苦労しています。 2011-2회
  한편 '있을 텐데 눈에 안 띄는 책'이 적지 않게 있어서, 그것을 누구에게 빌려줬는지 생각해내는 데에 고생을 좀 하고 있습니다.

- 父は退職後、趣味に打ち込んでいるが、一方母は相変わらず家事に忙しい。
  아버지는 퇴직 후 취미에 몰두하고 있지만, 한편 어머니는 여전히 가사일로 바쁘다.

か

04 かえって 오히려

- 私は音楽を聴くと、心がすっきりします。疲れた頭をいやしてくれるような気がするのです。ただし、音楽を聴くとかえって疲れるという人もあります。
  나는 음악을 들으면 마음이 맑아집니다. 지친 머리를 치유해주는 듯한 느낌이 듭니다. 단 음악을 들으면 오히려 피곤하다는 사람도 있습니다.

- 設備の整った現代住宅では、室内への日照は不要だし、かえって家具がくるったり、色あせたりするマイナスがある。
  설비가 잘된 현대주택에서는 실내로 들어오는 햇빛은 필요 없으며, 오히려 가구가 뒤틀리거나 색이 바래지는 단점이 있다.

05 かつ 동시에, 또한

- 北川市では、良好な景観形成を計画的かつ具体的に進めるために… 2013-2회
  기타가와 시에서는 양호한 경관형성을 계획적이면서 구체적으로 진행하기 위해…

06 今度は 이번에는

- 大人になって毎日同じようなことを繰り返していると、あまり「ふしぎ」なことはなくなってくる、何もかもわかったような気になると、今度は面白くなくなってきて、「ふしぎ」なことを提供してくれるテレビ番組や催しものなどを見る。
  어른이 되어 매일 똑같은 일을 반복하다보면 그다지 '불가사의'한 일은 없어지는, 모든 일을 아는 듯한 기분이 들면, 이번에는 재미가 없어져 '불가사의'한 일을 제공해주는 TV프로그램이나 행사 등을 본다.

さ

07 しかも 게다가, 더군다나

- そして体温が上がりだすと、動物はなにはともあれ、すぐ深いノンレム睡眠に入るのです。しかも、先行する冬眠期間が長いほど、深いノンレム睡眠が多くなります。
  그리고 체온이 오르기 시작하면, 동물은 무엇이 어떻든 간에 바로 깊은 논렘수면(푹 숙면하고 있는 상태)에 듭니다. 게다가 선행하는 동면 기간이 길어질수록 깊은 논렘수면이 많아집니다.

08 すなわち 즉

- **すなわち**、夫の所得が多ければ、妻は専業主婦となり、逆に少なければ妻が家計を助けるため働きに出るということだ。 2015-1회

  즉, 남편의 소득이 많으면 아내는 전업주부가 되고, 반대로 적으면 아내가 가계를 돕기 위해 일하러 나간다는 말이다.

- 学問とか科学とかいうものは、人間の知恵を働かせて、真実、**すなわち**本当のことを知ったり、それを伝えたりするものであった。

  학문이라든가 과학이라는 것은 인간의 지혜를 활동시켜 진실, 즉 사실을 알거나 그것을 전하는 것이었다.

- チンパンジーは、目はしっかりと鏡の像を見ながら、そこに映っているもの、**すなわち**鏡の背後に手をのばしてさわろうとする。

  침팬지는 눈은 똑똑히 거울의 형상을 보면서 거기에 비친 것, 즉 거울 뒤로 손을 뻗쳐 만지려고 한다.

09 すると 그러면, 그러자

- まず、銀杏の一番てっぺんに朝日が当たる。**すると**暖められた葉が一枚、ひらと枝先を離れて、舞い落ちる。 2013-1회

  우선 은행나무의 가장 꼭대기에 아침해가 닿는다. 그러면 따뜻해진 잎이 한장 팔랑 하고 가지 끝을 떠나 흩날린다.

- 広い野原を見渡して、おおかみは、一つ大きく息を吸いました。**すると**、どこからか、こうばしい匂いが、かすかにしてくるのに気がつきました。

  넓은 들판을 바라보며 늑대는 크게 한번 숨을 들이마셨습니다. 그러자 어디서인지 향기로운 냄새가 은은하게 나는 것을 깨달았습니다.

10 そういえば 그러고 보니

- 3時までには帰れるわ。**そういえば**あなたの留守に花子から電話があったわよ。

  3시까지는 돌아올 수 있어. 그러고 보니 당신 부재 중에 하나코에게서 전화가 왔었어.

11 そして 그리고

- そうなるにしたがって、まわりで立って見ていただけの大人たちが、またひとりと踊りの輪に加わりはじめ、盛上がってくるのだった。**そして**、わたしは自分の子供時代を静かに思い出す。 2012-2회

  그렇게 됨에 따라 둘레에서 서서 보고 있기만 한 어른들이, 다시 한 명 춤추는 원에 더해지기 시작하며 분위기가 고조되는 것이었다. 그리고 나는 나의 어린 시절을 조용히 떠올린다.

12 その上で 그런 다음

- それを夫の実家に行くときは必ず持参し、ポケットに入れておきます。**その上で**、あなたが取るべき態度は、ほえられても、動じないってことです。 2013-2회

  그것을 시댁에 갈 때는 반드시 지참해서 주머니에 넣어둡니다. 그런 다음 당신이 취해야 할 태도는 (개가) 짖어도 움직이지 않는 것입니다.

13 その結果 그 결과

- 社会のルールを教えるという父の役割が消えかけている。**その結果**、家族はバラバラになって、善悪の感覚のない人間が成長し… 2010-1회

  사회의 규칙을 가르친다는 아버지의 역할이 사라져가고 있다. 그 결과 가족은 뿔뿔이 흩어지고, 선악의 감각이 없는 사람이 성장해서…

14 それでも 그렇지만, 그런데도, 그래도

- この樹液が循環する部分はシロアリも食べることができないから、腐った傷口もそう簡単には広がらない仕組みともなっている。**それでも**、シロアリとアカマツとの攻防戦は続く。

  이 수액이 순환하는 부분은 흰개미도 먹을 수 없기 때문에, 썩은 상처 자리도 그렇게 쉽게는 넓어지지 않는 구조로도 되어 있다. 그런데도 흰개미와 소나무와의 공방전은 계속된다.

15 それどころか 그렇기는커녕

- 暗記による知識の獲得そのものが「意味がない」と考えているわけではありません。**それどころか**、いろいろなことが「わかる」ようになるベースを頭の中につくるときには、むしろ暗記は必要不可欠だと考えています。

  암기에 의한 지식 획득 그 자체가 '의미가 없다'고 생각하고 있는 것이 아닙니다. 그렇기는커녕 여러 가지 일을 '알게' 되는 베이스를 머릿속에 만들 때는 오히려 암기는 필요불가결하다고 생각하고 있습니다.

16 それなのに 그런데

- 話を読んでいくと、このむく鳥は父に育てられて、母はこのむく鳥が生まれてすぐ死んでしまったということがわかってきました。**それなのに**、むく鳥の子は、母が帰ってくることを信じて、毎日何も知らずに待っていました。

  이야기를 읽어가면 이 찌르레기는 아빠에게 키워지고, 엄마는 이 찌르레기가 태어나고 바로 죽었다는 것을 알게 되었습니다. 그런데 찌르레기 새끼는 엄마가 돌아오는 것을 믿고 매일 아무것도 모른 채 기다리고 있었습니다.

た

17 だから 그래서

- ずいぶん勉強した。だから、よい点数がとれたのだ。
  꽤 공부했다. 그래서 좋은 점수를 얻을 수 있었다.
- 今日は霧が出ていた。だから、いつもは見えるはずの富士山が見えなかった。
  오늘은 안개가 끼어 있었다. 그래서 항상 보이는 후지산이 보이지 않았다.

18 たしかに 분명히, 틀림없이

- たしかに、みんながテレビの前で身を乗り出している瞬間にCMを入れれば、見られることは間違いない。 2011-1회
  틀림없이 모두가 TV 앞에서 몸을 내밀고 있는 순간에 광고를 넣으면 (시청자가) 보게 되는 것은 틀림없다.

19 ただし 단지

- 今晴れているか雨が降っているかもわからない。ただし、高層ビルの窓からは地上の降雨の状態はわからないので一階受付に電話して聞く、などという話はまた別だ。
  지금 맑은지 비가 오는지도 모른다. 단지 고층 빌딩 창문에서는 땅 위의 비가 오는 상태는 모르기 때문에 1층의 접수처에 전화해서 묻는, 등의 이야기는 또 다른 것이다.

20 たとえ 비록

- たとえ、他人にバカにされようが、笑われようが、自分が生きている手ごたえをもつことが、プライドなんだ。
  비록 다른 사람에게 무시를 당하든 비웃음을 당하든 내가 살고 있는 느낌을 가지는 일이 프라이드다.
- たとえ雪が降っても、明日は出発するつもりです。
  비록 눈이 내려도 내일은 출발할 예정입니다.

21 例えば 예를 들면, 예컨대

- 「わかりやすく言えば」のように、少し単純化して最初に流れを言うこともいいことです。例えば、複数のことがあれば、『これには３つの原因があります。第１に、第２に、第３に、……』のような整理した箇条書きの表現を使うとわかりやすくなります。

  '알기 쉽게 말하면'과 같이 조금 단순화해서 처음에 흐름을 말하는 것도 좋은 일입니다. 예를 들어 복수의 일이 있으면 「여기에는 3개의 원인이 있습니다. 제1에, 제2에, 제3에…」와 같은 정리된 조목별로 쓴 표현을 사용하면 알기 쉬워집니다.

22 つまり 즉

- つまり、人類を幸福にし、世界に平和をもたらすためにするのでなければ、科学や学問は、かえってないほうがいい、というようになる。

  즉 인류를 행복하게 하고, 세계에 평화를 가져오기 위해서 하는 것이 아니면, 과학이나 학문은 오히려 없는 편이 낫다가 된다.

23 といっても 그렇다고 해도

- 彼は社長だ。といっても名ばかりで実権は専務が握っている。

  그는 사장이다. 그렇다고 해도 명색뿐으로 실권은 전무가 쥐고 있다.

24 当時 당시

- そう答えながら、私には突然、自分が７歳のときの光景が蘇った。当時私の母も働いていた。ある日、初めて友人が家に遊びに来ることになり、前の晩一緒にお風呂に入りながら、母にそのことを告げた。 **2015-2회**

  그렇게 대답하면서 나는 갑자기 내가 7살일 때 광경이 되살아났다. 당시 나의 엄마도 일하고 있었다. 어느 날, 처음으로 친구가 집에 놀러오게 되서, 전날밤 함께 목욕을 하면서 엄마에게 그 일을 알렸다.

25 どうしても 아무리 해도

- 昔、九州の人と東北の人が出会って、どうしても話が通せず、とうとう、うたいの言葉で話したという笑い話さえあります。

  옛날에 규슈 사람과 동북 사람이 만나 아무리 해도 말이 통하지 않아, 결국 노래 가사로 말했다는 우스개 이야기조차 있습니다.

4. N1 문법 접속사·부사·기타

26 とうとう 결국

- 夜中にふと目を覚ますと、ビーンと変な小さい音が聞こえる。「あれ、ふしぎだな」と思う。それが気になって眠れない。**とうとう**起き出して、音を頼りに調べてみると、「なあーんだ、冷蔵庫の音だったのか」とわかって安心する。

  밤중에 문득 눈을 뜨니, 빙~하고 이상한 작은 소리가 들린다. '어? 이상한데'하고 생각한다. 그것이 신경이 쓰여 잠이 오지 않는다. 결국 일어나서 소리에 의지하여 알아보니 '뭐야, 냉장고 소리였어?'하고 알고 안심한다.

27 どうやら 아무래도, 아마

- うちの猫は、カメラを向けると逃げてしまう。**どうやら**カメラのレンズが怖いようだ。 **2014-2회**

  우리 집 고양이는 카메라를 들이대면 도망쳐버린다. 아무래도 카메라의 렌즈가 무서운 모양이다.

28 どうりで 어쩐지, 과연

- A 「いつもならこの時間帯は込んでるのに、今日は空いているね。」
  B 「祝日だからね。」
  A 「あ、そっか。**どうりで**空いているはずだ。」 **2010-1회**

  A 평상시라면 이 시간대는 붐빌 텐데, 오늘은 비어 있네.
  B 경축일이니까.
  A 아, 그렇구나. 어쩐지 비어 있더라.

29 どことなく 어딘지(모르게)

- それは見るからにモダンな、最新のハイウェイという印象を与えたことはたしかだったが、人工の産物であることも明らかであった。それは**どことなく**よそよそしい、疑似自然なのだ。

  그것은 보기만 해도 현대적인, 최신의 하이웨이라는 인상을 준 것은 확실했지만, 인공의 산물인 점도 명백했다. 그것은 어딘지 서먹서먹하고 자연을 흉내낸 것이다.

30 ところで 그런데, 그것은 그렇다 하고

- 私たちが読んだり書いたりする文章には、普通、漢字とひらがなが使われ、言葉によっては、カタカナも使われています。ところで、そのうち、漢字は音を表すだけでなく、意味も表しています。

  우리들이 읽거나 쓰는 문장에는 보통 한자와 히라가나가 사용되어, 말에 따라서는 가타카나도 사용되고 있습니다. 그런데 그 중 한자는 음을 나타낼 뿐만 아니라 의미도 나타내고 있습니다.

31 とても 아무리 해도, 도저히

- 日本の都市の周囲に防壁があったのはほんの少数ですし、それも一時的なことでしかありませんでした。とてもヨーロッパや中国の都市の周囲を囲んでいた城壁と比較されるものではありません。

  일본의 도시 주위에 방벽이 있었던 것은 극히 소수이며, 그것도 일시적인 것에 지나지 않습니다. 도저히 유럽이나 중국의 도시 주위를 둘러싸고 있던 성벽과 비교되는 것이 아닙니다.

32 とはいえ 그렇다고는 해도

- とはいえ、コミュニケーション能力をめぐる過当な競争は、人間関係にひずみをももたらすだろう。 2010-2회

  그렇다고는 해도 커뮤니케이션 능력을 둘러싼 과도한 경쟁은 인간관계에 나쁜 여파도 초래할 것이다.

な

33 なかなか 좀처럼

- 彼は、すごくいい友達だ。私の秘密を、ほかの人に話したりしないし。あんな友達は、なかなかいない。

  그는 대단히 좋은 친구이다. 나의 비밀을 다른 사람에게 말하거나 하지 않고. 그런 친구는 좀처럼 없다.

34 なぜなら(ば) 왜냐하면, 그 이유는

- この四点は考えようによっては、外国語を話すよりも難しい。なぜならばわが国では、~まじめでふざけないことが評価され、美徳とされているからだ。 2012-1회

  이 4가지 점은 생각하기에 따라서는 외국어를 말하는 것보다도 어렵다. 왜냐하면 우리나라에서는~성실하고 진지한 것이 평가받고 미덕으로 여겨지고 있기 때문이다.

- みなさんは都市の周りには城壁があるというと、妙な気になるかもしれません。なぜなら日本の都市は城壁で囲まれていなかったからです。

   여러분은 도시 주위에는 성벽이 있다고 하면 묘한 기분이 들지도 모릅니다. 왜냐하면 일본의 도시는 성벽으로 둘러싸여 있지 않았기 때문입니다.

35 なにかと 이것저것, 여러 가지로

- 子供が社会人になっても、親はなにかと子供のことを心配する。

   자식이 사회인이 되어도 부모는 이것저것 자식의 일을 걱정한다.

36 なんら 아무런, 조금도

- 品質にはなんら問題はないと強調した。 2017-1회

   품질에는 아무런 문제는 없다고 강조했다.

は

37 果たして 과연

- 残されたのは明日の第7戦の最終戦のみ、果たしてどちらが勝つのでしょうか。 2016-1회

   남겨진 것은 내일 제7전인 최종전 뿐, 과연 어느 쪽이 이길까요?

- 近年、子どもの読書離れが指摘されているが、はたして子どもの読書量は本当に減っているのだろうか。 2013-1회

   최근 어린이가 독서에 관심을 두지 않는 경향이 지적되고 있는데, 과연 어린이의 독서량은 정말로 줄고 있는 걸까?

- わが国では一般に、日本人が外国語を話せないのは、教育の技術が悪いからだと信じられている。はたしてそうだろうか。 2012-1회

   우리나라에서는 일반적으로 일본인이 외국어를 할 수 없는 것은 교육의 기술이 나쁘기 때문이라고 믿어지고 있다. 과연 그럴까?

- しかし、コミュニケーション能力が、人びとの価値を決める独占的な尺度になることは、はたして健全なのだろうか。 2010-2회

   그러나 커뮤니케이션 능력이 사람들의 가치를 정하는 독점적인 척도가 되는 것은 과연 건전한 걸까?

ま

38 まさか 설마

- 彼のことだから、**まさか**敗れることはあるまい。
  그 사람이니까 설마 지는 일은 없을 것이다.

39 まず 아마도, 거의

- 音楽を作れる能力にかけては、彼女以上に優れている作曲家は**まず**いない。 2017-1회
  음악을 만들 수 있는 능력에 있어서는, 그녀 이상으로 뛰어난 작곡가는 거의 없다.

- 有名画家の作品であることから考えても、安くない値段で買ったことは**まず**間違いない。 2012-1회
  유명 화가의 작품인 점에서 생각해도, 싸지 않은 가격에 산 것은 거의 틀림없다.

40 また 또, 또한

- **また**、かめばかむほど、唾液もたくさん出てきます。唾液がたくさん出ることは、消化を助けるだけでなく、歯の健康にとっても大事です。
  또한 씹으면 씹을수록 침이 많이 나옵니다. 침이 많이 나오는 것은 소화를 도울 뿐만 아니라 치아 건강에 있어서도 중요합니다.

41 まるで 전혀

- 世間はオリンピックの話題で盛り上がっているが、私はオリンピックには**まるで**興味ない。 2015-1회
  세상은 올림픽 화제로 분위기가 고조되어 있지만, 나는 올림픽에는 전혀 흥미없다.

42 むしろ 오히려

- 都市の人間にとっての敵は、何も都市の外から攻撃をかけてくる人ばかりではありません。**むしろ**都市の人間は、日常的には都市内の人間を警戒しなければならなかったのです。
  도시인에게 있어 적은 딱히 도시 외곽에서 공격해오는 사람만이 아닙니다. 오히려 도시인은 일상적으로는 도시 안의 사람을 경계해야 했습니다.

- ある意味では設備で補えるような機能は、単純で機械的なものに限られる。むしろ現代に残る窓の役割には設備では代えられない大事なものがたくさんある。

  어떤 의미에서는 설비에서 보충할 수 있는 기능은 단순하고 기계적인 것에 한정된다. 오히려 현대에 남는 창의 역할에는 설비로는 대체할 수 없는 중요한 것이 많다.

43 もっとも 그렇다고는 하지만, 하긴, 다만

- もっとも、そういう好運の天才児も年齢とともに力を摩滅させるようで、"十で神童、十五で才子、二十過ぎればただの人"という俗言がある。

  하긴 그러한 행운의 천재 아이도 나이와 함께 힘을 닳아 없어지게 하듯이 '10살에 신동, 15살에 재주 뛰어난 사람, 20살이 넘으면 평범한 사람'이라는 속어가 있다.

や

44 やはり 역시

- もちろん住民はこうした動きを警戒していましたが、突発的におこるできごとに対処するには、限界があります。やはり屋敷を自分で防御するしかありません。

  물론 주민은 이러한 움직임을 경계하고 있었지만, 돌발적으로 일어나는 일에 대처하기에는 한계가 있습니다. 역시 집을 스스로 방어할 수밖에 없습니다.

45 要するに 요컨대

- サルのおこぼれにあずかりたい動物たち、要するに木に登れない連中が集まってきてサルの食い残しを下で食えるんです。

  원숭이가 남긴 것을 받고 싶은 동물들, 요컨대 나무에 올라가지 못하는 무리가 모여서 원숭이가 먹다 남긴 것을 아래에서 먹을 수 있는 것입니다.

46 よく 잘

- 方言は、その土地の人だけがわかる言葉ですから、ほかの地方の人と話すときに、お互いに自分の土地の方言を用いたのでは、話がよく通じません。

  방언은 그 지역의 사람만이 알 수 있는 말이므로, 다른 지방의 사람과 이야기할 때에 서로 자신의 지역의 방언을 사용해서는 말이 잘 통하지 않습니다.

問題 1 次の文の（　）に入れるのに最もよいものを、1・2・3・4から一つ選びなさい。

[1] この形からして（　　　）幹に生えていた枝が台風か大雪など、何らかの原因で折れて、そこに腐りが入って穴になったことがわかった。

1　まさか　　　2　なんて　　　3　どうやら　　　4　かえって

[2] なんでも自動化され便利な世の中だが、手動もまだまだ捨てたものではないという気がする。（　　　）、洗濯機で洗っても落ちない靴下の汚れを洗濯板で洗うとよく落ちるという主婦の話を聞いたことがある。

1　かえって　　　2　そういえば　　　3　ただし　　　4　すると

[3] 彼女が（　　　）不親切な人だとはとても信じられない。

1　こう　　　2　そんな　　　3　ああいう　　　4　その

[4] （　　　）父は私を映画に連れて行ってくれた。

1　たとえば　　　2　いわゆる　　　3　というのは　　　4　あるとき

[5] 時計が壊れてしまった。（　　　）直してもらうため、時計店に出かけた。

1　実は　　　2　というのは　　　3　ただし　　　4　それを

[6] あの日から1か月ほど経った。山田君とは（　　　）会っていない。

1　あれ以来　　　2　あの時　　　3　それ以前　　　4　その際

[7] たとえ個人や家庭内での利用であっても（　　　）認められておりません。

1　むしろ　　　2　いっさい　　　3　どうしても　　　4　かならず

[8] 尊厳死や安楽死など想定したくない。私は、とりあえずはそのように考える。（　　　）、自分や家族、大切な人たちが、末期患者となり、耐えがたい苦痛に襲われた時、「あくまでも生にしがみつく」という態度を取り続けることができるかどうか、自信があるわけではない。

1　要するに　　　2　あるいは　　　3　もっとも　　　4　ついては

9 その先輩は、ファッションには（　　　）関心がない様子で、いつも同じようなジーパンにさえないシャツを着ている。
1　たとえ　　　　2　とうとう　　　　3　二度と　　　　4　まるで

10 （　　　）お金が入っているとは思わなくて、あとで中を見た時にはびっくりした。純粋な気持ちでお見舞いに行ったのだけど、お小遣いがもらえたことは正直、嬉しかった。
1　ついに　　　　2　まさか　　　　3　はたして　　　　4　どうやら

11 親「（　　　）子とはお友達になっちゃだめ！」
   子「なんて理不尽なんだ。」
1　それを　　　　2　こんなに　　　　3　そうして　　　　4　ああいう

12 堀の規模や構造については、未確定な部分もありますが、博多側にかなり大きな堀があったことは（　　　）間違いないようです。
1　まず　　　　2　よく　　　　3　かりに　　　　4　なかなか

13 作文課題の場合、模範解答と大きく異なる答案になってしまうということが、多々あるはずです。（　　　）、採点してそのまま終えてしまうのではなく、模範解答をノートなどに書き写すようにしましょう。
1　異なる様子は　　　　2　正しい解答は　　　　3　こんな場面は　　　　4　そういう場合は

14 留学を含め、海外生活を体験することが少なくなっている現代の若者たちに海外への門戸を開き、（　　　）その経験を帰国後に還元させる。
1　むしろ　　　　2　かつ　　　　3　ついては　　　　4　かえって

15 この先生、嘘ついてるんじゃないか、と。そんなふうに思われたら、ほめることの価値はゼロになる。（　　　）、マイナスにすら変わる。
1　それどころか　　　　2　すなわち　　　　3　したがって　　　　4　そこで

問題 2 次の文の ___★___ に入る最もよいものを、1・2・3・4から一つ選びなさい。

16　ビタミン類が _____ __★__ _____ _____ おりません。
　　1　はちみつキャンディで　　　2　添加物は
　　3　多く含まれる　　　　　　　4　いっさい使用して

17　数学を学ぶことで論理的思考能力が向上する。_____ _____ __★__ _____ 理由づけ、整理、明確化ができるようになる。
　　1　思考への　　2　数学を学ぶ　　3　すなわち　　4　ことで

18　母は、寒がりの私のために毛糸の帽子を買ってきてくれた。ところが、私は、_____ __★__ _____ _____ のだ。
　　1　それ　　　2　を　　　3　きてしまった　　4　スキー場に忘れて

19　僕は _____ _____ __★__ _____ 友人に見せた。すると彼は一見して、「こりゃだめだな、使いものにならんよ。」と、さも軽蔑したように言った。
　　1　それを　　2　カメラ好きの　　3　何枚も撮って帰り　　4　遺跡の写真を

20　雨が降ると _____ _____ __★__ _____ とおりになった。
　　1　果たして　　2　いたが　　3　その　　4　思って

21　白い帽子、黄色いシャツ、水色のスボンで姿を現した。_____ _____ __★__ _____ わけだ。
　　1　登場した　　2　服装で　　3　要するに　　4　明るい色の

22　僕は日本で生まれ _____ _____ __★__ _____ 食べさせていただいている。
　　1　育てられ　　　　　　　　2　今こうして
　　3　エンターテイメント界で　4　日本の

23　今度の _____ _____ __★__ _____ らしい。そんな話を耳にした。
　　1　する　　2　再試験を　　3　試験で　　4　60点以下の人は

24 一つの図でも風景でも、見方によって見えてくるものが違う。そこで、物を _____ _____ ★ _____ _____ みてはどうだろうか。

1　見るときには　　　　　　　　2　試して
3　ちょっと立ち止まって　　　　4　ほかの見方を

25 おそらく、砂漠（さばく）というものが、私にとってはまったくの反世界だからだろうと思う。たしかに砂漠は _____ ★ _____ _____ いいであろう。

1　風土の反対の　　2　私たちの　　3　極と言っても　　4　住む日本の

26 こういう _____ _____ ★ _____ 踏み切らざるを得なくなりました。

1　ついに値上げに　　　　　　　2　約2年間何とか
3　状況の下開店後から　　　　　4　頑張ってまいりましたが

27 私たちが情報を得ようとすれば、瞬時（しゅんじ）にして何百何千という情報が得られる仕組みになっている。そのため、_____ ★ _____ _____ は何なのか、その見きわめをつけるのが大変困難になっていく。

1　あるいは　　2　私たちの生活　　3　仕事にとって　　4　本当に必要な情報

28 多くの人々にいつのまにか類似（るいじ）の服装をさせてしまう、流行という名の新現象が発生したからである。しかも、この新現象は、生理的には _____ _____ ★ _____ 、そういう心理的な強制力を備えた動きなのであった。

1　ものまで　　2　買わせてしまう　　3　と考えられる　　4　必要がない

29 私の車を使ってもいいです。_____ _____ ★ _____ ですが。

1　くれるなら　　2　返して　　3　5時までに　　4　ただし

30 万年筆の _____ _____ ★ _____ いいと思う。そういえば、その次男夫婦の娘も国語の教師をしている。

1　お嫁さんに譲（ゆず）ったら　　2　筆（ふで）まめな次男の
3　心配しなくても　　　　　　　　4　行く末など

問題3 次の文章を読んで、文章全体の趣旨を踏まえて、 31 から 35 の中に入る最もよいものを、1・2・3・4から一つ選びなさい。

「僕は 31 一気にしゃべった。16歳の夏の日。私のはじめの決行。はじめて本読みで夜を明かしたこと。拙い感想。3年前書き始めた原稿。幾度も書き直した言葉。とんでもないことになったと思った授賞式。夜襲いかかってくる不安。単行本と、それを手にして思い出したおばあさんのこと。」

「本当にすみませんでした。」

僕は財布から本の代金を取り出してソファテーブルに置き、深く頭を下げた。呆れられるか、ののしられるか、帰れと言われるか、じっと待っていると、子供のような笑い声が聞こえてきた。驚いて顔を上げると、女の人は腰を折り曲げて笑っていた。ひとしきり笑ったあとで、話し出した。

「実はね、あなただけじゃないの。この町に住んでいた子供の何人かは、うちから本を持ってってると思うわよ。祖母の具合が悪くなって、それで私たち、同居するために引っ越してきたんだけれど、はじめてあの店を見て、 32 驚いちゃった。持ってけ泥棒って言ってるような本屋じゃない。しかも祖母はずうっと本を読んでるし。私も幾度か店番をしたことがあって、何人か、つかまえたのよ、本泥棒」女の人はまた笑い出した。「それだけじゃないの。返しにくる人も見つけたことあるの。持っていったものの、読み終えて気がとがめて、返しにきたんでしょうね。まったく、 33 。こうしてお金を持って訪ねてきてくれた人も、あなただけじゃないの。祖母が生きている間も、何人かいたわ。実は数年前、これこれこういう本を盗んでしまった、って。 34 、そんな人ばかりじゃないだろうけどね、そんな人がいたのもたしかよ。あなたみたいにね」それから女の人はふと僕を見て、「作家になった人というのははじめてだけれど」と思いついたようにつけ足した。

「本当にすみません」もう一度頭を下げると、「見ますか、ミツザワ書店」女の人は立ち上がって手招きをした。玄関から続く廊下の突き当たりが、店と 35 。（中略）

（角田光代『ミツザワ書店』による）

(注1) 拙い：能力が劣っている。へたである。

(注2) ののしられる：悪口を言われる。

4. N1 문법 접속사·부사·기타

31
1　うつむいたまま　　　　　　　　2　うつむいたままを
3　うつむいたままでも　　　　　　4　うつむいたままなのに

32
1　あなただって　　2　子供だって　　3　祖母だって　　4　私だって

33
1　子供じゃあるまいし　　　　　　2　図書館じゃあるまいし
3　子供じゃありながら　　　　　　4　図書館じゃありながら

34
1　もちろん　　　　2　だから　　　　3　すなわち　　　　4　いっさい

35
1　続けてみたそうだ　　　　　　　2　続けてみたようだ
3　続いているらしかった　　　　　4　続いているにすぎなかった

📝 문제해결 키워드

- **こうして** 이렇게 해서
  こうしてお金を持って訪ねてきてくれた人も
  이렇게 해서 돈을 들고 찾아와 준 사람도 (16行)

- **~まま** N2 142 ~한 채
  僕はうつむいたまま 나는 고개를 숙인 채 (01行)

- **~だって** N1 044 ~도(역시), ~라도
  私だって驚いちゃった 나도 놀라고 말았다 (12行)

- **~ものの** N1 146 ~하기는 하나
  持っていったものの 들고 가기는 했으나 (15行)

- **~では(じゃ)あるまいし** N1 058 ~도 아니고
  図書館じゃあるまいし 도서관도 아니고 (16行)

- **~ばかりだ** N2 132 ~뿐이다
  そんな人ばかりじゃないだろうけどね
  그런 사람 뿐은 아니겠지만 말야 (18行)

- **~らしい** N1 153 ~인 것 같다
  店と続いているらしかった
  가게와 이어져 있는 것 같았다 (23行)

» JLPT N1 파이널 테스트 1~4회

» JLPT N1 문법 출제표

» 콕콕실전문제 및 파이널 테스트 정답

JLPT N1 파이널 테스트 ①

問題5 次の文の（　　）に入れるのに最もよいものを、1・2・3・4から一つ選びなさい。

1　パプリカは栄養豊富な上、サラダにいため物に（　　）アレンジも自在です。

　　1　は　　　　　2　と　　　　　3　や　　　　　4　か

2　（　　）えらい人だろう。わたしなら、病気の移るような所まで行って研究しないだろう。

　　1　いかほど　　2　なにほど　　3　いかに　　　4　なんという

3　転移が見つかっているわけでもありません。そもそも何（　　）悪性と呼んでいるんでしょうか。

　　1　にむけて　　2　をめぐって　　3　をもって　　4　につれて

4　希望のものが残っているかはわからないですが、もしそれで良ければどうぞもらって（　　）。

　　1　やってください　　　　　2　やりませんか
　　3　いただいてください　　　4　いただきませんか

5　彼女（　　）そんなことはわかっているし、仕方のないことだと思う。

　　1　のみ　　　　2　とて　　　　3　ゆえ　　　　4　ほど

6　週末（　　）多くの観光客がバスを連ねてこの地を訪れる。

　　1　につき　　　2　を機に　　　3　ともなれば　　4　をもって

7　満開の桜をめでながら日本に生まれた幸せにあらためて思い（　　）。

　　1　がされた　　2　がいたされた　3　をさせた　　4　をいたした

8　私の経験（　　）、一人前になるには10年はかかります。

　　1　に言わせていれば　　　　2　から言わせてやれば
　　3　に言わせてあげれば　　　4　から言わせてもらえば

9 この選挙では野党が有利だと（　　　）。
1　見られている　　2　見させる　　3　見えている　　4　見させられる

10 お近くにお寄りの際は、ぜひ、私どもの（　　　）においでください。
1　住まい　　2　お宅　　3　邸宅　　4　豪邸

問題6　次の文の　★　に入る最もよいものを、1・2・3・4から一つ選びなさい。

11 僕が父の財産を相続して大金を持っていたころは、僕の周りにはいつも友達がたくさんいたものだったが、僕が＿＿＿＿＿＿＿＿　★　＿＿＿＿、みんなどこかへ行ってしまった。
1　ように　　2　手のひらを返す　　3　金を失った　　4　とたんに

12 子どもたちは私がクッキーを焼き終わり＿＿＿＿＿＿＿＿　★　＿＿＿＿クッキーに手をつけたくてうずうずしていた。
1　しない　　2　も　　3　うち　　4　から

13 どんなに努力してみたところで、もっと資金がないと、このプロジェクトを何とかうまく＿＿＿＿＿＿＿＿　★　＿＿＿＿。
1　など　　2　できない　　3　こと　　4　やり終える

14 私は、北海道が大好きです。自然も＿＿＿＿＿＿＿＿　★　＿＿＿＿いつも心が温まります。
1　ながら　　2　さること　　3　親切には　　4　北海道の人の

15 田中「山田ったら、あのカタログと一日じゅうにらめっこしてるね。」
山田「うん。新しいコンピューターを＿＿＿＿＿＿＿＿　★　＿＿＿＿しているんだよ。」
1　と　　2　固めよう　　3　を　　4　買う意思

問題7 次の文章を読んで、文章全体の趣旨を踏えて、 16 から 20 の中に入る最もよいものを、1・2・3・4から一つ選びなさい。

　裁判所が公平な判断を 16 、どちらの言い分が正当かを判断するための基準が必要です。そのような基準がなければ、裁判を受ける人も裁判所の出した結論に納得しないでしょう。裁判所の判断のために用意されている基準は、法律です。裁判所は、双方から提出された証拠によってどんな事実があったかを判断し、 17 法律に照らしてどちらの言い分が正当かを判断します。

　このように、争っている当人たちでない第三者としての裁判所が、法律という基準に基づいて、もめ事を決着させるための判断を下すのが裁判です。裁判所がしていることは、野球の審判と似ています。アウトかセーフかもめたとき、審判が野球のルールに従って判断するように、裁判所も、もめ事について、法律という決まりに従って結論を出します。

　裁判は、もめ事を暴力ではなく、論争によって解決するための手段です。もめ事のことを紛争といいます。裁判は、社会全体からみれば、紛争を解決する役割を持っています。

　 18 、裁判は人が主張を実現するために、また、紛争を解決するために、なくてはならない手段です。ある人の利益になる主張が法律で裏付けられているときに、その人に権利があるといいます。逆に法律によって、ある人が何かをしなければならないと決められているときに、その人には義務があるといいます。裁判は、このような権利や義務のあるなしをめぐる争いを解決するために、威力を発揮します。

　 19 、正しい主張であっても、裁判によって何でも実現できるというわけではありません。また、裁判所が、どんな紛争でも解決できるわけではありません。それは、裁判所が法律に基づいて判断をするからです。そのため、法律によって判断できない争いは、裁判では解決できないことになります。

　 20 科学上の学説や宗教の教義は、それがいかに正しくても、裁判によって他人に押し付けることはできません。

（後藤　昭『新版　わたしたちと裁判』による）

16
1 するだけでは　　2 するためには　　3 しないことには　　4 しないばかりか

17
1 それを　　2 実は　　3 というのは　　4 ただし

18
1 それどころか　　2 それ以来　　3 このように　　4 これらまで

19
1 それに　　2 それどころか　　3 しかし　　4 または

20
1 つまり　　2 さて　　3 もっとも　　4 たとえば

JLPT N1 파이널 테스트 ❷

問題5 次の文の（　　）に入れるのに最もよいものを、1・2・3・4から一つ選びなさい。

① 悪いといえば、きみのおやじもおやじだが、きみ（　　）きみだ。
　1　も　　　　2　で　　　　3　でも　　　　4　まで

② 近いのだから（　　）、どうしてタクシーに乗るのだろうか。
　1　歩こうとしないのだから　　　　2　歩いているところに
　3　歩けばいいものを　　　　　　　4　歩かないかぎりは

③ あの落馬でけがしなくて良かったです。騎手の方は1日も早く回復（　　）。
　1　願ってはどうですか　　　　2　いたしたく思います
　3　していらっしゃるんでしょうか　　　4　されますように

④ 今度の試験問題は3年生（　　）易しいかもしれないが、2年生にとっては難しいのです。
　1　といっても　　2　にしてみれば　　3　からして　　4　はともかくとして

⑤ 私の両親が課した厳しい規則は、結局私のため（　　）のことだったのが実感としてよくわかった。
　1　に思っても　　2　に思って　　3　を思っても　　4　を思って

⑥ せめてもう1週間（　　）締め切りを延ばしていただけませんか。
　1　ですらも　　2　のみも　　3　だけでも　　4　くらいも

⑦ 私たちも、性質や考え方がそれぞれ違うが、もし、私たちが、こんな苦しい立場におかれたら、わたしは、どんな役割を果たすことができるだろうか、と（　　）。
　1　考えがたかった　　　　　2　考えがたかっただろう
　3　考えさせられた　　　　　4　考えさせられるだろう

8 どんな反論が（　　　）自分の意見を貫くべきだ。

1　ある以上　　　2　ある限りは　　　3　ありつつも　　　4　あろうと

9 初めてやるということで、お店の人に（　　　）買いましたが、けっこう気に入っています。

1　言われるべく　　2　言われるままに　　3　言われかねて　　4　言われんばかりに

10 彼も天才（　　　）苦悩を繊細に演じていてとてもよかった。

1　であるがゆえの　　　　　　　　2　とし得る
3　であるがごとき　　　　　　　　4　とせざるを得ない

問題６　次の文の ＿＿★＿＿ に入る最もよいものを、1・2・3・4から一つ選びなさい。

11 そもそもスポーツには、体をきたえ、＿＿＿＿ ＿＿＿＿ ＿★＿ ＿＿＿＿、ルールに従う心構えがなければならない。それがなかったら、スポーツが暴力になったり、ふざけっこになってしまったりする。

1　それにもまして　　2　目的があるが　　3　明るくたくましい　　4　心をつくるという

12 先生、どうも体の調子がおかしいんです。このごろ、身支度をして仕事に行く ＿＿＿＿ ＿＿＿＿ ＿★＿ ＿＿＿＿ です。

1　なん　　　　2　の　　　　3　やっと　　　　4　さえ

13 危うく命取りになるところだった ＿＿＿＿ ＿＿＿＿ ＿★＿ ＿＿＿＿ 無頓着な態度から目覚めた。

1　事故　　　　2　私は人生　　　　3　によって　　　　4　に対する

14 彼女はいつも、有名人との ＿＿＿＿ ＿＿＿＿ ＿★＿ ＿＿＿＿ 。ほとんどが知り合いと言えるほどでもない相手なのに。

1　親交がある　　　2　自慢して　　　3　かのように　　　4　見せる

15 Ａ「申し訳ありませんが、締め切りを少し遅らせていただけませんか。」
Ｂ「今でももう１週間遅れているのですよ。もうあとどのくらいで仕上がるのですか。」
Ａ「もう３日 ＿＿＿＿ ＿＿＿＿ ＿★＿ ＿＿＿＿ みせます。」

1　もの　　　　2　いただけたら　　　　3　にして　　　　4　満足のいく

問題7 次の文章を読んで、文章全体の趣旨を踏えて、16 から 20 の中に入る最もよいものを、1・2・3・4から一つ選びなさい。

　あらためてわが日本語をかえりみると、ただちに気付くのが「わたし」という一人称の多様さである。16 一人称代名詞に多くのバラエティを与えている言葉はほかにないのではあるまいか。「わたくし」「わたし」に始まり、「ぼく」、「われ」、「おれ」、「自分」、「手前」、「うち」、(中略) その数、ゆうに二十を超えるという。英語やフランス語、ドイツ語などでは一人称の代名詞はそれぞれ、I、Je、Ich たった一語である。それに対して、日本語には、なぜこんなにたくさん「自分」をあらわす言葉があるのか。それは日本人が他の民族よりも、ひと一倍「自分」に注意を払い、「自己」に深い関心を持っていることを語っているのだろうか。

　端的にいえばそうである。しかし、だからといって日本人に自我意識が強いとは必ずしもいえそうにない。いや、17 欧米人に対して日本人は「自分」を主張することがずっとひかえめであり、日本では「個人」という意識、「我」の自覚が西欧人にくらべてかなり遅れているというのが〝通説〟になっている。(中略)

　じつは日本人の自己意識は他民族、たとえば欧米人のそれとは質的に異なっているのである。ヨーロッパ人は自分というものを、実体的にとらえようとする。自分というのは、18 、かけがえのない存在であり、独立した一個の人格と信じている。(中略)

　それに対して日本人は自分という一個の人間を 19 ではなく、機能として考えてきた。個人はけっして単独に存在するのではない。つねに「世間」で他の多勢の人たちとさまざまな人間関係のなかで生きるのだ——というのが日本人の人間観の前提だった。(中略)

　日本人はヨーロッパ人のように自然と対決するのではなく、自然に親しみ、自然に同化することによって安らぎを得てきた。それと同じことが社会についてもいえる。日本人は欧米人のように個人を社会に対置することなく、世間と自分とをひとしなみに表象してきたのだ。「渡る世間に鬼はない」という諺がその一端を語っている。日本の自然が優しい山河であるように、日本の世間も——他民族の社会とくらべれば——結構、20 。

(森本哲郎『日本語 表と裏』による)

(注) ひとしなみに：同じ扱いをすること。同等に。同様に。

16
1 ドイツ語ぐらい　　　　2 フランス語ばかり
3 英語だけ　　　　　　　4 日本語ほど

17
1 いっさい　　2 かならず　　3 むしろ　　4 どうしても

18
1 もっとも　　2 それどころか　　3 とはいえ　　4 それこそ

19
1 実体として　　2 個人として　　3 人格として　　4 独立として

20
1 心細い生活だったからであろう
2 心安い社会だったからであろう
3 世知辛い世の中になったからであろう
4 騒がしい世の中になったからであろう

JLPT N1 파이널 테스트 ❸

問題 5 次の文の（　　）に入れるのに最もよいものを、1・2・3・4から一つ選びなさい。

① 選考に当たっては、評価項目に基づいて総合的に検討すること（　　）致します。
　1　の　　　　　2　で　　　　　3　が　　　　　4　と

② 彼はその事件現場に居合わせた（　　）、あらぬ疑いを受けた。
　1　といったのみか　　　　　　2　といったばかりか
　3　というだけで　　　　　　　4　というぐらいで

③ 最近の景気回復傾向（　　）、総合職での採用が活発化しています。
　1　を含めて　　2　を受けて　　3　にわたって　　4　に限って

④ その名曲をタイトルに使った、ドキュメンタリー映画が公開される（　　）、見に行かないわけにはいかないのだ。
　1　になってか　　2　にあってか　　3　とあっては　　4　になっては

⑤ おしゃべりの彼女が静かなのは寝てるとき（　　）。
　1　だけのものだ　　　　　　2　ばかりのものだ
　3　ほどのものだ　　　　　　4　ぐらいのものだ

⑥ 外国から来て日本に暮らす人は、2010年現在、約200万人（　　）そうだ。
　1　にのぼる　　2　にわたる　　3　を経る　　4　をひかえる

⑦ コンクリートを緑色に塗るのはその後まもなくやめになった。やはりほんものの（　　）、ということは誰にでもすぐわかったからだろう。
　1　草なのに　　　　　　2　草でなければ
　3　草だったら　　　　　4　草でなくても

8 A 「店員にまけてくれと頼んだら2割も引いてくれたよ。」
　　B 「へえ、言ってみる（　　　）ね。」
　　1　わけだ　　　2　もんだ　　　3　ためだ　　　4　だけだ

9 来年度私がもらえそうな奨学金はせいぜい5万円（　　　）。
　　1　というところだ　　　　　　2　に上る
　　3　でもあるまい　　　　　　　4　どころではない

10 あなたと永久（とわ）のお別れをすることは私にとって断腸（だんちょう）の（　　　）であります。
　　1　考え　　　2　見込み　　　3　思い　　　4　始末

問題6　次の文の　★　に入る最もよいものを、1・2・3・4から一つ選びなさい。

11 息子はいつも部屋をきちんとしているが、＿＿＿＿＿＿＿＿　★　＿＿＿　です。
　　1　もう散らかし　　2　っぱなし　　3　娘　　4　ときたら

12 私たちの婚約（こんやく）は秘密だけど、あまりにうれしくて、もうこれ以上＿＿＿＿＿＿＿＿
　　　★　＿＿＿　できそうにないわ。
　　1　しておく　　2　秘密に　　3　なんて　　4　こと

13 去年、うちの最大のライバル会社が一連の革新的なソフトウェア・プログラムを発売し、
　　わが社は＿＿＿＿＿＿＿＿　★　＿＿＿　ところだった。
　　1　危うく受ける　　2　ほどの　　3　打撃（だげき）を　　4　立ち直れない

14 あの店は新鮮な野菜がたっぷり＿＿＿＿＿＿＿＿　★　＿＿＿　お年寄（としよ）りまでたくさん
　　の人でにぎわっています。
　　1　から　　2　子ども　　3　食べられる　　4　とあって

15 部長　「報告書をまだ仕上げてないのかね。」
　　部下　「すみません、部長。これは厄介（やっかい）な仕事なんです。＿＿＿＿＿＿＿＿　★
　　＿＿＿　ものじゃありません。」
　　1　片づけられる　　2　半日（はんにち）　　3　くらいで　　4　ような

問題7 次の文章を読んで、文章全体の趣旨を踏まえて、16 から 20 の中に入る最もよいものを、1・2・3・4から一つ選びなさい。

　さて、私たちがわかりやすい話をするためには、ほかに、述べる内容の構成についても考えておく必要があります。この点について考えてみましょう。

　16 、全体にどのようなことを述べるのかということがあらかじめはっきりしていると、聞いているほうは予想ができて、理解がしやすくなります。例えば、『ドアが開いたら出てくる人を優先させます。さっさと入る必要がありますが、決して駆け込んではいけません。』などと聞くと何のことかわかりにくいのではないでしょうか。しかし、もし、電車の乗り方の注意です、といった大枠が最初にあると、何のことなのかよくわかります。私たちは最初にどのような話かということを聞くことで、与えられる情報が 17 。特に、何かを発表するような場合には、このことはとても大切です。「わかりやすく言えば」のように、すこし単純化して最初に流れを言うこともいいことです。 18 、複数のことがあれば、『これには三つの原因があります。第一に、第二に、第三に、……』のような整理した箇条書きの表現を使うとわかりやすくなります。よく、「それから……、それから……」「あと、……」のように後に続けていく表現を使うことがありますが、このような言い方をすると、内容がどこでどうまとまるのかわからなくなってしまいます。 19 、最初に「ポイントは三つです」のように言うと、話すほうも整理ができるし、聞くほうも理解しやすくなります。　なお、最後に「一番言いたいのは」「もう一度まとめると」など、強調するところを言い直したり、まとめ直すことも有効でしょう。

　また、ものを述べるにあたっては、順序にも気をつけましょう。『目が覚めた。着替えをした。トイレに行った。』では、 20 、「着替えをする」ことが「トイレに行く」ことより先に起こっていることになります。一方、『目が覚めた。トイレに行った。着替えをした。』では、その順序が入れ替わってしまいます。

（森山卓郎『コミュニケーションの日本語』による）

16
1 なかなか　　2 かりに　　3 よく　　4 まず

17
1 予想できないわけです　　2 すべてを変えないわけです
3 予想できるわけです　　4 すべてを変えるわけです

18
1 しかし　　2 それとも　　3 たとえば　　4 一方

19
1 そこで　　2 一度　　3 さっき　　4 必ず

20
1 はたして　　2 なるほど　　3 かりに　　4 おそらく

JLPT N1 파이널 테스트

問題5 次の文の（　　）に入れるのに最もよいものを、1・2・3・4から一つ選びなさい。

1　不要になったとはいえ、もの（　　）ものだけにおいそれと捨てるわけにはいかない。
　　1　で　　　　　2　に　　　　　3　は　　　　　4　が

2　すばらしい夜だったよ。星（　　）星が全部出ていたんだ。
　　1　との　　　　2　だの　　　　3　という　　　4　なり

3　動物の種類（　　）、そのエサしか食べない「専食」というのがあります。
　　1　にとっては　2　によっては　3　については　4　にあっては

4　ディズニーランドに（　　）、わざわざ誰かと予定を計画して行くようなほどの場所じゃない。
　　1　行くもんだっただろうに　　　2　行くもんじゃないだろうけど
　　3　行くわけだったんだから　　　4　行くわけじゃあるまいし

5　解雇されたA大学の元職員の男性が8日、解雇を不当（　　）地位確認を求める訴訟を起こした。
　　1　として　　　2　となって　　3　にして　　　4　になって

6　この企画が成功するか否かは君の双肩に（　　）。
　　1　かかっている　　　　　　　　2　あたっている
　　3　かなっている　　　　　　　　4　およんでいる

7　債務者に財産が（　　）、債権者は債務者に対して弁済を要求することができる。
　　1　あってはじめてにかかわらず　2　あってはじめてにかかわり
　　3　あるかいなかにかかわらず　　4　あるかいなかにかかわり

342

8 どの機種がいいのかもわからず、店員に勧められる（　　　　）契約するお客様が大半です。
　　1　まま　　　　　2　ままか　　　　　3　ままでも　　　　4　ままなのに

9 税制に詳しい専門家に（　　　　）、年間約千万円の利益が出るまでは個人事業主の方が有利だそうだ。
　　1　言わせて　　　2　言わせると　　　3　言われば　　　　4　言われたら

10 今までずっときみには負けっぱなしだけど、今度こそ（　　　　）。
　　1　勝つものか　　2　勝つ始末だ　　　3　勝ってみせる　　4　勝ちつつある

問題6 次の文の ___★___ に入る最もよいものを、1・2・3・4から一つ選びなさい。

11 ゆうべ彼女はひと芝居打って、さめざめと泣いてみせたんだ。もう少しで、彼女が ___ ___ ___★___ ___ よ。
　　1　本当にすまない　　　　　　2　と信じ込まされる
　　3　と思っている　　　　　　　4　ところだった

12 仕事を失ったので、知人から ___ ___ ___★___ ___、木で鼻をくくるかのような応対だった。今の世の中、そう簡単に仕事は見つからないものだ。
　　1　紹介状をもらって　　　　　2　そこの部長に会って
　　3　仕事の世話を頼んだのだが　4　ある会社をたずねて

13 結婚したての若いカップルには、ろくに食べない人たちがよくいる。___ ___ ___★___ ___ からだ。
　　1　さえあれば　　2　愛　　　3　生きていける　　4　と思っている

14 その見知らぬ男はだれかを待っているようだった。___ ___ ___★___ ___ ちらっと目をやっていた。
　　1　時々腕時計に　　2　戻りつ　　3　行きつ　　4　しながら

15 A「サイクリングは楽しかったの。」
　　B「帰りに自転車は ___ ___ ___★___ ___ 踏んだり蹴ったりだったよ。」
　　1　にわか雨に　　2　パンクするし　　3　それに　　4　降られるし

問題7 次の文章を読んで、文章全体の趣旨を踏えて、 16 から 20 の中に入る最もよいものを、1・2・3・4から一つ選びなさい。

　昭和20年（1945年）のはじめ、わたしが小学校2・3年生の頃、母親が病気がちであったので、よくお使いに 16 。買い物だけではない。家と家とのつきあいにかかわる使者としての役目をもつお使いもあった。

　たとえば父親の知り合いの家で祝い事があり、お赤飯の詰まった重箱を届けられたとしよう。重箱を返しに行くときには、きれいに洗った重箱に、南天(注1)の一枝をそえて風呂敷に包み、わたしは一張羅(注2)の服を着させられた。そして、相手の家を訪れたときのおじぎのしかた、あいさつの口上を教えられた。

　「わたくしは、石毛から参りました。本日は、けっこうなものを 17 、まことにありがたく存じます……」、といったような、覚えたばかりの、形式ばった口上を、たどたどしく話す子どもの姿は、先方にとって滑稽であったにちがいない。しかし、先方の小父さんは 18 、「これは、これは、ご苦労さまでした」、と大人に対するのとおなじような口調で、真面目に応対するのであった。「型どおり」にふるまったときには、子どもも一人前としてあつかわれたのである。（中略）

　演技者は、はじめは先輩に教えられた型にしたがって演技を学ぶ。そのうち、才能のある者は伝承された型をさらに洗練させ、あたらしい型を創出する。その「型やぶり」が好評であると、誰々の型という名で次代に継承されるのだ。天才的な演技者にとって、型は「型やぶり」をするために 19 。（中略）

　日本における型の文化も、前近代的な形式主義として非難された。個性の表現や独創性に欠けたマンネリズム(注3)だとされたのである。その結果、様式の美学が健在なのは古典芸能や武道、神事の儀式などの分野に限られてしまった。それらは伝統文化なので、保存する必要があるとの理由からである。保存の対象になると、文化財とおなじく現状変更が困難となり、「型やぶり」をすることがむずかしい。また、型を知らない観客がおおくなったので、「型やぶり」をしても 20 。

（石毛直道『型の美学』による）

（注1）南天：木の名まえ。「難を転じる」と言われ、縁起の良いものとされる。
（注2）一張羅：持っている着物の中で、いちばん上等なもの。
（注3）マンネリズム：固定した型にはまっている傾向。マンネリ。

16
1 行かせなかった　　　　　　2 行かないだろう
3 行かれてもいい　　　　　　4 行かされた

17
1 なさいまして　　　　　　　2 差し上げまして
3 頂戴いたしまして　　　　　4 おいでくださいまして

18
1 笑いもせずに　　2 笑いつつも　　3 笑っていて　　4 笑いはして

19
1 創出するのかもしれない　　2 存在するのかもしれない
3 創出しないのかもしれない　4 存在しないのかもしれない

20
1 評価されないとは限らない　2 評価されすぎてしまった
3 評価されるに決まっている　4 評価されなくなってしまった

JLPT N1 문법 출제표

	기능어[→ 유사항목]	의 미	용 례	페이지
001	～あっての	～이 있어야 성립하는	家族の励ましあってのことだ 가족의 격려가 있었기 때문이다	p. 96
002	いざ	막상	いざ買うとなるとなかなか決心がつかなかった 막상 사려고 하니 좀처럼 결심이 서지 않았다	p. 97
003	～以上(は)	～한 이상(에는)	お客様に食事をお出しする以上 손님에게 식사를 내놓는 이상	p. 98
004	～否めない	～부정할 수 없다	僕のミスであることは否めない 나의 실수라는 것은 부정할 수 없다	p. 99
005	～上(で)	～한 후에, ～한 뒤에	利用規約をご覧になった上で 이용규약을 보신 후에	p. 14
006	～(よ)うが・～(よ)うと	(설령) ～하더라도, ～이라도	どんな反論をしようと 어떤 반론을 하든	p. 16
	～(よ)うが～まいが・ ～(よ)うと～まいと	～하든 안 하든, ～이든 아니든	周囲の人が反対しようとしまいと 주위 사람이 반대하든 말든	
	～だろうが・～だろうと	～이든	たとえ相手がどういうチームだろうと 설령 상대가 어떤 팀이든	
	～だろうが ～だろうが・ ～だろうと ～だろうと	～이든 ～이든	雨だろうと 雪だろうと 비가 오든 눈이 오든	
007	～(よ)うとする	～하려고 하다	電気と原発の問題を真剣に考えはじめようとする 전기와 원자력발전 문제를 심각하게 생각하기 시작하려고 하다	p. 200
008	思える	여겨지다	ばかばかしく思えるくらい 어이없게 여겨질 정도로	p. 100
	思えない	여겨지지 않는다	特典があるとも思えない 특전이 있다고도 여겨지지 않는다	
009	～か否か	～이냐 아니냐, ～인지 아닌지	情報が正しいか否かだけでなく 정보가 맞는지 아닌지 뿐만 아니라	p. 101

No.	문형	의미	예문	페이지
010	～限り(は)	～하는 한(은)	定年後も働けるかぎりは 정년 후에도 일할 수 있는 한은	p. 18
	～ない限り	～하지 않는 한	何か対策を立てない限り 뭔가 대책을 세우지 않는 한	
	～限りでは	～한 바로는	きのう私が調べた限りでは 어제 내가 조사한 바로는	
011	～が～する	～가～되다	労働人口が大幅に変化する 노동인구가 큰 폭으로 변화된다	p. 102
012	～かというと・ ～かといえば	～하는가 하면, ～하냐 하면	母親でなくてはならないかというと 엄마가 아니면 안 되는가 하면	p. 19
			困ったかといえばそれほどでもなかった 곤란했냐 하면 그 정도는 아니었다	
013	～か～ないか(のうち)に	～하자마자	講義が終わるか終わらないかのうちに 강의가 끝나자마자	p. 103
	～か～ないかのころ	막～했을 무렵	小学校に入るか入らないかのころ 초등학교에 막 들어갔을 무렵	
014	～かねる	～하기 어렵다, ～할 수 없다	ご使用後の返品対応はいたしかねます 사용하신 후의 반품은 대응하기 어렵습니다	p. 104
015	～かのようだ	(마치) ～인 듯하다	どこか知らない町に来たかのような不思議な感覚 어딘지 모르는 동네에 온 듯한 불가사의한 느낌	p. 20
016	～からして	①～부터가, ～에서부터	彼に伝わっていないことからしておかしい 그에게 전해지지 않은 일부터가 이상하다	p. 21
		②～으로 보아	彼の性格からして最後までやり通すに違いない 그의 성격으로 보아 마지막까지 해낼 것임에 틀림없다	
017	～からすると・ ～からすれば	～으로 보아, ~(의 입장)에서 생각하면	あの雲の様子からすると 저 구름의 낌새로 보아	p. 22
			片道2時間かかる私みたいな人間からすれば 편도 2시간 걸리는 나 같은 사람의 입장에서 생각하면	
018	～からといって	～라고 해서	雑誌で紹介されたからといって 잡지에 소개되었다고 해서	p. 23
019	～からには	～한 이상(에는), ～이니까	いったん仕事を引き受けたからには 일단 일을 맡은 이상에는	p. 105

No.	문형	의미	예문	페이지
020	～きり	～한 채	ちょっとスーパーまでと言って出て行った**きり** 잠시 슈퍼마켓에 갔다 온다고 나간 채	p. 110
	～きりだ	～한 채이다, ～했을 뿐이다	一度会ってそれっ**きりだ** 한 번 만나고 그것으로 끝이다	
021	～きれない	다 ～할 수 없다	1日では読み**きれない** 하루에는 다 읽을 수 없다	p. 201
	～きれる	(끝까지) ～할 수 있다	この海峡を泳ぎ**きれる**人 이 해협을 끝까지 헤엄칠 수 있는 사람	
022	～極まる・～極まりない	～하기 짝이 없다, 극히 ～하다	私には退屈**極まる**ものだった 나에게는 지루하기 짝이 없는 것이었다	p. 24
			危険**極まりない**行為だ 위험하기 짝이 없는 행위이다	
023	～くせに	～인 주제에, ～이면서도	私を見るとすぐに逃げる**くせに** 나를 보면 바로 도망치는 주제에	p. 111
024	～くらいだ [ぐらいだ]	～정도이다	大声で叫びたい**くらいだった** 큰 소리로 외치고 싶을 정도였다	p. 202
	～くらい [ぐらい]	～정도로	比べ物にならない**くらい** 비교가 안될 정도로	
025	～こそ	～야말로	今日**こそ**何も起きませんように 오늘이야말로 아무 일도 일어나지 않기를	p. 25
	～てこそ	～해서야말로, ～해서야 비로소	危機に臨ん**でこそ** 위기에 직면해서야 비로소	
	～からこそ	(바로) ～이기 때문에	電子メールが普及している今の時代である**からこそ** 전자메일이 보급되고 있는 현 시대이기 때문에	
026	～こそすれ	～할지언정, ～이긴 하나	減り**こそすれ**伸びなくなるのだから 줄지언정 늘어나지는 않으니까	p. 203
027	～ごとき	～와 같은	わたしの**ごとき**未熟者に 저 같은 미숙자에게	p. 112
	～ごとく	～와 같이, ～처럼	あたかも他人を眺める**がごとく** 마치 타인을 바라보듯이	
028	～ことだ	～하는 것이 상책이다, ～해야 한다	すぐにあきらめない**ことです** 바로 단념하지 않는 것이 상책입니다	p. 204
029	～ことで	～해서, ～로 인해, ～한 일로	バイオリンコンクールで優勝した**ことで** 바이올린 콩쿠르에서 우승한 일로	p. 205
030	～ことと致す	～하기로 하다	次回、改めて検討する**ことと致します** 다음에 다시 검토하기로 하겠습니다	p. 113

031	～ことなく	～하지 않고, ～하는 일 없이	どんな困難に遭ってもそれに負けることなく 어떤 어려움을 당해도 그것에 지지 않고	p. 114
032	～さえ～ば	～만 ～하면	水やりを忘れさえしなければ 물주는 것을 잊지만 않으면	p. 30
033	～ざる	～하지 않는	主人公が見えざる敵におびえる場面 주인공이 보이지 않는 적에게 벌벌 떠는 장면	p. 115
034	～ざるをえない	～하지 않을 수 없다	注意が足りなかったと言わざるをえない 주의가 부족했다고 말하지 않을 수 없다	p. 206
035	～しかない	～할 수밖에 없다	自分の力で頑張ってもらうしかない 자신의 힘으로 분발할 수밖에 없다	p. 116
036	～次第で(は)	～에 따라서(는)	復旧状況次第では 복구상황에 따라서는	p. 31
	～次第だ	① ～나름이다, ～에 달려 있다	ハイキングに行くかどうかは、お天気次第だ 하이킹을 갈지 어떨지는 날씨에 달려 있다	
		② ～한 것이다, ～한 연유[사정]이다	今回、改めてご連絡を差し上げた次第です 이번에 다시 연락을 드린 것입니다	
037	～始末だ	～형편(꼴)이다	膝を痛めてしまい、病院に通う始末だ 무릎을 다치고 말아 병원에 다니는 형편이다	p. 207
038	～すぎる	너무 ～하다, 지나치게 ～하다	つい仕事に夢中になりすぎる 자신도 모르게 일에 너무 빠져버린다	p. 208
039	～ずに済む・ ～ないで済む	～하지 않고 끝나다, ～하지 않아도 된다	抜かずに済むものならそうしたい 빼지 않아도 된다면 그렇게 하고 싶다	p. 32
040	～そうだ	① ～라고 한다〈전문〉	酔ったような状態になることに由来するそうです 취한 듯한 상태가 되는 것에 유래한다고 합니다	p. 209
		② ～한 듯하다, ～할 것 같다〈양태〉	彼女は気位が高そうに見え 그녀는 자존심이 센 듯이 보여서	
041	～そうに(も)ない・ ～そうもない	～할 것 같지 않다, ～못할 것 같다	仕事で忙しく、行けそうにないので 업무로 바빠서 갈 수 없을 것 같아서	p. 33
			約束の時刻に間に合いそうもない 약속 시간에 맞추어 갈 수 없을 것 같다	
042	～そびれる	～할 기회를 놓치다, ～하려다가 못하다	忙しくて行きそびれた 바빠서 갈 기회를 놓쳤다	p. 117

043	〜だけあって・〜だけに	(과연) 〜인 만큼	幼稚園の先生をしていただけあって 유치원 선생님을 하고 있던 만큼	p. 34
			絶対に勝ちたい相手だっただけに 꼭 이기고 싶은 상대였던 만큼	
	〜だけで	〜하기만 해도	資格を取っただけで 자격을 취득하기만 해도	
044	〜だって	①〜라 해도, 〜일지라도	そんなことどうだってかまわない 그런 건 어찌됐든 상관없다	p. 118
		②〜(이)래	天気が悪いから中止なんだって 날씨가 안 좋아서 중지래	
		③〜라고? 〜라며?	木曜日だって？ 목요일이라고？	
045	〜たら〜で	〜하면 〜하는 대로	あったらあったで 있으면 있는 대로	p. 120
046	〜だろうに・ 〜であろうに	〜것을, 〜터인데, 〜텐데	冗談だってことくらいわかるだろうに 농담이라는 것 정도는 알 텐데	p. 126
			今ごろは死んでいたであろうに 지금쯤은 죽었을 텐데	
047	〜ついでに	〜하는 김에	大阪に行ったついでに 오사카에 간 김에	p. 127
048	〜つつ（も）	〜하면서(도)	階段を使ったほうがいいと思いつつ 계단을 사용하는 게 좋다고 생각하면서	p. 214
049	〜つつある	(지금 마침) 〜하고 있다	優良企業の条件の一つとなりつつある 우량기업의 조건 중 하나가 되고 있다	p. 128
050	〜つもりで	〜한 셈치고	冗談のつもりで言ったことが 농담으로 말한 것이	p. 36
	〜つもりの	〜라고 생각한	人よりも詳しく知っているつもりの私でも 다른 사람보다도 자세하게 알고 있다고 생각한 나도	
051	〜でいい	〜(정도)로 좋다, 〜라도 괜찮다	時間があるときでいいから 시간이 있을 때라도 괜찮으니까	p. 129
052	〜でなければ	〜하지 않으면, 〜이 아니면	よい技術者でなければならない 좋은 기술자가 아니면 안 된다	p. 37
	〜ていなければ	〜하고 있지 않았다면	あの芝居を見ていなければ 그 연극을 보지 않았다면	
053	〜ておく（〜とく）	〜해 놓다, 〜해 두다	あ、その資料は捨てないで取っといて 아, 그 자료는 버리지 말고 맡아둬	p. 215
054	〜てしまう（〜ちゃう）	〜해 버리다, 〜하고 말다	本心とは違うことを言ってしまう 본심과는 다른 말을 하고 만다	p. 216

055	～てならない	～해서 견딜 수 없다, 너무 ～하다		大事な場面でのミスが悔やまれてならない 중요한 상황에서의 실수가 분해서 견딜 수 없다	p. 38
056	～ての	～해서, ～한		対応しきれない判断してのことだ 모두 대응할 수 없다고 판단해서 내린 것이다	p. 217
057	～ては		① ～해서는	こんなに物価が上昇しては 이렇게 물가가 상승해서는	p. 218
			② ～하고는	迷惑になってはいないでしょうか 폐를 끼치고는 있지 않을까요?	
	～ていては	～하고 있어서는		そんな暗い部屋で本を読んでいては 그런 어두운 방에서 책을 읽고 있어서는	
058	～ではあるまいし	～도 아니고, ～도 아닌데		何週間も海外に行くわけじゃあるまいし 몇 주 동안이나 해외에 가는 것도 아닌데	p. 130
059	～では(じゃ)ないか	～하지 않은가? 〈놀람〉		電車は反対方向に走り始めたではないか 전철은 반대방향으로 달리기 시작한 것이 아닌가	p. 39
	～のでは(のじゃ)ないか	～이 아닐까? 〈확인·추측〉		何らかの発表をするのではないかと 어떤 발표를 하는 게 아닐까 하고	
060	～てほしい	～했으면 한다		これからも続けていってほしい 앞으로도 계속해 나갔으면 한다	p. 41
	～てほしく(も)ない	～하지 않았으면 한다		誤解だけはしてほしくない 오해만은 하지 않았으면 한다	
061	～てまで	～하면서까지		家庭を犠牲にしてまで 가정을 희생하면서까지	p. 131
	～までして	～까지 하면서		借金までして手に入れたものです 빚까지 지면서 손에 넣은 것입니다	
062	～ても	～해도		一人で行っても誰かしら友達に会うので 혼자서 가도 누군가 친구를 만나기 때문에	p. 46
063	～でもする	～라도 하다		万が一、刺されでもしたら大変でしょ 만일 쏘이기라도 하면 큰일이잖아요	p. 132
064	～ても始まらない	～해도 소용없다		落ち込んでばかりいても始まらない 침울해 있기만 해도 소용없다	p. 133
065	～とあって(は)	～이라서		人気作家A氏の講演会が無料とあって 인기작가 A씨의 강연회가 무료라서	p. 47
066	～という		① ～란 ～이 전부(모두)	花という花が一斉に咲いて 꽃이란 꽃이 전부 일제히 피어서	p. 134
			② ～라는	赤ちゃんを一目見ようという多くの人で 새끼를 한번 보려는 많은 사람들로	

번호	문형	뜻	예문	페이지
067	〜というか(〜というか)	〜라고 할까(〜라고 할까)	見ているだけでほっとするといいましょうか 보고 있기만 해도 안심이 된다고 할까요	p. 135
068	〜というと・〜といえば	〜라고 하면	旅行というと必ず温泉に行く 여행이라고 하면 반드시 온천에 간다 日本といえば、私は桜を連想します 일본이라 하면, 나는 벚꽃을 연상합니다	p. 48
	〜といったら	〜은(정말), 〜로 말할 것 같으면	外出といったら近所のスーパーに行く程度 외출로 말할 것 같으면 근처 슈퍼마켓에 가는 정도	
069	〜というところだ・ 〜といったところだ	잘해야 〜(정도)이다, 기껏해야 〜(정도)이다	中古は高くても4、5万円といったところだ 중고는 비싸도 잘해야 4, 5만 엔 정도이다	p. 49
070	〜というものだ	〜라는 것이다	大人になった甲斐がないというものである 어른이 된 보람이 없다는 것이다	p. 219
	〜というものではない	〜라는 것은 아니다	勝負は勝てばよいというものではない 승부는 이기면 된다는 것은 아니다	
071	〜というより	〜라기보다	能力というより人気と知名度によるところが大きい 능력이라기보다 인기와 지명도에 의한 바가 크다	p. 140
072	〜と言える	〜라고 할 수 있다	大いに勉強になる一冊と言える 대단히 공부가 되는 한 권의 책이라고 할 수 있다	p. 141
073	〜といった	〜라는	インターネットの功罪といった議論がある 인터넷의 공과 죄라는 논의가 있다	p. 50
074	〜といったらない・ 〜といったらありゃしない	정말이지 〜하다, 〜하기 짝이 없다	自分の案が採用されたときのうれしさといったらない 나의 제안이 채용되었을 때는 정말이지 기뻤다 腹立たしいといったらありゃしない 정말이지 너무 화가 난다	p. 142
075	〜と言っても	〜라고 해도	日本一と言っても過言ではないだろう 일본 제일이라고 해도 과언은 아닐 것이다	p. 143
076	〜と思いきや	〜라 생각했더니	待たされるかと思いきや 기다려야 하나 생각했더니	p. 51
077	〜(か)と思ったら・ 〜(か)と思うと	〜나 싶더니 (곧), 〜라고 생각했더니	便利だろうと思ったらそうでもない 편리할 거라고 생각했더니 그렇지도 않다 出かけたかと思うと 외출했나 싶더니 곧	p. 220

078	～とか	～라고 하던데	そんなことどうだってかまわないとか 그런 일은 어떻든 상관없다던데	p. 144
	～とかで	～라고 하면서	急用ができたとかで、今帰りましたよ 급한 용무가 생겼다고 하면서 방금 돌아갔어요	
079	～ところ	～한 바	俳優の演技力によるところが大きい 배우의 연기력에 의한 바가 크다	p. 145
	～(た)ところ	～했더니	会場の問い合わせをしたところ 모임 장소를 문의했더니	
	～ところがある	～하는 데가 있다	どこか哀愁を感じさせるところがある 어딘가 애수를 느끼게 하는 데가 있다	
080	～どころではない	～할 상황이 아니다	今年の夏休みは旅行どころではなかった 올 여름 휴가는 여행을 갈 상황이 아니었다	p. 221
	～どころではなく	～할 처지가 아니라, ～은커녕	ピアノの練習どころではなく音楽を聞くこともできなかった 피아노 연습은커녕 음악을 들을 수도 없었다	
081	～として	① ～로서	著者としてこれ以上の喜びはありません 저자로서 더 이상의 기쁨은 없습니다	p. 52
		② ～라고 해서	不正に現金を引き出そうとしたとして 부정하게 현금을 인출하려고 했다고 해서	
	～としても	～라고 해도	目が多少かゆくなるくらいはいいとしても 눈이 약간 가려워지는 정도는 괜찮다고 해도	
082	～とする	① ～로 하겠다	来週は休講とする 다음 주는 휴강하겠다	p. 147
		② ～라고 하자, ～라고 치자	時間を止められる機械があるとします 시간을 멈출 수 있는 기계가 있다고 칩시다	
	～とするか	～하기로 할까	残りはあしたやるとするか 나머지는 내일 하기로 할까	
083	～とて	① ～라고 해서, ～더라도	買い物に行くとて出かけた 쇼핑을 하러 간다고 하면서 외출하였다	p. 222
		② ～도 역시, ～라도	開発者たちとて 개발자들이라도	
		③ ～때문에, ～이므로, ～이라서	初めての仕事こととて 처음 하는 일이라서	
084	～と(も)なると・ ～と(も)なれば	～이라도 되면, ～쯤 되면	家庭を犠牲にしてまでとなると 가정을 희생하면서까지 되면	p. 54
			週末ともなれば 주말이라도 되면	

085	〜との	〜라는	詳細(しょうさい)な調査(ちょうさ)をする必要(ひつよう)があるとの報告(ほうこく) 상세한 조사를 할 필요가 있다는 보고	p. 148
086	〜とは	〜하다니, 〜이라니	4時間(じかん)もかかるとは全(まった)くあきれてしまった 4시간이나 걸리다니 정말이지 질려버렸다	p. 223
087	〜と見(み)られている	〜라고 보여지고 있다	何(なん)らかの発表(はっぴょう)をするのではないかと見られていた 어떤 발표를 하는 게 아닐까 하고 보여졌다	p. 149
088	〜とも	① 〜해도, 〜하더라도	どのような批判(ひはん)を浴(あ)びようとも 어떠한 비판을 받더라도	p. 150
		② 〜하고말고	もちろん行きますとも 물론 가고말고요	
		③ 〜라고도	A国(こく)の象徴(しょうちょう)ともいうべき存在(そんざい) A국의 상징이라고도 해야 할 존재	
089	〜ないでもない	〜하지 않는 것도 아니다	少(すこ)し問題(もんだい)がある気(き)がしないでもないが 조금 문제가 있는 기분이 들지 않는 것도 아니지만	p. 156
090	〜ないものでもない	〜하지 않는 것도 아니다	許(ゆる)してやらないものでもない 용서해 주지 않는 것도 아니다	p. 228
091	〜ながらも	〜이지만, 〜인데도, 〜이면서도	なんだか使(つか)いにくいと言いながらも 뭔가 쓰기 불편하다고 하면서도	p. 56
092	〜なくして(は)	〜없이(는), 〜이 없으면	それなくして会社(かいしゃ)の成長(せいちょう)など望(のぞ)みようもない 그것 없이 회사의 성장 같은 건 바랄 수도 없다	p. 57
093	〜なくて(も)済(す)む	〜하지 않아도 된다	当分(とうぶん)お米(こめ)は買(か)わなくて済みそうだ 당분간 쌀은 사지 않아도 될 듯하다	p. 62
094	〜なくはない	〜하지 않는 것은 아니다	Mサイズも着(き)られなくはなかった M사이즈도 입지 못하는 것은 아니었다	p. 63
	〜なくもない	〜하지 않는 것도 아니다	勉強(べんきょう)に使(つか)うなら考(かんが)えなくもないけど 공부에 사용한다면 고려하지 않는 것도 아니지만	
095	〜など・〜なんか	〜따위, 〜같은 것	パチンコなどするものか 파친코 따위 할까 보냐	p. 229
			もう魚(さかな)つりなんか行きたくない 이제 낚시 같은 건 가고 싶지 않다	
	〜なんて	① 〜라는, 〜따위(는)	職場(しょくば)まで歩(ある)いて数分(すうふん)なんて人は 직장까지 걸어서 몇 분이라는 사람은	
		② 〜라고는	いやだなんて 言えないよ 싫다고는 할 수 없어	
		③ 〜하다니	こんなところで先生(せんせい)に会うなんて 이런 곳에서 선생님을 만나다니	

번호	문형	의미	예문	페이지
096	～ならではの	～이 아니고는 할 수 없는, ～특유의, ～만의	老舗旅館ならではの細やかな心遣い 대대로 내려온 여관만이 가지고 있는 세심한 배려	p. 64
097	～なり～なり	～든지 ～든지	辞書を引くなりだれかに聞くなりして 사전을 찾든지 누구한테 묻든지 해서	p. 230
098	～にあって	～에 (있어서), ～의 상태(상황)에서	異文化間の交流が活発化した現代にあっては 이문화 사이의 교류가 활발해진 현대에서는	p. 157
099	～に至る	～에 이르다	路線を廃止するに至った経緯 노선을 폐지하기에 이른 경위	p. 65
	～に至って(は)	～에 이르러서(는)	証拠となる書類が発見されるにいたって 증거가 되는 서류가 발견되기에 이르러서	
	～までに至る	～에까지 이르다	実感できるまでに至らない企業 실감할 수 있기까지 이르지 않은 기업	
100	～に応じ(て)	～에 따라서, ～에 맞게	現場だと場面に応じて指導できる 현장이면 상황에 맞게 지도할 수 있다	p. 158
101	～にかかっている	～에 달려있다	これからの頑張りにかかっている 앞으로 분발하는 것에 달려 있다	p. 159
102	～にかかわらず	～에 관계없이	好きか嫌いかにかかわらず 좋아하는지 싫어하는지에 관계없이	p. 160
	～にもかかわらず	～인데도 불구하고	夏休み中にもかかわらず 여름방학 중인데도 불구하고	
103	～に限る	～하는 것이 제일이다	疲れたときは、寝るに限ります 피곤할 때는 자는 게 제일입니다	p. 231
104	～に関して	～에 관해서	この国の経済に関しては 이 나라의 경제에 관해서는	p. 232
105	～に決まっている	분명(반드시) ～이다	無理だと言われるに決まっている 무리라고 들을 게 뻔하다	p. 161
106	～に越したことはない	～보다 나은 것은 없다, ～이 가장 좋다	早めに出せればそれにこしたことはない 일찌감치 제출할 수 있으면 그것보다 나은 것은 없다	p. 162
107	～にしたら・～にすれば	～로서는, ～의 입장으로서는	あの人の立場にしたら 그 사람의 입장으로서는	p. 67
			親にすればどんな子どもでも 부모의 입장으로서는 어떤 자식이라도	
	～にしても	～라고 해도	たとえば、メールの書き方ひとつにしても 예를 들어 메일 쓰는 법 하나라고 해도	

108	～にして	① ～이면서, ～이자	政治家にして画家 정치가이자 화가	p. 68
		② ～하고도, ～하면서도	優美にして大胆な演技 우아하면서도 대담한 연기	
		③ ～에게	この父にしてこの子あり 그 아비에 그 아들	
		④ ～로(써), ～에	6枚目にして最後となるＣＤ 6장째로 마지막이 되는 CD	
		⑤ ～하게도	幸いにして 다행히	
		⑥ ～의 경우에도, ～도	あの人にしてそうなのだから 저 사람도 그러하니까	
		⑦ ～이 되어서, ～에 와서	4回目にしてようやく合格できた 4번째가 되어 겨우 합격할 수 있었다	
109	～にしては	～치고는	バスに揺られながらにしては 버스에 흔들리면서 하는 것 치고는	p. 70
110	～にしてみれば・ ～にしてみると	～의 입장・시점에서 보면	地元の人にしてみれば 현지인의 입장에서 보면	p. 163
111	～にしろ・～にせよ	～라 하더라도, ～한다 해도	出席するにしろ欠席するにしろ 출석하든 결석하든	p. 233
112	～にすぎない・ ～でしかない	～에 불과하다, ～에 지나지 않다	問題点を指摘しようとしたにすぎず 문제점을 지적하려고 했던 것에 지나지 않으며	p. 71
			世界のほんの小さな一部分でしかない 세계의 그저 작은 일부분에 불과하다	
113	～に対し(て)	① ～에 대해(서), ～에게	戦争に対して、批判の声が… 전쟁에 대해서 비판의 목소리가…	p. 234
			子どもが大人に対して使っていい 言葉ではない 아이가 어른에게 사용해서 좋은 말이 아니다	
		② ～에 비해(서)	父が短気なのに対して、母の方は 気が長い 아버지가 성미가 급한 것에 비해, 어머니 쪽은 성미가 느긋하다	
	～に対する	～에 대한	公害を出す企業に対する批判 공해를 배출하는 기업에 대한 비판	
114	～にたえる	～할 만한	大人の鑑賞にたえるようなアニメ映画 어른이 감상할 만한 애니메이션 영화	p. 164
	～にたえない	(차마) ～할 수 없다, 너무나도 ～하다	まったく見るにたえない 정말이지 눈뜨고 볼 수 없다	

115	～について	～에 관해서	本日結論が出なかった問題については 오늘 결론이 나지 않았던 문제에 관해서는	p. 165
	～につき	① ～이므로, ～이라서	昼休みにつき 점심 시간이라서	
		② ～당	一時間につき800円ですが 1시간당 800엔입니다만	
116	～につけても	～와 관련하여 항상	それにつけても時の流れのなんと早いことか 그와 관련해서도 시간의 흐름은 얼마나 빠른지	p. 170
	～につけ(て)	～때마다	都会から田舎に移り住んだ人の話を聞くにつけ 도시에서 시골로 이주한 사람의 이야기를 들을 때마다	
	～につけ～につけ	～하든 ～하든	うれしいにつけ悲しいにつけ 기쁘든 슬프든	
117	～につれ(て)	～(함)에 따라, ～하게 되면서	農業技術が発達するにつれて 농업 기술이 발달함에 따라	p. 235
118	～にとって(は)	～에게(는), ～에게 있어서(는)	ほとんどの国民にとってあまり役に立たない 대부분의 국민에게 그다지 도움이 되지 않는다	p. 236
119	～にともなって・ ～にともない	～(함)에 따라	急激な経済成長にともない 급격한 경제 성장에 따라	p. 171
120	～に上る	～에 달하다, ～에 이르다	昨年の入場者数は、1000万人に上った 작년 입장객수는 1000만 명에 달했다	p. 172
121	～には	～하려면	国際交流を進めるには 국제교류를 진행시키려면	p. 237
122	～にほかならない	바로 ～이다, ～임에 틀림없다	信頼できる仲間がいたからにほかならない 바로 신뢰할 수 있는 동료가 있었기 때문이다	p. 173
123	～に向け(て)	～을 향해, ～을 목표로	来月の演奏会に向けて 다음 달 연주회를 목표로	p. 242
124	～のみならず・ ～のみで(は)なく・ ～のみか	～뿐만 아니라	学年の上位に入っていることが多いのみならず 학년의 상위권에 드는 일이 많을 뿐만 아니라	p. 72
			単に木材の供給源としてのみではなく 단지 목재의 공급원으로서 뿐만 아니라	
			その教師の犯罪は教師や学校のみか 그 교사의 범죄는 교사나 학교 뿐만 아니라	

125	～ばかりか・ ～ばかりでなく・ ～だけでなく	～뿐만 아니라	私に食事をごちそうしてくれたばかりか 나에게 식사를 대접해 주었을 뿐만 아니라	p. 243
			この問題ばかりでなく、ほかの問題も討議しよう 이 문제뿐만 아니라 다른 문제도 토의하자	
			情報が正しいか否かだけでなく 정보가 맞는지 아닌지 뿐만 아니라	
126	～ばかりで	～하기만 해서(하고)	物価は上がるばかりで 물가는 오르기만 해서	p. 244
	～ばかりだ	～하기만 하다	この島の人口は年々減っていくばかりです 이 섬의 인구는 매년 줄어들기만 합니다	
127	～ばかりに	～바람에, ～탓에	僕がミスをしたばかりに 내가 실수를 한 바람에	p. 174
128	～ばこそ	～이기에, ～때문에	好きだという気持ちがあればこそ 좋아한다는 마음이 있기 때문에	p. 73
129	～はともかく(として)	～은 차치하고, ～은 어찌됐든	値段はともかく 味はいいですね 가격은 차치하고 맛은 좋네요	p. 245
	～ならともかく	～라면 모르겠지만	遅刻ならともかく 無断欠勤など 지각이라면 모르겠지만 무단결근 같은 건	
130	～分	～상태, ～정도, ～부분, ～분, ～만큼	手間がかかっている分 수고가 드는 만큼	p. 246
131	～べきだ	～해야 한다	若者は老人に席をゆずるべきだ 젊은이는 노인에게 자리를 양보해야 한다	p. 175
	～べきではない	～해서는 안 된다	もう何も言うべきではないのでしょうか 이제 아무 말도 해서는 안 되는 걸까요?	
132	～べく	～하고자, ～하기 위해	急いで帰るべく 서둘러 돌아가기 위해	p. 176
133	～ほど	～할 정도로, ～할 만큼	希望の職につけるほど 희망하는 직업을 갖게 될 만큼	p. 177
	～ほどだ	～할 정도이다	涙を浮かべたほどだった 눈물을 글썽일 정도였다	
134	～ほどのことでは(じゃ)ない	～할 만한 것은 아니다	自慢するほどのことではないが 자랑할 만한 것은 아니지만	p. 178
135	～まい	～하지 않을 것이다, ～하지 않겠다	そんな恐ろしいことはだれも信じまい 그런 무서운 일은 아무도 믿지 않을 것이다	p. 247
	～まいか	～하지 않을까?	すでに50をこえているのではあるまいか 이미 50을 넘고 있는 것은 아닐까?	

136	～まで(のこと)だ	～할 따름(뿐)이다	私は率直な感想を述べたまでです 저는 솔직한 감상을 말했을 뿐입니다	p. 248
137	～みたいに	(마치) ～처럼, ～같이	僕みたいに働いたことがない学生 나처럼 일한 적 없는 학생	p. 78
	～みたいな	(마치) ～같은	子どもみたいなところがあります 어린애 같은 데가 있습니다	
138	～もさることながら	～은 물론이거니와 (또)	このドラマの人気は、ストーリーもさることながら 이 드라마의 인기는 스토리는 물론이거니와	p. 179
139	～もする	～하기도 하다	少し迷いもしたが 조금 헤매기도 했지만	p. 79
	～もしない	～하지도 않다	一言もしゃべりもしないで 한마디도 말하지도 않고	
140	～もの・～もん	～걸 뭐, ～한 걸	難しくて、全然わかんないんだもん 어려워서 전혀 모르겠는걸	p. 184
141	～ものか	①～할까 보냐, ～하나 봐라	謝ってきても許してやるもんか 사과해도 용서해 줄까 보냐	p. 80
		②～할 것인지, ～할 것인가	どうしたものかと悩んでいる 어떻게 할 것인지 고민하고 있다	
142	～ものがある	～하는 데가 있다, 상당히 ～하다	マスメディアに与えた影響は 少なからぬものがある 매스미디어에 끼친 영향은 적지 않은 데가 있다	p. 185
143	～ものだ	①～하는 법이다〈당연〉	使う人の使い方次第で決まるものだ 사용하는 사람의 사용방법에 따라서 정해지는 법이다	p. 81
		②～하고 싶다〈희망〉	これからも続けていってほしいものです 앞으로도 계속해 나가길 바랍니다	
		③～하구나〈놀람·평가〉	意外と簡単に作れるものだと思った 의외로 간단히 만들 수 있구나 하고 생각했다	
		④～하곤 했다〈회상〉	この公園で遊びまわっていたものだ 이 공원에서 놀러다니곤 했다	
	～ものではない	～하는 게 아니다	単に時間をかけてがんばればいい というものではない 단순히 시간을 들여서 열심히만 하면 되는 것이 아니다	
144	～ものと思われる	～라고 여겨지다	詳細な地質構造が明らかになるものと思われる 상세한 지질 구조가 명백해지리라 여겨진다	p. 186
	～ものとは思えない	～라고는 여겨지지 않는다	そのまま伝えたものとは思えなかった 그대로 전했다고는 여겨지지 않았다	

145	～ものなら	① 만약 ～하다면, ～할 수 있다면	抜かずに済むものならそうしたい 빼지 않아도 된다면 그렇게 하고 싶다	p. 83
		② ～했다가는	私がいることに気づきでもしようものなら 내가 있는 것을 눈치라도 챘다가는	
146	～ものの	～하기는 하나, ～하기는 하지만	市民の心をつかもうとしたものの 시민의 마음을 붙잡으려고 했기는 하나	p. 85
147	～ものを	～인데, ～일 텐데, ～인 것을	素直に「ごめん」と謝ればいいものを 솔직하게 '미안해'라고 사과하면 될 텐데	p. 187
148	～(が)ゆえに	～때문에	その手軽さゆえに人気を集めている 그 간편함 때문에 인기를 모으고 있다	p. 86
	～(が)ゆえの	～때문에 겪는	天才であるがゆえの苦悩 천재이기 때문에 겪는 고뇌	
149	～よう(に)	① ～하도록	遠くからでも見えるように 멀리서도 보이도록	p. 87
		② ～하기를 〈문말〉	1日も早く回復されますように。 하루라도 빨리 회복하시기를.	
		③ ～처럼, ～같이	太陽のように明るくかがやいている 태양처럼 밝게 빛나고 있다	
	～ないよう(に)	～하지 않도록	迷ってしまったということのないように 헤맸다는 일이 없도록	
150	～ようがない	～할 수가 없다	まさに奇跡としか言いようがない 실로 기적이라고밖에 말할 수가 없다	p. 88
151	～ようだ	① ～인 것 같다, ～인 듯하다 〈불확실〉	どうもそうばかりではないようだ 아무래도 꼭 그렇지만은 않은 것 같다	p. 249
		② ～와 같다 〈비유, 예시〉	100円ショップになってしまったようだ 100엔숍이 되어버린 것 같다	
	～ような	① ～같은, ～듯한	酔ったような状態になる 취한 듯한 상태가 된다	
		② 취지 (해석 안 됨)	『わかる』というような意味だった '이해하다'라는 의미였다	
	～ように	～처럼, ～같이, ～대로	不幸にしているように見える 불행하게 만들고 있는 것처럼 보인다	
152	～ようによっては	～하기에 따라서는	毒も使いようによっては薬になる 독도 사용하기에 따라서는 약이 된다	p. 188
153	～らしい	～인 것 같다	世間は甘くないらしい 세상은 호락호락하지 않은 것 같다	p. 250

154	～わけだ	～한 셈이다	まだ１年も経っていない**わけだ** 아직 1년도 지나지 않은 셈이다	p. 251
	～わけではない	～하는 것은 아니다	必ずしも外で遊ばない**わけではない** 꼭 밖에서 놀지 않는 것은 아니다	
155	～を受けて	～을 받아	景気の回復傾向**を受けて** 경기 회복의 경향을 받아	p. 189
156	～を限りに・～を最後に	～을 마지막으로(끝으로)	本日**をかぎりに**終了します 오늘을 끝으로 종료하겠습니다	p. 190
			おととしの全日本大会優勝**を最後に** 재작년의 전일본대회 우승을 마지막으로	
157	～を契機に・～を機に	～을 계기로	会社名が変わるの**を契機に** 회사명이 바뀌는 것을 계기로	p. 191
			開業90周年を迎えるの**を機に** 개업 90주년을 맞이하는 것을 계기로	
158	～を～とする	① ～을 ～로 하다	山田教授**を**隊長**とする**探検隊 야마다 교수를 대장으로 하는 탐험대	p. 192
		② ～을 ～라고 하다	国際親善**を**目的**とする**集まり 국제친선을 목적으로 하는 모임	
	～を～として	① ～을 ～로서(～로 삼아)	山田氏**を**代表**として** 야마다 씨를 대표로서	
		② ～을 ～라고 해서	突然の解雇**を**不当**として** 갑작스런 해고를 부당하다고 해서	
159	～をもって	～으로, ～로써	来年２月のコンサート**をもって** 解散するバンド 내년 2월 콘서트로 해산하는 밴드	p. 89
160	～をよそに	～을 무시하고, ～을 아랑곳하지 않고	車内の混雑**をよそに** 차내 혼잡을 아랑곳하지 않고	p. 193

콕콕실전문제 및 파이널 테스트 정답

Part 1 합격으로 가는 N1 문법

1 출제 1순위 N1 문법 50 콕콕실전문제

01 ▶p.26-29

1. ① 2. ③ 3. ④ 4. ③ 5. ① 6. ③ 7. ①
8. ③ 9. ④ 10. ① 11. ③(2314) 12. ②(1423) 13. ④(1432) 14. ④(1342)
15. ③(4231) 16. ①(3142) 17. ④(2341) 18. ①(3124) 19. ③(2431) 20. ④(2413)
21. ① 22. ② 23. ④ 24. ① 25. ②

02 ▶p.42-45

1. ③ 2. ① 3. ③ 4. ④ 5. ② 6. ③ 7. ④
8. ② 9. ① 10. ① 11. ②(4213) 12. ①(2143) 13. ④(3241) 14. ③(1432)
15. ①(3142) 16. ①(2413) 17. ④(1423) 18. ③(4132) 19. ④(3412) 20. ②(3241)
21. ③ 22. ② 23. ④ 24. ② 25. ①

03 ▶p.58-61

1. ② 2. ① 3. ③ 4. ① 5. ④ 6. ④ 7. ①
8. ③ 9. ③ 10. ② 11. ④(3142) 12. ③(1324) 13. ①(4213) 14. ②(1243)
15. ③(1234) 16. ①(3142) 17. ①(2413) 18. ③(4132) 19. ③(2341) 20. ②(4123)
21. ② 22. ② 23. ③ 24. ④ 25. ①

04 ▶p.74-77

1. ③ 2. ② 3. ① 4. ② 5. ③ 6. ② 7. ④
8. ① 9. ④ 10. ② 11. ③(1432) 12. ②(4123) 13. ①(4132) 14. ④(1342)
15. ③(2314) 16. ④(3412) 17. ②(3421) 18. ②(1234) 19. ①(2134) 20. ④(1342)
21. ① 22. ③ 23. ① 24. ④ 25. ②

05 ▶p.90-94

1. ② 2. ④ 3. ④ 4. ③ 5. ④ 6. ④ 7. ③
8. ① 9. ② 10. ③ 11. ① 12. ③ 13. ④ 14. ①
15. ③ 16. ②(1234) 17. ③(2431) 18. ②(3421) 19. ③(2341) 20. ②(4123) 21. ②(4213)
22. ③(4321) 23. ④(2341) 24. ①(4132) 25. ②(1324)
26. ④ 27. ③ 28. ③ 29. ① 30. ②

② 출제 2순위 N1 문법 70 콕콕실전문제

06 ▶p.106-109

1. ①　2. ②　3. ③　4. ③　5. ①　6. ④　7. ①
8. ④　9. ③　10. ④　11. ①(4213)　12. ④(3421)　13. ②(1234)　14. ③(1324)
15. ①(3214)　16. ④(2341)　17. ③(2431)　18. ②(3124)　19. ③(4231)　20. ④(3241)
21. ②　22. ④　23. ③　24. ①　25. ②

07 ▶p.121-125

1. ②　2. ②　3. ④　4. ③　5. ②　6. ①　7. ①
8. ②　9. ②　10. ①　11. ①　12. ②　13. ①　14. ④
15. ③　16. ①(4123)　17. ②(3421)　18. ②(3124)　19. ④(3412)　20. ③(4132)　21. ④(3142)
22. ①(2143)　23. ④(1243)　24. ①(2134)　25. ①(4132)
26. ④　27. ③　28. ④　29. ②　30. ①

08 ▶p.136-139

1. ②　2. ③　3. ②　4. ④　5. ①　6. ④　7. ②
8. ④　9. ④　10. ③　11. ④(2143)　12. ①(4132)　13. ①(3214)　14. ③(4312)
15. ④(1243)　16. ④(1423)　17. ③(2431)　18. ②(4321)　19. ④(2143)　20. ②(3214)
21. ①　22. ③　23. ②　24. ③　25. ④

09 ▶p.152-155

1. ②　2. ②　3. ③　4. ①　5. ③　6. ④　7. ②
8. ③　9. ③　10. ③　11. ③(2431)　12. ③(4231)　13. ④(2341)　14. ②(1324)
15. ④(1243)　16. ①(3142)　17. ④(2341)　18. ③(1432)　19. ②(3421)　20. ③(2431)
21. ①　22. ③　23. ①　24. ④　25. ②

10 ▶p.166-169

1. ④　2. ③　3. ②　4. ③　5. ①　6. ④　7. ①
8. ②　9. ④　10. ②　11. ③(1432)　12. ③(2341)　13. ②(3124)　14. ③(2431)
15. ④(3241)　16. ②(1324)　17. ④(1342)　18. ③(2431)　19. ④(3412)　20. ②(1243)
21. ③　22. ①　23. ④　24. ①　25. ②

11 ▶p.180-183

1. ①　2. ③　3. ④　4. ③　5. ③　6. ④　7. ①
8. ①　9. ④　10. ②　11. ④(3412)　12. ③(2431)　13. ③(1234)　14. ①(2143)
15. ①(3214)　16. ④(3142)　17. ④(3421)　18. ①(4213)　19. ③(1342)　20. ①(3214)
21. ④　22. ③　23. ④　24. ②　25. ①

12 ▶p.194-198

1. ②　2. ①　3. ③　4. ④　5. ①　6. ①　7. ③
8. ④　9. ①　10. ②　11. ①　12. ②　13. ①　14. ④
15. ④　16. ②(1324)　17. ①(4312)　18. ①(4213)　19. ④(2341)　20. ④(1342)　21. ③(1432)
22. ④(3241)　23. ③(1432)　24. ①(4312)　25. ①(4312)　26. ④　27. ②　28. ③
29. ②　30. ①

3 출제 3순위 N1 문법 40 콕콕실전문제

13 ▶p.210-213

1. ①   2. ①   3. ④   4. ②   5. ④   6. ③   7. ③
8. ②   9. ①   10. ③   11. ④(2143)   12. ③(4231)   13. ②(1324)   14. ①(4312)
15. ③(2134)   16. ②(3124)   17. ④(1342)   18. ②(3421)   19. ③(1234)   20. ③(4321)
21. ②   22. ③   23. ④   24. ④   25. ①

14 ▶p.224-227

1. ②   2. ②   3. ①   4. ④   5. ①   6. ④   7. ④
8. ②   9. ③   10. ①   11. ①(4123)   12. ③(1432)   13. ③(2341)   14. ②(4123)
15. ①(3412)   16. ③(4321)   17. ③(2134)   18. ④(3241)   19. ②(4231)   20. ④(1432)
21. ④   22. ④   23. ②   24. ①   25. ②

15 ▶p.238-241

1. ④   2. ①   3. ②   4. ③   5. ④   6. ③   7. ③
8. ④   9. ④   10. ②   11. ④(2413)   12. ③(1432)   13. ③(4312)   14. ④(3241)
15. ①(3142)   16. ②(4123)   17. ③(2134)   18. ④(1342)   19. ③(2431)   20. ④(2431)
21. ④   22. ③   23. ④   24. ②   25. ①

16 ▶p.252-255

1. ②   2. ①   3. ④   4. ③   5. ③   6. ④   7. ③
8. ④   9. ②   10. ③   11. ④(1423)   12. ①(4312)   13. ②(4123)   14. ④(3142)
15. ②(1243)   16. ②(1423)   17. ④(1342)   18. ④(1423)   19. ②(3124)   20. ②(3124)
21. ①   22. ④   23. ④   24. ①   25. ③

Part 2   점수를 UP시키는 N1 문법

1 N1 문법 경어 콕콕실전문제

17 ▶p.275-278

1. ②   2. ④   3. ③   4. ④   5. ③   6. ②   7. ②
8. ③   9. ③   10. ④   11. ①(3142)   12. ①(2413)   13. ③(4132)   14. ④(3142)
15. ③(2431)   16. ④(1243)   17. ④(2341)   18. ③(2431)   19. ②(3124)   20. ②(4213)
21. ①   22. ②   23. ③   24. ④   25. ④

18 ▶p.279-282

1. ①   2. ③   3. ①   4. ②   5. ④   6. ③   7. ③
8. ④   9. ②   10. ④   11. ②(4231)   12. ①(3412)   13. ③(1342)   14. ②(4231)
15. ②(4213)   16. ③(4321)   17. ④(3412)   18. ④(2143)   19. ②(4231)   20. ④(1243)
21. ①   22. ④   23. ③   24. ④   25. ②

❷ N1 문법 사역·수동·사역수동표현 콕콕실전문제

19　　　　　　　　　　　　　　　　　　　　　　　　▶p.292-295

1. ③	2. ④	3. ①	4. ②	5. ③	6. ①	7. ④
8. ②	9. ③	10. ②	11. ④(3241)	12. ②(3124)	13. ①(4312)	14. ③(1432)
15. ①(3124)	16. ④(2143)	17. ②(4231)	18. ④(3241)	19. ③(1432)	20. ③(1324)	
21. ④	22. ②	23. ③	24. ①	25. ②		

❸ N1 문법 조사 콕콕실전문제

20　　　　　　　　　　　　　　　　　　　　　　　　▶p.301-306

1. ②	2. ②	3. ③	4. ④	5. ④	6. ①	7. ④
8. ②	9. ③	10. ①	11. ①	12. ④	13. ③	14. ②
15. ④	16. ③	17. ④	18. ①	19. ③	20. ①	21. ②(3241)
22. ④(1243)	23. ②(1423)	24. ③(2134)	25. ④(3142)	26. ③(4231)	27. ②(3421)	28. ④(2143)
29. ③(1432)	30. ②(4123)					
31. ④	32. ②	33. ③	34. ③	35. ①		

❹ N1 문법 접속사·부사·기타 콕콕실전문제

21　　　　　　　　　　　　　　　　　　　　　　　　▶p.322-326

1. ①	2. ②	3. ②	4. ④	5. ④	6. ①	7. ②
8. ③	9. ④	10. ②	11. ④	12. ①	13. ④	14. ②
15. ①	16. ①(3124)	17. ④(3241)	18. ②(1243)	19. ①(4312)	20. ①(4213)	21. ②(3421)
22. ④(1243)	23. ②(3421)	24. ③(1342)	25. ④(2413)	26. ④(3241)	27. ①(2134)	28. ①(4312)
29. ②(4321)	30. ②(4321)					
31. ①	32. ④	33. ②	34. ①	35. ③		

부록 JLPT N1 파이널 테스트

1회 ▶p.330-333

問題5	1. ②	2. ④	3. ③	4. ①	5. ②	6. ③	7. ④	8. ④	9. ①	10. ①
問題6	11. ②(3421)	12. ③(2134)	13. ①(4312)	14. ④(2143)	15. ②(4321)
問題7	16. ②	17. ①	18. ③	19. ③	20. ④

2회 ▶p.334-337

問題5	1. ①	2. ③	3. ④	4. ②	5. ④	6. ③	7. ③	8. ④	9. ②	10. ①
問題6	11. ②(3421)	12. ③(2431)	13. ②(1324)	14. ②(1324)	15. ①(2413)
問題7	16. ④	17. ③	18. ④	19. ①	20. ②

3회 ▶p.338-341

問題5	1. ④	2. ③	3. ②	4. ③	5. ④	6. ①	7. ②	8. ②	9. ①	10. ③
問題6	11. ①(3412)	12. ④(2143)	13. ③(4231)	14. ②(3421)	15. ①(2314)
問題7	16. ④	17. ③	18. ①	19. ④	20. ②

4회 ▶p.342-345

問題5	1. ④	2. ③	3. ②	4. ④	5. ①	6. ①	7. ③	8. ①	9. ②	10. ③
問題6	11. ②(1324)	12. ②(1423)	13. ③(2134)	14. ④(3241)	15. ①(2314)
問題7	16. ④	17. ③	18. ①	19. ②	20. ④

N1 文法 ファイナルテスト 解答用紙

1回

	問題 5			
1	①	②	③	④
2	①	②	③	④
3	①	②	③	④
4	①	②	③	④
5	①	②	③	④
6	①	②	③	④
7	①	②	③	④
8	①	②	③	④
9	①	②	③	④
10	①	②	③	④

	問題 6			
11	①	②	③	④
12	①	②	③	④
13	①	②	③	④
14	①	②	③	④
15	①	②	③	④

	問題 7			
16	①	②	③	④
17	①	②	③	④
18	①	②	③	④
19	①	②	③	④
20	①	②	③	④

2回

	問題 5			
1	①	②	③	④
2	①	②	③	④
3	①	②	③	④
4	①	②	③	④
5	①	②	③	④
6	①	②	③	④
7	①	②	③	④
8	①	②	③	④
9	①	②	③	④
10	①	②	③	④

	問題 6			
11	①	②	③	④
12	①	②	③	④
13	①	②	③	④
14	①	②	③	④
15	①	②	③	④

	問題 7			
16	①	②	③	④
17	①	②	③	④
18	①	②	③	④
19	①	②	③	④
20	①	②	③	④

3回

	問題 5			
1	①	②	③	④
2	①	②	③	④
3	①	②	③	④
4	①	②	③	④
5	①	②	③	④
6	①	②	③	④
7	①	②	③	④
8	①	②	③	④
9	①	②	③	④
10	①	②	③	④

	問題 6			
11	①	②	③	④
12	①	②	③	④
13	①	②	③	④
14	①	②	③	④
15	①	②	③	④

	問題 7			
16	①	②	③	④
17	①	②	③	④
18	①	②	③	④
19	①	②	③	④
20	①	②	③	④

4回

	問題 5			
1	①	②	③	④
2	①	②	③	④
3	①	②	③	④
4	①	②	③	④
5	①	②	③	④
6	①	②	③	④
7	①	②	③	④
8	①	②	③	④
9	①	②	③	④
10	①	②	③	④

	問題 6			
11	①	②	③	④
12	①	②	③	④
13	①	②	③	④
14	①	②	③	④
15	①	②	③	④

	問題 7			
16	①	②	③	④
17	①	②	③	④
18	①	②	③	④
19	①	②	③	④
20	①	②	③	④

저자 약력

이치우(lcw66631@gmail.com)

인하대학교 문과대학 일어일문학과 졸업
일본 横浜国立大学 教育学部 硏究生 수료
駐日 한국대사관 한국문화원 근무
(전)일본 와세다대학 객원 연구원
(전)한국디지털대학교 외래교수
(현)일본어 교재 저술가

저서

『최신 개정판 JLPT 일본어능력시험 한권으로 끝내기 N1/N2/N3/N4/N5』(다락원, 공저)
『新일본어능력시험 한권으로 끝내기 N1/N2/N3/N4』(다락원, 공저)
『4th EDITION JLPT 콕콕 찍어주마 [문자·어휘 / 한자 / 문법] N1/N2/N3/N4·5』(다락원)
『新일본어 능력시험 [문자·어휘 / 한자 / 문법] 콕콕 찍어주마 N1/N2/N3/N4·5 대비』(다락원)

JLPT 콕콕 찍어주마 N1 문법 **4th EDITION**

지은이 이치우
펴낸이 정규도
펴낸곳 (주)다락원

초판 1쇄 발행 2003년 9월 5일
개정2판 1쇄 발행 2010년 1월 5일
개정3판 1쇄 발행 2017년 12월 11일
개정3판 6쇄 발행 2025년 7월 31일

책임편집 김은경, 송화록
디자인 하태호, 정규옥

다락원 경기도 파주시 문발로 211
내용문의: (02)736-2031 내선 460~465
구입문의: (02)736-2031 내선 250~252
Fax: (02)732-2037
출판등록 1977년 9월 16일 제406-2008-000007호

Copyright © 2017, 이치우

저자 및 출판사의 허락 없이 이 책의 일부 또는 전부를 무단 복제·전재·발췌할 수 없습니다. 구입 후 철회는 회사 내규에 부합하는 경우에 가능하므로 구입문의처에 문의하시기 바랍니다. 분실·파손 등에 따른 소비자 피해에 대해서는 공정거래위원회에서 고시한 소비자 분쟁 해결 기준에 따라 보상 가능합니다. 잘못된 책은 바꿔 드립니다.

ISBN 978-89-277-1171-1 18730
978-89-277-1168-1 (set)

http://www.darakwon.co.kr

• 다락원 홈페이지를 방문하시면 상세한 출판정보와 함께 동영상강좌, MP3자료 등 다양한 어학 정보를 얻으실 수 있습니다.
• **콕콕 실전문제 및 파이널 테스트 문제의 해석**은 다락원 홈페이지 학습자료실에서 다운로드 받으시거나 교재 안의 **QR코드를 통해 바로 확인**하실수 있습니다.
• **N1 문법 문제은행 및 파이널 테스트 추가 4회분 문제와 해석**을 다락원 홈페이지 학습자료실에서 다운로드 받으실 수 있습니다.